JN045945

国際法入門【第3版】

逆から学ぶ

山形英郎 編

法律文化社

第３版はしがき

このたび第３版を上梓することができました。本書の旧版に興味を抱いてくださり、教科書として採用して頂いた先生方、購入して頂いた学生諸君、そして一般読者の皆様、この場を借りてお礼申し上げます。

初版で申しましたとおり、本書は、国際法入門書であり、「逆から学ぶ」ことをコンセプトとしています。つまり、抽象度が高い問題はなるべく後回しにし、「具体から抽象へ」と叙述することで、多くの教科書が採用している「抽象から具体へ」という順とは「逆から学ぶ」ことになるよう、構成されています。それがどこまで成功したかはわかりません。皆様の判断に委ねたいと思います。

また、初版はしがきで次のようにも述べました。

> 1990年以降、グローバリゼーションが進行し、現在では、人権、民主主義、市場経済は、誰も否定できない当然の価値のように感じられている。しかし、そうした価値優勢の国際法の在り方を立ち止まって考えてみないといけない時期であると思われる。本書は、冷戦以後の国際社会の変容を映した国際法の姿をなるべく忠実に描くようにしている。

本書では、今日の国際法を21世紀国際法と位置づけ、冷戦期の20世紀国際法と対比して検討しています。グローバリゼーション下の21世紀国際法では、とりわけ企業やNGOを含めた個人の権利・義務に焦点が当てられているように思えます。国際法からグローバル法へ転換しつつあるかもしれません。その一方で、本年２月24日に、ロシアがウクライナに侵攻するという衝撃的なニュースが飛び込みました。ロシアの拒否権により国連安全保障理事会は決議を採択できず、その無力さが露呈されました。国際法は武力行使を禁止し、侵略を国際法違反と位置づけていますが、21世紀には、ロシアだけでなく、アメリカ合衆国をはじめとする西側陣営による武力行使も多数見られます。このように、大国の横暴が頻繁に見られるようになっています。武力行使を擁護する新しい国際法が生成されつつあるのかもしれません。もしそうであるとすれば、国際法を所与のものとせず、批判的に検討することも重要になっています。現行の国際法を知るだけでなく、それを越えて、国際法及び国際社会を批判的に見る目を養って頂きたいと考えています。本書がそうした機会を提供できれば、本書の目的は達成できたと言えるでしょう。

第３版では、初版の間違いを訂正し、できる限り新たな情報を盛り込むようにしました。ロシアによるウクライナ侵攻に関しては、関連する章において、説明を追加しています。本書は入門書ですので、なるべくかみ砕いたわかりやすい説明にするように改訂したつもりです。また、新たに索引を設けました。本文の中に登場する太字のキーワードと見出し項目を中心に重要な用語を拾っています。網羅的なものではありませんが、きっと役立つものと信じています。さらに、各見出し項目に＊をつけ、基本事項、必須事項、応用事項に分類しました。一つの目安として活用ください。旧版同様、皆様に親しんで頂ける教科書を目指しています。改善点や要望等がございましたら編者または法律文化社までお知らせください。

最後に、法律文化社編集部の舟木さんにお礼を申し上げたいと思います。本書の出版に当たり、舟木さんにはひとかたならぬお世話になりました。初版から第３版までの刊行は、舟木さんのお力添えがあってこそなしえたことです。今後もご支援いただき、執筆者とともに本書をよりよいものに発展させていきたいと思います。

2022年７月７日

山形　英郎

本書の利用の仕方

Quiz

クイズ。各章の最初にクイズを設けた。クイズは、中学生や高校生でも答えられるレベルのものにしている。それぞれの章がどのようなことを取り扱おうとしているのか、関心を持ってもらうためのものである。必ずしも、本文に答が記されているわけではない。気楽にトライしてもらいたい。答は各章末に掲載している。

Case

判例。国際法に関する判例を紹介している。国内裁判所や国際裁判所の判決や意見等である。最も重要と思われる判例を厳選した。どれも基本的な判例であり、本文を読んだ後で、あるいは本文を読みながら、判例にも目を通してほしい。国内判例には出典を明記したが、国際判例には明記していない。

A 国対 B 国：A 国が B 国を相手取り訴えた事件。A 国が原告、B 国が被告である。

A 国／B 国：A 国と B 国が合意に基づいて裁判を開始した事件。原告・被告は存在していない。

本文に登場する判例で、国際司法裁判所［1946年～］と常設国際司法裁判所［1920年～1945年］の判例については、裁判所名を記していないので注意してほしい。判決ではなく勧告的意見が紹介されている場合がある。

Further Study

発展学習。本文で取り扱っていない発展的な問題を論じている。本文を一通り勉強した後で、余力があれば学習してほしい。

Point

要点。本文の中で重要事項や学説の整理が必要なところには要点を書き記した。理解と記憶に役立つものと思う。それ以外にも、できる限り多くの図表を掲載した。

Summary

まとめ。各章のまとめである。まとめでありながら、穴埋め問題にしてある。国際法の専門用語をかっこに隠した。多くは、本文中、太字（ゴチック）で記されている用語である。大学生には論述形式の問題を出すべきで、穴埋め問題などは大学生向けの問題ではないと批判されるかもしれないが、論述試験の際にも専門用語を使わなければ点をもらえない。Summary で専門用語のチェックや学習事項の確認をしてほしい。かっこに赤ペンで答を記した後で、赤シートを使って文字を隠し、復習に使うのもよいかもしれない。答は Summary の下に掲載している。

見出し項目の難易度

見出し項目を、基本事項、必須事項、応用事項に分類している。

* 教養としての国際法：大学1〜2年生で理解しておいてもらいたい基本事項。国際社会の構造や国際法の特質を理解しているレベル。

** 国際法の必須事項：大学2〜3年生で学習してもらいたい項目。「国際法を知っているね」と言われるレベル。

*** 国際法の応用事項：大学3〜4年生で知っていたら素晴らしいと思える発展的項目。「国際法をたいへんよく勉強しているね」と言われるレベル。

条約文

必須と思われる条文を記載した。特に複数の異なる解釈論が展開されているような条文を掲載している。また国連憲章第2条4項は、英文（正文）も記した。日本語訳では、解釈論の根拠が理解できないと思われるからである。公定訳のないものについては、各執筆者が翻訳をしている。そのため、条約集とは翻訳が異なっている場合がある。

Suggested Readings

参考文献。本書をより深く、そしてより広く理解するために、参考にすべき書物を巻末に掲載した。中には絶版中であり、書店で購入できないものがあるが、図書館等を利用してもらいたい。

Digital Archive

電子情報。インターネットを利用して条約や国内法を手に入れることが容易になっている。本書の巻末では、ウェブ・ページのアドレスを記載しても、煩瑣（はんさ）であると考え、検索エンジンを利用してたどり着くヒントを示した。

略語・専門用語

安保理：安全保障理事会
国連：国際連合
ASEAN：東南アジア諸国連合
AU：アフリカ連合
BRICS：ブラジル、ロシア、インド、中国及び南アフリカ
CIS：独立国家共同体
COP：締約国会議
EC：欧州共同体
ECOSOC：（国連）経済社会理事会
EEZ：排他的経済水域
EPA：経済連携協定
EU：欧州連合
FNL：アルジェリア民族解放戦線
FTA：自由貿易地域
GA：（国連）総会
GATT：関税及び貿易に関する一般協定
GDP：国民総生産
IBRD：国際復興開発銀行（世界銀行）
ICC：（常設の）国際刑事裁判所

ICJ：国際司法裁判所
ICPO：国際刑事警察機構（インターポール）
ICSID：投資紛争解決国際センター
ICTR：ルワンダ国際刑事裁判所
ICTY：旧ユーゴ国際刑事裁判所
IFAD：国際農業開発基金
ILC：国際法委員会
ILO：国際労働機関
ILOAT：国際労働機関行政裁判所
IMF：国際通貨基金
INES：国際原子力事象評価尺度
ISS：国際宇宙ステーション
ITLOS：国際海洋法裁判所
ITO：国際貿易機関
ITU：国際電気通信連合
IUCN：国際自然保護連合
MDGs：ミレニアム開発目標
MOP：締約国会合
NAFTA：北米自由貿易地域
NATO：北大西洋条約機構
NGO：非政府組織
NIEs：新興工業経済地域
NTB：非関税障壁
OAU：アフリカ統一機構（→AU：アフリカ連合）
ODA：政府開発援助
OHCHR：国連人権高等弁務官事務所
ONUC：コンゴ国連軍
PCA：常設仲裁裁判所
PCIJ：常設国際司法裁判所
PKO：平和維持活動
PLO：パレスチナ解放機構
PSC：ポート・ステート・コントロール
SC：（国連）安全保障理事会
TFG：（ソマリアの）暫定連邦政府
TPP：環太平洋経済連携協定
UNAT：国連行政裁判所
UNCC：国連賠償委員会
UNCITRAL：国連国際商取引法委員会
UNCLOS：国連海洋法条約
UNEP：国連環境計画
UNHCR：国連難民高等弁務官または国連難民高等弁務官事務所
UNOSOM II：国連第二次ソマリア活動
UNPROFOR：国連保護軍
UNTAC：国連カンボジア暫定統治機構
UPR：普遍的定期審査
WB：世界銀行
WHO：世界保健機関
WMD：大量破壊兵器
WTO：世界貿易機関
WWF：世界野生生物基金
ab initio：最初から
actio popularis：民衆訴訟
ad hoc：特任、事後的
auto dedere aut judicare：引き渡すか訴追するか
de facto：事実上の
de jure：法上の
dominium：所有権
erga omnes：対世的
ex aequo et bono：衡平及び善
ex gratia：好意により
forum prorogatum：応訴管轄
imperium：支配権
ipso facto：当然に
jure gestionis：業務管理的
jure imperii：主権的
jus ad bellum：戦争の合法性に関する法規範
jus cogens：強行規範
jus in bello：戦時に適用される法規範
non liquet：裁判不能
opinio juris：法的信念
pacta sunt servanda：合意は拘束する
prima facie：一応の
ratione materiae：事項的（事項に関する）
ratione personae：人的（当事者に関する）
ratione temporis：時間的（時間に関する）
res communis：国際公域
terra nullius：無主地
ubi societas ibi ius：社会あるところ法あり
uti possidetis：ウティ・ポシデティス（現状承認）

【目　次】国際法入門——逆から学ぶ〔第３版〕

第1章　国際法の基礎

> **Quiz**
> 国際法という語に含まれる「際」という漢字の意味として、どれが最も近いか。
>
> ①きわ。ほとり。②まじわり。③身分のほど。けじめ。④方角。　　（答は章末）

1　国際法とは何か

＊ **国際法の定義**　国内の法律を集めた法律集のことを一般に「六法」と呼んでいる。憲法、民法、商法、刑法、民事訴訟法及び刑事訴訟法という六つの法律も六法というのであるが、書店に並んでいるさまざまな六法は、法律集のことを指している。憲法であれば日本国憲法という名前の法文書を探し出すことは容易だ。刑法であれば文字通り刑法という名前の法律が六法に掲載されている。しかし六法のどこを探しても国際法という名称の法律を探し当てることはできない。どうしてだろうか。そもそもそんなものは存在していないからだ。

国際法を英語で表現するとinternational lawである。“inter”は「間」を意味しており、“national”は「国家」を意味する“nation”の形容詞形である。したがって“international”は「国家間の」という意味である。最後の“law”は「法」を意味している。英語から判断すれば、**国際法**（international law）とは、なにやら「国家間の法」ということになりそうである。もう少し敷衍すれば、国際法とは、「国家間の関係を規律する法」である。そして国際法はもっぱら「条約」と呼ばれるものでできている。日米安全保障条約という条約があることは知っているだろう。そこで国際法とは、「国家間の関係を規律する条約という形式で存在する法」であると定義することが一応可能となる。

＊ **完結不可能な定義**　しかしこの定義は、仮の定義でしかない。今日国際法が規律するのは、国家間の関係だけではない。例えば、人権条約のように、国家と個人の関係を規律する国際法も存在している。また国家と国際機構との関係を規律する条約も存在している。したがって、国際法の定義は、

「国家間の関係だけでなく、国家と個人の関係や国家と国際機構の関係を規律する条約という形式で存在する法」となるが、国際機構と国際機構の関係を規律する条約も存在しているし、国際機構と個人の関係も国際法の射程に入る。それだけではない。国際法は、条約だけでなく、慣習法と呼ばれるものも存在する。かくして、国際法の定義は際限なく長くなっていく。ここでは、一応の定義として、国際法とは「原則として国家の関係を規律する法」であるとしておこう。

* **条約国際法と慣習国際法**

国際法は、**条約国際法**と**慣習国際法**というかたちで存在している。単に、条約や慣習法と呼ばれることが多い。**条約**は、文章で書かれている。**成文法**と呼ぶことができる法規範である。条約集に掲載されている。読めばある程度わかるという利点がある。市販の条約集を参照すればよい。一方**慣習法**は、国家の実行を通して形成される法規範である。文章で書かれていない。**不文法**と呼ばれる法規範である。文章で書かれていないのだから、読むことができない。国家の行動パターンから慣習法規範の内容を推し量るしかない。

慣習国際法は**一般法**として存在する。つまりすべての国を拘束する規範である。「拘束する」とは、「義務づける」という意味で使われる法律用語だ。慣習国際法は、すべての国が遵守（じゅんしゅ）しなければならない法規範なのである。一方、条約国際法は、条約に入っている当事国のみを拘束する。条約に入っていない国（非当事国）は条約を遵守する必要がない。日米安全保障条約は、日本とアメリカ合衆国以外の国にとっては、遵守すべき法規範ではない。条約は第三国を拘束しない**特別法**として存在するのだ。一般法と特別法の間には、「特別法は一般法を破る」という特別法優先の原則が適用される。条約国際法と慣習国際法の内容に相違があれば、条約国際法が優先的に適用されることになる。したがって本書では、条約が存在すれば条約を中心に説明することになる。ただし第三国の存在を念頭に置けば、慣習国際法の重要性は否定できない。

■ 表1　条約国際法と慣習国際法の違い

	明確性	拘束の範囲
条約国際法	成文法：ある程度明確	特別法：当事国のみ拘束
慣習国際法	不文法：不明確	一般法：すべての国を拘束

2　国際法は難しい

＊ 国際法も法

国際法も法である。国際法について法律家が関与し、法律家が解説する。しかし困ったことに法律家の文章ほど悪文はない。第一に、概して長文が多い。第二に、二重否定の表現がたくさん登場するなど、独特の言い回しがある。第三に、結局のところ、専門用語が理解を妨げる。

＊ And

ほんの少しの決まり事を覚えるだけで、条文も格段に理解しやすくなる。例えば、and を意味する「及び(およ)」と「並びに(なら)」がある。「東京小学校の１年生 and２年生」という場合の and には、「及び」を使う。つまり、「東京小学校の１年生及び２年生」となる。また、「東京小学校の１年生 and２年生、and 大阪小学校の１年生」の場合、初めの and には「及び」を使い、後ろの and には「並びに」を使う。〔東京小学校の（１年生）及び（２年生）〕並びに〔大阪小学校の１年生〕となる。「及び」は小さなくくりに使い、「並びに」は大きなくくりに使う決まりである。まとめると表２のとおり。

■表２　「及び」と「並びに」

A and B	A 及び B
（A and B）and C	（A 及び B）並びに C
A and（B and C）	A 並びに（B 及び C）

＊ Or

これと同じように、or を表す表現に「又は(また)」と「若しくは(も)」がある。「東京小学校の１年生 or２年生」という場合の or には、「又は」を使う。つまり、「東京小学校の１年生又は２年生」となる。では、「東京小学校の１年生 or２年生、or 大阪小学校の１年生」には、どちらが入るだろうか。「及び」と「並びに」の類推から、「東京小学校の１年生又は２年生、若しくは大阪小学校の１年生」と考えたかもしれない。しかし答は、「東京小学校の１年生若しくは２年生、又は大阪小学校の１年生」となる。意外にも、「又は」は大きなくくりに使い、「若しくは」は小さなくくりに使う。「及び」と「並びに」とは正反対の決まりである。まとめると表３のとおり。

■表３　「又は」と「若しくは」

A or B	A 又は B
（A or B）or C	（A 若しくは B）又は C
A or（B or C）	A 又は（B 若しくは C）

＊ **三つ以上は？**

ちなみに、同じレベルで三つ以上並ぶ場合は、最後の単語と最後から２番目の単語の間に「及び」か「又は」を入れることになる。つまり、「東京小学校の１年生、２年生 and ３年生」という場合「東京小学校の１年生、２年生及び３年生」となる。これが or になっても同じ。「A、B and C」は「A、B 及び C」となり、「A、B or C」は「A、B 又は C」となる。決して「A と B と C」や「A か B か C」とはならないので注意。

【具体例１】 自由権規約第１条１項２文には次のとおり記されている。

> すべての人民は、その政治的地位を自由に決定し並びにその経済的、社会的及び文化的発展を自由に追求する。

これを図解すれば、

> すべての人民は、〔その政治的地位を自由に決定し〕並びに〔その（経済的）、（社会的）及び（文化的）発展を自由に追求する〕。

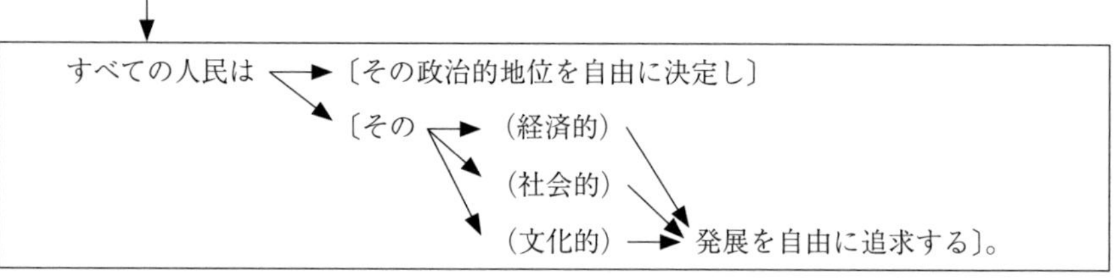

「及び」と「並びに」の決まり事を知っていれば、難なく理解できるだろう。

＊＊＊ **3段階の and と or**

では、「日本国にある東京小学校の１年生 and ２年生 and 大阪小学校の１年生、and アメリカ合衆国にあるワシントン小学校の１年生」というように三つの異なるレベルの and が登場してきたらどうだろうか。最も大きな第一レベルは「日本国とアメリカ合衆国」、第二レベルは日本国にある「東京小学校と大阪小学校」、そして第三レベルは日本国にある東京小学校の「１年生と２年生」。この場合、「及び」は最小レベルに一度だけ使うのが原則。したがって、「日本国にある東京小学校の１年生及び２年生並びに大阪小学校の１年生、並びにアメリカ合衆国にあるワシントン小学校の１年生」と、二つのレベルで「並びに」を使うことになる。

「又は」と「若しくは」の場合、最大レベルに一度だけ「又は」を使うのが原則である。先ほどの例で and を or に置き換えて「日本国にある東京小学校の１

年生 or ２年生 or 大阪小学校の１年生、or アメリカ合衆国にあるワシントン小学校の１年生」の場合、「日本国にある東京小学校１年生若しくは２年生、若しくは大阪小学校の１年生、又はアメリカ合衆国にあるワシントン小学校の１年生」と、二つのレベルで「若しくは」を使う。

【具体例２】　自由権規約第７条には次のように規定されている。

> 何人も、拷問又は残虐な、非人道的な若しくは品位を傷つける取扱い若しくは刑罰を受けない。

↓

> 何人も、【拷問】又は【[(残虐な)、(非人道的な) 若しくは (品位を傷つける)][(取扱い) 若しくは (刑罰)]】を受けない。

これを図解すれば

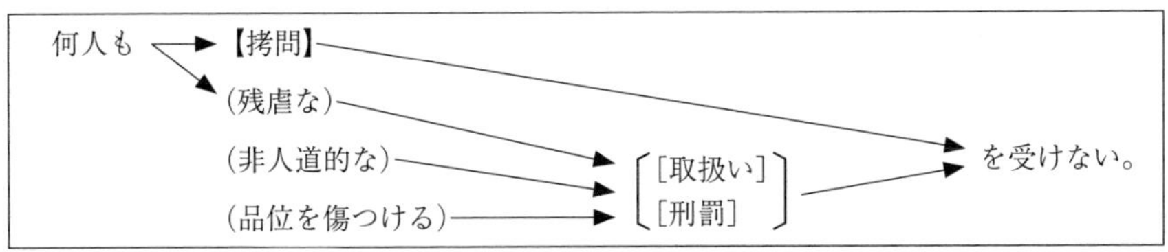

＊＊ **And 再論**　And には「且つ」の意味もある。「成年であり and 女性である場合」の and は「且つ」と訳される。「成年」という条件と「女性」という条件を両方満たさなければならない。つまり「成年の女性」を意味することになる。自由権規約第2条の and はどのような意味であろうか。

> 第2条1　この規約の各締約国は、その領域内にあり、and、その管轄の下にあるすべての個人に対し、……権利を……確保することを約束する。

公定訳は「且つ」と訳し、「領域内」の個人であり、かつ「管轄の下にある」個人でなければならない。例えば、キューバにある米軍基地は、キューバの管轄下にあると言えないためキューバは人権保障義務がない。アメリカ合衆国にとっては「領域内」とならず、義務がない。しかしそうであれば、在外基地での人権侵害がまかり通ることになる。そのため、この and は「及び」と理解されている。つまり、「領域内にある個人」及び「管轄の下にある個人」が適用対象となる。ただし、外国軍基地に関しては領域国ではなく、基地を管理している国家に人権実施義務があるとされる。条文解釈とは、ことほどやっかいな作業である。

＊＊ 誤　訳

多くの場合条約は英語で記されている。条約集に掲載されている条約は翻訳という作業を経ている場合が多い。そのため時には誤訳や迷訳が見つかることがある。国連海洋法条約第122条は次のような条文である。

> 第122条　この条約の適用上、「閉鎖海又は半閉鎖海」とは、湾、海盆又は海であって、二以上の国によって囲まれ、狭い出口によって他の海若しくは外洋につながっているか又はその全部若しくは大部分が二以上の沿岸国の領海若しくは排他的経済水域から成るものをいう。

閉鎖海又は半閉鎖海の例として「湾」や「海」に並んで「海盆」を挙げている。英語では basin である。しかし海盆とは、盆地のような形をした海底を意味しており、大洋にも存在している。はたして閉鎖海又は半閉鎖海の例として妥当だろうか。英単語の basin を辞書で調べると盆地とは別に「内湾、入り江、陸地に囲まれた水域」といった意味に出くわす。こちらのほうが正しい意味だろう。こうした誤訳が時には見つかるので、いっそう国際法の学習を困難に考えるようになるのも無理からぬものがある。

＊＊＊ 迷　訳

次の条文を読んでほしい。
たいへん有名な条文である。

> **自由権規約**
> 第41条1　この規約の締約国①は、この規約に基づく義務が他の締約国②によって履行されていない旨を主張するいずれかの締約国③からの通報を委員会が受理しかつ検討する権限を有することを認めることを、この条の規定に基づいていつでも宣言することができる。

見てのとおり、3か所に「締約国」という文言が出てくるが、①の締約国と、②の締約国と、③の締約国の関係はどうなっているのであろうか。

答は以下のとおり。

> 第41条1　この規約の A 国は、この規約に基づく義務が A 国によって履行されていない旨を主張するいずれかの B 国からの通報を委員会が受理しかつ検討する権限を有することを認めることを、この条の規定に基づいていつでも宣言することができる。

①の「締約国」と②の「他の締約国」が同一の国なのである。そして、①の「締約国」と③の「締約国」は別の国なのである。不思議としかいいようがない。「A国が人権侵害を行っている」との主張を、B国が自由権規約委員会に通報できるようにするため、A国が自由権規約委員会の権限を認める旨の宣言をすることができるという規定なのである。日本語の条文を読んだだけではわからない迷訳（＝誤訳）である。迷訳はいい迷惑なのである。

＊ **条約の正文**　なぜ、誤訳や迷訳を含んだ条約があるのだろうか。誤りを訂正したらよいはずである。なぜ訂正しないのだろうか。それは、条約の翻訳と関連している。最近の条約の多くは、英文で記されている。かつてはフランス語が多く使われたが、今日では国際語である英語が大手を振っている。そして条約には正文がある。正文とは権威ある文である。正文が正しい条約文であり、それ以外の言語で記された条約文は参考資料でしかない。日米安全保障条約のような二国間条約の場合、日本語と英語で作成され、両方とも正文である。日本語を読んでもよいし、英語を読んでもかまわない。とりあえず日本語の条約文を研究すればよい。しかし、多数国間条約の場合、英文で作成され、英文が正文とされることが多いのである。

＊＊ **公定訳**　国連憲章の正文は、中国語、フランス語、ロシア語、英語及びスペイン語である（▶第111条）。残念ながら日本語は正文でない。本来なら、正文を読んで理解しなければならない。日本語は参考資料でしかないからだ。しかし、国連憲章は、日本も当事国となっている。日本が条約の当事国となる場合、国会の承認を経て（▶憲法第61条）、内閣の助言と承認により天皇が批准を行うことになっている（▶第7条8号）。国会の承認を得るため、外務省が条約の翻訳を作成する。国会で承認され批准された条約については、その翻訳が官報に記載され、国内法として、事実上、効力をもつようになる。外務省が作成し官報に記載された翻訳が**公定訳**と呼ばれ、条約集に記載されているのである。残念ながらわれわれが勝手に公定訳を変更できない。条約集では、条約名の後に、署名日、効力発生日と並んで日本国の批准状況が記されている。日本国が当事国であれば、その条約は公定訳である。

＊＊＊ **仮訳と編集者訳**　日本が当事国となっていない条約（例えば、欧州連合条約）や、国際法上重要な文書（例えば、安全保障理事会決議）を外務省が翻訳している場合がある。**仮訳**と呼ばれるものである。条約集では仮訳がその

まま掲載されることがある。また仮訳がない場合がある。そうした場合、条約集の編集者（国際法学者）が翻訳をして掲載している。翻訳であることを明記しているていねいな条約集もある。条約集によって、翻訳が異なっている場合がある。条約集の訳と教科書の訳が異なっている場合もある。少々の違いを気にしていてはだめだ。国際裁判所の判例も同様である。国際法上有名な事件として The Lotus case があるが、「ロチュース号事件」、「ローチュス号事件」と表現は区々である。もしかしたら「ロータス号事件」と記されている場合もあるかもしれない。判決文の翻訳は、なおさらバラエティーに富んでいる。その中には、誤訳や迷訳が含まれているかもしれない。できれば、正文を読むのが正解である。ただ、日本語で国際法が勉強できるのは、この上もない便利なことではある。

Point　条約の翻訳

①正　文：条約上権威ある条約文
②公定訳：わが国が当事国である条約の外務省訳
③仮　訳：その他の外務省訳
④その他の訳：学者が翻訳したもの

＊＊ **条約集**　条約集によって翻訳が異なる場合があるが、それでも条約集は必ず利用しよう。六法にも「条約」という章があるが、不十分だ。憲法を学習するのに日本国憲法を読まずに勉強することはできない。条文がどのように解釈され、裁判所ではどのように適用されているのかを知ることが必要だ。出発点は条文にある。国際法を学習するには条約を知ることが出発点だ。条約集は、教科書と類似の体系に編集されているので該当する章から探すか、五十音順リストを利用するか、採択年リストを利用するか、いずれかを利用することになる。五十音で調べても見つからない場合がある。探している条約名と異なる条約名（の翻訳）や略称が使われている場合があるからだ。そのような場合は目次を利用するしかないだろう。教科書に条文が出てくる場合には、必ず条約集をチェックする癖をつけておこう。

3　国際法は楽しい

＊ **国内法と国際法**　常識かもしれないが、国によって法は異なっている。そのことを端的に示すことわざが「所変われば品変わる」であり、

その結果「郷に入っては郷に従え」といった警句となる。つまり、国ごとに習慣や伝統、そして法や規則がさまざまであり、その土地の法に従えと警告してくれている。例えば一夫一婦制を堅持し重婚罪をおいている国がある一方で、一定の条件を満たす場合一夫多妻制を認める国がある。20歳で大人となる国がある一方で、18歳で大人となる国もある。大麻（マリファナ）の使用を合法としている国がある一方で、最悪の場合死刑を科す国もある。もしもあなたが海外に行って好奇心から麻薬に手を出した場合、死刑判決が待っているかもしれない。日本の法常識が他国では非常識となることがあるので要注意。

国際法はさまざまな国内法を統一しようという目的をもつものではない。国家は自由に自国法を制定することができるのが原則だ。条約の締結によって、条約に適合するように国内法が整備され、その結果締約国間の国内法が近似してくることはあるだろう。しかし国際法自身は、国家と国家の関係を規律する法であるというのが基本的性格なので、国家と国民（あるいは自国領域内に所在する人）の関係を規律するという国内法の基本性格とは異なっている。

＊＊ **共通性と多様性**　国際法は、世界中のどこの大学でも、ほぼ同じような内容で講義されている（はずだ）。英語で書かれた教科書でも、タイ語で書かれた教科書でも、そして日本語で書かれた教科書でも驚くほど共通していることに気づく。たしかにそれぞれの教科書は、それぞれの国が抱える国際法上の問題点を深く議論しているという特徴がある。日本の教科書では、領土問題や海洋法の問題、自衛権などに多くのページがさかれる。また教科書では、著者の研究の集大成として、論点ごとに異なった見解が展開されているだろう。しかし大枠は同じだ。それもそのはずで、国内法とは異なり国際法は世界共通なのだ。法学分野では珍しく、世界中の人びとと共通の法的基盤の上で議論できるのが国際法の楽しさの一つだ。外国語が得意であれば、日本語の教科書と外国語の教科書を読み比べるのもよいだろう。ただし、条約は第三国を拘束しえないので、国際法が共通の法的基盤を提供するとしても、国によって締結状況は異なっているのも事実である。国際法の中に共通性と多様性をみることができる。

＊ **国際社会**　国際法が規律対象としている国家関係は、国際社会のさまざまな事象の集積物でもある。国家は、国際社会のメンバーである。国際社会には、世界政府と呼べるような統治機構は存在していない。国内社会には、法を作る立法府、法を解釈適用する司法府、そして法を執行する行政府が存在し

ている。立法、司法及び行政の三権の総合体が**国家権力**である。しかし国際社会には、国際法を作る立法府が存在していない。条約は国家が締結するものであって、国家に課されるものではない。国際社会には、あらゆる紛争を処理するような裁判所は存在していない。司法府も欠如している。国際法を執行する機関も存在していない。国際社会は、国家の並存という**分権的**な構造をもっている。国内の中央集権と正反対の構造である。

** 多発する国際法違反

さらにこうした国際社会の状況を反映して、国際法はよく破られるといわれる。歴史を紐解けば、国際法違反の事例が数多く発見できる。最近のロシアによるウクライナ侵攻は、その端的な例だ。国内法からすれば、国際法ははたして法であるのかという疑問が出るのももっともなことである。しかしだからこそ国際法はおもしろい。

国内法であれば、法であることが疑われることはない。ほとんどのドライバーは、制限速度を守っていないのに、道路交通法は法として厳然と存在し、法であるかどうかが疑われることはない。一方国際法は、多くの国が遵守している条約であっても、たえず法であるのか疑いのまなざしを向けられる。国際法は法と政治の緊張関係に立たされているのである。執行機関が存在しない国際法は、力ずくで国家に遵守させることができない。かくして国際法は、力のない法か力の弱き法となる。それでも法として取り扱われている。少なくとも法と呼ばれている。国際法は単に政治の道具であって、いつでも政治によって無視される約束事でしかないのか。それとも、アメリカ合衆国のような大国でも無視できない規範なのか。もしそうであるとすれば、それはなぜか。そうした疑問をもちつつ、国際法を眺めてみることは実に楽しい。国内法学習にない醍醐味である。

* 生きている国際法

最近では、国際法に関連した話題が新聞やテレビに登場することが実に多い。「某国の軍艦が日本近海に現れた」とか、「某国大統領に国際刑事裁判所が逮捕状を発給した」とか、「某国がミサイル実験を強行し、安全保障理事会が制裁決議を採択した」とか、そういったニュースがお茶の間を賑わしている。このような事件では必ず国際法が適用されている。テレビに国際法学者が登場することは少ないが、国際関係を処理している人間によって、国際法に従った問題解決が図られている。国際法は使われている。国際法は生きている。それだけではなく、国際法をみれば、国際社会が見えてくる。法はそれぞれの社会に応じた姿や形を呈している。第二次世界大戦前の明治憲法と、第二次世界大戦後の日本国憲法を比べてみれば、その違いは明らかだ。それぞれの日本社会を映し出している。だから法をみれば、法が妥当している社会の姿や形が明らかになる。国際法をみれば、国際社会が明らかになる。

4　国際法の構造転換

**
戦争の地位

第一次世界大戦以前の国際法（伝統的国際法）は戦争を禁止していなかった。そのため、国家は戦争に訴えることが自由であった。合法な戦争や違法な戦争というものは存在していなかった。戦争を禁止する法規範、あるいは戦争の合法・違法を定めた法規範（*jus ad bellum*）は存在していなかった。ただし、戦争がひとたび開始されれば、交戦法規が交戦当事者に平等に適用され、他のすべての国家に中立法規が適用された。戦時に適用される法規範（*jus in bello*）は存在していたのである。伝統的国際法において**正戦論**が主張されることはあったが、戦争に勝つのは正しい戦争を行った国ではなく強い国である。伝統的国際法においては、正戦論ではなく、**無差別戦争論**が正しいことになる。*Jus ad bellum* が存在しない以上、交戦法規を見ても、中立法規を見ても、交戦国を差別する法規範は存在していなかったのであり、無差別戦争論が妥当していた。

***
二元的構造

伝統的国際法において、戦争は行為ではなく時間として認識されていた。戦争は、**戦意の表明**で始まり、**平和条約**又は**講和条約**の締結で終了する時間である。平時においては、他国領土に侵入することはできないが、戦時においては許される。平時と戦時で異なる法規が適用されていたのだ。**平時国際法**と**戦時国際法**である。しかも、平時と戦時はまったく異なる時間枠である。一国による戦意の表明により戦時に移り、講和条約により平時に戻る。平時国際法と戦時国際法が同時に適用されることはない。このように、伝統的国際法は、戦時国際法と平時国際法と相異なる二つの法規範から成り立つ**二元的構造**を有していたのである。

**
戦争違法化

第一次世界大戦から第二次世界大戦にかけて、戦争違法化の試みが行われた。1919年の**国際連盟規約**や1928年の不戦条約は、戦争を禁止した。国際法が*jus ad bellum*を獲得するようになったのである。しかし、大きな問題があった。国際法上、戦争とは、戦意が表明された武力の使用を意味していたため、戦意が表明されていない**事実上の戦争**は、許容されているとの解釈の余地を残していた。1945年**国際連合憲章**は、第2条4項において、武力の行使及び武力による威嚇を禁止した。事実上の戦争もすべて禁止したのである。

＊＊＊ **構造転換**

国連憲章の誕生により、戦争違法化が完成したことになる。それ以降の国際法を現代国際法又は20世紀国際法と呼ぶことにする。現代国際法では、二元的な構造は止揚され一元的な構造をとることになる。戦時国際法と平時国際法の区別はない。たとえ武力紛争が発生しても、交戦国以外においては通常の国際法が適用される。国連の下では侵略国に対して強制措置がとられる可能性がある。この場合、中立は存在し得ない。国連加盟国は国連に援助を与える義務があるのである。「戦争」が「武力行使」や「武力紛争」に置き換えられることにより、時間としての戦争から行為としての武力行使へと変容したのである。1945年、国際法は根本的な**構造転換**を迎えたのである。では次章から、現代国際法の姿と、冷戦終結後の展開を描いていこう。

☆ Summary

国際法は､原則として国家間の関係を規律する法規範である。(　1　)及び(　2　)というかたちで存在している。前者は、文章で書かれており（　3　）法と呼ばれるが、後者は、（　4　）法と呼ばれる。また前者は、当事国のみを拘束するが、後者はすべての国家を拘束する。そのため前者は（　5　）法と呼ばれ、後者は（　6　）法と呼ばれる。権威ある条約文のことを（　7　）といい、それ以外の言語で記されている条約文は参考資料でしかない。日本が当事国となっている条約で、日本語が（　7　）でない条約については、外務省が翻訳し、（　8　）で承認された訳文が使用される。これは（　9　）訳と呼ばれ、条約集で採用されている翻訳である。それ以外に仮訳と呼ばれる翻訳も存在する。条約集によって翻訳が異なっているので要注意。判例には定訳が存在していない。細かいことにこだわらなくても大丈夫。

国際法は国際社会を映す鏡である。国際社会には立法機関も、司法機関も、行政機関も存在していないといってよかろう。国際社会は（　10　）的構造をもっており、そうした構造を国際法はそのまま示している。そこに国内法とは違った勉強の楽しみがある。

答

【Quiz】②まじわり。国と国とのまじわり、つまり国家関係を規律するのが国際法。

【Summary】①条約国際法／条約、②慣習国際法／慣習法、③成文、④不文、⑤特別、⑥一般、⑦正文、⑧国会、⑨公定、⑩分権

第2章　武力行使禁止と自衛権

Quiz
国際法上の自衛権とは、文字通り、「自」国を防「衛」する「権」利であるといえるであろうか。

①はい、いえる。②いいえ、いえない。　（答は章末）

1　武力行使禁止原則

* **戦争の違法化**　伝統的国際法では戦争は禁止されていなかったが、20世紀に入ると、それを規制する動きが出てくる。1907年には、他国から債権を回収するための戦争を禁止する条約（ポーター条約）が作られたが、その後、そのような特定の場合に限らず、戦争は一般的に規制されるようになっていく。そのきっかけとなったのは、多数の犠牲者を出した第一次世界大戦であった。大戦後に創設された**国際連盟**では、加盟国によって「戦争ニ訴ヘサルノ義務」が受諾され（国際連盟規約前文）、加盟国の領土保全と政治的独立の尊重が約束された（▶第10条）。

*** **国際連盟規約**　1919年の国際連盟規約は、加盟国間で解決できなかった紛争がそのまま戦争に発展することを避けるため、それを国際裁判又は連盟理事会の審査に付託することを義務づけ、かつ、裁判所の判決又は理事会の報告書が出てから3か月は、いかなる場合であっても戦争をしてはならないと定めた（▶第12条1項）。さらに、判決や報告書の内容に従う国に対する戦争は、3か月経過後であっても禁止された。ただしこの場合、理事会の報告書については全会一致（紛争当事国は除く）で採択される必要があった（▶第13条4項、第15条6項）。このような規定は、裏を返せば、判決や報告書に従わない国はもちろんのこと、報告書が全会一致でない場合はそれに従う国に対しても（▶第15条7項）、3か月が経過すれば戦争をしてもよいということを意味している（戦争モラトリアム）。このように、国際連盟における戦争の規制は、戦争違法化に向けた始動

という意義は大きいものの、ごく限られた戦争のみを禁止するにとどまるものであった。

＊＊ **不戦条約**

戦争の全面的な禁止、すなわち**戦争の違法化**は、1928年の戦争抛(ほう)棄(き)ニ関スル条約（**不戦条約**）によって達成された。

> **不戦条約**
> 第１条　締約国ハ、国際紛争解決ノ為戦争ニ訴フルコトヲ非トシ、且其ノ相互関係ニ於テ国家ノ政策ノ手段トシテノ戦争ヲ抛棄スルコトヲ其ノ各自ノ人民ノ名ニ於テ厳粛ニ宣言ス。
> 第２条　締約国ハ、相互間ニ起ルコトアルベキ一切ノ紛争又ハ紛議ハ、其ノ性質又ハ起因ノ如何ヲ問ハズ、平和的手段ニ依ルノ外之ガ処理又ハ解決ヲ求メザルコトヲ約ス。

このように不戦条約では、国際紛争の解決手段や国家の政策を遂行する手段としての戦争が全面的に禁止された。また、この条約には、大国をはじめ多くの国が参加した。国際法上はじめて、戦争が一般的に違法化されたのである。国際紛争の平和的解決義務も規定され（▶第２条）、国家は他国から攻撃を受けた場合の自衛を除き、戦争に訴えることを禁止された。ただし、条約の禁止対象は「**戦争**」であったため、宣戦布告等の戦意の表明を伴わない**事実上の戦争**、又は戦争に至らない戦闘行為等は禁止されていないと主張できる抜け道を残してもいた。戦時と平時とを区別していた伝統的国際法（無差別戦争論）では、戦争（状態）は宣戦布告等によって開始され、平和条約の締結等によって終了するとされていたからである（この問題点は、国際連盟規約にも同様の指摘ができる）。

> **Point　戦争の種類**
> 戦争 ⎧ 国際法上の戦争：戦意の表明された武力闘争
> 　　 ⎩ 事実上の戦争：戦意の表明されていない武力闘争

＊ **武力行使禁止原則**

第二次世界大戦後、世界の平和を維持するために国際連合（国連）が創設された。国連の基本的な枠組みを定めた条約である国連憲章の第２条４項では、「戦争」という言葉は使わず、「武力」の行使及び威嚇が禁止されている。**武力行使禁止**原則といわれる。この規則は、**友好関係宣言**（▶総会決議2625（XXV））等の国連総会の重要な決議においても確認されており、現代の国際法における基本的な原則となっている。

国際連合憲章	**The Charter of the United Nations**
第2条4　すべての加盟国は、その国際関係において、武力による威嚇又は武力の行使を、いかなる国の領土保全又は政治的独立に対するものも、また、国際連合の目的と両立しない他のいかなる方法によるものも慎まなければならない。	Article 2, para. 4.　All Members shall refrain in their international relations from the threat or use of force against the territorial integrity or political independence of any state, or in any other manner inconsistent with the Purposes of the United Nations.

＊＊ **武力の行使**　「**武力**」とは一般に軍事力のことを指すが、これは国連憲章第2条4項の英語文（正文の一つ）でいう“**force**”の訳語であり、第一義的には「力」と訳されるものである。したがって、禁止の対象は「力」一般であって、軍事力だけではなく**政治的・経済的な圧力**も禁止されているとの解釈も成り立つ。実際に、多くの途上国はこの点を強く主張している。しかし、①国連憲章の起草過程で、禁止される“force”に軍事力以外の力も含めようとした提案が否決されたこと、②国連憲章の有権的解釈とされる**友好関係宣言**でも、この文脈では軍事力に限るかたちで“force”を使用していることなどから、「武力」という限定的な意味の訳語が妥当とされる。ただし、同様に“force”の解釈が議論となった国連条約法会議では、政治的・経済的な力も含め、他国に対する圧力全般を厳粛に非難する1969年「force に関する宣言」が採択されている。また、政治的・経済的圧力が、他国への内政干渉の手段として用いられた場合には、**不干渉原則**の観点から違法性を問われることになる。

＊＊ **侵略行為**　禁止される武力行使の典型は**侵略行為**である。1974年に採択された**侵略の定義**に関する国連総会決議3314（XXIX）によると、侵略行為とは、国家の軍隊による、他国領域に対する侵入、占領、砲爆撃その他の兵器の使用、又は、他国の軍隊に対する攻撃等である。また、そのような行為が非正規軍や武装集団によって行われたとしても、それらが国家によって編成・派遣された場合はもちろん、訓練及び武器の供与等を通じて国家の**実質的な関与**があった場合にも、その国家自体による侵略行為とみなされる（▶侵略の定義に関する決議第3条（g）、★ニカラグア事件［1986年］）。

Point　力（force）の意味

力（ 武力（force）　→　武力行使禁止原則
　　 政治的・経済的圧力　→　不干渉原則

＊＊ **武力による威嚇**

武力による威嚇とは、自国の主張や要求が通らなければ武力を行使するとの意思や態度を示すことにより、相手国を脅すことをいう。すなわち、武力を行使するとの予告である。予告された武力行使が違法なものである場合には、それによる威嚇も違法となる。例えば、いずれ隣国に侵入させる目的で国境付近に軍隊を集結させることは、それ自体が国連憲章第２条４項で禁止される武力による威嚇になりうる。海軍の艦艇が他国の船舶に対して紛争海域からの退去を命ずる行為も、武力による威嚇にあたる可能性がある（★ガイアナ／スリナム事件、仲裁裁判所判決［2007年］）。

＊＊ **第２条４項の限定的解釈**

国連憲章第２条４項では、「武力による威嚇又は武力の行使を……慎まなければならない」、という単純な文章の途中に二つの句が挿入されている。「いかなる国の領土保全又は政治的独立に対するものも」と「国際連合の目的と両立しない他のいかなる方法によるものも」という部分である。日本語ではわかりにくいが、正文の英語では、領土保全や政治的独立に対する武力行使と、国連の目的に合致していない武力行使のみを禁止しているように読めなくもない。そのため第２条４項の解釈として、すべての武力行使と威嚇が禁止されているわけではなく、特定の武力の行使のみが禁止されている、という限定的解釈をとる見解がある。

＊＊＊ **領土保全又は政治的独立に対する武力行使**

まず、他国の「**領土保全**又は**政治的独立**に対するもの」でなければ武力の行使も許されるとの主張がある。この解釈は、例えば、他国にいる自国民の安全確保のために軍隊を派遣することは禁止されていないとの主張に結びつく。ただし、この点について、国連憲章第２条４項が作成された際の議論を調べれば、領土保全と政治的独立については、その重要性のゆえに保護の対象としてとくに明記し強調しておきたいという、中小国の要望でこのような文言が入れられたことがわかる。つまり、この文言の挿入には、領土保全と政治的独立に対する武力行使だけを禁止するという意味合いは全くないのである。

＊＊＊ **国際連合の目的と両立しない武力行使**

同様の議論として、国際連合の目的と両立する武力行使は禁止されていないという主張もある。例えば、「人権及び基本的自由の尊重」が国連憲章第１条３項に規定されているので、人権擁護のための武力行使である人道的干渉は許容されるという主張などである。しかし、ここにいう「国際連合の目的」とは、国連安全保障理事会（安保理）の決定に基づく集団的な措置によって国際の平和と安全を維持し回復することである（第１条１項）。そのため、個別国家が行う武力行使は、基本的には「国際連合の目的と両立しない」方法ということになる。

＊ **武力行使の一般的禁止**

国連憲章第２条４項は、国家による武力の行使を一般的に禁止しているのであり、武力を行使する国家に他国の領土・独立や国連の目的を害する意図があるかどうかを問う必要はないのである。ちなみに憲章第２条３項では、国際紛争を平和的に解決する義務、すなわち武力に訴えることなく解決する義務が規定されている。

ただし、国連憲章上、個別国家が武力を行使できる場合が一切ないわけではない。憲章は、違法性が阻却される（違法でなくなる）例外的な場合として、次の節にみるように、自衛権に基づく武力行使を明示している。

2　個別的自衛権

＊＊ **武力行使禁止と自衛権**

自衛権とは、他国による違法な武力攻撃から自国を防衛するために、武力を用いて反撃する権利のことである。国家が自らを防衛する権利があるのは当然のこととされ、自衛権は国際法上の権利として古くからその存在を認められていた。例えば、正戦論においても、自衛は正当原因の一つとされていた。ただし、戦争が違法化される以前の国際法においては、そもそも戦争や武力行使は自由に行えたので、政治的な観点からはともかくとしても、法的にはわざわざ自衛権を援用して自国の行動を正当化する必要性は希薄だった。自衛権に関する議論が深められ、自衛権行使の要件等が明確化されたのは、武力行使が違法化された結果、武力行使の権利又は違法性阻却事由として自衛権の重要性が高まってからのことである。

＊ **国連憲章第51条**

国連憲章第51条では、伝統的に認められてきた自衛権（慣習国際法上の自衛権）が国家の「固有の権利」として規定された。ただし、それと同時に、自衛権を行使するための要件の明確化ないし付加により、その行使の抑制が図られている。

国際連合憲章
第51条　この憲章のいかなる規定も、国際連合加盟国に対して武力攻撃が発生した場合には（if an armed attack occurs）、安全保障理事会が国際の平和及び安全の維持に必要な措置をとるまでの間、個別的又は集団的自衛の固有の権利を害するものではない。この自衛権の行使に当って加盟国がとった措置は、直ちに安全保障理事会に報告しなければならない。また、この措置は、安全保障理事会が国際の平和及び安全の維持又は回復のために必要と認める行動をいつでもとるこの憲章に基く権能及び責任に対しては、いかなる影響も及ぼすものではない。

＊ **集団的措置の優先**　国連が作られた最大の目的は国際の平和と安全の維持であり、国連憲章では、侵略行為や平和の破壊を集団的措置によって鎮圧すると定めている。これを集団安全保障という。すなわち、平和を維持するための武力行使は、安保理の決定に基づいて集団的に実施するのが原則であり、個別国家の自衛権行使は、それを補完する暫定的対応という位置づけにある。そのため、自衛権の行使は、安保理が必要な措置をとるまでの間に限られているのである。なお、安保理が必要な措置をとったか否かについては、事例ごとに判断されることになる。

＊＊＊ **武力攻撃**　自衛権が行使できるのは、「**武力攻撃**」が発生した場合である。武力攻撃とは、「武力行使のもっとも重大な形態」にあたるものである（★ニカラグア事件［1986年］）。例えば、他国の領域に大規模な爆撃を加えるなどの行為は、武力攻撃とみなされるだろう。これに対して、武装集団への武器の提供等は、武力行使の中でも比較的軽度と分類されるため、それに対して自衛権によって反撃することは認められていない。ただし、軽度の武力行使であっても、それが繰り返されて一定程度集積した場合には、その一連の行為全体が武力攻撃と同視されて自衛権の行使が認められる、という考え方がある。これを「**蓄積（集積）理論**」といい、実際に国際司法裁判所の裁判で主張されたことがある。ただし国際司法裁判所は、その主張を結果的にしりぞけている（★オイル・プラットフォーム事件［2003年］）。

＊＊ **武力攻撃の発生**　武力攻撃が「発生した」場合とは、いかなる状況を指しているのか。この部分は英語文では“occurs”という現在形の動詞であるから、厳密にいうと日本語では「発生する（発生している）」場合と訳

すべきかもしれないが、少なくとも言葉のうえでは、武力攻撃が現実に起こることが要件であることは間違いない。この関連で、武力攻撃が発生する前に防衛行動をとる先制的自衛が認められるかについて見解の対立がある。

先制的自衛とは、武力攻撃が現実には発生していないが将来的に発生するおそれがあるということを理由にして自衛権を行使することである。実際に、アメリカ合衆国やイスラエルは、他国領域にあるミサイル施設や核施設からいずれ自国に対する攻撃が行われるであろうとの理由によって、それらの施設を攻撃し破壊してきた。ただし、このような先制的自衛の主張は各国の支持を得ていないばかりか、非難の対象となってきた。「武力攻撃の発生」は物理現象として客観的に確認できるが、「武力攻撃のおそれ」は主観的な判断に大きく依存するものであるため、それを自衛権の根拠として認めれば濫用の危険性が格段に高くなることは明白である。そのため、実際に被害が出るまで待つ必要はないとしても、現に武力攻撃が急迫していることの証明はなされるべきであろう。

***　**武力攻撃の主体**　国連憲章第51条は「国際連合加盟国に対して武力攻撃が発生した場合」とし、武力攻撃の客体が国家であることは規定しているが、攻撃の主体は明示していない。本来自衛権の行使は国家間の問題であるから、武力攻撃の主体も国家が想定されていたはずである。しかし2001年の「同時多発テロ」に対するアメリカ合衆国のアフガニスタン攻撃（**対テロ戦争**）が自衛権を根拠としていた結果、武力攻撃の主体は国家に限られるのか、それとも、国際テロ組織のような非国家主体も含まれるのかが議論の的となった。ただし、アメリカ合衆国は武力攻撃の主体として、テロ組織とアフガニスタンのいずれを想定したのか明確にしなかった。なお国際司法裁判所は、憲章第51条の自衛権は「一国による他国への武力攻撃」の存在を前提としているとの解釈を示している（★パレスチナ壁事件［2004年］）。

***　**非国家主体への自衛**　「イスラム国（IS）」のような非国家主体による武力攻撃は、単発又は断続的なテロ攻撃として不意に発生する。また、それに対応する自衛権の行使は、ほぼ必然的に他国領域への武力行使を伴う。そのため、非国家主体への対応では、自衛の要件である武力攻撃の発生又は急迫性の判断を柔軟にすべきだという主張、さらには、非国家主体をかくまう国あるいはテロ攻撃の効果的な抑止に失敗した国に対しては、その国の同意を得ることなく自衛権に基づく武力行使ができるようにすべきだという主張があ

る。ただし、これらの主張はほとんど支持を得られていない。他国領域を基盤とするテロ攻撃に対しては、安保理での対応や、領域国の同意や協力に基づく法執行活動といった現行法の枠組みで十分対応可能という見解が大勢なのである。

＊＊ 慣習法上の要件 国連憲章第51条には明記されていないが、慣習国際法上認められてきた要件も存在する。国際司法裁判所は、ニカラグア事件判決［1986年］で、自衛権を行使する際に「武力攻撃に均衡し、かつ、それに対応するのに必要な措置」だけをとることは、慣習国際法上十分に確立したルールであると述べた。手段的にも時間的にも、武力行使以外で対応する余地がないこと（**必要性**）、さらに、自衛の措置としての武力行使が相手側の武力攻撃への対応としてつり合いのとれたものであること（**均衡性**）、その双方が求められるのである。国際司法裁判所は、国境から数百キロも相手国領域に入り込んで空港や町を占拠することは、相手国からの数回の越境攻撃とは均衡がとれていないと述べている（★コンゴ領域における軍事活動事件［2005年］）。

＊＊ 安保理への報告義務 国連憲章第51条の第２文によれば、「自衛権の行使に当って加盟国がとった措置は、直ちに安全保障理事会に**報告**しなければならない」。自衛権は、安保理が集団的措置をとるまでの暫定的な対応であるから、集団的措置へのスムーズな移行のために安保理が紛争の状況を把握しておくことは当然必要であろう。この報告の不備を理由として、自衛権行使がただちに違法になることはないが、第三者の心証に影響を与える可能性は否定できない。例えばニカラグア事件［1986年］では、報告の有無は、正しく自衛権を行使しているという国家の確信の程度を判断する要素の一つとされた。

なお、以上の自衛権の要件の充足についてはすべて、自衛権を行使する国家自身が立証責任を負う（★オイル・プラットフォーム事件［2003年］）。

Point　自衛権

自衛権の要件
- ①武力攻撃の発生
- ②安保理が必要な措置をとるまでの暫定性
- ③安保理への報告
- ④必要性 ｝慣習法上の要件
- ⑤均衡性 ｝慣習法上の要件

＊＊＊ **慣習国際法上の自衛権**

国連憲章上の自衛権と、慣習国際法上の自衛権との内容の違いを強調する議論がある。それによれば、慣習国際法上、武力攻撃の発生は自衛権行使のための要件ではない。そのため、武力攻撃に至らない武力行使に対する自衛、及び先制的自衛が容認されることになる。さらに、国連憲章が予定した「有効な集団的措置」（▶国連憲章第1条1項、第7章）が機能しない場合には、武力行使禁止の前提条件が崩れているとみなして、国連加盟国であっても、国連憲章上の自衛権ではなく、要件のより緩やかな慣習国際法上の自衛権を行使することができるという主張に展開する。たしかに安保理は、常任理事国の拒否権によりしばしば決定不能におちいった。そのような場合には、法益侵害への有効な対応手段として、個別国家の武力行使がより柔軟に認められるというのである。ただし、国際司法裁判所は、ニカラグア事件［1986年］において、慣習国際法上も、武力攻撃の発生が自衛権行使の要件であると認定している。また、戦争の多くが自衛の名目によって開始されてきたことを考慮すれば、自衛権の行使の敷居を下げる主張に対しては、きわめて慎重な態度が求められる。

3　集団的自衛権

＊ **集団的自衛権とは**

国連憲章第51条では、武力攻撃の直接の被害国が行使する**個別的自衛権**とともに、それ以外の国が行使する**集団的自衛権**が国家の「固有の権利」と規定されている。ただし、集団的自衛権が条約に明記されたのは国連憲章がはじめてである。しかも国連憲章第51条は、国連の集団安全保障が拒否権により機能しない場合においても地域的な集団防衛を保障するため、急遽つけ加えられた条文であった。このような経緯から、集団的自衛権は国連憲章によって創設されたとする見解もある。集団的自衛権がどのような性格の権利なのかについては、三つの考え方がある。

＊＊ **個別的自衛権の共同行使**

第一は、武力攻撃を受けた国家が複数ある場合に、それらが共同して反撃を行う権利として、集団的自衛権を理解する説である。集団的自衛権を行使するすべての国家が武力攻撃の直接の被害国であることが要件となるので、無関係の国家が自衛権を口実にして他国間の紛争に介入する危険性は比較的小さいといえる。しかし、この説では、国連憲章第51条で個別的自衛権とは別に集団的自衛権が定められた意味がないことになる。また、現実の国家実行とも一致していない。

** **他国を防衛する権利** 第二は、単純に他国を防衛する権利とする説である。防衛される国家に対する武力攻撃の発生等の要件が満たされる必要はあるが、防衛をする国家自体の法益侵害の有無は問われない。むしろ、国際の平和と安全のために誰かが侵略を鎮圧すべきであるという考えに基づき、国際公益の保護のために認められた権利という側面が強調されているともいえる。この説では、無関係の国家による防衛も可能になるので、例えば大国による地域紛争への介入等の危険性はきわめて大きくなる。

** **自国の重大利益を保護する権利** 第三は、自国と密接な関係にある他国への武力攻撃を自国の重大利益（**死活的利益**）の侵害とみなして反撃する権利とする説である。自国の利益の侵害を要件とすることで、無関係な国家による介入を防ぐことが期待できる。地域的な**集団防衛条約**（**同盟条約**）には、この説に沿うかたちで集団的自衛権を規定しているものが多数ある。したがって、その限りで国家実行と一致した説ということができ、学説上も広く支持されてきた。ただし、何が「重大利益」にあたるか、あるいは、それが実際に侵害されたかどうかは、各国の主観的判断に任されるところが大きい。したがって、結局のところ濫用の危険性は残されている。

日本では、2016年３月にいわゆる平和安全法制が施行され、「密接な関係にある他国に対する武力攻撃が発生し」た結果として国家の存立が脅かされる場合等には、他国への武力行使が可能となった。これは、日本国憲法第９条により禁じられてきた集団的自衛権の行使容認であり、基本的にはこの第三説を採用したものと考えられる。

Point　集団的自衛権の定義

①個別的自衛権の共同行使
②他国の防衛
③死活的利益の保護

** **集団的自衛権の行使の要件** 国際司法裁判所は**ニカラグア事件**判決［1986年］で、「集団的自衛権は攻撃を受けた国家の利益のために行使される」と述べており、これは上記の第二説を採用したものと一般に理解されている。この説をとると、集団的自衛権を根拠とした恣意的な武力介入のおそれが大きくなるため、より一層厳格な要件が求められることになる。国際司法裁判所は、同判決において、集団的自衛権を行使するための二つの要件を示した。

第一の要件は、直接に攻撃を受けた国家自身が武力攻撃の発生を確認し、それを宣言することである。この確認や宣言は集団的自衛権を行使する国が代わりに行うことはできない。第二の要件は、被攻撃国が集団的自衛権を行使するよう他国に対して救援を要請することである。国際司法裁判所は、この二つの要件を満たさずに集団的自衛権を行使することを許容する国際法規則は存在しないと述べた。たしかに、いくつかの集団防衛条約（ロカルノ条約、全米相互援助条約等）には宣言や要請に関する規定がある。ただし、それらが慣習法上の要件にまでなっているかについては否定的な見解もみられる。

***

地域的集団防衛条約

集団的自衛権が国連憲章で明示的に認められたことにより、多くの地域的**集団防衛条約**は、集団的自衛権を根拠とした共同防衛を定めている。例えば、1947年の米州諸国の米州相互援助条約第3条、北大西洋条約機構（NATO）の設立文書である1949年の北大西洋条約第5条、1991年に解体したワルシャワ条約機構の1955年のワルシャワ条約第4条、1992年

◆ Case　ニカラグア事件

（ニカラグア対アメリカ合衆国）国際司法裁判所判決［1986年6月27日］

1981年に発足したアメリカ合衆国のレーガン政権は、中米ニカラグアの親ソ・左翼政権を打倒すべく、同国の反政府組織コントラへの軍事的支援等を通じて、直接・間接にニカラグアに対する軍事活動を展開した（メンバーの募集・訓練や財政援助等のコントラ支援、港湾施設への攻撃や機雷の敷設、領空侵犯等）。これをアメリカ合衆国による侵略行為ととらえたニカラグア政府は、1984年3月、国連安全保障理事会にアメリカ合衆国の行為の非難や停止を求めた。しかし、アメリカ合衆国の拒否権行使により決議の採択が阻止されたため、同年4月に国際司法裁判所に提訴した。

裁判所は、アメリカ合衆国に軍事活動の停止を命じる仮保全措置を指示し、さらに、管轄権の存在を認める判決を下した。アメリカ合衆国はこれを不服として、以後の出廷を拒否した。1986年の本案判決では、ニカラグアに対するアメリカ合衆国の行為が、**武力行使禁止原則**と**不干渉原則**の違反であること、ニカラグアの領域主権を侵害したこと、国際人道法の違反を助長したこと等が認定され、反対に、集団的自衛権の行使であるというアメリカ合衆国の主張は退けられた。さらに判決は、アメリカ合衆国はこれらの行為をただちに中止し、損害賠償を支払う義務を負うと述べた。

の独立国家共同体（CIS）集団安全保障条約第４条、そして、1960年の日米安全保障条約第５条等がある。これらはすべて国連憲章第51条に直接言及している。こうした条約は、いわゆる**軍事同盟**を結成するものであるから、同盟の外部に敵国の存在を想定しており、その結果、同盟間の対立を引き起こす要素をもっている。実際に、アメリカ合衆国を中心とするNATOと、ソ連（現ロシア）を中心とするワルシャワ条約機構の対立は、東西冷戦と呼ばれ、長年にわたり国際社会に緊張と停滞をもたらしてきた。国連憲章に基づく集団的自衛権が、憲章の理念である集団安全保障の基盤を掘り崩してきたといえる。

4 自衛権以外の武力行使の根拠

** 人道的干渉

人道的干渉は、他国で発生した大規模で深刻な人権侵害（集団殺害、迫害等）を防止又は停止させるために国家が行う干渉行為である。不干渉原則とも関連するが、干渉手段に武力が含まれる場合には、人道的干渉が武力行使禁止原則の例外に当たるかどうかが大きな問題となる。人道的干渉は、古くはヨーロッパのキリスト教国が、宣教師による布教活動を保護する名目で、非キリスト教国に対して武力干渉をする際に根拠とされてきた（1827年の英・ロ・仏による対トルコ干渉等）。武力行使が違法化された後も、他国への武力行使を人道的な理由によって正当化する事例はあった。ただし、そのほとんどは、被干渉国の要請があることや自衛権の行使を主たる根拠としており、人道上の理由は補助的に主張されることが多かった。

*** コソボ人道的干渉

人道的干渉が国際法上の重要問題として注目される契機となったのは、1999年のNATO諸国によるユーゴスラビア（現セルビア）空爆である。この空爆は、安保理決議に基づかず、かつ、ユーゴがNATO加盟国に対して武力攻撃を行ったわけでもないため自衛権でも正当化できない武力行使であった。その一方で、同国のコソボ自治州（2008年に独立宣言）でセルビア系住民によるアルバニア系住民の迫害（**民族浄化**）という人道的危機（領域国であるユーゴ政府が停戦に応じなかった）が発生しており、空爆の目的は、それを終わらせることであると主張された。そのため、人道的干渉が空爆の法的根拠となりうるかが議論されたのである。

*** 違法だが正当

多くの人々が迫害され虐殺されているならば、それを救うことが正義にかなう。このことを否定する人はいないだろう。

しかし、人道的干渉に関する議論において考慮されるべきは、人命や人権の重さとともに、現代の国際法における武力行使禁止原則の規範としての歴史的な重要性である。国家による戦争や武力行使をどのように規制して平和を実現するかが、国際社会の長年の最重要課題であり、国際法は規範のうえではようやくそれを達成した。同原則の例外を安易に拡大することはできないし、歴史的事実としても、個別国家による人道的干渉は、他国への武力干渉のための隠れ蓑となってきた。2022年のウクライナへの軍事侵攻に際してロシアが主張したのも、ロシア系住民に対する虐殺を止めるためという人道上の理由だった。

また、目的が真に人道的だとしても、本当に迫害が起きているのか、被害者は誰で加害者は誰か、武力行使しか手段がないのか、誰がどのように武力行使を行うのか、といった判断が客観的かつ公正に下されることは、国際社会の現状では

◆ Further Study　保護する責任

国連開発計画（UNDP、国連の専門機関）の1994年の報告書を契機として、**人間の安全保障**という言葉が注目を集めるようになった。これは、それまで国家間の軍事的関係の文脈でのみ議論されてきた安全保障を、人間一人ひとりの日常生活における安全という視点からとらえ直すものである。人間の安全保障は、「欠乏からの自由」と「恐怖からの自由」の確保を二本の柱とする。欠乏からの自由とは、飢餓や貧困、疫病等のない状態を意味し、その確保のためには、途上国への経済支援等が必要になる。恐怖からの自由とは、戦争、内戦や迫害の脅威から解放されることを意味する。

他方で、カナダ等が議論を主導した「**保護する責任**」論は、一国内での**民族浄化**等の人道危機に際して、領域国にそれを止める意思や能力がない場合、又は、領域国自身が危機を主導しているような場合には、国際社会又は関係諸国が、人びとを救う責任、つまり介入する責任を負うことになると主張する。人道的干渉のように干渉の権利や権限を論ずるのではなく、責任として論ずる結果として、介入は選択的ではなく必然性を伴うことになる。ただし、保護する責任という考え方は一般的に支持されているわけではない。例えば、人間の安全保障に関する国連総会決議（A/RES/66/290等を参照）では、人間の安全保障は保護する責任とは異なる概念であり、したがって武力行使や強制措置を求めるものではないこと等を宣言している。保護する責任という概念は、国際社会の多数派によって明確に拒絶されたと言える。

ほとんど期待できない。人道的干渉に対しては、このような理由から慎重な態度をとらざるをえない。コソボへの人道的干渉を肯定する論者の中にも、市民の多大な犠牲を伴う空爆という手段には疑問を呈した者もいた。また、国連のような組織による決定に基づく干渉のみを認めるべきだという主張もある。

いずれにしても、NATOの空爆に対する「違法だが正当」という評価は、裏を返せば、政治的ないし道義的には一定の理解を示せるとしても、国際法上は違法な武力行使と言わざるをえないという、国際社会からのいわば宣告なのであろう。

***

在外自国民の保護 他国にいる自国民の生命・財産を保護するための武力行使は、かつては一般的に合法とされてきた。また、武力行使禁止原則の確立以後も、**在外自国民の保護の名目での武力行使**はしばしば行われてきた。その際には、自国民の保護を目的とした限定的な武力行使は、他国の政治的独立や領土保全を害するものではないから合法であるなどと主張された。これは先にみた国連憲章第2条4項の限定的解釈に通ずるものであり、そうした解釈が認められる余地がないことはすでに指摘したとおりである。

実際の事例では、自国民保護のための武力行使は、自衛権の行使として正当化が試みられることが多い。最も著名なケースは、**エンテベ空港事件**［1976年］である。この事件では、ハイジャックされウガンダのエンテベ空港に着陸した航空機内の自国民を救出するために、イスラエルが軍の特殊部隊を使って奇襲作戦を行った。この事件に関する安保理での討議において、イスラエルは、救出は自衛権の要件に合致するものであり合法であると主張した。アメリカ合衆国はこの主張に賛同したが、日本を含む西側諸国はあいまいな態度をとり、他方でその他の諸国はイスラエルの行動を侵略行為と非難した。いずれにしても、在外自国民の保護が武力行使の独自の正当化事由として国際法により認められているとはいえない。なお、自国民の財産の保護のための武力行使が認められないことについては、現在では異論がみられない。

☆ Summary

戦争の違法化は20世紀に始まる。（　1　）規約は、それまで禁止されていなかった戦争を規制した画期的な条約だったが、禁止される戦争の範囲は限定されていた。はじめて戦争を全面的に禁止したのは（　2　）条約であるが、用語の問題から

（　3　）上の戦争を抜け道として残していた。国連憲章第（　4　）では、「戦争」という言葉は使わずに、武力（force）による（　5　）及び武力の（　6　）が禁止されている。英語の“force”は第一義的には「力」と訳すべき言葉だが、同条項では武力すなわち軍事力を指すとの解釈が一般的である。ただし、政治的・経済的圧力も禁止の対象とすべきであるという、主に途上国からの主張も根強い。また、同条項の「（　7　）又は政治的独立」や「国際連合の目的」への言及は、禁止される武力の範囲を限定するものではない。このような武力行使禁止原則の確立とともに、その例外として位置づけられる自衛権の意義が高まった。

自衛権とは他国からの違法な（　8　）に対して反撃する権利である。国連憲章第51条では、個別的自衛権と（　9　）的自衛権が国家の「（　10　）の権利」として規定されている。ただし、自衛権は安全保障理事会が必要な措置をとるまでの間に限って行使できる暫定的な権利である。したがって、自衛のためにとった措置は、ただちに安保理に（　11　）しなければならない。また、自衛の措置（武力行使）は、相手国の武力攻撃との（　12　）性が求められ、かつ、武力攻撃に対処するために必要な最後の手段でなければならない（必要性）。なお、武力攻撃の発生のおそれを理由とした（　13　）的自衛は、濫用の危険性が高く、多くの非難を浴びている。

集団的自衛権は、武力攻撃を受けていない国が、攻撃を受けた他国を防衛する権利である。大国による軍事介入の口実になりやすいため、国際司法裁判所は（　14　）事件判決において、直接の被害国が武力攻撃発生の確認及び（　15　）を行い、かつ、他国に対し援助を（　16　）することを要件とした。

（　17　）は、1999年のNATO諸国によるユーゴ空爆により、個別国家による武力行使の根拠として注目を集めた。国際法上認められた根拠とはいえない。1999年ユーゴ空爆は、その目的の正当性への考慮から「違法だが正当」と評価されている。

答

【Quiz】②いいえ、いえない。ニカラグア事件判決によれば、国際法上の自衛権には、他者防衛の権利である集団的自衛権が含まれている。しかし、集団的自衛権を個別的自衛権の共同行使と考えるか、自国の重大利益の防衛と考えれば、自衛権を自国防衛の権利であると主張することは可能。その場合、答えは①となる。

【Summary】①国際連盟、②不戦／戦争抛棄に関する、③事実、④２条４項、⑤威嚇、⑥行使、⑦領土保全、⑧武力攻撃、⑨集団、⑩固有、⑪報告、⑫均衡、⑬先制、⑭ニカラグア、⑮宣言、⑯要請、⑰人道的干渉

第3章　集団安全保障

Quiz

国連は、国際平和の維持のために国連軍をもっているか。

①はい、もっている。②いいえ、もっていない。　（答は章末）

1　集団安全保障の登場

*　勢力均衡

17世紀のヨーロッパに「国際社会」が登場して以来、国家間の戦争を防ぐための方策として採用されてきたのは、勢力均衡という方式である。**勢力均衡**とは、対立する国家（国家グループ）の間において力関係を均衡させることにより、どちらからも手を出せない状況を作ることをいう。平和維持の方策であると同時に、帝国支配の出現を防ぐことも意図している。勢力均衡体制は、①**仮想敵国**を設定し、②仮想敵国に対抗しうる軍事力を維持し、③仮想敵国から攻撃を受けた場合には防衛義務が発生する**同盟**条約を締結するなどのかたちをとる。大国であるイギリスが**バランサー**としての役割を演じた。イギリスは、均衡が崩れそうになった場合、劣勢になりかけている側に肩入れすることにより、均衡の維持回復を目指す政策をとったのである。

もっとも、勢力均衡体制の下では、仮想敵国の意図や力に対する疑心暗鬼から各国とも自国に有利な「均衡」を求めがち（軍拡競争など）であり、相手国を完全に打倒することや勢力均衡の枠組みを壊すことを意図しない限定戦争は排除されていなかった。また、均衡維持のために結ぶ同盟により、いったん戦争が始まればそれが拡大するおそれもある。1914年にサラエボの街に鳴り響いた一発の銃声が第一次世界大戦へと至ってしまったのは、同盟の網の目により戦火が予想外に拡大したことによるものであった。

*　集団安全保障の概念

第一次世界大戦後に設立された国際連盟においては、勢力均衡にとって代わるものとして、集団安全保障が導入された。**集団安全保障**とは、①すべての関係国の間で戦争ないしは武力行使を禁止し、②その約束に違反した国に対しては、残りの国が一致して制裁を加える、という二つの要素から成り立つ。潜在的な対立国も体制のなかに取り込むこと、またそうした対立関係を超えた集団的な制裁を用意することに、その特長がある。一国による侵略は、体制参加国全体の利益を侵害するものだとの理念に基づく。

2　国際連盟における集団安全保障

***

戦争に対する制裁

国際連盟規約は、戦争又は戦争の脅威が連盟全体の利害関係事項である（▶第11条1項）と謳（うた）い、集団安全保障の理念を表明している。もっとも**戦争違法化**は不十分なものにとどまっていた。また、規約違反の戦争が行われたか否か、どのような制裁を実施するのかにつき、誰が認定や決定の権限を有するのかということは、規約では明らかにされていなかった。さらに、理事会や総会の表決が原則として**全会一致**であったことや、採択される決議に法的拘束力がないという限界も指摘される。

連盟規約に違反して戦争を行った国は、当然に（*ipso facto*）他のすべての連盟国に対し戦争を行ったものとみなされ、他のすべての連盟国は、即時の全面的な経済制裁を実施するよう義務づけられている（▶第16条1項）。軍事制裁については、陸海空軍の分担の程度を理事会が各国政府に提案することが定められている（▶第16条2項）にとどまり、連盟国に参加義務が課せられているわけではない。このように経済制裁に大きく傾斜した体制が用意されたのは、第一次世界大戦における対ドイツ経済封鎖が奏効した経験に基づく。規約は即時の全面的な経済制裁を義務づけるものであったが、それに対し、中小国を中心に負担が重すぎるとの主張が有力となっていく。1921年、連盟総会は「**規約第16条適用の指針**」を採択し、規約違反の戦争があったか否かは各連盟国が判断すること、また経済制裁は軽微なものから段階的に実施されうることとした。

***

制裁の実態

規約第16条に基づく制裁が発動されたのは、1935年のイタリア・エチオピア戦争においてのみである。連盟理事会は、イタリアのエチオピア侵攻を規約違反と認定し、総会は、武器弾薬や軍用機材等をイタリアへ輸出することを禁止したが、石油や石炭、鉄等の戦略物資の禁輸は最後まで行われなかった。他方、イタリアからの輸入は全面的に禁止され、世界恐慌への対処策として外国からの輸入を抑制しようとしていた各国に、制裁が利用されたという面を否定できない。また、禁輸を徹底するための陸上や海上における密輸防止措置も講じられなかった。イタリアがエチオピアを併合（1936年）してまもなく、制裁は解除された。このように、国際連盟の経済制裁は、連盟諸国の意思と能力の欠如によって、ほとんど効果を上げることはできなかった。

＊ **大国の不参加** 国際連盟の大きな弱点として、大国の不参加が挙げられる。連盟創設を主導したのはアメリカ合衆国大統領のウィルソン（Woodrow Wilson）であったが、アメリカでは上院の賛成が得られず、参加することはなかった。敗戦国であるドイツの加盟（1926年）やロシア革命で成立したソ連の加盟（1934年）も遅れた。また、日本とドイツは1933年に、イタリアは1937年に脱退している。ソ連は、フィンランドへの侵攻を理由として1939年に除名された。一貫して加盟していた大国は、イギリスとフランスのみであった。

> **Point 国際連盟の問題点**
> ①不徹底な戦争違法化、②全会一致制、③経済制裁中心
> ④集権制の欠如、⑤大国の不参加

3 国際連合における集団安全保障

＊ **集団安全保障の強化** 国際連盟が第二次世界大戦の発生を防げなかったことにつき、国連憲章の起草者たちは、その主な原因を集団安全保障体制の不十分さに見出し、戦後の「国際の平和と安全を維持する」（▶国連憲章第１条１項）ための柱として、集団安全保障を強化することに力点を置いた。集団安全保障の二つの要素のうち、第一の要素については、禁止の対象を戦争と表現せず武力の行使とし、あわせて武力による威嚇も禁止した。第二の要素については、経済制裁だけでなく軍事制裁も、加盟国を義務づけるかたちで発動しうる体制を導入した。また、国際連盟の制裁が各国の判断によって実施される分権的体制であった点については、国連の主要機関の一つである安全保障理事会（安保理）に、国際平和を維持する主要な責任を負わせた（▶第24条１項）うえで、その決定に拘束力をもたせること（▶第25条）により、集権化を図った。

もっとも、安保理の常任理事国（中国、フランス、ロシア、アメリカ合衆国、イギリス）には、いわゆる**拒否権**が認められており、５大国の１か国でも反対すれば、制裁発動に関する決議は採択されない（▶第27条３項）。拒否権については、たしかに不平等な制度であるが、それを認めなければソ連（当時）が国連に加盟しな

かったであろうという事情や、冷戦下において第三次世界大戦を防ぐための安全弁として機能したという面を指摘できる。2022年ウクライナ侵攻の際には、ロシア非難決議案が安保理に提出されたが、ロシアの拒否権によって採択されなかった。それを受けて、国連総会は、拒否権行使から10日以内に会合を開くこと、その３日前までに拒否権行使に関する報告書の提出を行使国に求めることを決議した（▶総会決議76/262）。拒否権行使国に説明責任を求め、一定のはどめをかける意図がある。

＊＊ **第６章手続**　**国連憲章第６章**は、**紛争の平和的解決**に向けた安保理の活動について規定する。国際平和を危うくするおそれのある紛争の当事国は、当事国が選択する手段によって紛争を解決できなかった場合には、その紛争を安保理に付託しなければならない（▶第37条１項）。付託を受けた安保理は、国際平和を危うくするおそれありと判断すれば、調整手続か解決条件を勧告する（▶同条２項）。また、安保理は、ある紛争や事態が国際平和を危うくするおそれのあるものか否かを決定するため、自発的に調査を行うことができ（▶第34条）、国際平和を危うくするおそれのある紛争や事態のいかなる段階においても、調整手続を勧告しうる（▶第36条１項）。第６章手続は、第７章の下での強制措置とは別のものであるが、安保理では、第６章下での活動と第７章下での措置との連携が意識されることが少なくない。できれば強制措置を発動することなしに、第６章の枠内で紛争の解決に至るのが望ましいし、逆に、平和的解決に至らない場合の手段として、第７章の措置も視野に入れるということである。

＊＊ **第７章への入口**　集団安全保障については、**国連憲章第７章**に規定されている。この章の冒頭に置かれているのが第39条である。同条によると、安保理が「平和に対する脅威」、「平和の破壊」又は「侵略行為」という３種の事態の存在を認定（determine）したうえで、非軍事的措置（▶第41条）や軍事的措置（▶第42条）の発動を決定（decide）することになっている。国際連盟の集団安全保障体制と比較して注目されるのは、禁止の対象と制裁の対象となる事態が一致していないことである。上述の３種の事態については、憲章上定義が与えられておらず、とくに平和に対する脅威は、国連の実践において、武力による威嚇や武力の行使を伴わない事態も広くカバーするものと解釈されてきた。

国際連合憲章
第39条　安全保障理事会は、平和に対する脅威、平和の破壊又は侵略行為の存在を決定し、並びに、国際の平和及び安全を維持し又は回復するために、勧告をし、又は第41条及び第42条に従っていかなる措置をとるかを決定する。

＊＊＊ **平和に対する脅威**

平和に対する脅威とは、国連憲章制定時には、国家間の武力紛争へ適用されることが想定されていた。しかし、冷戦期（1945年～1989年）において、人種差別や大規模人権侵害（南ローデシアや南アフリカ）が平和に対する脅威に該当すると判断される事例がみられた。さらに冷戦後は、柔軟な運用が進み、人道的悲劇を伴う国内紛争（ソマリア、旧ユーゴスラビア、ダルフール等）、国際監視の下で民主的に選ばれた政権に対するクーデター（ハイチ、シエラレオネ）、テロ容疑者の引渡し拒否（リビア、アフガニスタン等）、海賊行為の多発（ソマリア）も、平和に対する脅威を構成すると認定されている。さらに、領域国による「保護する責任」の不履行が、そのように認定されたと解される例（リビア、コートジボワール）もある。このように、平和に対する脅威概念の射程はずいぶん拡大してきた。このことは、安保理に広範な裁量権が認められていること、また、平和概念が広がりや深まりをみせ、「国家間の武力衝突の不存在」では不十分と認識されるようになってきたことの表れである。しかし、安保理の裁量の恣意性をいかに防ぐかという課題があることも忘れてはならない。

＊＊＊ **暫定措置**

安保理は、平和に対する脅威等が認定された場合において、事態解決のための勧告や強制措置の発動をする前に、関係当事者に対し**暫定措置**に従うよう要請することができる（▶第40条）。暫定措置の例としては、敵対行為の停止勧告や軍隊の国境線内への撤退勧告等が挙げられる。暫定措置は、関係当事者の権利や地位を害するものではないが、当事者が従わない場合には「妥当な考慮」が払われる旨が規定されている。つまり、従わなければ、不利な扱いを受けることもありうるのだ。なお、条文上は明らかでないが、暫定措置にも拘束力があると解される。

＊＊ **非軍事的強制措置**

非軍事的強制措置については、第41条で、「兵力の使用を伴わない」措置と規定され、経済関係や運輸通信手段の一部又は全部の中断、外交関係の断絶が例として掲げられている。ここでも、安保理に広い裁量権が認められており、武器弾薬の禁輸といった典型的な措置だけでなく、内戦において非人道的行為を行った者を裁くための国際刑事裁判所の設置（旧ユーゴ、ルワンダ）、テロ容疑者を裁くための特別裁判所の設置（レバノン）、政治的指導者の海外資産凍結や渡航禁止（アフガニスタン、ダルフール、北朝鮮等）も実施されている。また、特定の紛争を対象としたものではなく、テロリズム防止という一般的な観点から、加盟国に一定の義務を課す決議（▶安保理決議1373（2001）、1540（2004））も採択されている。

＊＊＊ 禁輸措置履行確保のための実力行使

「兵力の使用を伴わない」という文言は、禁輸等の実効性を確保するための実力措置を排除するものではないと解釈されている。例えば、白人少数政権が支配を樹立しイギリスからの独立を宣言した南ローデシアへの禁輸措置においては、南ローデシア向けの原油タンカーがベイラ港（当時、ポルトガル領モザンビーク）に寄港するのを阻止するための実力行使が、イギリスに許可された（▶決議221（1966））。湾岸危機（▶決議665（1990））や旧ユーゴスラビア（▶決議787（1992））に関する決議も、そのような許可を与えた例である。もっとも、どのような措置が許容されているのかは、決議ごとに慎重に検討されなければならない。

> **国際連合憲章**
> 第41条　安全保障理事会は、その決定を実施するために、兵力の使用を伴わないいかなる措置を使用すべきかを決定することができ、且つ、この措置を適用するように国際連合加盟国に要請することができる。この措置は、経済関係及び鉄道、航海、航空、郵便、電信、無線通信その他の運輸通信の手段の全部又は一部の中断並びに外交関係の断絶を含むことができる。

＊＊＊ 制裁委員会とスマートサンクション

経済制裁が発動されると、その履行状況を監視するため、また場合によっては人道上の理由等による例外を認めるために、安保理の下に、15理事国によって構成される**制裁委員会**が置かれる。湾岸危機を契機とするイラクに対する経済制裁においては、他のケースと同様に食糧や医薬品を禁輸の対象から外し、また食糧支援のための「石油と食糧交換計画」も実施されたが、乳幼児を含む社会的弱者への打撃が大きくなった。その反面、政府エリートは、ヤミ市場で儲けているという指摘もみられた。こうした苦い経験を踏まえ、制裁を行う場合、対象国の一般の人びとに対する悪影響を少なくするとともに、責任あるエリート層に対し有効な影響を与えることが必要だと認識されるようになってきた。そして、1990年代半ば以降、全面経済制裁からスマートサンクションへの移行がみられるようになったのである。**スマートサンクション**の主な形態としては、個人や団体の在外資産の凍結、個人の海外渡航禁止が挙げられる。こうした措置が決定された場合、いかなる者や団体が対象となるか、制裁委員会がリストを作成する。制裁の実効性を上げるためには、過不足ないリストを迅速に作ることが必要である。さらに、個人の氏名や団体の名称の変更、また偽装団体の設立等に対処することも求められ、リストをこまめに更新することが肝要となる。

** 軍事的強制措置

軍事的強制措置については、第42条から第47条に規定が置かれている。どのような場合に軍事的措置を実施するかについて安保理は幅広い裁量権を有しており、第42条（陸海空軍の行動）の発動は、必ずしも非軍事的措置が奏効しなかったこと等を前提とするものではない。もっとも、非軍事的措置では不十分であろうという認定は必要である。軍事的措置といっても、国連自体が軍隊を保有しているわけではないので、その実施には加盟国からの兵力提供が必要である。国連憲章では、そのための**特別協定**（▶第43条）を安保理と加盟国の間で事前に締結しておき、加盟国は特別協定の範囲内で参加協力する義務を負うという体制が用意されている。しかしながら、冷戦中はもちろん、冷戦後の現在に至っても、第43条に基づく特別協定が結ばれた例は存在しない。これは、自国の兵力を義務として提供し国連の指揮に委ねることに対し、加盟国が躊躇しているからである。自国に不利益なかたちで発動されるかもしれない軍事制裁に対し、あらかじめ兵力提供の約束などできないという思いが、各国に根強くある。ここにも、集団安全保障の理念と現実のギャップがみられる。

国際連合憲章

第42条　安全保障理事会は、第41条に定める措置では不充分であろうと認め、又は不充分なことが判明したと認めるときは、国際の平和及び安全の維持又は回復に必要な空軍、海軍又は陸軍の行動をとることができる。この行動は、国際連合加盟国の空軍、海軍又は陸軍による示威、封鎖その他の行動を含むことができる。

第43条１　国際の平和及び安全の維持に貢献するため、すべての国際連合加盟国は、安全保障理事会の要請に基き且つ一又は二以上の特別協定に従って、国際の平和及び安全の維持に必要な兵力、援助及び便益を安全保障理事会に利用させることを約束する。この便益には、通過の権利が含まれる。

＊＊ 授権による強制措置

以上のような現実の下、安保理が軍事的措置を決定することはできず、これまでの軍事的措置は、いずれも勧告や許可（授権）といったかたちをとっている。冷戦期に軍事的措置が発動された唯一の事例は、**朝鮮国連軍**（▶安保理決議52・53（1950））である。ソ連が、中国代表権問題をめぐり安保理を欠席していたことから、決議の採択が可能となったもので、勧告による国連軍の派遣という形式をとった。冷戦後の最初で最大級の軍事的措置は、湾岸戦争における多国籍軍（▶**安保理決議678（1990）**）である。このケースでは､「加盟国に必要なあらゆる手段を許可する」というかたちになった（**授権決議**）。このような文言は、後の多くの事例でも用いられることとなる。

こうした事例については、派遣軍の構成が特定国（アメリカ合衆国等）に大きく依存していること、指揮権が主導国に委ねられていることなど、共通の特徴がみられる。このような軍事的措置の外注方式に対しては、形式はともかく軍事制裁を発動しうるようになったという面を肯定的に評価できると同時に、軍事行動を国連がコントロールするのは難しいという問題点がある。例えば、2011年のリビアの事例では、多国籍軍の軍事行動は、飛行禁止区域と文民保護という目的を超え、カダフィ政権の崩壊という結果を招いた。その反面、東ティモールに派遣されたオーストラリア主導の多国籍軍や、コンゴに派遣されたEU主導の多国籍軍等、抑制の利いた武力行使により人道的破局の防止に貢献しえた事例もある。

授権決議の憲章上の根拠をめぐっては、違法であるとの主張、第39条や第42条に基礎づけようとする主張、あるいは、黙示的権限や「後に生じた慣行」（▶条約法条約第31条3項(b)）という一般理論を援用する主張等がある。安保理で授権決議が繰り返し採択されていることに着目すれば､違法と断ずるのは困難であろう。ただし、武力行使の目的や程度あるいは期間につき、安保理がどのようなコントロールを及ぼしうるかという大きな課題は残る。

安保理決議678（1990）

安全保障理事会は……

2　上の第1項で示したように、イラクが前記諸決議を1991年1月15日以前に完全に実施しない場合には、決議660（1990）及びその後のすべての関連決議を支持し、実施するために、そして、当該地域における国際の平和と安全を回復するために、クウェート政府に協力している加盟国に対しすべての必要な手段を用いることを許可する。

＊＊＊ **地域的機関**

国連憲章第８章においては、国際平和の維持に関して、国連の目的と原則に一致することを条件に、**地域的機関**の存在と行動が認められている（▶第52条１項）。国連憲章には地域的機関の定義がなく、とくに冷戦後の国連の実践においては柔軟に解釈されている。第８章がもともと予定していた地域的機関は、米州機構（OAS）、アラブ連盟、アフリカ統一機構（現アフリカ連合：AU）のように、加盟国間の問題を処理するものであったが、現在は、集団的自衛権に立脚して設立された北大西洋条約機構（NATO）等にも地域的機関として国連への協力が期待されている。国連と地域的機関の関係は、紛争の平和的解決については、後者の努力が優先ないしは奨励されている（▶第52条２項、３項）が、地域的機関の強制行動は安保理の許可を必要とする（▶第53条１項）。なお、非軍事的措置やいわゆる地域版平和維持活動（PKO）の派遣が強制行動に含まれるか否かについては議論がある。冷戦期において、地域的機関は国連の関与や冷戦の影響を排除するため、自律的な機能を主張することが多かったが、現在では、多発する地域紛争や内戦に対処するため、国連と地域的機関の役割分担やパートナーシップの必要性が強調されている。

＊＊＊ **平和のための結集決議**

1950年の朝鮮国連軍は、ソ連の安保理欠席により実現したものであるが、ソ連の復帰後、安保理は機能しえなくなった。そこで、アメリカのイニシアティブの下、総会が国際平和の維持・回復のために活動できるような制度的枠組みを整えることが模索され、1950年11月、総会で**平和のための結集**決議が採択された。決議の眼目は、安保理が拒否権によって任務を遂行しえないときには、総会が３分の２の多数で兵力の使用を含む集団的措置を勧告できるということである。ただし、平和に対する脅威の場合は除かれている。

この決議については、国連憲章との整合性という観点から異論が唱えられた。第11条２項において、行動（＝強制行動）を必要とする場合には、総会が問題を安保理に付託しなければならないと規定されているので、総会は強制措置を勧告しえないという主張である。しかし、第10条は、総会が国連憲章の範囲内にあるあらゆる問題につき勧告をする権限を認めており、第11条４項では、同条によって第10条の一般的権限が制限されていないと規定されている。このことから、安保理が拒否権によって任務を遂行しえない場合は、第10条に基づいて、総会も強制措置を勧告しうるとの解釈も成り立ちうる。

> **平和のための結集決議　A**
>
> 1　平和に対する脅威、平和の破壊又は侵略行為があると思われる場合において、安全保障理事会が、常任理事国の全員一致が得られないために、国際の平和及び安全の維持に関するその第一義的責任を遂行できなかったときには、総会は、国際の平和及び安全を維持し又は回復するための集団的措置（平和の破壊又は侵略行為の場合には必要とあれば兵力の使用を含む。）について、加盟国に対して適当な勧告をするために直ちにその事項を審議しなければならないことを決議する。総会がその時に会期中でない場合には、要請があってから24時間以内に緊急特別会期として会合することができる。この緊急特別会期は、安全保障理事会のいずれかの７理事国（現在は９理事国）の投票に基く要請、又は、国際連合加盟国の過半数の要請があったときに、招集されるものとする。

しかし、拒否権が第三次世界大戦を防ぐための安全弁として機能していたことを考えると、拒否権を迂回して強制措置を勧告することは、危ない綱渡りである。朝鮮戦争後、平和のための結集決議を利用して強制措置がとられたことはない。そして、総会の多数を途上国が占めるようになるにつれ、平和のための結集決議には、緊急特別総会を開催し国際世論を喚起するという意義（例えば、スエズ危機における停戦勧告や PKO 派遣に関する決議、ロシアによるウクライナ侵攻を非難する決議の採択）が見出されるようになった。

4　平和維持活動（PKO）

＊ **伝統的 PKO**

国連憲章に、**平和維持活動**（peace-keeping operations：**PKO**）という文言はみられない。国際連盟において、ギリシャ・ブルガリア国境紛争［1925年］が生じた際に、小規模の監視団が派遣されて事態の悪化防止に貢献するなど、PKO と同様の活動が行われていたが、国連憲章にそうした経験が直接に反映されることはなかった。PKO は、冷戦によって国連の集団安全保障体制が機能しえないという状況の下、いわば応急措置として、国連の実践において考案され、集団安全保障とは区別された独自の存在意義をもつものとして定着してきた。PKO については国連による公式な定義はないが、伝統的 PKO は、国際平和を脅かすおそれのある地域的武力紛争において、停戦合意が成立した場合、非武装の軍事監視団や軽装備の軍隊組織を派遣し、武力衝突の再発を防止し事態の鎮静化を図る国連の活動と定義することができる。

＊ **基本的性格**

伝統的 PKO の第一の特徴は、PKO の派遣が紛争当事国の同意の下に行われるという**同意原則**である。この原則は、強制措置と PKO を峻別するための根本原則だ。国家間紛争の場合、同意の主体は当事国政府となるが、内戦の場合は、当該国政府の同意のみならず、他の紛争当事者の協力も必要となる。第二の特徴は、PKO が紛争当事者に対し公平な立場で臨むという**中立的性格**だ。当然、受入国の国内管轄事項への介入は禁止される。第三の特徴として、PKO の編成にあたり、利害関係国や大国は一般に除外されてきたことが挙げられる（**大国排除**）。第四の特徴として、武器の使用は厳格な**自衛**の場合に限定されるという点が挙げられる。PKO が武器使用を想定しているのは、紛争当事者の指揮命令系統の混乱や軍規の乱れ、また任務や駐留範囲に関する誤解等から生じる散発的ないしは偶発的な攻撃に対処することである。紛争当事者が同意を撤回し本格的な攻撃を仕掛けてくることへの対応は考えられておらず、あくまで同意原則の枠内での武器使用である。平和維持軍の装備は、一般に、現地の警察の装備と大差がないものといわれてきた。もちろん紛争地の警察なので、日本の警察官と比べれば重装備であるが、それでも重火器やミサイル、戦車や戦闘機等は保有していない。第五の特徴は、PKO が国連の指揮下に置かれるという**国際性**である。PKO は、安保理（まれには総会）によって設立や終了が決定され、その日常的な任務遂行については、現地の司令官や代表を通じて国連事務総長が指揮をとり、事務総長は国連に対して報告し責任を負うことになっている。

以上のような基本的性格をもつ伝統的 PKO は、冷戦期において、地味ではあるが重要な役割を果たしてきた。もっとも、内戦において同意や協力を得るべき主体が不明確な場合や、同意や協力が表面上のものにとどまる場合には、任務遂行に困難が生ずる。また、PKO の派遣により停戦状態は維持されているが、紛争そのものは解決されず駐留が長期化するというケースもみられる。こうした課題の克服は、冷戦後に持ち越された。

Point　PKO の特徴

①同意原則、②中立性、③大国排除、④自衛、⑤国際性

＊＊ **憲章上の根拠**

国連憲章には、PKO に関する明文の規定がなく、その法的根拠が問題となる。伝統的 PKO は、紛争の平和的解決そのもの

を行う活動ではなく、いわばその前提条件としての停戦を維持するために軍事機関を派遣するものなので、第６章下の活動とはいえない。また、軍事機関を派遣するが強制的に行われるものではないので、第７章下の活動ともいえない。安保理や総会の補助機関設置に関する規定（▶第29条、第22条）は、手続的権限に関するもので、実体的権限の根拠規定となるものではない。こうしたことから、伝統的 PKO は**第６章半**の活動とも呼ばれ、その法的根拠は、同意原則のほか安保理に与えられた幅広い権限に見出すしかない。なお、1960年代には、スエズやコンゴへ派遣された PKO をめぐり、フランスやソ連が国連憲章上の合法性を争ったが、国際司法裁判所はある種の経費事件［1962年］においてその合法性を確認した。そのため現在では、PKO 自体の合法性に異議を唱える国は事実上存在しない。

**
平和構築任務をもつ PKO

冷戦後、伝統的 PKO のほか、既存の課題や新たな課題に対処するため、新たな型の PKO が出現している。第一は、平和構築任務をもった PKO である。伝統的 PKO においては、PKO の派遣により停戦状態が維持されている間に、紛争解決に向けた和平交渉を行うことが試みられることになっていた。それとは逆に、和平合意が成立した後に PKO が派遣され、停戦監視と並んで、総選挙の監視や実施をはじめとする政治プロセスの実施を PKO が支えるというものである。政治プロセスを支えるためには、選挙、行政、人権等に関する文民スタッフも重要な役割を担うこととなる。いわゆる**複合型 PKO** の登場といえよう。

その代表例は、国連カンボジア暫定統治機構（UNTAC、▶安保理決議745（1992））である。1991年、国連主導の和平交渉が実を結び、カンボジア４派の間に和平合意が成立し、同国に強い影響力をもつ諸国の間でパリ和平協定が採択された。UNTAC は、こうした合意を実施するために派遣されたものである。1993年、カンボジア初の総選挙が実施され、内戦に一応のピリオドが打たれた。UNTAC は、短期間で期待された成果を挙げた PKO として注目される。もっとも、和平合意を受けて派遣された PKO が、いつでも成功するとは限らない。アンゴラでは、和平合意に基づいて UNAVEM II（▶安保理決議696（1991））が派遣され、選挙が実施されたが、1992年、敗北した当事者が再び銃をとり、内戦が再発した。和平合意の枠組みがどれだけ強固なものなのか、選挙前の武装解除がどの程度進んでいるのかなどが、成否を分けるポイントとなる。国連東ティモール暫定行政機構（UNTAET、▶安保理決議1272（1999））が2002年の東ティモール独立に貢献しえたのは、こうした点への対処が十分なレベルに達していたからである。

＊＊ 強制権限をもつ PKO 冷戦後 PKO の第二の新しい型は、第７章に基づく強制権限を与えられた PKO である。初期の事例としては、第二次国連ソマリア活動（UNOSOM II、▶安保理決議814（1993））と、国連保護軍（UNPROFOR、▶安保理決議836（1993））が挙げられる。ソマリアにおいては、国連主導の和平プロセスに反対する最大武装勢力と UNOSOM II との間に戦闘が生じた。紛争当事者からの協力を得られず、戦闘部隊としての準備が不十分であった UNOSOM II は、撤退を余儀なくされた。ボスニアに設けられた六つの安全地域を守る任務を与えられた UNPROFOR については、地上部隊としての抑止力の不足を NATO の空軍力によって補うことが構想されていたが、NATO に属する国の UNPROFOR 要員がセルビア系住民勢力によって人質になるなどして、機能しえなかった。そして1995年には、安全地域の一つであるスレブレニツァが陥落し、多くのムスリム系住民が虐殺されてしまった。

こうした失敗の影響で、PKO が従来型へ回帰する動きが一時的にみられた。しかし、内戦等において一般住民が意図的な攻撃の対象となる傾向は深刻化し、1990年代末以降、文民を保護するため、PKO に第７章下の強制権限が与えられ

◆ Case　ある種の経費事件

国際司法裁判所勧告的意見［1962年７月20日］

1956年のスエズ危機の際に派遣された国連緊急軍（UNEF）や1960年のコンゴ動乱に対して派遣されたコンゴ国連軍（ONUC）につき、ソ連やフランス等が合憲章性を争い、経費の支払いを拒否した。そこで総会は、これら PKO の経費が、加盟国に負担義務のある「この機構の経費」（国連憲章第17条２項）に該当するか否かにつき、国際司法裁判所に勧告的意見を要請し、裁判所は肯定的な意見を出した。UNEF の法的根拠については第14条に言及し、ONUC については明確に示していない。勧告的意見の中で注目される法的判断として、①国際平和の維持に関する安保理の責任は、「主要な」ものであって「排他的な」ものではなく、憲章上の制限を除き総会にも権限が認められること、②第11条２項末尾の「行動」とは第７章下の強制行動であること、③二つの PKO は強制行動ではないこと、④二つの PKO の経費が「この機構の経費」にあたるか否かは、国連の目的を達成するためになされたかどうかによって決定されることが挙げられる。もっとも④のように、国連の活動の合憲章性を国連の目的との適合性のみで判断することは、国連の権限を広げすぎる可能性がある。

ることが一般化している（シエラレオネ、東チモール、コンゴ民主共和国等の諸事例）。このような試みが成功するためには、軍事面での準備だけでなく、文民保護のための武力行使をいかに政治的文脈から切り離すことができるか、和平プロセス全体に対しいかに深く紛争当事者や関係国を関与させうるかなどがカギとなる。

＊＊＊ **地域的機関との連携** 第三の新しい型は、地域的機関との連携に基づくPKOで、アフリカにおいてとくに顕著にみられる。西アフリカ諸国経済共同体（ECOWAS）やアフリカ連合（AU）が先行して部隊を派遣し、後にそれが国連のPKOに統合されるといったかたち（シエラレオネ、コートジボワール、ダルフール等）がみられる。こうした試みは、迅速な部隊展開を可能にしたり、国連と地域的機関のパートナーシップを強化するものとして、肯定的に評価される。もっとも、両者の間で十分な政策調整を行うことが必須であり、地域的機関の平和維持能力を向上させるための自助努力と国際的支援が必要である。

＊＊＊ **日本とPKO** 日本は、1992年に**国際平和協力法**を制定し、PKOに対し積極的に参加することにした。同法の下では、自衛隊を含む要員派遣の条件として、①紛争当事者間に停戦合意が存在すること、②紛争当事者がPKO展開と日本の参加に同意していること、③活動の中立性が保たれていること、④以上の条件が守られない場合には派遣を終了させること、⑤武器の使用は要員の生命保護のため必要最小限に限られることの五つが挙げられた。また、停戦監視や緩衝地帯のパトロールといったいわゆる**本体業務**は凍結された。UNTACへの要員派遣（自衛隊、文民警察、選挙監視要員）は、こうした条件の下で行われた。

その後1998年には、武器の使用につき、原則として個々の隊員の判断でなく、上官の命令によるとの改正がなされた。2001年には、武器使用による保護対象を若干拡大するとともに、本体業務の凍結解除を行った。2015年にはさらなる改正により、「駆け付け警護」と「宿営地の共同防衛」が参加可能な活動に加わった。「駆け付け警護」とは、自衛隊の近くで活動する非政府組織（NGO）が暴徒に襲撃されたとき等に、襲撃されたNGO等の緊急の要請を受け、自衛隊が駆け付けてその保護にあたることである。こうした新任務の追加に伴い、上記の原則⑤に、「受入れ同意が安定的に維持されていることが確認されている場合には、駆け付け警護等の実施に当たり、自己保存型を超える武器使用が可能」という内容が付加された。

そして、2016年11月、南スーダンに派遣されている自衛隊（施設部隊）に、この二つの任務が与えられた（施行は12月）。しかしこの時点の南スーダンにおいて、停戦合意が存在したといえるか否か、受入れ同意の安定的維持という要件が満たされていたか否かについては、否定的な見解が根強い。憲章第7章下での強制権限をもつPKOへの参加と憲法第9条との整合性が、問い直されている。なお2017年5月、自衛隊は、この任務を実際には遂行することなく、南スーダンから撤収した。

☆ Summary

国家間の戦争を防ぐために伝統的に採用されてきたのは、（　1　）方式である。その典型とされるものは、18～19世紀のヨーロッパにおいてみられた。しかし、第一次世界大戦は、均衡が破綻し戦火が拡大した場合に大きな惨禍が生じることを示した。そうしたことへの反省に立ち、第一次世界大戦後には、（　2　）が設立され（　3　）体制が導入された。

（　2　）の（　3　）体制には、（　4　）化が不徹底であったこと、（　5　）

◆ Further Study　平和構築委員会

2005年12月、国連総会と安保理がそれぞれ決議を採択し、両者の共同で平和構築委員会（PBC）が設立された。その主な目的は、紛争終結後間もない国において持続可能な平和を達成するため、戦闘員の武装解除から、難民帰還、選挙実施、統治機構の改革等、さまざまな局面に関する一貫した統合的戦略を提案することである。PBCはあくまで諮問機関であり、国連の平和構築活動を統括したり、政策決定を行うものではない。安保理、経済社会理事会、危機的状況にある国、事務総長からの要請に基づき、PBCの組織委員会が議題を設定する。助言にあたっては、対象国のオーナーシップが重視される。PBCは31か国で構成され、安保理理事国より7、経社理理事国より7、財政貢献上位10か国より5、要員派遣上位10か国より5、地理的配分に基づき総会によって選ばれる国が5となっている。国家代表だけでなく、世界銀行やIMF等も会議等に招かれ、地域的国際機構やNGOとの連携も図られている。2016年までにPBCの国別委員会が設置され支援の対象となった国は、ブルンジ、シエラレオネ、ギニアビサウ、中央アフリカ、リベリア、ギニアのアフリカ諸国である。

制裁に大きく傾斜した体制であったこと、制裁の実施について諸国が積極的な態度をとらなかったこと、大国の加盟がそろわなかったこと等の弱点があり、第二次世界大戦の勃発を防ぎえなかった。こうした観点から、国際連合では、軍事制裁の用意、制裁の（　6　）的決定、制裁参加への義務化という方向で、（　3　）体制の強化が図られた。もっとも、冷戦期においては、常任理事国による（　7　）権の行使及び（　8　）協定の不締結等、その限界が強く意識された。その中で生み出されたのが、総会に強制権限を認める（　9　）決議や（　10　）(PKO) である。PKO の基本的な指導原則として、第一に、（　11　）原則、第二に、（　12　）性、第三に、大国排除、第四に武力使用の（　13　）への限定、第五に、国際性が挙げられる。

冷戦後は、以前と比べて、国際平和の維持に関する安保理の活動も活発になった。強制措置の発動等の前提となる平和に対する（　14　）につき、国家間の武力衝突という範囲を大きく超えて認定されるようになった。また、安保理決議678（1990）のように、安保理による許可又は（　15　）というかたちで、軍事的強制措置も実施されるようになった。もっとも、こうした動向については、安保理の「暴走」をどのように防止するのか、軍事行動を国連がいかにコントロールするのかという課題があることを、忘れてはならない。

PKO についても新たな動向がみられる。従来のように停戦を維持することのみを目的とするのではなく、包括的和平合意に基づく複合型 PKO や、憲章第7章下での強制権限を与えられた PKO が出現したのである。複合型の例としては、カンボジアに展開した（　16　）がある。また、強制権限を与えられた例として、ソマリアにおける（　17　）がある。また、地域的機関と国連が連携して行う PKO もみられるようになった。もちろん、平和と安全の問題は、日本にも大きくかかわるものである。日本は、1992年に（　18　）法を制定し、PKO に参加するようになったが、平和憲法をもつ日本が、どのような平和を実現するため、どのように貢献していくのかということが問われている。

答

【Quiz】②いいえ、もっていない。国連軍が、国連憲章第43条に従い特別協定に基づき、加盟国の自発的に拠出した軍隊を意味するとすれば、存在していない。朝鮮戦争の際に派遣された朝鮮国連軍は、真の意味で国連軍ではない。授権決議に基づき、武力の行使を認められた多国籍軍は、国連の指揮下にはない。PKO は、事件発生後、*ad hoc* に提供される軍隊であり、常設軍ではない。しかし、PKO の待機制度や、PKO への武力行使授権など、PKO を国連軍に近似させる試みが行われている。

【Summary】①勢力均衡、②国際連盟、③集団安全保障、④戦争違法、⑤経済、⑥集権、⑦拒否、⑧特別、⑨平和のための結集、⑩平和維持活動、⑪同意、⑫中立、⑬自衛、⑭脅威、⑮授権、⑯国連カンボジア暫定統治機構／UNTAC、⑰第二次国連ソマリア活動／UNOSOM II、⑱国際平和協力

第4章　主権と自決権

Quiz
国家として独立を達成する権利のことを何というか。

①主権、②自決権、③独立権　　（答は章末）

1　国家主権

＊ 対内主権

国家間の関係を規律する法規範である国際法にとって、国家は権利義務の担い手として重要な存在である。その重要性を一言で表したのが国家主権である。主権（sovereignty）とは、国の**最高権力**を意味する。とくに国家領域内にあるすべての人や物に対して国家がもつ排他的な支配権を**対内主権**と呼ぶ。ややわかりにくい表現だが、ヨーロッパで封建領主が並立しており、国王が必ずしも絶対的な権力を握っていなかった時代に、国王に権力を集中させるための理論的根拠、あるいは集中させた権力を正当化するための理論的根拠として使われた。対内主権では、誰に主権が存在するかという点は大きな問題であった。明治憲法では天皇を主権者とみていたし、かつては君主を主権者とみる立場が主流であったが、名誉革命以後のイギリスで立憲君主制が確立し、また18世紀後半のアメリカ独立やフランス革命等によって国民主権という考え方が台頭してきた。またナポレオン戦争の後には、プロシアやロシア等は君主国家こそが正統な国家であるとする**正統主義**を標榜して共和制国家等と対抗した（神聖同盟）。しかし国際社会では、誰に主権が存在するかを問題にすると、それが紛争の原因を作り出すことになる。そうした紛争を回避するために、その国の誰が主権者かを問わずに抽象的に語ることが一般的になった。こうして**国家主権**という言葉が定着した。しかし2010年代に「アラブの春」と呼ばれた中東・北アフリカ地域で行われた民主化運動にみられるように、誰が主権者かということが再び問題とされていることにも注意しよう。また国家は一定の領域を支配する権力主体であることから、**領域主権**という言葉も国際法ではしばしば用いられることになった。

* **対外主権**

国際社会を視野に入れた場合には、国民主権や君主主権ではなく、国家主権という言葉が使われることになった。これにはもう一つの意味がある。それが対外主権である。**対外主権**とは、国家が外部の権力に服さないということを指し、国家が**独立**を維持することを意味する。また対外主権は、国家間の平等と他の権力からいかなる干渉も受けないという意味に派生し、**国家平等原則**と**不干渉原則**という国際法の基本的な権利義務を束ねるものになっている。国家の平等や不干渉といったことは、現在では当たり前のことのように思うが、中世ヨーロッパでローマ教皇や神聖ローマ皇帝が権威や権力をふるい、国王もそれらの権威や権力に服従せざるをえなかった時代から、次第に力をつけてきた国王がそれらから解放されて自由にふるまいたいと考えるようになった近代へと移ったときに、その行動を正当化するための理論的根拠として使われた。

Point　国家主権の意味

国家主権
- 対内主権：最高の権力
- 対外主権：独立の権利
  - 不干渉原則
  - 主権平等原則

** **国際法の中の主権**

国家主権は他の権力から解放されて自由にふるまうことが許される権利であるということだけが強調されると、国家は国際法にも拘束されないと考えがちになる。実際、国家の絶対性を強調し国際法の拘束性を否定した19世紀のドイツの学説もあった。これは、当時の世界で圧倒的な支配力を握っていた英仏に対抗して、自らがのし上がろうとしたドイツが、自国の行動を正当化するために準備した考え方であったといえなくもない。

しかし強国であれ、通商や外交等の普段の交渉では、力に頼って険悪な関係になるよりも、一定のルールに従って安定した関係を築くほうが有益であることを考えると、国家主権もそうしたルールの範囲で活用される必要がある。その意味で、国家主権も国際法の中で認められた基本的な権利だと考えたほうがいいだろう。例えば条約の締結は主権行使の一例だが、自国領域内に建設した運河をすべての国に開放すると約束した場合には、自国の中立を守ろうとして交戦国の一つに運河の通航を拒否することは認められないと考えられた（★ウィンブルドン号事件［1923年］)。あるいは自国を防衛してもらう代わりとして外国軍隊に基地を提供する義務を負う条約を締結することは、外国軍の支配下に置かれ主権を侵害されているようにみえるが、相手国との自由な合意によってその条約を締結したとするならば、一概に主権の侵害とか制限とはいえない。とはいうものの、本当に自由に合意されたかどうか、慎重に判断する必要はあろう。いずれにせよ、国際法が主権を規制するのであるが、同時に主権が新たに国際法を作り上げるという点に注意しておきたい。

***

主権の今日的意義

今日何よりも強調しなければならないのは、主権の発動として認められてきた戦争や武力行使が禁止されていることである。このことは一見すると主権の制限のようにみえるが、正しい国ではなく力の強い国が主張を通すことのできる行為である戦争は、国家間の平等をも意味する国家主権とは相容れないからである。また後でみるように、国家主権のもう一つの側面である不干渉原則を実質的に無効にするからである。

他方、**グローバル化**が急速に進展し、地球環境の破壊など地球規模での解決が求められているにもかかわらず、各国が自国の利益を追求するあまり、なかなか解決に向けて合意が得られないということをニュースなどで聞いたことがあるだろう。この場合、「国家エゴ」というように国家主権が悪者にされることがある。たしかにそうした面は否定できないが､国際社会をリードしていこうとする国が､多くの場合欧米などの大国であることにも注意する必要がある。つまり、グローバル化の進展自体が利益になる国にとっては､主権を強く主張する必要がないが､利益にならない国にとっては自国を守るために主権を強調しがちになるのはやむをえないであろう。どのような問題でも利害対立は生じるのだから、一口に主権が諸悪の根源だということはできない。とくに、小国が自国の立場を擁護して主権を主張することは、必ずしも問題行動ではなかろう。したがって主権が具体的にどのように使われているか、正確にみることが重要なのである。この点で、日本国憲法前文に書かれた以下の言葉を思い出しておこう。

日本国憲法前文（抜粋）

われらは、いずれの国家も、自国のことのみに専念して他国を無視してはならないのであつて、政治道徳の法則は、普遍的なものであり、この法則に従うことは、自国の主権を維持し、他国と対等関係に立とうとする各国の責務であると信ずる。

2　人民の自決権

＊ **人民の自決権という言葉**　国家主権と密接な関わりをもち、現代国際法の中心概念となっているものに「人民の自決権」(right to self-determination of peoples) がある。「自分のことは自分で決める」が自決権の核心部分であるが、この権利主体である「自分」にあたる部分が、個人の集合体としての「人民」とされている。ところで人民の自決権と、歴史学や政治学で登場する「民族自決 (national self-determination)」とはどう違うのか。実際、『広辞苑』を引くと「民族自決」は項目として出ているが、「人民の自決」はない。「民族自決」の項目の最後に、「人民の自決とも。」と記載されているだけである。「民族」と「人民」との違いについては、後で述べることにし、「人民の自決権」が国際法上の用語であり、「民族自決」と区別するために採用されたといってもいいものだと思ってほしい。

＊ **人民自決の思想と歴史**　政治上の民族自決思想は二つの起源をもつ。第一に、人民の自決という考え方は、「すべての人が自由でかつ平等であるべきだ」という18世紀の啓蒙期自然法思想の中から生まれてきた。これは、アメリカの独立宣言やフランスの人権宣言 (人及び市民の権利宣言) などの文書に反映されているが、政治権力の決定が人民にあるという**人民主権**あるいは**国民主権**という考え方につながっている。ただしこれだけでは、民族の要素が入ってこない。第二に、同じ民族と考える集団が統一されていなかった19世紀のドイツやイタリアの事情を反映して、一つの民族は一つの国家をもつべきだという思想に由来する。その後19世紀後半になって、イタリアやドイツが統一国家を形成したことは歴史で勉強したとおりである。

＊＊＊ **二つの世界大戦と民族自決**　この二つの思想が混合されて実践されたのが、第一次世界大戦後の状況であった。アメリカ大統領であったウィルソン (Woodrow Wilson) は、アメリカが参戦する理由として、ハプスブルグ帝国やオスマン帝国の下で抑圧されてきた民族の独立実現を挙げていた。戦後、ハプスブルグ帝国は解体し、中・東欧地域に新しい民族国家が誕生した。ウィルソンは、独立の賛否や境界線近くの地域住民がどちらの国に帰属するかを住民投票によって決定すれば良いと考えていた。しかし現実には大小さまざまの民族が混住しており、投票を行えば多数民族の意思だけが通り、それ以外の民族は民族的少数者 (**少数民族**：national minority) として国内で暮らさざるをえな

いことがわかった。

新国家に残された少数民族をどのように処遇するかが第一次世界大戦後の国際社会、とくにヨーロッパの平和維持にとって重要な課題になった。そして中・東欧地域では講和条約や国際連盟への加盟の際に、少数民族の文化を否定しないことが誓約された。また中・東欧諸国は**少数民族保護条約**を締結し、自国に居住する少数民族について国民として平等の待遇を保障した。これが「国際人権法」のはしりと考えられる。

***
国連憲章と人民自決

第二次世界大戦の戦勝国で作られた国際連合は、国際平和の維持を目的としたが、同時に人権保障や経済的社会的国際協力も活動目的として掲げた（▶国連憲章第１条２項・３項）。さらに、人民の同権と自決の原則の尊重に基礎を置く諸国間の友好関係を発展させることも目的の一つとした。これは国家間の友好関係を発展させることが目的であって、植民地の独立などとは関係がない。国連憲章は第11章の非自治地域に関する宣言、第12章と第13章の信託統治地域に関する規定など、植民地支配を継続することを前提とした制度が盛り込まれていたから、自決の原則は政治原則にすぎないと思われていた。

**
自決権の確立

国連設立後、世界の各地で植民地の独立とそのための闘争を支持する声が高まり、自決権を国際法上の権利として認める方向が固まった。国連総会は、早くも1952年に**国際人権規約**に人民の自決権を規定することを決議した（▶総会決議545（VII））。集団の権利が保障されずして、どうしてその集団に属する個人の権利が保障されるのであろうか、という認識に基づいている。こうして国際人権規約を構成する自由権規約と社会権規約の共通第１条１項で、人民の自決権は次のように規定された。

> **自由権規約**
> 第１条１　すべての人民は、自決の権利を有する。その権利に基づき、すべての人民は、その政治的地位を自由に決定し並びにその経済的、社会的及び文化的発展を自由に追求する。

自決権が切実に必要とされたのは、植民地解放問題であった。1960年に国連総会で採択された決議である**植民地独立付与宣言**（▶総会決議1514（XV））は、植民地主義が時代遅れで廃棄されるべきものであり、植民地はただちに解放されるべきであると宣言し、その法的根拠として人民の自決権を謳った。その後、1970年に採択された国連総会決議の**友好関係宣言**（▶総会決議2625（XXV））は、人民の自決権を、人民が、①独立、②自由連合、③独立国との統合等、自らの政治的地位を自由に決定することができる権利として確立した。

自決権は国際司法裁判所の勧告的意見や判決でも確認された。南アフリカが支配していたナミビアの地位に関する勧告的意見［1971年］や、モロッコ等が領有権を主張していた西サハラの地位をめぐる勧告的意見［1975年］は、国連の実行で発展してきた自決原則が、国際法上の権利としても認められるようになっていることを確認したものであった。また東ティモール事件判決［1995年］では、自決権が対世的権利であることも示した。さらにパレスチナの壁建設に関する勧告的意見［2004年］では、イスラエルの占領地域の事実上の併合はパレスチナ人民の自決権侵害であると認定している。チャゴス島に関する勧告的意見［2019年］では、イギリスが1965年にモーリシャスからチャゴス島を分離したうえで1968年にモーリシャスの独立を認めた時点では、非植民地化は適法に完了されなかったと述べ、イギリスに対してチャゴス島の施政を速やかに終了させる義務があるとした。

＊＊ 人民とは何か　国際法上の自決権が認める**人民**とは、言語や宗教、人種的な同一性を根拠に集団を形成する**民族**とは異なり、植民地状態にある人民、あるいは外国の支配・抑圧といった従属状態にある人民を意味する。しかも植民地時代の行政区画等で区切られた一定の領域に居住する人びとでなければならない。アフリカの地図を見れば、人為的に引かれた国境が縦横に走っていることがわかる。国境は植民地時代の境界線を引き継いだものであって、独立した国は多数の民族で構成されているのが普通であった。ここで民族自決（民族ごとの分離独立）を認めると際限のない離合集散を引き起こす危険があり、それを回避するための方策として現状承認原則の尊重が謳われた。この原則は、19世紀にラテン・アメリカ諸国が独立する場合に採用された**ウティ・ポシデティス**（*uti possidetis*）原則に具現化されている。ブルキナファソとマリの国境紛争事件［1986年］で国際司法裁判所判決は、ウティ・ポシデティス原則が国際法の一般原則になったとまで述べた。自己決定できる集団は民族ではなく、植民地主義に反対して独立を求める集団であって、ウティ・ポシデティス原則に画された人民を意味する。

＊＊＊ 分離権は権利か

分離権とは、すでに独立を達成している国家から一部の民族が国家として独立する権利をさしている。友好関係宣言は、植民地の独立承認と分離権の否認を明確にした法的文書であるといえる。友好関係宣言では、「植民地又はその他の非自治地域は、憲章のもとにおいて、それを施政する国の領域とは別個のかつ異なった地位」を有すると規定して、植民地は当初から本国とは異なる地位を有しているのであり、分離独立ではないことを推定させるものになっている。これを強調するように、次にくる規定（枠内の抜粋）は、領土保全と政治的統一を強調し、権利としての分離独立を、原則として否定していると解されている。

> **友好関係宣言（抜粋）**
>
> 上記の各項のいずれも、上に規定された人民の同権と自決の原則に従って行動し、それゆえ人種、信条又は皮膚の色による差別なくその領域に属するすべての人民を代表する政府を有する主権独立国の領土保全又は政治的統一を全部又は一部分割し若しくは毀損するいかなる行動をも、承認し又は奨励するものと解釈されてはならない。

＊＊＊ 外的自決から内的自決へ

友好関係宣言は、「人民の同権と自決の原則に従って行動し、それゆえ人種、信条又は皮膚の色による差別なくその領域に属するすべての人民を代表する政府を有する主権独立国」と規定することによって、人民を代表する政府を有することが自決権の内容になっている。植民地の独立が**外的自決**と表される一方、これは**内的自決**を保障する規定になっており、植民地のほとんどが独立した状況では、外的自決の尊重から内的自決の尊重へと重点が移っていくとみられた。アパルトヘイト（人種差別）体制下にあった南アフリカでは、少数の白人による多数の非白人支配を合法化していたことについて、国連は白人政権が人民を代表する政府ではないとして、南アフリカ人民全体が自決権を有するとした。また、独裁体制に対する国内の人権擁護運動や民主化運動を支持する法的根拠を提供することになり、国民主権や人民主権といった考え方が、内的自決の登場によって国際法の局面でも問題とされるようになった。

> **Point　人民の自決権**
> 外的自決：植民地から独立する権利
> 内的自決：国家体制を決定する権利

＊＊＊ **経済的自決権**

自決権は、国際法上の権利としては、植民地人民の独立を保障するものとして確立した。しかし、国際人権規約の規定にもあるように、社会経済体制の選択や文化的発展の追求など、自決権はさまざまな分野への波及効果を有するものである。政治的独立を果たした諸国は、その国内体制の安定強化を目指して国際社会への要求を行うようになった。**経済的自決権**の主張である。ここでは、自国資源の探査、開発、処分の権利を先進国企業に牛耳られてきた発展途上国が、**国有化**という手段も用いながら経済の発展のための決定権をもつことを主張したのである。1962年に国連総会が採択した「**天然の富と資源に対する永久的主権**」決議（▶総会決議1803（XVII））は、天然資源に対する権利を、国家の権利とともに人民の権利としても認めた。また1986年には、国連総会が「**発展の権利に関する宣言**」と題する決議（▶総会決議41/128）を採択した。第1条は、発展の権利は譲ることのできない人権であるとして、個人だけでなく人民も、人権や基本的自由が完全に実現されうるような経済的、社会的、文化的及び政治的発展に参加し、貢献し並びにこれを享受する権利を有すると宣言している。そして、発展への人権が、天然資源に対する永久的主権の行使を含む、人民の自決権の完全な実現を意味するとした（▶第1条2項）。他方これらの人民の権利は独立後の国家の権利としても構成されるので、あえて人民の権利と

> **◆Case　コソボ独立宣言の国際法適合性**
> 国際司法裁判所勧告的意見［2010年7月22日］
>
> 2008年10月、国連総会は、コソボ暫定政府が一方的に独立宣言を発表したことが、一般国際法に違反するかどうかについて国際司法裁判所に勧告的意見を求めた。意見では、独立宣言を出すこと自体は一般国際法及び国連安保理決議で禁止されているわけではないとした。また独立宣言の背景にある、自決権の範囲の問題や、既存国家の一部に居住する人民が抑圧された場合に分離を認める「**救済のための分離**」（remedial secession）の権利が存在するかどうかについては、求められた意見の範囲外であるとした。

呼ぶ必要がないかもしれない。むしろ（発展途上国の）国家主権を強化するものとして位置づけることもできよう。

*** 内的自決から外的自決へ？

自決権はその性質上、政治的抑圧や経済的不公正等、社会的矛盾が顕在化する際に主張される。冷戦構造の崩壊と市場のグローバル化が進展する国際社会では、大きくみて次の三つの観点から自決権が問題とされた。第一は、民族間矛盾が噴出したことであり、内的自決から外的自決への逆流を示したことである。冷戦の終結は、ソ連からのバルト三国の独立、ユーゴスラビア連邦の解体とクロアチア、スロベニア等の新国家の登場をもたらした。21世紀に入っても、セルビア内のコソボが独立宣言を行い、欧米諸国の多くが国家として承認するに至った。これらの事例では、国境線に関する現状承認原則（ウティ・ポシデティス原則）が維持されるという前提はあるにせよ、分離独立の根拠として「民族」の自決が主張されていた。またアフリカ大陸でも、エチオピアからのエリトリアの分離独立（1993年）や、スーダンからの南スーダン共和国の分離独立（2011年）が生起した。

独立国家内の住民による独立問題として、カナダの**ケベック**州も、フランス語系住民による分離独立主張の事例として古くからくすぶってきた問題である。これについては、カナダの最高裁判所はケベック分離に関する意見［1998年］で、自決権を外的自決権と内的自決権に分け、自決権は通常、内的自決によって実現される一方で、外的自決は、内的自決が侵害される最も極端な場合においてのみ生じる場合があると述べている。ここでは、住民投票による分離独立の意思表明がある場合には、憲法改正の要求が正当化されるとともに、連邦政府は憲法改正

◆ Further Study 「民族」自決の陥穽

欧米諸国がコソボのセルビアからの独立を承認したことに対して、ロシアは強く反対した。他方でロシアは、隣国のジョージアからの南オセチアとアブハジアの分離独立を承認した。さらに、ウクライナからのクリミアの独立承認と独立後のロシアへの加入に関する条約締結による編入措置をとった。こうしたロシアの行為を正当化する根拠として、当該領域における多数派民族の自由意思を尊重する＝民族自決が挙げられた。多くの国は、これが「**救済のための分離**」にはあたらず外的自決は認められないとして承認していないが、コソボとの違いはあいまいであり、「民族」を援用することの危険性を示すものである。

について政治交渉に応じる義務を負うこととなる。そしてこの交渉義務に違反した場合には政府の国際的な正統性がそこなわれ、分離が例外的に許容される。

＊＊＊ **集団としての少数民族**

第二に、各国国内に居住する民族的少数者（**少数民族**）の権利保障が国際人権保障の文脈とともに平和維持の観点からも主張されるようになった。旧ユーゴ紛争を契機にしてヨーロッパ各地で集団としての少数者の権利主張がなされるようになった。欧州評議会では、ナショナル・マイノリティ保護のための枠組条約の採択をはじめ、さまざまな民族的少数者を取り扱う条約が登場している。また民族的少数者高等弁務官も設置し、民族紛争への早期の警戒と解決のための仕組みを整えた。

＊＊＊ **先住民族の権利回復**

第三に、**先住民族**の国際的な地位の問題がある。国連総会は2007年９月に、「先住民族の権利に関する国際連合宣言」（国連先住民族権利宣言、総会決議61/295）を採択した。世界に３億7000万人居住するといわれる先住民族の集団としての権利を承認する画期的なものであった。

> **先住民族権利宣言**
> 第３条　先住民族は、自決の権利を有する。先住民族は、この権利によって、自らの政治的地位を自由に決定し、自らの経済的、社会的及び文化的発展を自由に追求する。

国際人権規約第１条の「すべての人民は」の部分が「先住民族は」に置き換えられただけの規定である。これまで先住民族は自由権規約第27条にいうマイノリティ（少数者）の権利保護の対象となってきた。つまり集団に属する個人の権利保護が問題となっていただけであって、集団そのものの権利は認められていなかった。1990年代以降は、マイノリティの集団、とくに先住民族の権利について重要性が認識されるようになり、他のマイノリティ以上に厚い保護が必要であるとされた。その反映がこの宣言であったといえよう。もっとも、この自決権は先住民族が現存国家から分離独立することを認める趣旨ではないことが明記され、内的自決権の一側面であることを示している。

こうしてみると、近年の自決権主張の主体が人民から民族へ移行して再び混乱の原因を作っているようにみえる。しかし「民族」自決の主張がウティ・ポシデティス原則による国境線内への囲い込みを受ける一方で、人権保障の一環としてマイノリティ保護義務が承認され、内的自決権が強化されてきたと総括できる。

3 不干渉原則

＊ **不干渉原則とは** 国家主権は、国家が独立を維持し他国に服さないことを意味する。このことの裏返しとして、国は他国には干渉してはいけないという不干渉の義務が生じる。これが**不干渉原則**である。一般的には、国内管轄事項に対する強制又はその威嚇を背景にした干渉は違法と判断されてきた。**国内管轄事項**とは、領域内の人や物に対して排他的に支配する権利が国家に認められている事項である。また対外事項であっても、出入国管理や関税等の問題は、条約等で別段の合意がない限りは国家が自由に決定できる事項とされ不干渉義務の対象になる。また**干渉**とは、他国に対して作為又は不作為を強制する行為、すなわち**命令的介入**をいう。例えば、日清戦争後の講和条約で、清国から租借した遼東半島をフランス、ドイツ、ロシアの圧力を受けて日本が返還した事件（三国干渉）は、たしかに干渉行為といえよう。しかし、何が国内管轄事項か、また何が干渉にあたるのかは、時代とともに変化する（★チュニス・モロッコ国籍法事件［1923年］）。

＊＊ **現代国際法の立場** 不干渉義務は国家主権から派生するものであるから、現代国際法による主権の変貌に注意を払わなければいけない。

例えば、アメリカがニカラグア政府を打倒しようとして、湾口に機雷を敷設したり、反政府勢力に軍事的援助を行ったりさまざまな援助を行っていた事件が国際司法裁判所で争われた。判決は、ニカラグアの体制がどのように定義されようとも、国家が特定の主義を支持することは慣習国際法の違反とならないと宣言し、そうでなければ国際法全体の基礎である国家主権の基本原則と、政治的、経済的、その他の体制を選択する国家の自由は無意味になるであろうと断言した（★ニカラグア事件［1986年］）。この判断は、ソ連等の社会主義国やその他の権威主義的政治体制をとっていた諸国が多数存在した当時にあっては、きわめて妥当な判断であり、現代国際法の立場を表明していると思われる。しかし、冷戦終結後の現在では再検討すべき論点も含まれているように思われる。

なかでも今日考慮すべき問題は次の点である。第一に、武力行使禁止原則とのかかわりである。第二は、現代国際法では、自決権の確立によって主権が強化された面がある。不干渉義務はそれをどのように考えるのかである。第三は、現代では個別の国家が介入する問題よりも、国際機構、とくに国連による介入をどのようにみるべきかが問題となっている。第四に、国際的な人権保障の発展により、他国で重大な人権侵害が発生している場合に主権と不干渉義務との関係をどのように考えれば良いのかといった問題である。順に検討しよう。

＊＊ 武力行使禁止と不干渉

第一に、国連憲章は、国際問題を解決する場合でも武力を用いることを禁止していることから考えれば、国内管轄事項に対して武力の行使や武力による威嚇はなおさら全面的に禁止されていると考えるべきだろう。また、**政治的圧力**や**経済的圧力**は武力にあたらないとしても、不干渉原則が禁じる干渉にあたると考えられる。友好関係宣言は、不干渉義務についても詳しく規定する。宣言では、武力干渉だけでなく、経済的、政治的措置の使用又は威嚇を行ってはならないと規定する。さらに、他国の政権転覆のために、破壊活動やテロ活動、武力活動を援助したりして、他国の内戦に介入しないこととしている（**内戦への不干渉**）。また1981年に国連総会で採択された、「国家の国内問題への干渉及び介入の非許容性に関する宣言」（▶総会決議36/103）でも、友好関係宣言で示された考え方が踏襲されている。

＊＊ 自決権と不干渉

第二に、自決権の確立によって原理的には不干渉原則が強化されたように思われた。友好関係宣言は、不干渉原則の項目で、「人民からその民族的アイデンティティーを奪うための武力行使は、彼らの不可譲の権利及び不干渉の原則を侵害するものである」と規定して、自決権とのかかわりを明確にしている。念押しするかのように、人民の自決権の項目では、「すべての人民は、外部からの介入なしに、その政治的地位を自由に決定し、その経済的、社会的及び文化的発展を自由に追求する権利を有し、すべての国は憲章の諸規定に従ってこの権利を尊重する義務を有する」と規定する。これは、国家主権を根拠にする不干渉原則と同じ規定ぶりになっていることがわかるだろう。

＊＊＊ 国際連合における不干渉

第三に、個別国家による干渉とは別に国際機構、とくに国連の不干渉も問題になってきた。国連憲章は、第2条7項で、安保理の決定による強制措置の場合を除いて、加盟国に対する不干渉を明示した。国際連盟規約では、紛争が国際法上もっぱら当事国の管轄に属する事項について生じたと紛争当事国の一国が主張し、連盟理事国がそれを認めた場合には、連盟はその紛争の解決について何らの勧告もしないと規定した。

国際連合憲章	国際連盟規約
第２条７　この憲章のいかなる規定も、本質上いずれかの国の国内管轄権内にある事項に干渉する権限を国際連合に与えるものではなく、また、その事項をこの憲章に基づく解決に付託することを加盟国に要求するものでもない。但し、この原則は、第７章に基づく強制措置の適用を妨げるものではない。	第15条８　紛争当事国ノ一国ニ於テ、紛争カ国際法上専ラ該当事国ノ管轄ニ属スル事項ニ付生シタルモノナルコトヲ主張シ、連盟理事会之ヲ是認シタルトキハ、連盟理事会ハ、其ノ旨ヲ報告シ、且之カ解決ニ関シ何等ノ勧告ヲモ為ササルモノトス。

ここには、国家間紛争になっているときに口出ししないという連盟のスタンスと、紛争とは関係なく国内管轄事項であれば干渉しないという国連のスタンスの違いがある。国連ももともとは、連盟スタイルを踏襲しようとしたが、国連が扱う事項が非常に多くなったことで、国連の介入を懸念した諸国が一般条項として置いたのである。また、「国際法上もっぱら国内管轄事項」という表現と、「本質上いずれかの国の国内管轄権内にある事項」という表現の違いもある。連盟では国際法の変化に伴って国内管轄事項も変化すると考える余地があるが、本質上の事項であれば普遍的性格をもつと考えられる。国連憲章上の干渉は、国際法上の干渉とは異なり、**単なる関与**をいうと理解された。第７章措置を除き、国際法上の干渉にあたる行為は存在していないため、第２条７項の存在意義がなくなってしまう。そうした解釈を避けるために、国連にとっての干渉とは単なる関与と定義されたのである。こうして国連では、加盟国への関与をほとんど行えないような状況が生じると懸念された。

しかしながら国連の実行は、国内管轄事項に対する不干渉という枠組みを壊すことなく、植民地問題や人権問題等を**国際関心事項**として国連がとりあげ、審議し決議をあげてきた。実に活発に国連が活動したのである。しかし、総会決議や第６章下の安保理決議は拘束力もなく、国連は第７章の措置以外で強制的な介入を行ったことはないので、そもそも不干渉義務の対象になるかどうか問題である。しかも憲章の第７章による措置を例外としているから、国連の干渉については現在では語られる機会が少なくなった。

＊＊＊ **主権の内実を問う**　植民地（自決権）問題や人権問題について国連が関与してきた背景は、国際関心事項という名が示すように、国際社

会全体で尊重すべき価値が登場するようになったことを表している。国家が国民の保護義務を第一義的に負うことを前提にしつつも、そうした責任を果たせない場合には国際社会が国家に代わって保護すべきだという主張「**保護する責任**」も台頭している。その主張には、かつて欧米諸国が非欧米地域に自らの価値を押しつけるために利用した人道的干渉の復活を思わせる部分もある。しかし人権や自決権の保障、民主主義の擁護などは21世紀の世界が追求すべき価値であり、主権国家はそうした価値を実現する義務があることを前提として、自らの体制を自由に追求すべきだということになる。

***
人道的干渉か保護する責任か

第四に、今日最も議論を呼んでいるのが、人道的干渉の法的意味や新たに台頭してきた「保護する責任」の問題である。もっとも、個別国家による人道を理由とした干渉は、自衛権を唯一の例外とする現代国際法の規制の下では認められないと考えるのが原則である。国連による強制措置も憲章上は、侵略、平和の破壊、平和に対する脅威の三つのカテゴリーの事態に対してのみ、強制措置の発動を認めていることは確認しておいてよい。したがって、アパルトヘイト廃絶を求めて行われた経済制裁（安保理決議418（1966））や、クーデタによって転覆された政権の復帰を求めるハイチに対する軍事的措置を含む強制措置の決定（安保理決議940（1994））、近年では民間人を多数殺害して政権を維持しようとしたリビアに対する軍事的措置を含む決定（安保理決議1973（2011））など、一見したところ人道的配慮があるものの､いずれも国際平和に対する脅威を前提にした国連の名の下での措置である。

今日、ジェノサイドや大規模人権侵害を行い、住民の保護責任を果たしていない国に対して、国連による強制措置が機能しないとき、あるいは不十分なときは、国際社会が代わって関与し、場合によっては安保理の許可を得ないでも武力介入を行うべきだという主張「保護する責任」が出てきているが、武力介入についてはあくまで安保理による許可が必要だというのが、国連の立場である。その意味では、国際社会でも人道や人権価値が前面に出てきた感があるが、そのために武力を使用することについては、なお慎重に考えるべきであろう。

☆ Summary

国家間の関係を規律する法規範である国際法にとって国家は権利義務の担い手とし

て重要な存在である。その重要性を一言で表したのが、国家主権である。国家主権は、国内において（　1　）の権力を有するという意味の（　2　）と、他の国家から（　3　）し、他の国家と平等の関係にあるという意味での（　4　）に分けられる。

人民の自決権は、現代国際法の主要原則の一つを構成している。植民地の独立を後押しする権利、すなわち（　5　）として国際社会において認められるようになった。植民地が独立を達成してからは、政府は人民を代表するものでなければならないという（　6　）が強調されるようになった。これは、国家主権の担い手を明示することによって人権保障の前提となった。近年では、（　7　）や先住民族等、抑圧された集団がその解放を求めて自治や場合によっては独立を主張する際の武器となる点で、注目が集まっている。

不干渉原則は国家主権尊重の裏返しにあるものだが、とくに武力行使禁止原則が確立し、自決権の尊重が強く主張されるようになった現代国際法の下では、不干渉義務がいっそう強化された側面がある。干渉とは、（　8　）事項に対する（　9　）的介入をいう。（　10　）的・経済的圧力は、武力行使禁止原則が禁ずる力に該当しないものの、不干渉原則が禁ずる干渉にあたりうる。（　8　）事項とは、国家が自由に決定することができる事項をいう。国連についても不干渉原則があてはまる。ただし、国連憲章の第（　11　）章の下でとられる措置は例外とされている。それ以外でも、国連は（　12　）事項への介入を行ってきた。他方で、最近のジェノサイドや深刻な人権侵害をやめさせるためには国家に任せていてはだめで、国際社会が責任をもって干渉すべきだという「（　13　）する責任」の主張が登場してきた。

答

【Quiz】②自決権。独立権は独立を維持する権利のこと。

【Summary】①最高、②対内主権、③独立、④対外主権、⑤外的自決、⑥内的自決、⑦マイノリティ／少数民族、⑧国内管轄、⑨命令、⑩政治、⑪7、⑫国際関心、⑬保護

第5章　国家・政府の誕生と内戦

Quiz
台湾は国家だろうか。

①はい、国家である。②いいえ、国家ではない。　（答は章末）

1　国際法における国家及び政府

＊ 国　家

国家とは、領土、住民及び政府という三つの要素をもつ組織体のことをいう。今日、国際社会では、200ほどの国家が存在しているといわれている。その内193か国が国連に加盟している。領土についていえば、ロシアのように1700万㎢という広大な国土をもつ国がある一方で、モナコのように2㎢の国土しかもたない国もある（日本は約38万㎢で第61位）。中国やインドのように、10億を超える人口を抱える国家がある一方で、ナウルやツバルのように1万人を切る人口しかない国家も存在している（日本は1億2700万人で、第10位）。ミニステートやマイクロステートと呼ばれる。ちなみに、世界最小の国はバチカンで、面積が0.44㎢、人口は800人弱である。経済的にみれば、一人あたりの年間国民総所得が19万ドルのリヒテンシュタインがある一方で、1000ドル未満の国（最貧国）が46か国存在している。

＊ 政　府

多種多様な国家が国際社会を形成しているが、通常、国家には政府という組織が存在しており、領土を管理し、すべての国民及び住民を統治している。国内法上、**政府**とはもっぱら行政権を行使する国家機関であり、立法機関や司法機関と区別して論じられることが多い。日本で政府といえば、内閣及びその下に置かれている行政組織のことである。しかし、国際法上、政府は広い意味で使われ、統治権一般を行使する国家組織のことをいう。つまり、行政権、立法権及び司法権という国家権力を行使する国家の統治機構全体を指す。政府は国家を代表する組織である。したがって一つの国家には一つの政府しかない。しかし、日本における地方自治体（都道府県や市町村）も政府組織には違いない。

これを含めれば日本には1800近くの「政府」が存在することになるが、そうした政府は**地方政府**と呼ばれ、国家を代表する**中央政府**とは区別される。

＊ **国家の成立**

州や県等の国家の一部が、国家から独立して新たな国家を形成する場合がある。最近の事例では、スーダンから南スーダンが国家として独立を達成した（2011年）。このように新たな国家が誕生することを**国家の成立**と呼ぶ。国家の成立にはさまざまな態様がある。第一に、**国家の結合**がある。二つ以上の既存の国家が一つの国家を形成することをいう。国家Ａと国家Ｂが新たに国家Ｃを形成する場合を**合併**と呼ぶ。1958年エジプトとシリアが合併してアラブ連合共和国になった例がある。国家Ｂが消滅し国家Ａに吸収される場合を**併合**という。国家Ａと国家Ｂが結合し、国家Ａとなる場合である。

第二に、国家の**分離**がある。既存の国家の一部が独立を達成する場合である。国家Ａから国家Ｂが誕生し、国家Ａが存続する場合である。1961年アラブ連合共和国からシリアが分離したのはその例である。その一方で、国家Ａが国家Ｂと国家Ｃに分かれ、国家Ａが存在しなくなる場合がある。1991年旧ソ連が崩壊し、旧ソ連を構成していた共和国が独立を達成した。旧ユーゴスラビアは、六つの共和国から成り立つ連邦国家であったが、1991年以降内戦が生じ、それぞれの共和国が独立を達成した。このような国家の**解体**という現象が冷戦後散見される。

第三に、植民地独立がある。植民地支配に置かれていた地域が、宗主国の支配を離れ、独立を達成する場合をいう。新たに誕生した国家のことを**新独立国**という。中南米は、ポルトガルの植民地であったブラジルを除き、大部分がスペインの植民地であったが、19世紀初頭に独立を達成した。アジアやアフリカの大部分はヨーロッパ諸国の植民地とされていたが、多くの国が1970年代までに独立を達成した。

Point　国家成立の態様

- ①国家の結合
  - 併合　Ａ国＋Ｂ国⇒Ａ国
  - 合併　Ａ国＋Ｂ国⇒Ｃ国
- ②国家の分裂
  - 分離　Ａ国⇒Ａ国＋Ｂ国
  - 解体　Ａ国⇒Ｂ国＋Ｃ国
- ③新独立：植民地からの独立

* **政府の変更**　政府は、選挙によって変わることがある。日本では、2009年自民党政府から民主党政府への政権交代が行われたが、2012年、自民党が政権政党に復帰した。憲法が定める手続内で政府が変更される場合、国際法上の問題は生じない。しかし、国内法上の手続を無視して政府が変更される場合がある。この中には、革命のように、大規模な社会体制の変更を目的とする政府の変更（1917年のロシア革命）や、軍事クーデターのように、既存の政府を打倒して軍部が実権を握る場合がある（2021年ミャンマー政変）。こうした非立憲的な政府の変更があった場合でも国家は同一であると考えられている（**国家同一の原則／国家継続の原則**）。つまり、国際法上の国家の地位は変更されない。

2　国際法における内戦

* **内　戦**　国家の一部が、自らの意思によって、新たな国家として独立を達成する場合、それが平和的に行われる限り、国際法上の問題はない。政府の変更も国内法に従って行われれば、国際法上の問題はない。その一方、国内法に反して武器を用いて独立運動や反政府運動が行われる場合、内戦又は内乱と呼ばれる武力紛争が現出する。国家間の武力紛争である国際的武力紛争と区別して**非国際的武力紛争**と称される。政府と対立しているグループは**叛徒**（叛乱団体）又は**反政府勢力**と呼ばれる。

*** **騒　乱**　内戦と区別すべき概念として、**騒乱**又は騒擾（そうじょう）といった概念がある。国家の独立や政府の変更を求める比較的小規模な武力闘争であり、地域的にも限局されており、政府の力で容易に鎮圧ができるものをいう。この場合、叛徒は、国内刑法に従い処罰される。極刑に処せられる可能性もある。わが国刑法では、国の統治機構を破壊する行為は内乱罪とされ（▶第77条）、多数のものが集団で暴行等を行う行為は騒乱罪とされている（▶第196条）。しかし国際法上、**内戦**とは、地域的な広がりにおいても規模においても武力紛争の激しさが増しており、国の統治権力が一部地域に及ばないような場合である。したがって、日本国刑法の内乱罪が適用される事態であっても、それが国際法上の内戦には至っていない場合がある。

騒乱の場合、外国政府は、政府の要請があれば政府に対して援助を与えることができる（**要請に基づく介入**）。しかし、外国政府が叛徒側へ援助した場合、それは国内管轄事項への不干渉原則に違反し、国際法違反であると考えられる。騒乱に対して国際人道法の適用はない。政府に対する武装蜂起が国内法上違法であるとしても、国際法上は違法ではない。国際法は内乱の合法・違法について規定していないからである。

＊＊＊ 伝統的国際法における内戦

第一次世界大戦までの伝統的国際法では、内戦に関して国際法は規律していなかった。内戦はもっぱら国内問題とみなされていた。したがって、国際法上の取扱いにおいて、騒乱と異なるところはなかった。しかし、内戦であっても、国家間の武力紛争と変わらない規模のものが登場するようになった。また、内戦は国際法の適用がないため、時には国際的武力紛争以上に残虐性を帯びる。そのため、内戦に対しても国際法規を適用する必要が生じた。そこで、**交戦団体承認**という制度が登場した。叛徒が、地方的事実上の政府になり、国際法を遵守する意思がある場合で、外国が叛徒に交戦団体として承認を与えた場合には、その国家は中立義務を負い、叛徒は承認を与えた国家の国民を保護しなければならない義務を負う。例えば、南北戦争［1861年～1865年］ではイギリスが南軍を承認した。叛徒が政府から交戦団体承認を受ければ、政府と叛徒の間に交戦法規が適用され、叛徒は占領地域の外国人を政府に代わって保護する義務を負う。しかし、交戦団体承認はあまり利用されなかったといわれている。政府にとって、交戦団体承認を行うことは、叛徒の勢力が無視できない大きさになったことを認めることになってしまう。そのため、交戦団体承認を行わず、外国の援助を得て早期に鎮圧するほうがよい。また外国にとっても、政府側を援助し、叛徒を鎮圧し、自国民の保護を政府に依頼するほうが得策であった。

＊＊ 現代国際法における内戦

第二次世界大戦以降の現代国際法においては、内戦が発生した場合、外国は、内戦に介入してはならないという原則が確立している（**内戦への不干渉原則**）。叛徒側だけでなく政府側にも援助を与えてはならない。外国勢力が介入すれば、内戦が国際的武力紛争に発展することになるからである。また、今日では自決権が確立しているため、外国が介入することは、自決権の侵害になる。外国からの援助を受けなければ維持できないような政府は、国民から支持を得ているとはいえない状況にあり、そうした政府を外国が援助することは、国民の意思を無視することになるのである。ただし、安全保障理事会は介入が可能である。純粋な内戦であっても平和に対する脅威を構成すると認定し、非軍事的強制措置をとったり、加盟国軍隊や PKO に武力行使を授権したりすることがある。

内戦時においても、国際人権法や国際人道法が適用される。緊急事態においては、政府は、人権保障義務からの免脱（デロゲーション）が許されているが、免脱が許されない人権も存在しており、そうした人権は武力紛争時であっても保障される。国際人道法に関しては、1949年の**ジュネーヴ条約共通第3条**が、内戦時に適用すべき最低限の規則を定めた。1977年の**第二追加議定書**は、いっそう詳細な規定を置いている。さらに1998年の国際刑事裁判所規程では、非国際的武力紛争時における戦争犯罪も処罰の対象としている（▶第8条2(c)、(e)）。

** 民族解放闘争

植民地支配下にある人民が、植民地本国からの支配を脱し、独立を達成しようとして、武力闘争を始める場合がある。国際法上自決権が確立しており、**民族解放闘争**は合法であると考えられている。その根拠として、自衛権が持ち出されることがある。植民地支配そのものが恒常的な武力攻撃を構成し、人民は独立のために武力を行使することが許されると解釈されるのである。しかし、そもそも、民族解放闘争も内戦であり、武力行使禁止原則の適用外である。したがって、民族解放闘争を国際法上違法だと判断する材料はない。

民族解放闘争において、人民は「援助を求めかつ受ける権利」があるとされる（▶友好関係宣言、総会決議2625（XXV））。援助の内容をめぐって、途上国は軍事物

◆ Case　パレスチナ分離壁事件

国際司法裁判所勧告的意見［2004年7月9日］

イスラエルは、2002年、イスラエルが占領しているパレスチナ地域（ヨルダン川西岸地域）において、テロ対策の一環として、分離壁の建設を開始した。休戦境界線（グリーン・ライン）と分離壁の間には約23万人のパレスチナ人が住み、すべての分離壁が完成すれば、さらに16万人が囲い込まれることになる。その中には、32万人のイスラエル人が入植している。分離壁によって、パレスチナ人の移動の自由は著しく制限された。そこで国連総会が国際司法裁判所に、分離壁の合法性について勧告的意見を求めた。裁判所は、パレスチナ地域を軍事占領地域に該当すると判断し、文民条約の適用を認めた。人道法を人権法の特別法と位置づけ、免脱（デロゲート）できない人権の適用も認めた。その結果、分離壁の建設を違法と判断し、違法状態を承認しない義務の存在を認めた。また、パレスチナ人民の自決権を尊重する義務を確認した。イスラエルが主張した自衛権や緊急避難という違法性阻却事由の存在は認めなかった。

■表1　内戦への国際法の適用

		伝統的国際法における内戦	現代国際法における内戦	民族解放闘争	騒　乱
介　入	正統政府への援助	○	×	×	○
	叛徒への援助	×	×	△	×
国際法の適用	人道法の適用	×	○ 共通第3条、第二追加議定書	○ 第一追加議定書	×
	人権法の適用	—	△ 免脱されない人権	△ 免脱されない人権	○

資を含む物質的な援助であると解釈するが、先進国は精神的な援助を超えるものではないと解釈し、対立している。一方、植民地本国に援助を与えることは自決権を害するものであり違法である。植民地解放闘争は、本来内戦であるが、国際人道法の適用上、国際的な武力紛争とみなされる。その結果、非国際的武力紛争に適用される第二追加議定書ではなく、国際的武力紛争に適用される**第一追加議定書**の適用がある（▶第1条4項）。非植民地化は20世紀にほぼ完成し、今日では、自決権は植民地の文脈を離れて議論されるようになっている。したがって、内戦は植民地からの新独立の問題ではなく、もっぱら民族紛争を背景とした分離独立の問題となっている。

3　国家の誕生

＊ **国家性の4要件**

新たな国家が成立するためには、第一に、**永続的住民**、第二に、**一定の領域**、第三に、**政府**、そして第四に、国際関係を取り結ぶ意思と能力が必要である（▶モンテビデオ条約第1条）。第一の要件に関して、人口の多寡は問題とならない。いわゆるミニステート（モナコ、サンマリノ、ナウル、トンガ等）も国連への加盟を果たしている。第二の要件に関して、領域は明確に画定されている必要はなく、他国と領域紛争を抱えている場合も多い。第三の要件に関して、植民地からの独立の場合、新政府の実効性が盤石でない場合でも、国家の成立が認められる傾向にある。自決権が植民地独立を後押ししている。第四の要件に関して、他国と関係を取り結ぶ能力だけではなく意思も必要である。台湾は、第一から第三の要件を満たしていると思われるが、独立の意思を国際社会に示しておらず、独立国とは認められない。四つの要件は、**実効性要件**と呼ばれ、この四つの要件を満たした場合、**事実上の国家**となる。

> **Point　事実上の国家の要件**
> ①住民、②領域、③政府、④国際関係を取り結ぶ意思と能力

* **国家承認**　武力紛争を経て国家の一地方が独立を宣言した場合、既存の国家にとっては、新国家を独立国として認め国際法主体性を認めるか、又は独立を認めず従来どおり国家の一部として取り扱うかの選択を迫られる。前者を選択した外国は、新独立国に対し**国家承認**を行うのが通常である。新たに誕生した国家を国際法上の主体として承認する行為である。独立を祝う記念式典が開催された折に、代表を派遣したり電報を送って独立を祝すとともに、外交関係の開設の意向を伝える場合もある。

** **創設的効果説**　国際法上の国家となるためには、事実上の国家となるだけでなく、既存の国家による国家承認が必要であるかどうか争いがある。事実上の国家は国家承認を与えられてはじめて国際法上の国家になるという考え方がある（**創設的効果説**）。この考え方によれば、国家承認は、既存の国家が新国家に対して行う一方的行為であり、承認を与えた国家との関係でのみ新国家は国際法上の国家となる（**相対的効果**）。承認を与えていない国家にとっては、新国家は事実上の存在でしかない。創設的効果説に従えば、承認の要件や方式、効果が重要な法的問題である。

国家性の四要件は、国家承認の要件であり、この要件を満たしていないにもかかわらず承認を与えた場合、**尚早の承認**と呼ばれる。本国が独立を認めない状況で新国家の承認を行えば、本国から、尚早の承認であり国内管轄事項に対する干渉であると非難される可能性がある。承認には**明示の承認**と**黙示の承認**がある。前者は、承認の宣言を行うなど、国家として承認する意思を明確に示す方式である。後者は、二国間条約の締結や外交関係の開設等、国家の存在を前提にしてはじめて行いうる行為をすることによって、承認の意思を暗黙的に示すことをいう。また、撤回が可能な**事実上の承認**と、最終的確定的な承認である**法上の承認**が区別されることもある。

創設的効果説に対しては、以下のような問題点が指摘される。第一に、まだ承

認されていない国家（未承認国家）であっても、無主地ではなく、先占の対象とはならないので、一定の国際法上の権利能力がある。また、未承認国家であっても、他国に武力を使うことはできない。したがって、権利だけでなく、義務に関しても一定程度与えられているので、未承認国家は国際法上の国家でないとはいえない。第二に、今日では人民に自決権が与えられており、国家としての独立は人民の意思によって決められるべきであるが、創設的効果説では既存の国家の意思によって独立が決められることになり、自決権と相容れない。19世紀以前、国際法がヨーロッパ国際法であった時代において、新国家は文明基準を満たし、既存の国家の承認を得てはじめて国際社会に加入することができた。創設的効果説は、その当時最も支持された学説である。

** **宣言的効果説** 事実上の国家が成立すれば、国家承認の有無に関係なく、法上の国家となり、国際法上の権利義務の主体になると考えるのが**宣言的効果説**である。国家承認は、国際法上の国家が成立したことを確認するためのものである。法的な効果を有するものではなく、単に政治的な行為にすぎないと主張される。しかし、法的に全く無意味であるということはできず、国家が成立したことを示す証拠であると考えられ、国家承認の数が多ければ、国家として成立したと推定されることになる（★1992年ユーゴ仲裁委員会第8意見）。宣言的効果説が今日では一般に支持されている。その限りで、尚早の承認を除き、国家承認の要件、効果を詳細に議論する必要はない。

** **不承認** 事実上の国家が存在する場合でも、国家承認が行われない場合がある。例えば、一部の国家が、何らかの政治的な理由に基づき承認を与えない場合がある。そうした場合は、他の多くの国家が承認を与えることによって、新国家の国際法主体性は強固となる。一部の国家が承認を拒否し続けることは、政治的に動機づけられた行為でしかない。しかし、武力行使禁止原則や自決権が確立することによって、両原則に違反した国家を承認してはならないという法的義務意識が強くなってきた。1932年日本が満州国を建国した際に、国際連盟総会は、「国際連盟規約又は不戦条約に違反した方法により生み出された事態や条約を一切承認しない義務が、連盟加盟国にある」と決議した（1932年3月11日）。これは、アメリカ合衆国の国務長官スティムソンが表明した**不承認政策**（**スティムソン・ドクトリン**）を体現するものである。満州国を承認した国は、日本を含め5か国であった。また、1965年南ローデシアが一方的に独立を宣言したとき、安全保障理事会は、人種差別政策（アパルトヘイト政策）をとる白人少数政権を承認しないように国連加盟国に要請する（決議202［1965］）とともに、経済的強制措置を行使した（決議232［1966］）。南ローデシアを承認する国家はなかった。

＊＊＊ **合法性要件**

こうした不承認政策をどのように評価するか。国家承認を政治的な行為にすぎないとみる純粋な宣言的効果説からすれば、満州も南ローデシアも事実上の国家である以上、国家性を獲得したことになる。ただ単に不承認という国際社会の政治的な制裁を受けただけということになる。一方、国家性を否定する考え方として三つある。第一は、創設的効果説である。この考え方からすれば、承認が与えられない以上国家でないのは当然ということになる。第二は、宣言的効果説をとりながら国家性要件の中で実効的政府の存在を重視する。満州国は日本の傀儡国家であり、実効的な政府が存在していなかったと考え、国家性要件が満たされていないと考える。第三は、国家性要件では国家の実効性が強調されるが、今日では、実効性要件だけでなく、武力行使禁止原則や自決原則に違反してはならないという**合法性要件**が加わっており、この要件を満たさない限り、国家ではないと主張される。このように宣言的効果説に依拠しつつも国家性を否定するのが今日の通説的な見解である。ただし、この考え方の中には、自決権のみを合法性要件としてとりあげ、武力行使禁止原則は実効性要件との関連で議論するものがある。

国家責任条文が、強行規範に基づく義務の重大な違反を承認してはならないと規定している（▶第41条）のは、違法から法的効果が生ぜず、合法性要件が妥当していることを示している。その結果、満州は、中国の領土であり、日本が違法に軍事占領した地域であったことになる。南ローデシアは、一方的独立が認められず、依然としてイギリスの植民地であったということになる（1980年ジンバブエとして独立）。国家として独立を目指す団体は、国家になる前から、国際法の適用を受け、実効性要件のみならず合法性要件を満たさなければならないのである。しかし合法性要件を満たすかどうかは、個別の国家が判断するか国連のような国際機構が判断することになる。合法性要件の実施には国家承認という手段に訴えるしかない現実がある。今日の宣言的効果説は、創設的効果説をいったん拒否しつつ、そのうえで合法性要件を新設することで創設的効果説を宣言的効果説に再移入させている点に注意すべきだ。

Point　国家の成立

①宣言的効果説
　　国家性の要件
　　　実効性原則＝事実上の国家
　　　合法性原則＝自決原則、武力行使禁止原則
②創設的効果説
　　国家承認の要件＝事実上の国家

＊＊＊ **人権、民主主義と法の支配**　「法の支配、民主主義及び人権」が国家承認の要件と主張されることがある。1991年欧州共同体（EC）が提示した「東欧及びソ連における新国家の承認に関するガイドライン」では、法の支配、民主主義及び人権を承認の条件としている。こうした主張については、新たな「文明国」基準を適用するものであるとの批判が出されている。法の支配や民主主義が国際法上の国家性要件として確立しているかどうかは疑わしい。国家は政治体制を自由に決定する自由があるからだ。ECのガイドラインは、単なる政治的な宣言でしかないとみなさなければならない。ただし、アパルトヘイト（人種差別）政策のように、重大な人権侵害や自決権否定が存在する場合には、国家性は否定される。

＊＊＊ **未承認の効果**　承認の効果については、第一に国際法における効果、第二に、二国間関係における効果、第三に国内法における効果を分けて議論しなければならない。第一に、宣言的効果説が妥当する限り、事実上の国家であれば、国家承認を受けていない国家（未承認国家）であっても国際法上の権利義務を享有している。したがって、承認は証拠的価値以上をもちえない。不承認の対象となっている「国」も、一般国際法を遵守しなければならない。第二に、国家承認は承認を与える国と承認を受ける国との二国間関係に大きな影響を与える。承認が与えられた場合、外交関係の開設や二国間条約の締結の端緒となる。承認が与えられない場合、通常の外交関係は創設されない。しかし、そうした場合でも、二国間の関係が全くないかといえばそうでなく、未承認国家が同一の多数国間条約に加盟することがある。政治的な合意を取り結ぶ場合もある。政府を介さず、経済的・文化的な関係をもつこともある。2002年、日朝平壌宣言が合意されたが、これは政治的な合意である。日本は、北朝鮮に対して黙示的承認を与えることを回避するために、法的な合意であることを否定した。

＊＊ **国内法上の未承認**　第三に、国家承認は、国内法上、とくに国内裁判において、大きな意味をもつ。しかし、国家承認が国内法上どのような意義をもつかは国によって異なっている。一般的には、承認を受けた国家は、承認を与えた国家において法人格や裁判所における当事者能力、裁判権免除が与えられる。しかし、未承認国家は、そうした権利や能力を主張することができるかどうかという問題が提起される。日本においては、国家承認が与えられていない以上、そうした権能は否定されるのが原則である。これは、承認しないという政府の判断と異なる判断を裁判所がすべきでないという要請から来ている。つまり、国内裁判所において、国家承認は創設的な効果を有することになる。しかし、現実には、未承認国との商取引関係をめぐる事例のように、未承認国家を無として取り扱うことができない場合がある（★リンビン・タイク・ティン・ラット対ビルマ連邦事件、東京地判昭29・6・9、下民集5巻6号836頁）。また、未承認国の国民の地位をめぐって、その国の法を適用すべき場合も存在している（★王京香対王金山事件、京都地判昭31・7・7、下民集7巻7号1784頁）。したがって、必ずしも、未承認国家が、国内裁判所において無として取り扱われるわけではない。ただし、著作権に対する保護に関して、知財高裁は、文学的及び美術的著作物の保護に関するベルヌ条約の当事国である北朝鮮の権利能力を否定した（★知財高判平20・12・24）。一般には、公法的関係に対しては承認の有無が大きく作用するが、私法的関係においては影響が少ないということができる。

＊＊ **国連加盟と承認**　未承認国家が国連加盟を認められた場合、国連加盟国は、新加盟国を国家として認め、国際法上の権利義務を承認しなければならないかどうかについて問題となるが、国家承認は国家による一方的行為であり、集合的承認という考え方は採用されない。国連憲章第4条は、国連加盟の条件の一つとして「平和愛好国」を挙げており、国家であることを前提としている。したがって、宣言的効果説からすれば、国連加盟は国家であることを示す大きな証拠価値を有している。一般国際法上の国家であることは間違いない。

加盟承認に賛成した国家は、そうした投票行動をとることで国家承認を与えたとみなしえないわけではない。しかし、国家承認としての効果を有しないという了解の下で投票を行っているのであり、賛成投票を国家承認と同視することはできない。したがって、新加盟国を国家として承認していない国連加盟国も、国連の場では国家として遇しなければならないが、国連の場を離れれば、二国間関係や国内法上において未承認国家として扱うことになる。

4 政府の変更

＊＊ 政府承認

政府が非合法的に変更された場合、他国が新政府に対し政府承認を与えること、又は政府承認を与えないことがある。政府承認をめぐっても、創設的効果説と宣言的効果説の対立がある。実効性あるいは**事実主義**の考え方に従えば、新政府が国家の大部分を実効的に支配するようになれば、つまり一般的事実上の政府として成立すれば、国家を代表する資格が与えられることになる。政府承認は、国家承認同様、新政府の成立を示す証拠でしかなく（★チノコ利権契約事件、仲裁裁判所判決［1923年］）、一般的には宣言的効果説が妥当する。しかし、政府承認が不要となるわけではない。承認が与えられれば、新政府との

◆ Further Study　分裂国家

第二次世界大戦後、ソ連とアメリカ合衆国により占領された結果、二つに分割統治され、あたかも二つの国家が誕生したかのように見える場合があった。分裂国家である。独立に際し、社会主義政策をとる国家（政府）と、資本主義政策をとる国家（政府）が並立した。例えば、朝鮮民主主義人民共和国（北朝鮮）と大韓民国（韓国）や、ドイツ民主共和国（東ドイツ）とドイツ連邦共和国（西ドイツ）がそうである。ドイツは、前者が後者に編入される形で1990年再統一された。ベトナムは、独立戦争終結後、ベトナム民主共和国（北ベトナム）とベトナム共和国（南ベトナム）に分かれた。1975年、ベトナム戦争が終結し、翌年、前者がベトナムを統一し、ベトナム社会主義共和国が誕生した。中国も中華人民共和国と中華民国（台湾）に分かれた。

分裂国家については、二つの国家があるとみるか、一つの国家の中に二つの政府があるとみるか、一つの国家の中に、一つの政府と一つの叛徒があるとみるか、三つの見方が考えられる。中国の場合は、一つの国家と一つの政府（中華人民共和国政府）、そして一つの叛徒（台湾）が存在すると見るのが最も現実に合っている。朝鮮半島について、日本国は、大韓民国政府を「朝鮮半島にある唯一の合法的な政府」であるとしており、中国と同様に、一つの国家に一つの政府（大韓民国政府）、そして一つの叛徒（北朝鮮民主主義共和国政府）が存在すると理解されるが、北朝鮮も韓国も両方国連加盟国であり、国際法上二つの国家であることは間違いない。

間で二国間の外交関係が再開されるだけでなく、国内法上、承認国の国内裁判所等にも影響を与えることになる。

*** 正統主義

政府承認は、外交関係を取り結ぶ相手として新政府がふさわしいかどうか決定する政治判断である。そのため、承認基準は国ごとに異なりうる。事実主義以外にも、歴史上さまざまな承認政策が主張されてきた。政府に何らかの正統性を求める考え方を**正統主義**という。その一つに**トバール主義**がある。これは、立憲的正統主義とも呼称される理論であり、憲法に基づかない政府の変更を一切認めない政策である。そもそも政府承認が問題になるのは、非立憲的な変更の場合であることからして、トバール主義は政府承認政策というよりもむしろ政府不承認政策であった。アメリカ合衆国もウィルソン（Woodrow Wilson）大統領によって1913年から合憲性を政府承認の要件にしていたが、1931年には、この政策は放棄された。不当な干渉行為とみなされることが第一の理由であり、非立憲的起源のみを理由に承認しないとすれば、実効的な政府と外交関係を構築できず外交上好ましくないというのが第二の理由である。トバール主義と正反対の政策が、1930年にメキシコ外務大臣によって主張された**エストラーダ主義**である。これは、革命政権であろうがなかろうが、外交関係を維持することに重要性を見出し、政府の正統性について他国が判断すべきでないという政策である。エストラーダ主義は、政府承認が政治的判断であることを無視している点で、批判される。その一方で、政府承認廃止政策のさきがけであるとも評される。トバール主義もエストラーダ主義も、実際上、短命に終わった。

*** 政府承認廃止政策

1980年イギリスは、政府承認政策の転換を行い、政府承認を行わない方針を採用した。それまでは、国家領土の大部分を実効的に支配する政府が誕生すれば、政府承認をすべきものと考えていた。政府承認に関する方針転換は、その当時のカンボジア情勢の結果であり、事実を事実と受け止めるアプローチへの転換を意味する。ただし、新政府とどのような関係を構築するかについては、今後とも事案ごとに決定していくという態度をとっている。外交関係が設定されるのか、文化交流だけなのか、一切交流をもたないのかの判断は政府によって行われる。政府承認を行わずに、新政府と交渉をもつことが可能となり、エストラーダ主義の再来と理解される。

イギリス以前にも政府承認を廃止する国家がいた。ベルギーやフランスは1965年から廃止しており、アメリカ合衆国も1977年、政府承認を行わないことを宣言した。イギリスの方針にならい、オーストラリアやカナダも1980年代後半には、政府承認を廃止した。政府承認を廃止したはずのアメリカ合衆国は、1979年に中華人民共和国と共同コミュニケを発表し、相互に承認を与え、外交関係を樹立することに合意した。したがってアメリカ合衆国において、政府承認廃止政策がどこまで確立しているか不明確である。

政府承認廃止は、明示的承認から黙示的承認に変わっただけなのか、あるいは承認制度そのものが廃棄される傾向を示すものか、政府承認廃止の理解について対立がある。創設的効果説からすれば、承認制度は必須であり、黙示的承認として維持されていると主張されることになる。宣言的効果説からすれば、国際法上、承認の有無は重要ではないため、政府承認が廃止されたとしても新政府の地位に変更はない。むしろ、政府承認廃止は宣言的効果説を補強する。

＊＊ **国内法における政府承認** 国家と同様に、宣言的効果説が妥当し、一般的事実上の政府になれば、国家を代表する資格を新政府は得る。承認によって、新政府は、承認を与えた国において、法人格を取得することができる。したがって、承認は、国内法上独自の意義をもっている。不承認政策が採用されることによって、国内裁判所は、新政府の地位に関し、承認という決定的な情報を政府から得ることができず､独自に判断しなければならなくなる。その結果、裁判所が取り扱う案件によっては、未承認政府であっても何らかの地位が認められる場合がある。

5　破綻国家と国際法

＊ **破綻国家** 1990年代以降、国家でありながら政府が崩壊してしまい法秩序を維持することが困難で、内乱状態が現出している場合がある。代表例としてはソマリアやコンゴ民主共和国、南スーダンが挙げられる。こうした国では、地方ごとに軍閥や武装勢力が跋扈(ばっこ)し、政府は無力化している。正確には国家が破綻または失敗しているのではなく、政府の破綻や失敗である。形式的には国際法上国家であり続けており、国家性は維持されている。しかしそうした考え方に修正が迫られている。

＊＊ **保護する責任と国家性** 国家は主権を有しており、主権は他国からの介入を防ぐ盾として機能する概念であった。しかし、今日では「保護する責任」という新たな概念枠組みが登場し、責任を有する主権という考

え方が採用されるようになってきた。つまり領域内にいる住民を「保護する責任」を果たせない国家は主権（そして不干渉原則）を主張することができないと考えられる。すなわち、①ジェノサイド、②戦争犯罪、③民族浄化、④人道に対する罪を処罰する意思がない国家又は能力がない国家、あるいは政府自身がそうした犯罪を行っている国家は国家主権を主張できないのだ。イラクやシリアで活動していたイスラム国（IS）（2014年～2019年）と呼ばれるテロ集団は、住民を保護するどころか、恐怖政治を行い、テロを世界中にばらまいた。占領地域においてクルド人等に対し戦争犯罪や人道に対する罪を行っていることは明らかで、国際社会によって国家とは認められないのだ。また現政権であってもその正統性が否定されることがある。リビアがその例で、2011年リビア住民を保護するために安保理が採択した決議1973（2011）は国際社会による軍事介入を容認した。しかし、国連安保理の授権がなければ「保護する責任」を根拠に、個別国家が介入することは許容されていない。

*** **破綻国家に対する介入**

1991年、ハイチで軍事クーデターが発生し、民主的に選出された大統領が亡命を余儀なくされ、安保理は、決議940（1994）で、ハイチ政府の正統な当局が復帰することができるよう、多国籍軍の派遣を認めた。1997年シエラレオネでクーデターが生じたときには、決議1132（1997）を採択し、経済制裁を実施した。アフリカ連合（AU）は、2000年のアフリカ連合設立規約第30条において、非立憲的政府は、アフリカ連合の活動に参加できないことを明記した。そのうえで、2003年に設立規約を改正し、「正統な秩序に対する重大な脅威」がある場合、アフリカ連合が加盟国に介入する権利を認めた（▶第４条(h)）。今日では、少なくとも、民主的な政府を非合法的に打倒した政府は、政府としての正統性に強い疑義が提出されることは確かだ。

☆ Summary

国家には、国家を代表する政府が存在する。新国家の成立の形態として、併合や（　1　）による国家の（　2　）だけでなく、国家の一部が独立をする（　3　）や、国家がさまざまな国に分かれる（　4　）がある。植民地から独立した国家は、（　5　）国と呼ぶ。政府が変更になっても、国家は同一であるという原則が適用される。これを国家同一の原則又は国家（　6　）の原則という。国家や政府が誕生する場合、内戦を経ることがある。内戦は、政府とそれに対抗する叛徒との間の（　7　）的武力紛争であり、伝統的には、国際法が適用されなかった。しかし、外国は、政府の要請に基づく場合、内戦に介入することができるとされてきたが、叛徒が、（　8　）的（　9　）上の政府になれば、（　10　）承認を受けることがあり、中立法が適用されるが、この制度はあまり利用されなかった。第二次世界大戦後、1949年のジュネーヴ条約共通第（　11　）条が、内戦時に適用すべき最低限の規則を定めた。人権条約の中には、内戦のような緊急事態においても（　12　）されない人権が定められており、最低限の人権は保障される。1977年の（　13　）議定書は、さらに内戦に適用される規則を詳細に規定した。戦後、自決権の確立に伴い、民族解放闘争は、国際的武力紛争とみなされ、（　14　）議定書の適用がある。

国家が成立するには、第一に、永続的（　15　）、第二に、一定の（　16　）、第三に、（　17　）、そして第四に、国際関係を取り結ぶ意思と能力が必要である。実効性要件と呼ばれ、この四つの要件を満たした場合、（　18　）上の国家となる。国際法上の国家となるためには、この要件に加えて国家承認が必要であるかどうかが問題となる。それに関し、（　19　）的効果説は肯定し、（　20　）的効果説は否定する。承認には明示の承認と黙示の承認があり、最終的確定的な承認である法上の承認とそうでない事実上の承認がある。四つの要件を満たしていない承認は（　21　）の承認として非難される。国際社会が不承認政策をとることがある。自決原則や武力行使禁止原則に違反した国家を承認してはならないという考え方である。そこで、国家が成立するためには新たに（　22　）要件を満たす必要があることになった。政府の非立憲的な変更の場合にも、新政府に対して承認が行われる。この場合でも、宣言的効果説が妥当するが、国家が政府承認をする場合、事実上の政府として成立すればよいと考える（　23　）主義と、政府の（　24　）性を要求する（　24　）主義の対立がある。立憲的（　24　）性を求める考え方を（　25　）主義、政府承認を行わないという考え方を（　26　）主義という。1970年代以降、英米において政府承認廃止政策がとられるようになった。また1990年代以降、国家や政府承認の政治的要件として、人権、民主主義及び（　27　）が要求される場合がある。

答

【Quiz】②いいえ、国家ではない。独立宣言が行われておらず、国際関係を取り結ぶ意思と能力がないと考えられる。しかし台湾が独立宣言を行うことは、中国が許さないだろう。

【Summary】①合併、②結合、③分離、④解体、⑤新独立、⑥継続、⑦非国際、⑧地方、⑨事実、⑩交戦団体、⑪３、⑫免脱／デロゲート、⑬第二追加、⑭第一追加、⑮住民、⑯領域、⑰政府、⑱事実、⑲創設、⑳宣言、㉑尚早、㉒合法性、㉓事実、㉔正統、㉕トバール、㉖エストラーダ、㉗法の支配

第6章　国家管轄権

Quiz
日本人がアメリカ合衆国で殺人事件を起こした。日本国刑法の適用があるか。

①はい、適用がある。②いいえ、適用がない。　（答は章末）

1　管轄権の意義と種類

＊ 国家権力

日本において本格的な地図が作られたのは、ロシアとの国境が意識された江戸末期のことである。国境線を引き、地図を作るということは、国家権力が及ぶ範囲を客観的に示すことである。国境の内側において、国がどのような統治機構を組織して国家権力を使うのかということは、その国が自由に決定する事項であり、他国や国際機構に命令されることではない。国が法を制定し、その法を人、物、行為に適用して、執行するというかたちで統治が行われる。日本国憲法には、国民の意思に基づいて、国会が法を制定（立法）し、内閣が法に基づく業務を遂行（行政）し、裁判所が具体的な事件に法を適用して紛争を解決する（司法）という統治機構に関する規定がある。こうした法を制定、適用、執行する権限のことを**管轄権**という。

＊ 管轄権

管轄権は一般に権限行使の態様に応じて、三つに区別される。まず、ある特定の人、物、行為を対象に国内法を制定する権限を**立法管轄権**という。法を定立する局面である。次に、国内法を裁判所等が具体的な事件に適用して、判決や決定を下す権限を**司法管轄権**という。法を解釈・適用する局面である。そして、司法管轄権を行使して下された判決や決定を守らせるために、捜索、身柄拘束、強制執行といった強制的な措置を行う権限を**執行管轄権**という。法を執行する局面である。この区別については、司法管轄権と執行管轄権を区別せずに、あわせて広い意味で執行管轄権（広義）とすることもあるし、領域外への行使に広い裁量が認められてきた立法管轄権と司法管轄権を区別しない考え方もある。こうした管轄権の分類は必ずしも絶対なものではないが、ここでは立法管轄権、司法管轄権、執行管轄権という分類を用いる。ただし、行政機関も政令等を策定し、立法管轄権を行使するので、この分類は権限を行使する主体に着目したものではない。国際社会において、権限の行使がどのような機能を果たしているかという観点から分類している。

Point　管轄権の種類

管轄権
- 立法管轄権
- 司法管轄権 ┐
- 執行管轄権 ┘ 広義の執行管轄権

2　立法管轄権と司法管轄権の基礎

＊＊ **属地主義**

国がどのような行為に立法管轄権と司法管轄権を行使することができるかについて、国際法上の明確な制限が存在していない。最も一般的なのは、特定の人や物が自国領域内に存在すること、あるいは、特定の行為が自国領域内において生じていることを理由に管轄権を行使する場合である。これを**属地主義**（**領域主義**）という。「郷に入れば郷に従え」である。日本人がフランスに行けば、フランス法に従い、車を運転するときは右側を走行しなければならない。日本における犯罪の処罰を規定する刑法をみても、**刑法第1条**は「この法律は、日本国内において罪を犯したすべての者に適用する」と規定している。ここでいう「すべての者」には、日本人に限らず、どこの国籍を有しているかにかかわらず、すべての人が含まれており、属地主義を示している。

＊＊＊ **主体的属地主義と客体的属地主義**

管轄権行使の基礎としては、属地主義が最も一般的である。とくに刑事事件の場合、証拠収集や証人の召喚が容易であり、管轄権の競合も避けることができる。しかし、一つの犯罪行為がすべて一国の領域内で行われるとは限らない。例えば、A国にいるXがチョコレートに毒物を混入して、B国にいるYに送ったとしよう。不幸にもYがそのチョコレートを食べて死に至ったとき、どのように管轄権が行使されるのであろうか。まず、事件のきっかけとなるXによる毒物の混入という行為に着目して、身体の挙動がなされた場所であるA国が管轄権を行使するとみることができる。また、事件の結果であるYが殺害されたという事実に着目して、行為の結果が発生した場所であるB国が管轄権を行使するとみることもできる。多くの国は、犯罪について、その事実のすべてが自国領域内において発生することを要件としておらず、事実の一部が自国領域外において行われる場合でも犯罪の成立を認めている。そして、身体の挙動がなされた地の国が有する管轄権の基礎を**主体的属地主義**（subjective territorial principle）といい、行為の結果が発生した地の国が有する管轄権の基礎を**客体的属地主義**（objective territorial principle）という。

*** **国内法の域外適用**

国際法上、自国領域外における管轄権行使は原則禁止されているが、自国領域外において生じた行為に対して、自国領域内において管轄権を行使することは頻繁に主張されてきた。自国との何らかの関連性を基礎に、自国領域外にある人や財産、自国領域外において生じた行為について、国内法を定立し、裁判所が管轄権を行使することを禁止する規則が存在しない限り、各国は自由に管轄権を行使することができると考えられている。実際にさまざまな関連性を基礎にして、国は自国領域外において生じた行為に対して自国領域内において管轄権を行使している。これを国内法の**域外適用**という。

** **属人主義**

自国領域内において生じていない行為に国内法を適用する代表例は、人に着目して法を適用することである。行為が生じた国にかかわらず、その行為にかかわる者が自国に関係していることを理由に管轄権を行使することである。これを**属人主義**という。通常、行為にかかわる者の国籍に着目する場合がほとんどであるので、人を対象とする場合には**国籍主義**ともいう。属人主義というときの「人」は通常、自然人を指すが、会社等の法人も含まれる。もっとも、会社の国籍をどのように決めるかという問題は残る。

** **能動的属人主義**

仮想の殺人事件を例に考えてみよう。アメリカ合衆国で殺人事件が起こり、加害者Xは日本国籍、被害者Yはドイツ国籍を有するとする。このとき、事件発生地であるアメリカ合衆国は属地主義に基づいて、加害者Xに対して管轄権を行使することができる。他方、加害者Xが日本国籍を有していることを基礎として、アメリカ合衆国で起こった殺人事件であっても、日本は加害者Xに対して管轄権を行使する場合がある。これは特定の行為を遂行した者の国籍を理由とする管轄権行使であり、**能動的（積極的）属人主義**という。

** **自国民の国外犯処罰**

能動的属人主義の具体例は、自国民の国外犯処罰であり、多くの国の刑法が国外犯処罰の規定を有している。日本の**刑法第3条**も「この法律は、日本国外において次に掲げる罪を犯した日本国民に適用する」として、殺人、現住建造物等放火、窃盗、強盗等の罪に限定して、日本国外で行われた罪に対する管轄権行使を規定する。能動的属人主義は属地主義を補完するものであり、あらゆる行為を対象とするわけではない。

＊＊ 受動的属人主義 もう一度、仮想の殺人事件に戻ろう。加害者Xは日本国籍を有する者、被害者Yはドイツ国籍を有する者である。そして、被害者Yが国籍を有しているドイツが管轄権を行使する場合である。特定の行為を原因とする被害を被った者の国籍を理由とする管轄権行使であり、これを**受動的（消極的）属人主義**という。自国領域外における行為であっても、その行為による被害があまりにも重大であるので、被害者が自国民であることを基礎として、自国民を保護するために管轄権を行使するのである。

＊＊ 刑法第3条の2 受動的属人主義は必ずしも多くの国で採用されているわけではない。日本においては、旧刑法に規定が存在していたが、1947年改正で削除された。しかし、日本国民が海外で犯罪に巻き込まれる事例が増えたこともあり、2003年改正では受動的属人主義が採用された。**刑法第3条の2**は「この法律は、日本国外において日本国民に対して次に掲げる罪を犯した日本国民以外の者に適用する」とし、対象犯罪は強制わいせつ、強制性交等、殺人、傷害、逮捕監禁、略取誘拐、強盗といった凶悪犯罪である。

＊＊＊ 国際法における受動的属人主義 受動的属人主義が国際法上、認められているかどうかは決して明らかではない。そもそも属地主義を基礎に管轄権を行使する国との競合を生みやすい。また、外国人による外国における行為に被害者国籍国の国内法を適用するのはあまりにも過度な管轄権行使ではないかという批判もあり、慣習国際法としては確立していないという見解が根強い。他方、受動的属人主義を採用する条約もあり、例えば、人質禁止条約第5条1項(d)、拷問禁止条約第5条1項(c)は、締約国が受動的属人主義を基礎に管轄権を設定することを認めている。こうしたことからすると、現時点では、重大な人権侵害にかかわる一定の行為について、条約を締結した国家間相互において、限定的に受動的属人主義が認められているということができよう。

＊＊ 旗国主義 船舶上や航空機内において生じた行為についてはどのように管轄権を行使するのだろうか。もちろん、日本の領海内における行為には属地主義を基礎に管轄権を行使する。しかし、世界の陸地の大半がいずれか

の国の領域となっているのに対して、海にはいずれの国にも属さない公海がある。それでは、この公海における行為にどのように管轄権を行使するのか。船舶の場合、**旗国主義**という考え方があり、船舶を必ずどこかの国に登録させて、船舶はその登録した国の旗を揚げて公海を航行し、事件が生じたときはその国旗を揚げている国が管轄権を行使する。また、航空機の場合、その航空機が登録されている国による管轄権行使が一般的であり、これを**登録国主義**という。

日本の**刑法第1条2項**は、「日本国外にある日本船舶又は日本航空機内において罪を犯した者」についても、属地主義と同様に扱うと規定していることからすると、旗国主義は属地主義の一種であるように思われる。たしかに、旗国主義を説明するときに、かつては船舶が「浮かぶ領土」であるという理解が存在していたが、今日では支持されていない。他方、旗国主義が船舶の国籍である船籍に注目することから、国籍主義の一種とする理解が存在する。こうした議論はさてお

◆Case　ローチュス号事件

（フランス対トルコ）常設国際司法裁判所判決［1927年9月7日］

1926年、フランス船ローチュス号はトルコに向けて航行していたが、公海上においてトルコ船ボス・クルト号と衝突した。ボス・クルト号は沈没し、トルコ人8名が死亡した。ローチュス号がトルコに到着した後、トルコ当局がローチュス号の当直士官（フランス国籍）とボス・クルト号の船長（トルコ国籍）を逮捕し、刑事裁判が行われ、両者に有罪判決が下された。被害者の国籍国であるトルコがフランス国籍の加害者に対して管轄権を行使したのである。フランスはトルコに管轄権はないと抗議した。フランスとトルコの付託合意に基づき、事件は常設国際司法裁判所に付託された。

裁判所は、自国領域外にある人や財産について、又は自国領域外において生じた行為について、国内法を定立し、裁判所が管轄権を行使することができるかどうかに関し、それを禁止する規則が存在しない限り、各国は自由に管轄権を行使することができるとした。さらに、船舶衝突については、原因と結果を区別することができないので、船舶衝突の加害者が乗っている船舶の旗国だけではなく、船舶衝突の結果が生じた船舶の旗国も管轄権を行使することを国際法は禁止していないとして、トルコの管轄権行使を認めたのである。しかし、1952年に「船舶衝突その他の航海事故の刑事管轄権に関する規則の統一のためのブラッセル条約」が締結され、第1条によれば、公海上における船舶衝突の刑事責任についての管轄権は、加害者が乗っている加害船舶の旗国が行使すると規定された。その後、公海条約第11条、国連海洋法条約第97条にも引き継がれた。常設国際司法裁判所の立場は修正されたのである。

き、少なくとも公海上にある船舶については、国連海洋法条約第92条が、船舶は一つの国の旗を掲げて航行すること、公海においてはその旗を揚げている国の排他的な管轄権に服することを規定し、さらに、第94条はいずれの国も自国を旗国とする船舶に有効に管轄権を行使することを定めている。

＊＊＊ **TAJIMA 号事件**　2002年4月、台湾沖の公海を航行中のタンカー TAJIMA 号の船内で日本人がフィリピン人に殺害された。この船舶は日本企業が所有し運航していたが、船舶と登録国に真正な関係がない便宜置籍船であり、パナマ船籍であったので、日本は旗国主義を基礎に管轄権を行使することができなかった。旗国主義を基礎にパナマが管轄権を行使することができるが、パナマからすると、遠く離れた台湾沖で日本人が殺害された事件について、管轄権を行使しようという積極的な理由はない。他方、加害者の国籍国であるフィリピンには能動的属人主義の規定がないので、フィリピンが刑法を適用することはできない。もう一つの可能性として、日本が受動的属人主義を基礎として管轄権行使をすることが考えられるが、事件当時、日本の刑法には受動的属人主義の規定がなかった。そこで、日本政府がパナマ政府に依頼し、パナマから日本に犯罪人引渡しを請求してもらい、日本がパナマの要請を受けて被疑者の身柄を確保して、パナマに引き渡し、パナマで裁く、という非常に煩雑な解決法がとられた。しかし、結局、パナマの裁判所は無罪判決を下した。TAJIMA 号事件が契機となり、2003年、刑法第3条の2に受動的属人主義が導入されて、公海という日本国外における殺人事件の被害者が日本国籍を有する場合にも、日本の刑法を適用することができるようになったのである。

＊＊ **保護主義**　犯罪行為者との間に国籍というつながりがなく、犯罪行為地でもない国が、安全保障、経済等の国家秩序に着目して、管轄権を行使することがある。**保護主義**である。日本の**刑法第2条**は「この法律は、日本国外において次に掲げる罪を犯したすべての者に適用する」と規定し、対象犯罪は内乱罪、外患誘致罪、通貨偽造罪等、国家秩序を破壊しようとする犯罪に限定している。例えば、海外で日本の1万円札が偽造され、偽造1万円札が世界的に流通すると円は信用を失い、日本の経済秩序は大きな打撃を受け、国家秩序も大きく損なわれることになる。そこで、こうした特定の行為に限り、外国人が外国で犯した犯罪（通貨偽造の罪）であっても、自国の国家秩序を保護するために管轄権を行使するのである。

＊＊ **普遍主義**　保護主義が一国の国益を保護することを理由とするのとは異なり、**普遍主義**は国際社会全体の利益の保護を理由とする。その行為地、行為者の国籍に関係なく、すべての国に管轄権行使を認める。普遍主義を基礎とする管轄権行使としては、古くから公海上にある海賊の処罰が典型例である。安全な海上交通を阻害する海賊は「人類共通の敵」であり、どこで海賊行為を行ったかにかかわらず、海賊行為にかかわる者がどこの国籍を有するかにもかかわらず、公海上で海賊を発見した国が管轄権を行使して、国際社会全体の利益を確保する。この管轄権行使はまさに権利の行使であり、海賊に対して管轄権を行使するかどうかは各国の裁量に委ねられている。

Point　管轄権の基礎

- ①属地主義
  - 主体的属地主義：犯罪行為地国
  - 客体的属地主義：結果発生地国
- ②属人主義
  - 能動的属人主義：犯罪者の国籍国
  - 受動的属人主義：被害者の国籍国
- ③旗国主義：船舶や航空機の国籍国
- ④保護主義：国家の基本秩序を害される国
- ⑤普遍主義：特定の犯罪に関し国際法が処罰権能や義務を課す。

＊＊ **管轄権行使の義務化**　他方、近年では海賊以外の犯罪行為、とりわけ、戦争犯罪、ジェノサイド、人道に対する罪のようにすべての国に共通する法益にかかわる犯罪について、管轄権行使を義務化する条約が締結されるようになってきている。例えば、ジェノサイド条約はジェノサイド防止という国際社会全体の利益のために当事国に管轄権行使を義務づけている（▶第1条）。また、航空機不法奪取防止条約は航空機の不法な奪取行為（ハイジャック）について、航空機の登録国、着陸国、賃借国に管轄権の設定を義務づける（▶第4条）と同時に、被疑者の所在国は自国で被疑者を裁くか、あるいは、上記の関係国に引き渡すかを選択しなければならないことも規定する（▶第7条）。「**引き渡すか訴追するか**」（*aut dedere aut judicare*）の義務である。人質行為禁止条約、核物質防護条約、拷問禁止条約をはじめ、管轄権行使を義務化する条約は増えている。

＊＊＊ **アイヒマン事件**

条約によらずに普遍主義を基礎とする管轄権が行使されたこともある。第二次世界大戦中にドイツの官僚であったアイヒマンは、ナチスによるホロコーストという大量虐殺が遂行された強制収容所への鉄道輸送計画を立案する担当者であり、戦後、アルゼンチンへ逃亡していたが、1960年になって、イスラエルの諜報機関モサドがアイヒマンをイスラエルへ連行した。イスラエルはアイヒマンを連行後、自国内において人道に対する罪とジェノサイド罪で裁判にかけた。イスラエルによる管轄権行使は普遍主義を基礎としていた。強制収容所がイスラエル国外に存在していた以上、属地主義を基礎にすることはできない。行為者であるアイヒマンはイスラエル国民ではないので、能動的属人主義も基礎にすることはできない。保護主義、受動的属人主義を基礎にすることが後に管轄権行使を正当化する根拠として追加されたが、いずれにせよ事件当時にイスラエルという国は存在していなかった。それゆえ、ホロコーストが国際社会全体の利益に反する行為であることに着目して、イスラエルは普遍主義に基づく管轄権を行使したのである。ただし、アイヒマン事件当時、ジェノサイドに対する普遍主義に基づく管轄権行使が慣習国際法として確立していたわけではない。

＊＊＊ **国際人道法違反**

戦争犯罪や人道に対する罪のような国際人道法に違反する行為について、普遍主義を基礎として、すべての国が管轄権を行使すべきであるという主張もあるが、いまなお慎重な判断が必要である。例えば、コンゴ民主共和国の外務大臣が人種的憎悪を煽る演説を行ったことが国際人道法に違反するとして、領域的な関係も人的な関係もないベルギーが逮捕状を発給したことがある。ベルギーは、国際人道法に違反する行為について、その行為地、行為者や被害者の国籍にかかわらず、さらに、被疑者がベルギー国内に所在しているか否かにもかかわらず、普遍主義を基礎として、管轄権を行使することができるという国内法を1993年に制定していたのである。この事件は国際司法裁判所に持ち込まれ、裁判所は外務大臣の特権免除を認めたが、慣習国際法上、普遍主義に基づく管轄権行使が認められるかどうかについての判断を避けた（★**逮捕令状事件**［2002年］）。戦争犯罪、ジェノサイド、人道に対する罪のような犯罪がたとえすべての国に共通する法益を侵害するものであるとしても、慣習国際法上、すべての国に普遍主義を基礎とする管轄権行使を認めるかどうかについては、現在でも議論の余地を残しているのである。

＊＊＊ 国際裁判管轄

民事上の事件でも自国領域外で生じた行為に対する管轄権行使は起こる。日本企業Xがカナダ企業Yに自動車を売る契約を締結したと仮定しよう。しかし、Xが自動車をYに引き渡したにもかかわらず、Yは契約上の義務を履行せずに、代金を支払わないとする。では、どこの裁判所に訴訟を提起することができるのか。裁判所の側からみれば、どこの国の裁判所が管轄権を行使することができるのかという問題である。国際的な要素を伴う民事事件では、自国と全く関係がない行為に管轄権を行使することが適切であるとは考えられていない。原告がたとえ日本の裁判所を選んだとしても、外国にいる被告が日本の裁判所に出廷するための時間や費用負担がかかるだけでなく、裁判所も必要以上に人員や費用を割かなければならない。それゆえ、どのような事件に管轄権行使が可能かを決定する必要があり、これを**国際裁判管轄**の問題という。ただし、国際裁判管轄を規律する国際法が現時点では確立しているわけではない。各国の裁量にまかされており、各国の民事手続に関する国内法に基づき判断されることになる。

＊＊ 国際私法

国内裁判所が国際的な要素を伴う事件に対して管轄権を行使すると決定したとしても、具体的な事件にどの国の国内法を適用するのかという問題がある。犯罪処罰のように、国と私人との関係に適用される公法領域においては、自国法しか適用されない。犯罪処罰の場合、日本の裁判所は日本法しか適用しない。しかし、契約をめぐる紛争のように、私人間関係に適用される私法領域においては、国内裁判所がその紛争を解決するのに最も適した法を適用するのであり、日本法だけではなく、外国法を適用することもある。具体的にどの国の法を適用するかについても国際法は存在しておらず、各国の**国際私法**（日本の場合は「法の適用に関する通則法」）が決定する。

3　管轄権の拡大

＊＊ 効果理論

競争法（独占禁止法）を自国領域外における行為に適用しようとする国もある。他国領域内において行われたカルテルの締結等、自由競争を制限する行為の効果が自国領域内に及んだことを基礎に管轄権を行使しようとするもので、**効果理論**といわれる。効果理論はもともとアメリカ合衆国の国内判例を通じて発展してきた。属地主義を拡張したものであるとの理解もある一方、何らかの影響があることを基礎とする点では属人主義や保護主義の一種とみることもできる。アメリカ合衆国は効果理論に基づく管轄権を行使して、外国企業に関連文書の提出命令等を出したので、当初、欧州諸国、カナダ、日本からは主権侵害であるとの批判があった。しかし、経済がグローバル化し、国際的なカルテルの締結が一般的になってくると、欧州諸国や日本もむしろ効果理論を基礎とする管轄権を行使するようになってきた。日本の独占禁止法も1998年改正で外国企業間の合併に独占禁止法を適用することを規定し、効果理論を基礎とする管轄権行使を導入した。

*** **合理性の基準**

アメリカ合衆国においても他国と衝突してまで管轄権行使をすることを見直そうという立場が強まってきた。アメリカ合衆国の裁判所においても判例を通じて、企業の国籍、所在地、他国の法律や政策との抵触の程度、効果の予見可能性等を比較衡量して、管轄権行使を判断するという**合理性の基準**が採用され、効果理論を一定程度、抑制するようになってきたが、判例が一貫しているわけではない。もっとも、自由競争市場における独占を規制することそのものに争いがあるわけではない。どこの国の競争当局が主導権を握るかということが問題の核心であり、近年では、競争法に基づく執行活動の事前通報、相手国政府の利益への考慮等、相互協調を定める条約も締結されている。

*** **輸出管理法の域外適用**

経済制裁に基づく禁輸措置を規定する輸出管理法が自国領域外における行為に適用された例もある。1982年のシベリア・パイプライン事件では、アメリカ合衆国によるソ連に対する経済制裁がアメリカ企業の在外子会社、アメリカ製品を用いて装置を製造する外国企業、アメリカ企業からライセンスを得て装置を製造する外国企業までを対象としたことについて、EC（現在のEU）や日本が国際法に違反すると抗議した。アメリカ合衆国は1992年のキューバ民主主義法でも在外子会社によるキューバとの貿易を禁止し、これに対してイギリスやカナダが自国の輸出管理法を域外適用する**対抗立法**を制定した。その後もアメリカ合衆国は輸出管理法を域外適用しようと試みたが、在外子会社に対する管轄権行使を基礎づける根拠は乏しい。

** **管轄権の競合**

国は自国領域内において生じた行為だけでなく、自国領域外において生じた行為に国内法を適用することも禁止されていない。立法管轄権と司法管轄権の行使については各国の裁量に委ねられているのである。つまり、具体的な事件に対して何を基礎として管轄権を行使するかということが国ごとに異なる以上、二国以上が管轄権を行使する場合がある。これを

管轄権の競合という。再び、仮想の事例を考えてみよう。殺人事件の発生地はアメリカ合衆国、加害者は日本国籍、被害者はフランス国籍とする。このとき、アメリカ合衆国は属地主義、日本は能動的属人主義、フランスは受動的属人主義を基礎に管轄権を行使することができる。もっとも、現実に加害者の身柄を拘束している国でなければ、最終的な刑の執行を行うことはできないが、アメリカ合衆国、日本、フランスが自らの管轄権行使を主張するとき、この管轄権の競合を調整する国際法は存在しない。その結果、アメリカ合衆国で逮捕され、裁判を受けて無罪になった加害者が日本に帰国した後に、日本において同じ罪を問われて逮捕され、裁判を受けるかもしれないし、フランスに旅行したときにはフランスにおいて同じ罪を問われて逮捕され、裁判を受ける可能性もある。

＊＊ **管轄権競合をめぐる議論** 日本とアメリカ合衆国の管轄権が競合した例がある。アメリカ合衆国ロサンゼルスにおいて発生した殺人について、日本国籍を有するXが妻の殺人を教唆したとして、1985年に日本において逮捕されたが、2003年に最高裁で無罪が確定した（ロス疑惑）。その後、2008年にアメリカ合衆国サイパンに滞在していたXをアメリカ合衆国ロサンゼルス市警が妻の殺害を教唆したとして逮捕した。日本は能動的属人主義を基礎とする管轄権行使であり、アメリカ合衆国は属地主義を基礎とする管轄権行使である。結局、Xが死亡し、アメリカ合衆国における裁判は行われなかったが、同じ殺人事件について、日本の管轄権とアメリカ合衆国の管轄権が競合したのである。

もちろん、犯罪処罰を確実に行うという観点からみると、管轄権が競合しても、法の網の目を張り巡らせることができるという利点がある。他方、無罪判決が確定したにもかかわらず、別の国において再び同じ事件で刑事裁判にかけられることには何の問題もないのであろうか。刑事訴訟法上の重要な原則である**一事不再理原則**によれば、ある刑事事件の判決が確定したときには、同じ事件を再び審理することは許されない（日本国憲法第39条）。アメリカ合衆国によるXの訴追に対しては一事不再理を理由とする批判があった。実際、自由権規約第14条7項は「何人も、それぞれの国の法律及び刑事手続に従って既に確定的に有罪又は無罪の判決を受けた行為について再び裁判され又は処罰されることはない」と規定している。しかし、この規定について、自由権規約委員会の一般的意見32［2007年］は、一事不再理が問われるのは締約国の国内確定判決に限定され、二つ以上の国においては一事不再理が保障されないとの意見を示した。日本の刑法第5条は、外国で確定判決を受けても同一の行為について、日本で処罰可能と規定する。

＊＊＊ **法政策の相違** 国際法上、自国領域外における行為への管轄権行使がどの程度認められるかは不明確であり、管轄権の競合を調整する国際法も存在しない。とりわけ、インターネット上の行為に対する管轄権行使はいっそう難しい。そもそも行為の発生地を確定するのが困難であるだけでなく、国ごとの法政策の違いが現れやすいからである。インターネット上の行為については、Yahoo! オークションをめぐる事件があった。フランス刑法はナチス関連物品の陳列を禁じているが、アメリカ合衆国カリフォルニア州にサーバーが置かれているYahoo! オークションにナチス関連物品が出品され、フランス国内からも閲覧可能な状態になったことが争われた事件である。フランスの裁判所はフランスからの閲覧を一律に排除するようにYahoo! 社に命じた。他方、アメリカ合衆国の裁判所はこのフランス裁判所の命令をサーバーが所在するアメリカ国内で執行することは憲法上の表現の自由に基づき、許されないとした。この事件では、ナチスを徹底的に根絶するというフランスの法政策と、表現の自由を絶対的に保護しようというアメリカ合衆国の法政策が対立している。

◆ Further Study　インターネット犯罪

インターネット犯罪が増加している。国境を越えたインターネット犯罪はどこの国が処罰できるのだろうか。例えば、インターネット上における詐欺事件を想定してみよう。ウェブサイトの指示に従い、クリックした結果、クレジットカードで決済してしまった。このサイト運営者はアメリカ合衆国に滞在し、ウェブサイトのサーバーもアメリカ合衆国に所在しているが、被害者は日本にいるとする。主体的属地主義のみが認められるとすると、日本の警察は法的根拠がないので、被害者から被害の状況を聴取することも難しい。むしろ、主体的属地主義と客体的属地主義の双方を認めることにより、効果的に犯罪捜査を進めることができるのである。もちろん、すでにみたように、管轄権の競合を調整する規則は存在しないので、とりわけインターネット上の行為については、わいせつ物をはじめとする表現の自由の扱い、消費者政策等の法政策の相違が影響しやすく、競合の調整はいっそう難しくなる。

4　執行管轄権の調整

＊＊ **執行管轄権の制限**

立法管轄権は自国領域外において生じた行為に対しても、国籍主義、保護主義、普遍主義に基づいて、行使されることがある。しかし、執行管轄権には明確な制限がある。国際法上、**執行管轄権**は自国領域内においてのみ行使することができるのである。日本の警察は逃亡した犯人を日本国外まで追いかけることはできないし、他国領域内において無断で捜査活動することもできない。また、国内裁判所が下した判決を履行しない被告が他国領域内に所有している財産に対する強制執行を求めたとしても、その財産が所在する国が同意する場合にしか、強制執行を行うことはできない。日本は外国判決、外国仲裁判断のうち、一定の要件を満たすものを承認し、強制執行まで認める制度を有しているが、あくまでも国内法に基づく制度である。つまり、裁判所が法に基づいて判断した（法の適用）としても、その裁判の結果を実際に強制することができるかどうか（法の執行）は別の問題なのである。

＊＊ **再び、アイヒマン事件**

アイヒマン事件は、執行管轄権の制限にもかかわる事件である。アルゼンチンへ逃亡していたアイヒマンを拘束し、イスラエルへ連行したのはイスラエルの諜報機関の構成員であった。当然、この構成員はイスラエルの国家公務員であり、アルゼンチンにおいてアイヒマンを強制的に拘束・連行する行為はイスラエルによる自国領域外における執行管轄権の行使に該当する。実際、アルゼンチンは、イスラエルの行為が国際法違反であるとして、国連安全保障理事会に事件を付託した（安保理決議138（1960））。アイヒマンの返還を求めたが、イスラエルが謝罪し、アルゼンチンも受け入れた。自国領域外における執行管轄権の行使は、相手国の同意がない限り、国際法違反になることが確認されたのである。また、こうした国の指示に基づく強制的な拘束は、2010年発効の強制失踪条約第2条の「強制失踪」に該当する。

☆ Summary

国家は法を定立し、適用し、そして執行する権限を有している。この権限のことを国際法では（　1　）権と呼ぶ。この中には、法を定立する（　2　）権と法を解釈適用する（　3　）権、そして法を執行する（　4　）権が含まれている。（　2　）権の基礎として、第一に（　5　）主義が挙げられる。自国領域内にいる人が領域内で行為をして犯罪を発生させた場合か、何らかの犯罪結果が自国領域内で発生した場合である。第二に（　6　）主義がある。自国領域外にいる自国民が関係する犯罪の場合である。自国民が犯罪行為を行った場合、とくに（　7　）的（　6　）主義という。逆に、自国民が犯罪行為の被害者の場合、（　8　）的（　6　）主義という。ただし、これについては国際法上争いがある。

第三に、自国領域外にいる自国船舶や航空機に対して（　1　）権行使を認めるのを、（　9　）主義という。船舶と登録国との間に（　10　）な関係が存在することが必要であるが、そうした関係が存在していない（　11　）船に対して規制が困難であるという問題がある。2002年（　11　）船である（　12　）号上で、日本人が殺される事件が発生して、（　8　）的（　6　）主義に基づき、刑法に第3条の2が追加された。第四に、国家秩序を害する犯罪については、場所や人を問わず罰することができる。（　13　）主義という。例としては内乱罪や通貨偽造がある。

第五に、国際社会全体の利益を害する犯罪の場合、すべての国家に（　1　）権行使が認められる。（　14　）主義という。例として、「人類共通の敵」とみなされている（　15　）がある。最近のテロ関連条約では、「（　16　）か訴追するか」の義務が設けられている。外国人が外国においてジェノサイドや人道に対する罪を犯した場合、条約に基づかずに、（　14　）主義を根拠に、処罰できるかどうかについては争いがある。イスラエルは、ホロコーストの実行者である（　17　）をアルゼンチンで拉致し、自国で裁判にかけた。ベルギーは、コンゴ民主共和国外務大臣に逮捕令状を発給したことから、二国間で紛争が生じた。

外国にいるものに対して管轄権を行使することを（　18　）適用という。競争法では、国際的なカルテルの防止のために（　19　）理論が提唱されている。複数の国家が同一の事案に対して（　1　）権を主張する場合がある。これを（　1　）の（　20　）という。しかし、（　3　）権の適用は、自国領域内に限定されている。

答

【Quiz】①適用がある。属人主義に基づき、外国にいる日本国民の犯罪に対しても日本国刑法の適用がある。

【Summary】①管轄、②立法管轄、③司法管轄、④執行管轄、⑤属地／領域、⑥属人／国籍、⑦能動／積極、⑧受動／消極、⑨旗国、⑩真正、⑪便宜置籍、⑫ TAJIMA、⑬保護、⑭普遍、⑮海賊、⑯引き渡す、⑰アイヒマン、⑱域外、⑲効果、⑳競合

第7章　管轄権の制限

Quiz
「東京にあるアメリカ合衆国大使館は、治外法権であり、日本の警察官は許可なく立ち入ることができない」というのは正しいか。

①はい、正しい。②いいえ、正しくない。　（答は章末）

1　外交・領事特権免除

＊ 管轄権からの免除

管轄権行使に関する国際法規則は、国が自国領域内において排他的に管轄権を行使するということを前提にしていた。しかし、特定の人や物が自国領域内に存在しているにもかかわらず、又は特定の行為が自国領域内において生じているにもかかわらず、国際法上の制限を受けて、管轄権を行使することができない場合がある。これを管轄権からの**免除**という。こうした管轄権の制限として、外交特権免除と領事特権免除、外国国家元首や外国政府の長の免除、外国軍隊とその構成員の免除、外国国家と外国国家に関係する財産の免除、国際機構の免除がある。もっとも、この免除には国際法上のものだけではなく、国内法上のものがある。つまり、国際法上は管轄権を行使することができる場合でも、国内法に基づいて、管轄権を行使しないことがある。

＊ 外交関係条約の性質

外交関係に関する国際法は、数百年間の慣行を通じて、慣習法として確立してきた。この慣習法を法典化するために、1961年に**外交関係条約**が採択された。この条約により法典化された外交関係に関する国際法は、外交官に与えられる特権免除を定めるとともに、そうした特権免除の違反や濫用に対抗する手段も規定している。

＊＊ 外交使節団

外交官という言葉がよく用いられるが、大使館で働いている人がすべて外交官ではない。外交関係条約に細かな分類がある。外交使節団には特定の任務のために一時的に外国に派遣される**特別使節団**と、外国に常駐する**常置使節団**がある。通常、国家間の合意により、二国間で外交関係を開設すると、相互に常置使節を派遣する（▶第2条）。外交使節団の長は大使、公使、代理公使に分けられるが、階級では差別されない（▶第14条）。この外交使節団の長とその部下である職員から外交使節団が構成される。使節団の職員は外交職員、事務職員、技術職員、役務職員に分かれる。事務職員や技術職員は外交職員の補助を担い、役務職員は料理人、運転手、清掃人等である。このうち、外交使節団の長と外交職員のみが**外交官**である（▶第1条）。なお、外交関係条約では、外交官を派遣する国を**派遣国**、外交官が駐留する国を**接受国**という。

** **外交官の裁判権免除**　外交関係条約に基づき、外交官には管轄権からの**免除**だけでなく、公館に対する保護等の**特権**が与えられており、両者をあわせて**特権免除**という。裁判所の管轄権行使からの免除を**裁判権免除**という。接受国の裁判所からみると、外交官に対する管轄権行使は制限されることになる。外交官は刑事裁判をすべて免除される。他方、民事裁判において、不動産、相続、公の任務外の商業活動にかかわる裁判は免除されない（▶第31条）。ただし、こうした免除は接受国における免除であり、派遣国の裁判権から免除されることまでは意味していない（▶第31条4項）。また、外交官の家族も外交官と同様に免除されるが、接受国の国民である場合は別である。

Point　外交官の裁判権免除

刑事裁判　→　免除

民事裁判・行政裁判　→　免除
免除の例外＝①不動産、②相続、③商業活動

*** **外交官以外の裁判権免除**　事務職員、技術職員とその家族についても刑事裁判はすべて免除されるが、民事裁判権の免除は「**公の任務**の範囲外の行為」について免除されない（▶第37条2項）。例えば、外交官が運転する車に衝突された被害者は、加害者である外交官に損害賠償を求める訴訟を提起しても、裁判所によって却下される。しかし、事務職員が勤務のない休日に運転する車に衝突された場合は「公の任務の範囲外の行為」となり、訴訟の提起が可能である。役務職員はさらに限定されており、刑事裁判も民事裁判も「公の任務遂行にあたって行った行為」についてのみ免除される（▶第37条3項）。

*** **接受国国民である場合**　接受国の国民である外交官（現地職員）の特権免除は制限され、「任務の遂行にあたって行った行為」につ

いてのみ裁判権免除が認められる（▶第38条１項）。他方、事務職員、技術職員、役務職員の場合、接受国が認める限度の特権免除しか与えられない（▶第38条２項）。駐日スリランカ大使館の日本人職員が自らの車でスリランカの大臣を送った後、帰宅する途中に交通事故を起こし、業務上過失傷害罪に問われた事件において、東京地裁は、大使館の日本人職員に裁判権免除を認める明文規定も慣行もないことを理由に免除を否定して、罰金刑を命じた（★東京地判平16・11・10）。

＊＊ **裁判権免除の放棄**　裁判権免除は**放棄**可能であるが、放棄するのは派遣国である（▶第32条）。民事裁判、行政裁判については派遣国が裁判権免除を放棄した後に、敗訴した外交使節団の長や職員が自発的に判決を履行しない場合に判決の強制執行に進むが、裁判権免除を放棄したとしても、**強制執行からの免除**まで放棄したことにはならない。もっとも、外交関係条約とともに採択された「民事請求権の考慮に関する決議」は、外交任務に支障のない限り、民事裁判権免除の放棄を勧告しているが、必ずしも放棄されるわけではない。1964年に日本に駐留するマレーシア大使館の書記官が東京で交通死亡事故を起こしたとき、マレーシアが免除放棄することなく、書記官は帰国した。

＊＊ **身体の不可侵**　裁判権免除以外にも特権がある。代表的なものは**身体の不可侵**である。外交官の身体は不可侵であり、外交官を逮捕することができない（▶第29条）。外交官は課税（▶第34条）や空港等における手荷物検査（▶第36条）からも免除される。また、外交官に限らず、接受国は使節団構成員に原則、自国領域内の移動の自由と旅行の自由を認めなければならない（▶第26条）。

＊＊ **特権免除の享有期間**　外交官が特権免除を享有するのは、接受国の領域に入った時からである（▶第39条１項）。外交官の任務が終了した時には特権免除も終わる。任務を終えた者の特権免除は、接受国を去る時か、接受国を去るために要する相当な期間が経過した時に消滅する。消滅の時点までは、武力抗争が生じた場合でも特権免除は消滅しない。また、接受国に所在する現職の外交官が有する特権免除としての裁判権免除（人的免除）とは別に、在職中の任務遂行にかかわる行為については、任務が終了し、人的免除が消滅した後も裁判権免除（事項的免除）が存続する（▶第39条２項）。

＊＊ **使節団公館の不可侵**　大使館等の公館は不可侵である（**公館の不可侵**）。接受国当局は使節団の長の同意なしに公館に立ち入ることができない（▶第22条）。しかし、例えば、駐日米国大使館の土地はあくまでも日本領

域であり、公館の不可侵の絶対性については争いがある。火災が起きたときなど、緊急時にも絶対に使節団の長から同意を得なければならないかという問題がある。外交関係条約をみる限り、公館の不可侵は絶対的であるようにも思われるが、緊急時の立ち入りを許容する慣習法が存在するという議論がある。この立場によれば、外交関係条約は緊急時の立ち入りに関する明示の規定を有しておらず、慣習法が適用されるので、接受国の当局が同意を得ずに立ち入ることは可能ということになる。使節団の公文書や書類は不可侵である。使節団の公の通信は自由であり、接受国は保護しなければならない。接受国は外交封印袋の開封や留置、外交伝書使の抑留や拘禁を行えない。外交官の個人的住居も不可侵である(▶第30条)。

*** **使節団公館の保護義務** 接受国は侵入や損壊から公館を保護し、安寧の妨害や威厳の侵害を防止する義務を負う(▶第22条)。国際司

◆ Further Study　外交的庇護

外交使節団の公館は不可侵である。この公館に政治亡命者や犯罪者が逃げ込んできたとき、外交使節団はその者を保護することが許されるのか。これが**外交的庇護権**(right of diplomatic asylum)といわれる問題である。庇護そのものの歴史は古く、自国領域内に逃げ込んできた犯罪者や政治亡命者を庇護する**領域的庇護**の実行は数多い。外交的庇護も16世紀頃から頻繁に行われていた。通常、接受国当局は庇護対象者を犯罪者として追いかけるが、同意を得ず立ち入れない外交使節団の公館に逃げ込まれると、自国領域内であるにもかかわらず、公館の中までは追いかけられないからである。

国際司法裁判所の庇護事件［1950年］では、外交的庇護は領域国の主権への重大な制限となるので、明確な法的根拠が必要であり、数多くの慣行があるとはいえ、外交使節団を派遣している国に庇護権があることや、接受国が外交的庇護を尊重する義務があることは十分に立証されていないとして、外交的庇護権を認めなかった。たしかに、ラテンアメリカ諸国には数多くの慣行があり、慣習国際法であると主張する国が多かったし、かつてはヨーロッパでも外交使節団が政治亡命者らに外交的庇護を与えていた。しかし、慣習国際法上の外交的庇護が行使された、あるいは、接受国が慣習国際法上の義務として、外交的庇護を受けた者の出国を認めたとは考えられていない。現在でも外交的庇護が与えられることがあるが、それは、政治的な事情が考慮され、二国間の妥協や第三国による仲介を通じて、接受国が最終的に出国を黙認している結果である。

法裁判所の在テヘラン米国大使館事件判決によれば、この義務には、侵害を防止する義務だけでなく、侵害を迅速に終了させ、原状を回復させる義務も含まれる。

＊＊ **外交特権免除の根拠**　外交関係条約が特権免除を認めるのは、第一に、使節団が派遣国の威厳や名誉を代表しているからである。これを**威厳説**（代表説）という。第二に、外交任務の能率的な遂行を確保するためである。これを**機能的必要説**（機能説）という。かつては外交使節団が**治外法権**を有するという説もあったが、外交関係条約は前文で「国を代表する外交使節団の任務の能率的な遂行を確保することにある」とし、威厳説と機能的必要説の両方を採用した。外交官が特権階級にあるからというわけではない。外交関係が悪化すると、外交官やその家族の生命や財産が攻撃の対象になりやすい。外交官を最後の砦に国家間の外交関係を友好的に維持するために特権免除が必要なのである。

＊＊ **接受国が執りうる措置**　特権免除が濫用され、友好的な外交関係の維持のためには特権免除が障害になることもある。そこで、外交関係条約は接受国に対抗手段を与えている。第一に、外交使節団の長を派遣するとき、派遣国は接受国に**信任状**を提出し、接受国に承諾の意思を確認する。この承諾のことを**アグレマン**という。接受国は理由を示すことなく、アグレマンを拒否することができる（▶第４条）。

＊＊ **ペルソナ・ノン・グラータ**　第二に、外交官が**ペルソナ・ノン・グラータ**（*persona non grata*）、あるいは、使節団のその他の職員が**受け入れ難い者**であることをいつでも派遣国に通告することができる。ペルソナ・ノン・グラータとは「好ましくない人物」という意味のラテン語である。この通告を受けた派遣国は対象者を召還するか、任務を終了させなければならない（▶第９条）。2012年６月にシリアが欧米諸国や日本のシリア駐在大使らをペルソナ・ノン・グラータとして通告した。日本も駐日シリア大使をペルソナ・ノン・グラータとして通告し、駐日シリア大使は即日、帰国している。2022年２月のウクライナ侵攻に関連して、日本は４月８日在日ロシア大使館の外交官と在ロシア通商部の職員計８人を国外退去処分にした。それを受けてロシアは、４月27日、日本人外交官８人の国外退去を決定した。第三に、最終的な対抗手段として、**外交関係の断絶**が選択されることがある。国際司法裁判所の在テヘラン米国大使館事件において、外交関係条約を**自己完結的制度**（self-contained regime）であるとした。すなわち、違反や濫用に対抗する手段について、他の国際法規則に頼るこ

となく、外交関係に関する国際法のみで完結する制度ということである。

* **外交官と領事官の相違** 外交官と**領事官**は、ともに派遣国の公務員であり、派遣国から任務を与えられて、外国に派遣され駐留するのは同じであるが、任務が異なる。外交官が属する使節団の最大の任務は接受国において派遣国を**代表**し、接受国の政府と**交渉**することである（▶外交関係条約第３条）。これに対して、領事官は接受国に駐留して、本国及び在留自国民の利益の保護、両国間の通商や文化等の友好促進、接受国国民等へのビザの発給等であり、日常的な行政事務を担う（▶領事関係条約第５条）。領事官には、本国から派遣される**本務領事官**と、接受国の有力者等に委嘱する**名誉領事官**がある。

*** **領事関係条約の性質** 外交関係に関する国際法が慣習法として発展してきたのに対して、領事関係に関する国際法は二国間条約や国内法を通じて発展してきた。二国間条約に共通する規則も多く、1963年に**領事関係条約**が採択されたが、その後も二国間条約が数多く締結されている。こうした二国間の領事条約に特有の規則もあり、領事関係条約は慣習法の法典化ではないという議論が強い。領事関係条約は、締約国間に効力を有する他の条約には影響を及ぼさないと規定し、二国間条約との並存を許容している（▶第73条）。

** **領事官の特権免除** 領事関係条約は、領事官の任務（▶第５条）に応じて、外交官よりも狭い特権免除を領事官に与えている。領事関係条約によれば、領事官の身体は**不可侵**であるが、重大犯罪であり、かつ、権限ある司法当局の決定があるときには抑留、拘禁されることもある（▶第41条）。**裁判権免除**は**領事任務**を遂行するための行為に限られる（▶第43条）。

** **領事機関の特権** 領事関係条約では、領事機関には公館の不可侵（▶第31条）、公文書や書類の不可侵（▶第33条）、移動の自由（▶第34条）、通信の自由と公用通信の不可侵（▶第35条）があり、外交使節団の特権と類似している。ただし、領事機関の**公館の不可侵**については、「専ら領事機関の活動のために使用される部分」のみに適用される。また、外交使節団と異なり、領事機関の長の**同意**がなくても、火災その他迅速な保護措置を必要とする**災害**の場合には、領事機関の長による同意があるとみなされる（▶第31条２項）。

*** **領事機関公館の保護義務** 2002年に中国の瀋陽にある日本国総領事館に北朝鮮国民が逃げ込もうとし、中国当局が領事館の敷地内から連行した事件がある。接受国当局は同意なしに公館に立ち入ることができな

いが、侵入や損壊から公館を保護し、安寧の妨害や威厳の侵害を防止する義務を負う（▶第31条3項）。しかし、いずれが優先されるのかを領事関係条約は明らかにしていない。日本は同意のない立ち入りであると主張したが、中国は第31条3項に基づき不法侵入者を連行したのであり、副領事の同意も得たと反論した。その後、2008年に日中領事協定が締結され、両国の領事関係において、領事機関の公館の不可侵は外交使節団の公館の不可侵と同じ水準に拡大された（▶第6条）。

＊＊ 領事特権免除の根拠

領事特権免除は、外交特権免除とは異なり、**威厳説**（代表説）では説明することができず、**機能的必要説**（機能説）に依拠する。領事官は派遣国の威厳や名誉を代表する立場にはないからである。それゆえ、領事官には外交官のような特権免除は必要ないと考えられてきた。たしかに、領事関係条約を作成するとき、領事による通商活動への関与を強めていた途上国が外交官と同様の特権免除を主張したことから、領事特権免除は拡大したが、結局、先進国と途上国が妥協して、現在の領事関係条約の規定になった。

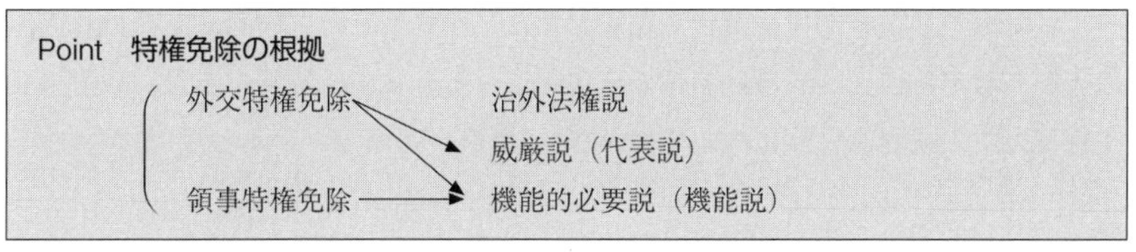

2　その他の国家機関の免除

＊＊＊ 国家元首

外交特権免除の根拠の一つは、使節団が国家を代表している点に求められた。**国家元首**はまさに国家そのものを体現し外交任務を担っていることから、国家元首とその家族が外交官と同等以上の特権免除を享有すると考えられる。もっとも、外交官は接受国においてのみ特権免除を有するが、国家元首とその家族は、どこの国においても特権免除を有する。他方、国家元首の特権免除に関する条約は存在していないので、特権免除の範囲が必ずしも明確ではない。国家を代表する外交使節団の長が接受国の裁判権から原則免除され、身体の不可侵が認められていることから、外国に滞在中の国家元首に外交使節団の長と同じく裁判権からの免除や**身体の不可侵**が認められることは明らかである。国際司法裁判所の刑事司法共助問題事件［2008年］では、フランスの予審判事がジブチ大統領に対して証人召喚状を発布したことについて、「強制的な権力行為」を伴うかという基準により、召喚状の発布は国際法に違反しないが、発布手続が国際礼儀に合致しないと判示した。

＊＊＊ **人的免除と事項的免除** 国家元首には一般に**裁判権免除**が認められるが、免除の範囲については議論がある。現職の国家元首には絶対的な**人的免除**（immunity *ratione personae*）が認められるが、国家元首を辞した後は在職中の公的行為につき**事項的免除**（immunity *ratione materiae*）が認められるにすぎない。ピノチェト事件においてイギリス貴族院の多数意見は、在職中に行った拷問行為について、事項的な裁判権免除が否定される可能性を示した。もっとも、拷問が国家元首の任務ではないとして裁判権免除を否定する国際法が十分に確立しているわけではない。

＊＊＊ **政府の長及び閣僚** **政府の長**（首相）や閣僚（とくに外務大臣）も国家を代表して外交任務を担うため、身体の不可侵は認められてきたが、裁判権免除の範囲は必ずしも明確でない。国際司法裁判所の**逮捕令状事件**［2002年］では、コンゴ民主共和国の現職の外務大臣が重大な人権侵害を行ったとして、ベルギーの予審判事が逮捕令状を発給したことが争われた。国際法上、外務大臣はその在職中に他国の刑事裁判権から免除されると裁判所は判示した。政府の長や外務大臣の裁判権免除については、十分に事例が蓄積しているわけではないが、

◆Case　ピノチェト事件

イギリス貴族院判決［1999年３月24日］

ピノチェトはチリの元大統領であり、大統領在職中（1974年～1990年）に拷問、誘拐（ゆうかい）等の重大な人権侵害を行った。1998年10月、ピノチェトが病気療養のためにイギリスに滞在中、スペインの裁判所が受動的属人主義を基礎に逮捕状を発給し、滞在国であるイギリスにピノチェトの引渡しを求めた。イギリスはスペインの要請に応じてピノチェトを逮捕した。犯罪人引渡しを判断する手続において、ピノチェトは国家元首としての刑事手続からの免除を主張した。

イギリス高等法院［1998年］は、国家元首の資格で行った行為は刑事手続から免除されるとして、引渡しを不可としたが、イギリス貴族院［1999年］の多数意見は高等法院判決を覆し、ピノチェトによる在職中の拷問行為は国家元首としての公的な任務ではないとして、免除を否定し引渡し可能とした。多数意見はまず、国家元首の免除について、**人的免除と事項的免除**に区別し、事項的免除について、拷問禁止条約は公務員が関与する拷問を国際犯罪とし、普遍主義に基づく管轄権行使を認めていることから、拷問は国家元首の任務ではないとして、ピノチェトの事項的免除を否定した。

在職中は絶対的な人的免除を有している。ただし、外務大臣以外の閣僚が部分的に国家を代表する場合については明らかではない。

＊＊ 軍隊及び軍隊構成員　軍隊も国家の威厳を体現することから、加えて、軍事機密の保護という観点から、軍隊及びその構成員が駐留国の領域内において特権免除を享有することがある。駐留国における外国軍隊の取扱いについては、通常、派遣国と駐留国との間で二国間条約を締結し、特権免除を具体的に規定する。日本にはアメリカ合衆国が日米安全保障条約に基づき軍隊を駐留させており、日本における駐留米軍の扱いは**日米地位協定**が定めている。日米地位協定は、日本による駐留米軍に対する管轄権行使を制限している。

＊＊＊ 軍隊構成員の犯罪　実際に問題になるのは、駐留軍隊の構成員である兵士や軍属による犯罪である。とくに公務外の犯罪行為により、基地周辺住民に被害が生じる事件が多く、日本でも日米地位協定の問題点が指摘されてきた。公務外の米軍構成員による犯罪に対する日本の管轄権行使には日米地位協定上の制限がある。日米地位協定第17条によれば、駐留米軍の構成員の犯罪についてはアメリカ合衆国と日本の双方が管轄権を有するが、**公務執行中**の行為、米軍の構成員や財産にのみかかわる行為についてはアメリカが優先的な管轄権を有し、それ以外については日本が優先的に管轄権を有する。1957年1月30日、群馬県相馬が原の米軍演習場内の立入禁止区域で薬莢(やっきょう)を拾っていた日本女性を米兵ジラードが射殺した事件（★ジラード事件／相馬ケ原事件）があった。米兵ジラードによる射殺行為は公務遂行時間中（休憩時間）に行われたが、米軍当局が管轄権を行使しない旨を通告してきていたので、日本の裁判所が管轄権を行使し、有罪判決が下った（★前橋地判昭32・11・19、判時131号4頁）。

＊＊＊ 起訴前の身柄拘束　日米地位協定は被疑者である米兵の身柄拘束にも制限を加えている。第17条5項(c)によれば、米軍基地内にいる兵士を起訴前に身柄拘束することができない。とくに凶悪事件の場合、証拠隠滅や国外逃亡を防止するために起訴前の身柄拘束が必要であれば、いったん基地に戻る前に米兵を確保するほかない。もっとも、1995年9月に沖縄において発生した少女強姦事件を契機に、駐留米軍の特権への批判が高まり、1995年10月の「刑事裁判手続に係る日米合同委員会合意」では殺人や強姦等の凶悪犯罪に限り、起訴前の身柄拘束にアメリカが「好意的な考慮」を払うと約束された。こうした運用の見直しは図られているが、管轄権行使に制限があることに変わりはない。

＊＊＊ **民事裁判権の扱い**　軍隊構成員の犯罪については被害者側が民事上の不法行為訴訟を提起することもあり、民事裁判権も問題になる。民事裁判権について、日米地位協定第18条は軍隊構成員の行為を公務中の行為か、公務外の行為かにより区別し、いずれも構成員個人に対する損害賠償請求訴訟が可能であるが、**公務中**の場合に構成員は判決執行手続に服さないと規定する。**公務外**の場合には判決執行手続に進めるが、実際の執行は困難である。通常、駐留軍隊構成員の滞在は一時的であり、駐留国に財産を有していないからである。日米地位協定は米軍構成員による公務外の行為にかかわる損害賠償について、日本国当局が補償金を査定し、アメリカが任意で慰謝料を支払うという方法を規定している（▶第18条６項）が、十分な金額が支払われるとは限らない。

3　主権免除

＊＊ **裁判権免除**　国際法上、国内裁判所は外国国家とその財産に管轄権を及ぼしてはならない。これを**主権免除**（国家免除）という。主権免除は管轄権行使の局面にあわせて、二つに分類することができる。一つは、国内裁判所が外国国家を被告とする民事訴訟について、裁判管轄権を行使することはできないという**裁判権免除**である。もう一つは、国内裁判所は外国国家と関係がある財産を判決後の強制執行の対象にすることはできないという**執行免除**である。

主権免除は19世紀以降に各国の国内判例が積み重ねられ、国際法上の規則として認められてきた。最初の事例といわれるのが1812年の**スクーナー船エクスチェンジ号事件**である。アメリカ合衆国連邦最高裁は、自国領域内における排他的管轄権を前提としながらも、外国の主権者及び使節並びに領域通過を認められた軍隊に対する領域管轄権の一部が黙示的に放棄されるとしたうえで、軍艦は国の軍事力の一部を構成し、主権者の直接の指揮の下に行動するので、領域国の管轄権から免除されるとした。この判決の後も欧米諸国を中心に国内判例が集積し、徐々に主権免除規則が確立していった。主権免除は国内裁判所において適用され、国内判例によって形成されてきた規則なのである。

＊＊ **主権免除の根拠**　主権免除の根拠は、国家平等の帰結である「対等なるものは対等なるものに対して支配権をもたず」（*par in parem non habet imperium*）という原則から説明されることが多い。しかし、主権免除の実行が現れ始めた当初から国家平等が根拠とされていたわけではない。そもそも相

互に管轄権を行使しても、不干渉原則と抵触しない限り、国家平等には反しないはずである。したがって、国家平等から主権免除が論理必然的に導かれるわけではない。歴史を振り返ると、自国の国王に対する無問責の原則、国際礼譲のほか、裁判を行った後に敗訴した外国国家の財産に強制執行をかけたことに対抗する自国財産へのはね返りを回避したいという外交政策上の考慮等が重なり、主権免除が徐々に受け入れられていったのである。**ドイツの主権免除事件**［2012年］において初めて国際司法裁判所は主権免除が国際法上の規則であると認めた。

＊＊ **絶対免除主義**

主権免除をめぐる最大の論点は、どのような場合に裁判権免除が認められるかということである。大きく二つの理解がある。その一つ**絶対免除主義**によれば、外国国家は原則、裁判権免除が認められる。ただし、外国国家が自発的に裁判権免除を放棄する場合、法廷地国に所在する不動産を直接目的とする訴訟である場合を除く。かつてのアメリカ合衆国やイギリスの国内判例を中心に絶対免除主義の傾向を確認することができるが、絶対免除主義が国際法として確立していたわけではない。

＊＊ **制限免除主義**

もう一つの理解は制限免除主義である。19世紀後半以降、国が自ら通商や投資等の経済的な活動に携わるようになり、私人と契約を締結するようになってきた。国が私人と同じ立場で経済的な活動にも従事するようになると、裁判権免除が大きな障壁となる。取引の相手方である私人は訴訟を提起することすらできないからである。**制限免除主義**では、国の行為を**主権的**（*jure imperii*）**行為**と**業務管理的**（*jure gestionis*）**行為**に区別し、主権的行為から生じた訴訟についてのみ裁判権免除を与える。イタリアやベルギー等の大陸法系諸国の国内判例はすでに19世紀から制限免除主義を採用している。また、1970年代以降、アメリカ合衆国やイギリス等の英米法系諸国を中心に国内法が制定され、いずれも制限免除主義を採用している。裁判権免除に関する国際法が絶対免除主義から制限免除主義へ転換したという説明は必ずしも正確でないが、現在では制限免除主義が広範に支持されている。

Point　主権免除

①絶対免除説
②制限免除説
- 主権的行為　→　裁判権免除
- 業務管理的行為　→　裁判権免除なし

＊＊ **裁判権免除の対象**

それでは、制限免除主義において、どのような行為を業務管理的と分類し、裁判権免除を否定するのであろうか。この判断の基準としては、行為の目的を基準とする**行為目的説**と、行為の性質を基準とする**行為性質説**がある。売買契約の目的物が軍隊の装備に用いる物品とすると、売買契約という性質を基準とすると業務管理的行為であるが、軍隊の維持という目的を基準とすると主権的行為になる。もちろん、国のほとんどの行為は主権的な目的を有している以上、行為目的説では主権的行為の範囲が最大限に拡大して、絶対免除主義と変わらなくなる。他方、行為性質説では行為の内容を具体的に精査しなければならない。本来、裁判権免除は本案に入る前の管轄権決定段階で問われる手続的なものであるが、行為の内容を検討するためには実体的な判断が必要になる。裁判権免除における制限免除主義は広く受け入れられているが、具体的な免除の対象については不明確な部分が残っているのである。

＊＊ **執行免除**

制限免除主義の下では、外国国家に管轄権が行使され、裁判の結果、外国国家が敗訴し、外国国家が自発的に判決を履行しなければ、判決の強制執行に進むこともある。しかし、主権免除が再び問われる。国内裁判所は外国国家と関係がある財産を強制執行の対象にすることはできないのである。**執行免除**である。執行免除は、判決後の強制執行だけでなく、判決前に行われる保全処分でも問われる。また、近年では、投資等をめぐる外国国家と私人との間の紛争が国際的な仲裁手続に持ち込まれるが、不利な仲裁判断を得た外国国家がその自発的な履行を拒むときに問題になる。有利な仲裁判断を得た私人が仲裁判断の執行を求めると、外国国家が執行免除を主張するのである。なお、裁判権免除を**放棄**した外国国家は法廷地国の裁判権に服するが、執行免除まで放棄したことにはならないことに注意を要する。

＊＊＊ **執行免除の制限**

現在では、執行免除についても裁判権免除と同じく**制限免除主義**が支持されている。しかし、執行免除が否定されると財産に強制執行がかけられ、二国間の外交関係に大きな影響があるので、執行免除の制限には慎重な立場がとられている。各国の国内判例や国内法で立場は異なるが、少なくとも使用目的が主権的である財産に執行免除を認める立場が一般的である。もっとも、外交使節団名義の銀行預金に対する強制執行からの免除が問われた事例では、銀行預金の使用目的を判断することが他国への干渉になるとする国内判例もあり、使用目的の確定は困難である。近年では、外交使節団や中央銀行名義の銀行預金、軍艦等を対象とする強制執行については具体的に使用目的を判断せずに、財産の性質からその使用目的を一律に主権的とみなし、執行免除を与えるという実行が増えている。

*** **国連国家免除条約**　国連国際法委員会（ILC）による法典化作業において、主権免除は古くからテーマの一つであった。この国際法委員会の作業は長らく中断していたが、2004年に**国連国家免除条約**が採択された。まだ発効していないが、慣習国際法の証拠として、国際司法裁判所も参照している。国連国家免除条約は原則として裁判権免除と執行免除を認めたうえで、その例外を列挙する。裁判権免除の例外の一つは**商業的取引**（▶第10条）であり、その基準は行為の性質とするが、一定の場合には目的も考慮することを認めている（▶第2条2項）。商業的取引のほか、雇用契約（▶第11条）、身体の傷害及び財産の損傷（▶第12条）、知的財産権（▶第14条）にかかわる訴訟等を例外としている。また、執行免除については、原則として、判決前の強制措置からの免除（▶第18条）と判決後の強制措置からの免除（▶第19条）を認めたうえで、商業目的に使用される財産を例外とする（▶第19条(c)）一方で、商業目的で使用される財産とはみなしてはならない財産の種類として、外交使節団の任務遂行に使用される財産、軍事的性質の財産、中央銀行の財産等を列挙している（▶第21条）。

*** **日本における主権免除**　日本では1928年大審院（だいしんいん）決定が**絶対免除主義**を採用して以降、長らく判例は変更されなかったが、横田基地夜間飛行差止等請求事件［2002年］において、最高裁は日米地位協定ではなく、裁判権免除の国際法規則を適用し、航空機の離発着が主権的行為であるとして免除を認めたが、「業務管理的な行為についてまで民事裁判権を免除するのは相当でないとの考えが台頭」しているとした（★最二小判平14・4・12、民集56巻4号729頁）。その後、日本企業がパキスタンに売却したコンピューターの代金支払いが問われた事件（★貸金請求事件［2006年］）において、最高裁は絶対免除主義を内容とする国際法がもはや存在しないとしたうえで、行為性質説を基準にパキスタンの裁判権免除を否定し、大審院決定を判例変更した（★最二小判平18・7・21、判時1954号27頁）。2009年には**制限免除主義**を採用する「外国等に対する我が国の民事裁判権に関する法律」を制定し、国連国家免除条約を国会承認した。今後、日本の裁判所は基本的に同法を解釈適用して処理することになる。

＊＊＊ **人権侵害行為に関する免除否定論** 主権免除の付与を国際法が求めていない場合に付与したとしても、国際法に違反しない。しかし、最近、主権免除が他の国際法規則と抵触するときには免除を否定すべきであるとの議論がある。一つは、人権条約が保障する**裁判を受ける権利**を奪う主権免除は正当化されないという主張、もう一つは、重大な人権侵害にかかわる**強行規範**に違反した国は主権免除を失うという主張である。強行規範を根拠とする免除否定論は第二次世界大戦中の戦後補償裁判を中心に展開され、ギリシャやイタリアの国内判例にはこの主張を採用した事例がある。しかし、免除を否定されたドイツがイタリアを国際司法裁判所に提訴した**ドイツの主権免除事件**［2012年］において、裁判所は、ドイツに対する民事訴訟において国際人道法違反を理由にイタリアが管轄権を行使したことは国際法上の主権免除規則に違反したと判示した。裁判所は人権侵害行為に関する免除否定論を採用しなかった。

＊＊＊ **慰安婦訴訟** 韓国において、元慰安婦らが日本を被告とする二つの訴訟を提起した。ソウル中央地方裁判所は第一の訴訟では、慰安婦制度が強行規範に反するとして、日本の裁判権免除を否定して、損害賠償を命じた。日本が控訴せず、判決は確定した。しかし、第二の訴訟では同じ裁判所が日本の裁判権免除を認めた。2022年現在、手続が進行中である。

4 国際機構の特権免除

＊＊ **本部協定** 国際機構は加盟国領域内において特権免除を有する。国際機構が加盟国に本部機関を設置する際、受入国との間で、機関と機関に勤務する職員の特権免除を定める協定を締結する。この協定は**本部協定**といわれる。例えば、横浜に国際熱帯木材機関の本部が置かれたとき、日本政府と国際熱帯木材機関は1988年に本部協定を締結した。また、国際機構が非加盟国に代表部を設置するときにも受入国との間で協定が結ばれ、特権免除が与えられることがある。1974年に欧州共同体（EC）委員会が東京に代表部を置いたとき、日本政府と欧州共同体委員会は代表部設置と特権免除に関する協定を結んだ。国際連合については、国連憲章第105条に国連、加盟国代表者及び国連職員が特権免除を享有するとの規定があり、その具体的な内容を**国連特権免除条約**が定めている。

＊＊ **国際機構の特権免除** 多くの本部協定をみると、まず、国際機構は、受入国の領域内において法人格を有し、契約の締結や不動産の取

得、あるいは、それに関する訴訟能力があることを規定する一方で、裁判権免除と執行免除があらゆる場合に認められる。もちろん、明示的に免除が放棄される場合は別であるが、完全な**絶対免除主義**が採用されている。このほか、使節の不可侵、文書の不可侵、課税免除等、外交特権免除に類似した規定を有している。国連特権免除条約第2条も、国連とその財産はあらゆる形式の訴訟手続から免除され、さらに、国連の財産は執行上、行政上、司法上、立法上の措置による捜索、徴発、没収、収用その他の形式の干渉から免除されると規定する。

***
職員の特権免除　国際機構に勤務する職員にも特権免除が与えられ、裁判権免除だけでなく、課税、出入国制限、外国人登録等の免除を享有する。ただし、裁判権免除については、外交関係条約に基づく外交官に比べると制限されている。例えば、国連特権免除条約は国連職員が**公的資格**で行ったすべての行動について、訴訟手続を免除される（▶第5条18項）。刑事・民事の区別はない。つまり、私的な行動に起因する場合、刑事手続からも民事手続からも免除されない。さらに、この特権免除は国際機構の目的を達成するという機能を遂行するために与えられ、職員個人の利益を与えるものではない。**機能的必要説**の立場であり、特権免除の放棄は国際機構が判断する。国連特権免除条約の場合、裁判の進行を阻害し、かつ、国連の利益を害さない場合、事務総長は職員の免除を放棄する権利とともに、放棄する義務を有する（▶第5条20項）。

***
国家代表等の特権免除　国際機構に派遣される加盟国の代表者にも特権免除が認められる。国連特権免除条約では、国連に対する**加盟国代表者**は、身体の不可侵、代表者の資格で行った行動についてのあらゆる訴訟手続からの免除、文書の不可侵等を享有することが規定されている（▶第4条）。ただし、この特権免除も代表者個人に利益を与えるものではないので、代表者を派遣した加盟国が免除を**放棄**する権利を有する。

☆ Summary

自国領域内にいる人や物であっても管轄権行使が制限される場合がある。第一に外交官である。（　1　）条約に従い、外交官には特権免除が認められている。裁判権免除には、刑事裁判及び民事裁判その他からの免除がある。民事裁判では、不動産、相続及び（　2　）が免除の例外とされている。裁判権免除は派遣国が（　3　）することができる。外交官には身体の（　4　）が与えられ、逮捕や拘禁から免れる。大使館等の公館は（　4　）とされる。接受国は公館を保護する義務がある。災害時に使節団の長の（　5　）なしに立ち入ることができるかどうかについては争いがある。外交官の任務が終了すれば、外交特権免除は消滅するが、任務を（　6　）するためにとった行為は任務終了後でも裁判権免除がある。外交特権免除の根拠に関して、国家を代表する資格に求める（　7　）説や任務の能率的な遂行の必要性に求める（　8　）説があり、（　1　）条約前文は両者に言及している。接受国が外交官に対してとりうる措置には、（　9　）の拒否、（　10　）の宣言、外交関係の（　11　）がある。こうした措置は、（　12　）的制度と呼ばれ、（　1　）条約が規定していない措置はとりえないとされる。

第二に領事官がある。領事は国家を（　13　）する資格がない。そのため外交官と比べて特権免除は制限的である。第三に国家元首や政府の長、閣僚がある。（　14　）事件では、元国家元首の特権免除が一般的に肯定されたが、拷問は公的な任務ではないとして裁判権免除が否定された。第四に軍隊及びその構成員がある。駐留軍の特権免除に関しては、通常、（　15　）が締結される。

第五に、（　16　）又は国家免除がある。外国国家を被告とする国内訴訟は、裁判権免除の対象となる。その範囲をめぐって（　17　）主義と（　18　）主義という二つの立場がある。後者によれば、免除が認められるのは（　19　）的行為であり、業務管理的行為は免除の対象外である。両者を分かつ基準について（　20　）説と行為性質説の対立がある。近年では（　18　）主義を採る国が多い。国連国家免除条約では、原則として免除を認めつつ、免除の対象とならない行為を規定している。その中には（　21　）がある。日本では（　17　）主義が採用されていたが、（　18　）主義に移行した。裁判権免除が否定されても、（　22　）からの免除が否定されるとは限らないので、注意しなければならない。第六に、国際機構の特権免除がある。国際機構に加えて、その職員、国際機構に派遣される（　23　）も特権免除を享有する。

答

【Quiz】②いいえ、正しくない。「治外法権であり」という箇所に間違いが含まれている。治外法権とは領域外の存在であることを意味し、大使館などの外国公館は外国領土の一部だと思っている人が多いかもしれないが、日本国領域の一部であり、日本法の適用がある。ただ外交関係の円滑な遂行のために、日本国による日本法の執行に制限があるだけである。

【Summary】①外交関係／外交関係に関するウィーン、②商業活動、③放棄　④不可侵、⑤同意、⑥遂行、⑦威厳／代表、⑧機能的必要／機能、⑨アグレマン、⑩ペルソナ・ノン・グラータ、⑪断絶、⑫自己完結、⑬代表、⑭ピノチェト、⑮地位協定、⑯主権免除、⑰絶対免除、⑱制限免除、⑲主権、⑳行為目的、㉑商業的取引、㉒執行、㉓国家代表

第8章　国家領域

Quiz

「国家領域は、領土、(　　)及び領空から構成されている」の空欄に入るのは何か。

①領水、②領海、③内海、④内水　　(答は章末)

1　領域の区別

* 領　域

地球上の空間は、各国家の主権が及ぶ**国家領域**、いずれの国家の主権も及ばない**無主地**（*terra nullius*）と、いずれの国家も原則として主権を及ぼしてはならない**国際公域**(*res communis*)に分けられるのが原則である。無主地は人の住んでいない土地を意味するのではない。無人島であっても主権が及んでいれば国家領域である。今日地球上の土地はすべてどこかの国に属すか、条約に従い国際管理下に置かれており、無主地は存在していない。しかし、海底火山の爆発等で新島が形成され、無主地が誕生する場合がありうる。国際公域には、公海及びその上空、深海底、宇宙空間等がある。国際交通に頻繁に利用される河川や運河は、国際河川及び国際運河と呼ばれ、国家領域の一部であるが、条約により**国際化地域**として特別の地位をもつ。

Point　領域

- ①無主地：国家主権が及ばない地域
- ②国家領域
  - 国家主権が及ぶ地域
  - 国際化地域：国際社会の利用に供される地域
- ③国際公域：国家主権を及ぼしてはならない地域

*** 領域の主体

国際法の中心的な主体である国家は、一定の領域のうえに成立する**領域国家**である。領域は国家性の不可欠の要素であり、領域をもたない国家は存在しない。国際機構が暫定的に領域管理を行うことがあるが、国家以外の国際法主体は領域をもたないのが原則である。しかし、自決権が確立してからは、国家独立を目指す**人民**も領域を支配することができる。国際司法裁判所は、「社会的及び政治的組織を有する部族や民族の住む地域は無主地とみなされない」と述べ、国家主権が確立していない場合でも、無主地ではないことを認めた（★西サハラ事件［1975年］）。国家領域でもなく無主地でもない、いわば国家領域へ移行中の過渡期領域が存在することになる。

* **国家領域の構成**　国家領域は、領土、領水及び領空から構成される。国家領域という概念が確立した19世紀では、国家領域は陸上部分である**領土**と水域部分である**領水**から成り立っていたが、20世紀に入って航空機が登場すると、空域部分である**領空**の概念が形成された。国家領域は領土・領水・領空の三元構成となったが、その核心となるのは領土である。領水は領土に付随し、領空は領土と領水に付随するからである。国家は、領土を処分することができるが、領水及び領空は、領土の処分に従う。

* **領　水**　領水は内水と領海から成るが、スイス等の内陸国は領海をもたない。**内水**には、河川、湖沼、運河、内海、港や湾等がある。**領海**は、海域の幅を測る基線から12カイリ（1カイリ＝1.85km）まで沿岸国に認められる海域である（▶国連海洋法条約第3条）。基線の内側が内水となり、外側が領海となる。外国船舶が他国の内水を通航する際には領域国の同意が必要である。また、領域国は、入港中の外国の民間船舶に対して管轄権を及ぼすことができる。

* **領　空**　**領空**は、領土及び領水の上空に設定され、領土や領水から独立して存在しえない。領空の水平的範囲は、領土や領海の限界まで及ぶ。領空の垂直的限界は、領空の上空に広がる宇宙空間との境界までであるが、どこにその境界があるかという問題については必ずしも確定していない。国家は領空において「完全且つ排他的な」領空主権をもち（▶国際民間航空条約第1条）、主権の排他性は強化されている。

Point　国家領域の3要素

国家領域
- ①領土
- ②領水
  - 内水：領土内の水域部分
  - 領海：領土に接する海域部分
- ③領空：領土及び領水の上空部分

2　領域権原

＊ **領域主権**　国家が領域内で行使することができる主権のことを**領域主権**と呼ぶ。単に**領域権**と呼ぶことがある。かつては、領域をめぐる紛争は領土をめぐる紛争が主であったため、**領土権**と呼ばれることもある。今日では、海洋に対する主権を含めて紛争が生じるので、領域主権や領域権が適切な表現である。また**領有権**という言葉もある。これは、領土紛争が存在している場合に、自国の領域であると主張することができる立場をいう。

＊＊ **領域権原**　国家領域の範囲は不変ではなく、新たに領域を取得したり失ったりすることがある。領域の得喪の法的根拠となる事実を**領域権原**という。単に**権原**（title）という場合が多い。これは、領有「権」を生み出すことができる「原」因となる事実を意味する。権原の有効性は第三国の承認に依存せず、各権原の要件を満たせば**対世的**な効果をもたらし、すべての国家に対抗できる。権原が領域権と同じ意味で使われたり、領域権の証拠という意味で使われる場合もある。権原には、先占、時効、征服、割譲及び添付がある。

＊＊ **先　占**　新たな領域の**発見**は、15世紀から16世紀にかけての大航海時代にポルトガルやスペインが植民地を取得する際に有効な権原として主張された。国家は、新たな領域を発見し、国旗の掲揚や国名標の設置、他国への通知等の**象徴的行為**によって、領有の意思を表明すれば、自国領域に編入することができた。しかし、16世紀後半からオランダやイギリス等の新興国が登場すると、発見の権原性は否定され、18世紀には先占が権原として確立していった。

先占（occupation）とは、**領有の意思**をもって**無主地**を実効的に占有することにより、領域を取得することである。発見は、実効的占有を伴わず、**未成熟な権原**にとどまる。領有の意思の表明は、国旗の掲揚等の象徴的行為で行われる。**実効的占有**とは「国家機能を、実際上、継続的にかつ平穏に発現すること」を意味する（★パルマス島事件、仲裁裁判所判決［1928年］）。つまり、①主権者として行動する意思、②国家権能のある程度の現実の行使又は発現が必要となる（★東部グリーンランド事件［1933年］）。私人の行為によって無主地を国家領域に編入することはできない。

しかし、「実効的占有の態様は時と場所によって異なりうる」のであって、「国家主権が、領域のあらゆる地点で、そしてあらゆる時点で発現されることは、必ずしも必要とされていない」（★パルマス島事件、仲裁裁判所判決［1928年］）。東部グリーンランド事件［1933年］で常設国際司法裁判所は、グリーンランドが「他国による主権の主張がなく、北極圏にあり、接近しがたい性質を有し、入植されてこなかった地域であること」に留意した。このように、実効性の程度は、問題となっている地域の特性によって決まる。歴史的には、先占は、植民地支配を擁護する法理であった。伝統的国際法では、ヨーロッパ**文明国**により統治されていない領域はすべて無主地とみなされ、ヨーロッパ列強による植民地支配が合法化されたのである。

＊＊ 時　効

時効（prescription）は、国家が領有の意思をもって他国の領域を相当な期間平穏かつ継続的に占有することによって取得することである。消滅時効ではなく取得時効のことである。時効の適用により領域の取得が認められた国際判例はない。カシキリ／セドゥドゥ島事件［1999年］では、時効が国際法上認められていると当事者双方が認め、その成立要件についても合意して

◆ Case　パルマス島事件

（オランダ／アメリカ合衆国）仲裁裁判所判決［1928年4月4日］

パルマス島は、フィリピンのミンダナオ島から約80km南東に位置する。1898年米西戦争の結果、パリ条約によりフィリピンはスペインからアメリカ合衆国に割譲された。アメリカ合衆国はパルマス島を自国領と認識していたが、1906年、同国の官吏がパルマス島を訪問した際、オランダ国旗が掲揚されているのを知り、両国間で領有権紛争が生じた。

アメリカ合衆国はスペインからの割譲を根拠にした。スペインの根拠は発見であった。そこでスペインが領域権原を有していたかどうかが問題となったが、発見は未成熟の権原であり、19世紀以降、実効的占有によって補完されない限りは、最終的な領域主権を創設しないと仲裁裁判所（フーバー裁判官の単独裁判）は判示した。この考え方を擁護したのが、時際法の理論であり、権利の創設はその当時の法に従うが、権利の維持はその後の法の発展に従うとされた。一方オランダの権原は、平穏で継続的な主権の発現を基礎にしていた。仲裁裁判所は、遠隔の小島では主権の発現を頻繁に行うことはできないため、遠い過去にさかのぼる必要はなく、1898年直前の決定的期日において証明されればよいと判断し、その時点でオランダのインド会社による主権の発現が顕著になった事実を認めた。スペインやその他の国による領有の事実はなく、スペインとオランダとの領有権争いがなかったことがオランダの主権発現を裏打ちすると述べた。結論として、パルマス島はオランダ領であると判断された。

いたため、国際司法裁判所は、時効が有効な権原であるかどうかについては議論せず、要件が満たされていないことを理由として時効の訴えを棄却した。現在でも、時効が国際法上確立しているかどうかははっきりしない。時効は、抗議によって**中断**される。国際国境委員会によるチャミザル仲裁裁判事件［1911年］では、アメリカ合衆国が「邪魔されない、中断されない、そして反対されない領域取得」を行い、時効に基づき領有権を主張したが、メキシコが有効な抗議を行ったため、時効の訴えは認められなかった。時効は、黙認を根拠にしているため、抗議は黙認を否定する効果を有する。**抗議**については、実力を伴う抗議であることを要するという考え方、平和的解決手段を追求することが必要とする考え方があるが、黙認が否定されればよいので、抗議の形態を問題にする必要はない。

**
征　服

征服（subjugation）とは、国家が一方的な実力行使により他国の領域のすべて又は一部を取得することである。常設国際司法裁判所は、征服を「二国間で戦争があり、国家の一方の敗戦により、領域主権が敗戦国から戦勝国に移転する」ことと定義した（★東部グリーンランド事件［1933年］）。武力行使が原則として禁止されている現代国際法では、征服は合法な権原ではない。友好関係宣言は、「武力による威嚇又は武力の行使の結果、領域を取得することは、合法的とはみなされない」と宣言している（▶総会決議2625（XXV））。1990年８月にイラクがクウェートに侵攻して、同国を占領したが、安全保障理事会は、決議662（1990）で「イラクによるクウェート併合は、いかなる形態であれ、いかなる口実の下であれ、法的有効性を有しておらず、無効である」とみなした。

**
割　譲

割譲（cession）とは、国家間の合意に基づいて、国家領域の一部を他国に譲渡することをいう。割譲は、講和条約（1842年南京条約により清国がイギリスへ香港島を割譲）、売買（1867年アメリカ合衆国がロシアからアラスカを購入）、交換（1875年千島樺太（カラフト）交換条約により日露が樺太と千島列島を交換）、贈与（1866年オーストリアがフランスにヴェニスを譲渡し、その２週間後フランスはイタリアに譲渡）により行われる。割譲の当否について割譲地で**住民投票**が行われることがあるが、割譲の法的な要件となっているわけではない。2014年にロシアがウクライナのクリミア半島を併合した時には、ロシアはクリミア共和国を一方的に独立させ、そこで行った住民投票の結果を根拠とした。しかし、ウクライナ全体で住民投票が行われたわけではなく、ウクライナ政府の意に反しており、違法な領域取得であった。なお、割譲地の住民は、譲渡国の国籍を喪失し、譲受国の国籍を取得するのが通常であるが、住民に国籍の選択を認めることもある。

割譲と区別されるものに併合がある。**併合**とは、国家間の合意により、国家領域のすべてが他国に移転することをいう（1910年の日韓併合条約による韓国の日本への併合）。併合される国は消滅する。したがって、併合は国家結合の一形態である。2014年のクリミア併合のように領域の一部に対しても使用される用語であるが、それは征服と異ならない。割譲や併合は、講和条約によって認められることがあったが、実際は征服を正当化する法的な手段でしかなかった。条約法条約では、武力による威嚇又は武力の行使の結果締結された条約は無効であると規定されている（▶第52条）。したがって、武力行使によって強制的に条約を締結させ、被害国の領域を割譲や併合させる条約は無効となる。

＊＊ 添　付

添付（accretion）は、海底の隆起や河口における土砂の堆積等による島の形成等の自然現象や人工島の設置等の人為的行為により出現した新たな土地を取得することである。国家領域内でこうした自然現象が発生したり、人為的行為が行われる限り、国家領域が増大する。南硫黄島の北東約５キロにある海底火山の福徳岡ノ場は、1904年、1914年、1986年及び2021年に起きた噴火により一時的に新島を形成したが、その後いずれも海没してしまった。また、2013年11月20日、小笠原諸島の西之島付近で海底火山の噴火により新島が誕生した。後に、新島は西之島と接続し、西之島の面積が拡大した。

＊＊ 権原の分類

国家が新たに領域を取得する際にそれまで他の国家の領域であったか否かを基準として、原始取得と承継取得に区分される。**原始取得**とは、いずれの国家の領域でもなかった土地を新たに取得することであり、先占と添付がある。**承継取得**とは、国家間での領域の移転により国家が他国の領域を引き継いで取得することであり、時効、征服及び割譲がある。

> **Point　権原の種類**
>
> 権原
> ①原始取得：非国家領域を取得すること --- 先占、添付
> ②承継取得：他国の領域を取得すること --- 時効、征服、割譲

3　領域移転に関連する原則

＊＊＊ 歴史的権原

近代国家が成立する前から領域を維持していたと主張される場合、**歴史的権原**（原初的権原）が根拠になる。イギリス／フラン

スのマンキエ・エクレオ事件［1953年］では、両国とも1066年のノルマンディー公によるイングランド征服を根拠に、マンキエとエクレオ岩礁の領有権を主張した。国際司法裁判所は、他の権原に置き換えられない限り、原初的な封建時代の権原は法的効果を有しないと判示した。しかし、エリトリア／イエメン仲裁裁判所判決［1996年］は、歴史的権原が「長い間一般的に認知されているので、その共通の認識自体が十分な権原である」と述べて、概念自体を肯定している。また、ペドラ・ブランカ／プラウ・バツー・プテー事件［2008年］で、国際司法裁判所は、中岩について、原初的権原がそのままマレーシアに維持されていることから、同国の領有を認めた。権原が十分証明されない場合、歴史的権原が機能する余地がある。なお、歴史的権原に関連して、「歴史的権利」が国家により主張されることがある。フィリピン／中国の南シナ海仲裁裁判［2016年］では、歴史的権原が陸地や海域に対する歴史的主権を指すのに対し、「歴史的権利」は主権を含む場合があるが、漁業権やアクセス権のような主権の主張には程遠い限られた権利も同様に含む場合があると区分された。そのうえで、中国による南シナ海での「歴史的権利」の主張は主権に満たないものであると判示された。

***　**首長との契約**　16世紀から19世紀にかけて、ヨーロッパ文明国が、植民地支配を正当化する手段として、部族の長である首長と契約を結ぶことがあった。契約では、文明国に通商上の独占権を与え、他国との関係について指導的地位を与えた。しかし、部族は国際法上の主体ではないため、「そうした契約は、国際法上、権利義務を生じさせる条約とはいえ」ない（★パルマス島事件、仲裁裁判所判決［1928年］）。そのため、先占でもって領域移転が説明されてきた。しかし、西サハラ事件［1975年］で、国際司法裁判所は、「現地の首長との契約は、無主地を先占することにより得られた原始取得権原ではなく……承継的な領域取得方式である」と述べた。国家として独立していない部族に領域支配能力を認め、さらに、部族の首長との契約の有効性を認めたのである。

**　**実効性**　先占や時効の要件である実効的占有は、先占や時効を離れて独立して主張されることがある。領域紛争において両当事者が十分な権原の存在を証明しなかった場合、裁判所は**実効性**（effectivités）に依拠して領有権を決定する。つまり、国家が主権者として国家主権を継続的にかつ平穏に発現することができた当事者の領有権を認めるのである。この原則は、独立した権原ではなく、従来の諸権原の基底をなす本質的な要素である。例えば、X 地方をめぐるＡ国とＢ国との領域紛争において、Ａ国が先占を主張し、Ｂ国が歴史的権原を主張していた場合、Ｘ地方は無主地であったのか、それとも古くからＢ国の領土であったのかが争点となるが、両者とも決め手に欠けることがある。権原の証明には最低限の基準を満たさなければならず、裁判所は、権原の相対的強さで決定することができない。そこで、紛争発生時又は現在、どちらが実効的に支配をしているかを検討して、領有権問題を処理することがある。しかし、有効な権原が立証され、かつその権原と実効性が矛盾する場合には、当該権原に軍配が上がり、実効性に依拠できない。

＊＊＊ **近接性** 国家の主権が十分及んでいない辺境な土地、とくに海岸から離れた島嶼(とうしょ)に対して、国家領域から近いという近接性や隣接性を根拠に領有権が主張される場合がある。大陸棚は、領土の自然の延長と定義されている（▶国連海洋法条約第76条）ように、近接性に依拠した概念である。近接性が、領有権の根拠となるかどうかについて、パルマス島事件［1928年］で検討されたが、仲裁裁判所は、近接性から権原が生じるという原則が実定国際法規則として存在することを証明できないと述べて否定した。他方、東部グリーンランド事件［1933年］で、常設国際司法裁判所は、デンマークの実効的占有が限られた地域にのみ行わ

◆ Further Study　権原の歴史的凝固

国際司法裁判所は、ノルウェー漁業事件［1951年］において、ノルウェーの設定した直線基線について、その事実が周知されており、国際社会が一般的に否定的な態度をとらなかったため、歴史的凝固を根拠に、すべての国家に対して直線基線が実施可能であると判示した。この歴史的凝固の理論からすれば、それぞれの権原が実証できない場合でも領有権を証明することができる。歴史的凝固が完成するためには、時間の経過だけでなく、経済的利害を含め関連する諸要素、特に諸外国の態度が総合的に評価される。エリトリア／イエメン事件［1996年］で、仲裁裁判所はこの理論を肯定的に評価し、「さまざまな時間軸における種々の事実に接し、物理的な行為や行動だけでなく、他の政府の評価や考え、態度を検討しようと思う」と述べた。しかし、カメルーン／ナイジェリア事件［2002年］で、国際司法裁判所は、「歴史的凝固の理論は、賛否両論あり、国際法上確立している領域獲得方式に取って代わることはできない」と述べ、否定的な態度を示した。

れていたにもかかわらず、入植されていない地域にまで権原が及ぶことを認めた。**後背地**に対する領有を認めたことになる。また、エリトリア／イエメン事件［1996年］で、イエメンが、海岸から離れた島に対する領有権主張の根拠として「一群性」や「自然の一体性」を主張し、仲裁裁判所は「この考え方は前世紀に十分確立して」いることを認めた。近接性が支持される背景として、実効的支配が確立していなくとも、実効的支配を及ぼす可能性が高いことが挙げられる。当然、他方の当事者が、他の権原や実効性を証明すれば、そちらが優先される。

4　領土紛争

＊＊ **領土紛争の概念**　**領土紛争**は、領有権の帰属をめぐる紛争と国境画定をめぐる紛争に大別される。領土紛争は20世紀以降司法的解決や仲裁裁判に付託されることが多く、国際裁判は有効な解決手段の一つとして活用されてきた。以下、国際裁判により確立された領土紛争の解決規準を中心に述べる。

＊＊ **決定的期日**　国際裁判では、領有権を根拠づける証拠の能力を決するための基準日として、**決定的期日**（critical date）が設定されてきた。紛争の発生日が基準とされ、原則として、それ以降の当事国の行為は考慮されない。もっとも、決定的期日後の行為も、関係当事国の法的地位を改善する目的でなされたものでなければ、考慮されることがある（★マンキエ・エクレオ事件［1953年］）。また、決定的期日が設定されないこともある。アルゼンチン／チリ国境事件［1966年］では、仲裁裁判所は、本件において決定的期日の観念がほとんど価値をもたないと考え、提出されたすべての証拠を検討した。

＊＊ **時際法**　領土紛争は長期にわたって存在するため、国際法が時間の経過とともに変化する場合がある。そうした場合、現在の法を適用すべきか、過去の法を適用すべきか問題となる。この問題を処理する法規則を**時際法**と呼ぶ。領域取得の有効性は、紛争の発生時又は解決時に有効な法ではなく取得時に有効であった法に従って判断されるのが原則である。このような時際法の考え方を領有権紛争の解決に取り入れたのが、パルマス島事件［1928年］でのフーバー裁判官であった。この考え方は領域の法的安定性に寄与することができる。他方で、フーバーによれば、「権利の創設」と「権利の存続」は区別され、後者が有効であるにはその後の法の発展が要求する諸条件に従うものでなければならない。しかし、こうした区別は、法的安定性を害するおそれがあり、適用には注意が必要

である。なお、係争領域の帰属を定めた条約が存在する場合には、条約の文言の解釈を優先して紛争が解決される。

＊＊ **ウティ・ポシデティス**

国境画定紛争は、第二次世界大戦以降に植民地が独立する際に多発した。国境紛争で適用されるようになったのが、**ウティ・ポシデティス**（*uti possidetis*）原則である。歴史的には、この原則は、19世紀前半に中南米諸国がスペインから独立した際に、植民地時代の旧行政区画線を国境線とする地域的な原則であった。しかし、ブルキナファソ／マリ国境紛争事件［1986年］で、国際司法裁判所は、この原則が非植民地化で適用される一般原則であると判示した。この原則の目的は、宗主国撤退後に国境線をめぐる紛争により新国家の独立と安定性が損なわれることを防止することである。さらに、1990年代の旧ユーゴスラビア紛争の際にも、ユーゴスラビア仲裁委員会はこの原則を適用し、植民地独立の文脈に限定されない一般原則と判断した（★意見３）。したがって、国家として独立することができるのは、ウティ・ポシデティス原則によって明定された区画の中にいる人民に限定される。もっとも、この原則が国境画定に万能であるというわけではない。独立時の旧行政区画線を発見する作業が困難を極めることがある。その際、裁判所は、植民地時代の実効性、植民地独立後の実効性そして現在の実効性を検討することがある。

＊＊＊ **国境線としての河川**

国境画定条約で河川を国境線とすることがある。河川を船舶が航行可能であれば、国境線は川の可航水路の中心線となるのが通常である。**タールベーク**（Thalweg）原則という。中心線は川の幅、深さ、水量によって決定される（★カシキリ／セドゥドゥ島事件［1999年］）。可航水路がない場合には、川の中心線が国境線となる。しかし、川の流れは変わることがある。こうした流路変更が徐々に生じた場合は、それに従って国境線が変更されるが、急に生じた場合は、以前の国境線が維持される。

5　日本の領土紛争

＊ **日本の領土紛争**

日本は、隣国諸国と北方領土、竹島及び尖閣諸島の領有権を争っている。島の領有権争いであるため、主として権原を争う紛争である。今日国家が島の領有権をめぐって激しく対立する背景には、船舶の通航や海洋資源の開発等、国家の海洋権益並びに安全保障上の利益が大きくかかわっている。

＊＊ 北方領土

北方領土は、北海道の北東に位置し、択捉島、色丹島、国後島及び歯舞群島から成り、日本とロシアが領有権を争っている。1855年の日露和親条約では両国の国境が定められ、千島列島の択捉島以南を日本領、ウルップ島以北をロシア領とし、樺太（サハリン）を両国混住の地とした。1875年の千島樺太交換条約では、樺太をロシア領とする代わりに千島列島を日本領とすることが合意された。日露戦争後の1905年ポーツマス条約では、戦勝国の日本はロシアから南樺太を割譲された。第二次世界大戦で、ソ連（現ロシア）は1945年８月に日ソ中立条約を破棄して対日参戦し、同月末以降北方領土を軍事占領した。ソ連は1946年２月に北方領土を自国領に編入し、現在まで実効的占有を行っている。

日本は、北方領土が幕末から一貫して日本固有の領土であり、対日平和条約第２条(c)で放棄した「千島列島」に北方領土は含まれておらず、ソ連が不法占領していると主張している。ソ連は同条約の当事国ではなかったため、1956年の日ソ共同宣言により、両国間の戦争状態の終結及び外交関係の回復がなされた。同宣言では、両国間で平和条約が締結された後に、ソ連が歯舞群島及び色丹島を日本に「引き渡す」ことに同意すると定められている（▶第９項）。1960年に新日米安保条約が締結されると、ソ連は態度を硬化させ、1961年以降、領土問題自体が存在しないと主張するようになったが、冷戦が終結すると状況が変化し、1991年にソ連のゴルバチョフ大統領は領土問題の存在を認めた。さらに、1993年の東京宣言では、領土問題を「法と正義」に基づいて解決し、平和条約締結交渉を継続することが日ロ間で政治的に合意された。最近では、日ロ間で均等に分ける二島返還論も主張されている。なお、ロシアは2020年７月に憲法を改正し、自国の領土の割譲を禁止することを明文化した。

＊＊＊ 竹　島

竹島（韓国名は独島：Dokdo）は、隠岐島の北西約160キロに位置し、男島や女島等からなる島嶼群であり、日本、韓国及び北朝鮮が領有権を主張している。日本は、1905年に竹島を島根県に編入し、第二次世界大戦まで統治した。韓国は、1952年に海洋主権を宣言し、漁業水域に相当する李承晩ラインを設定した。韓国は竹島を同ライン内に取り込んで領有権を主張し、現在まで実効的支配を行っている。日本は、竹島が日本の固有の領土であり、同島を対日平和条約でも放棄しておらず、韓国が同島を不法占拠していると主張する。これに対して、韓国は、竹島が歴史的にも国際法上も韓国固有の領土であり、領土紛争が存在しないと主張する。

＊＊＊ **尖閣諸島** 尖閣諸島は、石垣島の北方約140キロに位置し、魚釣島（うおつりしま）（中国名は釣魚島：Diaoyu Dao）等からなる島嶼群である。日本、中国及び台湾が領有権を主張している。日本は、1885年から尖閣諸島を調査し、清国の主権が及んでいないことを確認したうえで無主地の先占として1895年1月に沖縄県に編入し、第二次世界大戦まで統治した。戦後、尖閣諸島は、対日平和条約第3条に基づき南西諸島の一部としてアメリカ合衆国の施政下に置かれたが、1972年に沖縄は日本に返還され、以後は日本が実効的に支配している。1968年に尖閣諸島周辺の海底に石油資源が豊富に埋蔵されている可能性が国連アジア極東経済委員会により指摘されると、1971年から中国及び台湾は歴史的にも国際法上も自国の固有の領土であるとして領有権を主張し始めた。中国の主張によれば、尖閣諸島は1894年に日清戦争で日本により奪われたのであり、同島は1943年のカイロ宣言及び1945年のポツダム宣言により中国に返還された。これに対して、日本は、尖閣諸島が1895年から一貫して自国の領土であり、領土紛争が存在しないと主張する。

＊ **解決に向けて** 日本は竹島紛争を国際司法裁判所に付託して解決することを三度韓国に提案したが、韓国は応じなかった。国際裁判による解決は、拘束力のある判決が下される点で効果的であるが、韓国及び中国はいずれも国際司法裁判所による解決には消極的であり、裁判所への付託は困難だと思われる。解決に向けては、周辺海域での海洋資源の共同開発等も含めた外交交渉の積み重ねが基本となる。

☆ Summary

地球上の土地は、国家領域、（　1　）及び国際（　2　）に分けられる。（　3　）地域は、国家領域の一部であるが、国際法により他国の利用が認められている地域を指す。国家領域は、領土、（　4　）及び領空から構成されている。国家は自国領域内で領域主権を行使する。国家領域は他国へ移転することがある。そうした領域の移転を発生させる事実のことを（　5　）という。どこの国家にも属していない場所を取得することを（　6　）取得といい、他国の領域を取得することを（　7　）取得という。前者の例として、まず（　8　）が挙げられる。国家が（　9　）の意思をもって（　1　）を（　10　）的占有することにより領域を獲得する方式である。次に、（　11　）がある。国家領域内において、自然現象又は人口埋め立てにより領土が増大することである。

（　7　）取得として、まず、（　12　）が挙げられる。長期間、（　13　）に（　10　）的占有することにより領域を獲得する方式であるが、これが国際法上確立しているかどうかをめぐっては論争がある。次に、（　14　）がある。これは、他国の領域を武力を使って奪取する行為である。今日では、有効でない。最後に（　15　）がある。合意に基づき、領域の一部を他国に譲渡する行為である。領域の全部を譲渡する行為は（　16　）と呼ばれるが、領域の移転というよりも国家結合の一種である。

裁判所が紛争解決に利用する法原則がある。（　17　）的（　5　）は、国家成立以前から問題の領域を所有していたことを主張する際に援用される。植民地獲得の法理としては、（　8　）が援用されることが多いが、部族の首長との間に契約を締結することによって正当化する場合もあった。領土紛争において、裁判所が（　18　）に依拠することが多くなってきた。（　5　）のみで判断できない場合に、利用される。国家領域に近いという（　19　）を根拠に、周辺島嶼の領有が主張される場合がある。

領土紛争は、（　5　）をめぐる紛争と国境線の（　20　）に関する紛争に分けられる。裁判所は、まず、（　21　）を確定し、それ以降の事実を無視することがある。いつの時点の国際法を適用するかという問題については、（　22　）法の適用で解決される。原則としては、領域取得が生じたときの法を適用することになるが、権利を維持するためには、国際法の変化も考慮しなければならないとされる。新独立国の領土紛争に対して、（　23　）原則が適用される。独立前の旧（　24　）区画線を適用しようという原則である。

答

【Quiz】①領水。中学や高校では領海と習ったはずだが、正確ではない。領水が正しい。領水の中に領海と内水が含まれる。

【Summary】①無主地、②公域、③国際化、④領水、⑤権原／領域権原、⑥原始、⑦承継、⑧先占、⑨領有、⑩実効、⑪添付、⑫時効、⑬平穏、⑭征服、⑮割譲、⑯併合、⑰歴史／原初、⑱実効性、⑲近接性／隣接性、⑳画定、㉑決定的期日、㉒時際、㉓ウティ・ポシデティス、㉔行政

第9章　領域使用

Quiz

中国からPM2.5と呼ばれる微小粒子状物質が日本に飛来しているが、これについて中国は国家として責任を有しているということができるか。

①はい、できる。②いいえ、できない。　　（答は章末）

1　領域主権の意義

* 領域主権の法的性質

領土、領水及び領空によって構成される領域は、住民及び政府と並ぶ国家成立の不可欠の要件である。したがって、国家は、外国による侵略等によって一時的に領土を奪われる特殊な状況下（亡命政府）を除いて、必ず領域を保有していなければならない。他方で、**国家領域**とは、特定の国家に帰属する空間という意味をもち、国家は自国の領域に対して主権を行使することができる。このように国家が領域に対して行使する国際法上固有の権利を**領域主権**と呼ぶ。領域主権の発現として、国家は自国領域内の人（外国人を含む）、物及び行為に対して、管轄権を行使することができる。このような領域を基準とした管轄権（**属地的管轄権**）は、国際法上最も確立しており、実行のうえでも外国による他の管轄権（**属人的管轄権**等）に優先する。しかし、領域主権も国際法により制約を受け、領土、領水又は領空のいずれであるかによって異なるが、慣習国際法や締結する条約に基づいて外国及び外国人（船舶や航空機、法人等を含む）の権利を認めなければならない。

** 所有権説

領域主権の法的性質については、歴史的に二つの学説が主張されてきた。まず、伝統的国際法の時代から、国家は自国の領域（主として領土）を客体（所有物）として自由に使用し、処分する権利があるとされてきた。これはローマ法の所有権（*dominium*：ドミニウム）概念を類推適用した考え方であり、**所有権説**又は**客体説**と呼ばれる。近世の絶対王政時代には、領土は国王の世襲財産とみなされ、王室の婚資として領土の一部が譲渡されることもあった。また戦争が合法だった時代には、戦後処理の一環として、戦勝国が敗戦国の領土を割譲することは一般的に行われていた。一例として、香港は、1840年に始まったアヘン戦争により、香港島が中国（清）からイギリスに割譲され（南京条約）、その後1898年に新界と呼ばれる地区を99年間租借地とする合意がなされ、1997年に中国に返還されるまでイギリスが統治していた。

＊＊ **空間説**　領土を国家の客体とする考え方とは別に、領域は国家の排他的な管轄権の限界、すなわち国家の支配権（*imperium*：インペリウム）の及ぶ空間とみなす見解も展開されてきた。このような考えは、**空間説**又は**主体説**と呼ばれ、同説を支持するオッペンハイムによれば、「国家領域は、君主、政府、人民のいずれかの財産ではなく、領域主権、すなわち国家の支配権に服する空間」であり、国家は自国領域内のすべての人、物及び行為を統治する権限をもつことになる。アメリカ合衆国とオランダの間で領有権が争われたパルマス島事件［1928年］において、仲裁裁判所は、「領域主権は、国家間関係において独立を意味」し、「独立とは、外国を排除して、……国家の機能を行使する権利のことである」と述べた。

＊＊ **混合概念**　国家が外国との間で合意により領域の一部を割譲する事例は、これまでにも多数存在することから、所有権説が妥当していることは間違いない。しかし、今日、領域は国家を構成する不可分の一要素とみなされていること、また、領域のすべてを処分した場合の法的帰結について十分説明できないこと等から、所有権説だけで、領域主権を説明することはできない。結局のところ、領域主権は、*dominium* と *imperium* の両方の性質を併せ持つ**混合概念**であるとする考え方が最も妥当であり、多くの支持を得ている。このような領域主権の性質により、国家は、自国領域を、排他的に利用・処分することができる（**排他性**）と同時に、立法・行政・司法に関する管轄権を国家領域内のすべての人、物及び行為について、包括的に行使することができる（**包括性**）。その結果、一つの領域には一国の領域主権が設定されるのが一般的である。ただし、第二次世界大戦後のアメリカ合衆国による沖縄と小笠原に対する統治の法的状況は、**残存主権**の理論で説明される。これは、領域主権が *imperium* を行使するアメリカ合衆国と *dominium* を保持する日本によって分離可能であるという前提に立つ。

Point　領域権の本質

混合概念 ①所有権説：*dominium* の対象
②空間説：*imperium* の対象

＊＊＊ 共同統治

もっとも、領域主権の排他性及び包括性にも例外が存在する。一例として、複数の国が一つの領域を共同統治する**コンドミニウム**（*condominium*）が挙げられる。例えば、1906年にイギリスとフランスは、南太平洋に位置するニューヘブリデス諸島の共同統治に合意し、1980年にバヌアツ共和国として独立するまで両国が共同統治を続けた。また1659年にフランスとスペインは、両国間を流れるビダソア川にあるフェザント島の共同統治に合意し、今日もなお両国が６か月交代で同島を管理している。国際司法裁判所は、1992年の陸・島及び海洋境界紛争に関する事件で、係争国のエルサルバドル、ホンジュラス、ニカラグア（訴訟参加）の三国に囲まれたフォンセカ湾が歴史的湾であり、三国の共同主権下にあると判断した。

＊＊ 領土保全原則

領土保全とは、国家領域（具体的には領土）の現状がそのまま維持されることをいう。領土保全原則は、伝統的国際法の時代には、単に国家の意思に反して自国領域を奪われないことを意味したが、第一次世界大戦後、国際連盟規約は、領土保全と政治的独立を普遍的国際機構の枠組みの中で相互に尊重することを確認した（▶第10条）。また、第二次世界大戦後には、国連憲章の下で武力行使禁止原則と密接に関連する原則として強く意識されるようになった。国連憲章第２条４項は、領土保全という国家（国連憲章上は加盟国）の *dominium* としての側面と、政治的独立という *imperium* としての側面の双方が武力行使による侵害から保護されることを規定している。その後、1960年の植民地独立付与宣言（▶総会決議1514（XV））、1970年の友好関係宣言（▶総会決議2625（XXV））及び1974年の侵略の定義決議（▶総会決議3314（XXIX））等、主要な国連総会決議文書の中に挿入されたことに鑑みれば、領土保全原則がきわめて重要な国際法上の基本原則であることは間違いない。なお、人民の自決権との関連で、植民地独立は、施政国の領土保全原則と抵触する可能性が指摘されるが、友好関係宣言は、植民地又は非自治地域が施政国の領土とは「別個のかつ異なる地位」を有するとしており、自決権に基づいて非植民地化する人民の権利と両立することを示している。

2 天然資源と国有化

* **天然資源に対する永久的主権**

領域主権から導き出される帰結として、国家は自国の天然資源を自由に開発・利用する権利を有する。加えて、領域国が自国領域内において外国人及び外国籍企業にどのような待遇を保障するかは、本質的に領域主権（具体的には属地的管轄権）の問題である。しかしながら、植民地時代の宗主国に本籍を置く企業が、既得権益として旧植民地において開発利権を保有している場合、このことが政治的独立を達成した発展途上国の経済的自立を妨げる要因となっていた。発展途上国は、自立的な経済発展の実現のためには、旧植民地本国及びその本国国籍の企業に経済的に従属している現状を打破する必要があると考え、国連で多数派を形成するようになった1960年代から資源ナショナリズムの主張を展開した。この動きは、国連総会や経済社会理事会での議論を経て、1962年の**天然の富と資源に対する永久的主権決議**（▶総会決議1803（XVII））に結実した。同様に、国連人権委員会で審議され、1966年に採択された二つの**国際人権規約**も、共通第1条2項の中で、「すべての人民は、互恵の原則に基づく国際的経済協力から生ずる義務及び国際法上の義務に違反しない限り、自己のためにその天然の富及び資源を自由に処分することができる」と規定している。

* **国有化**

天然資源に対する永久的主権に関連して、国家、とくに植民地支配から独立を達成した発展途上国や革命により社会経済体制を変革させた国家が、外国人の私有財産を一般的かつ大規模に強制取得し国家財産に移転させることを**国有化**と呼ぶ。国有化は、国家が行う収用の一種であるが、収用と比較して包括的かつ大規模に行われる。以前は国有化という措置そのものが国際法に違反するという主張もあったが、今日では領域主権の帰結として、国家が国有化を行う権利は一般的に認められている。しかし、国有化が私人、とりわけ外国人の財産権に著しい制約を加える以上、国際法上無制限であるとはいえず、一定の要件を満たす必要があると考えられている。伝統的に、国有化が認められるための要件として、公益原則、無差別原則及び補償原則の三つがあり、すべて満たさなければならないとされてきた。

** **公益原則**

公益原則とは、国有化が公共目的でなければならないとするものであり、1926年のポーランド領上部シレジアのドイツ人権益に関する事件で、常設国際司法裁判所は「公共の使用を理由とする収用は国際法上許される」と判断した。もっとも、何が公益であるかの判断は、本来国有化を行う当事国が判断するべきものであり、外国が当該国有化の公益性を争うことは実際上困難である。さらに、公益原則の評価については、判例も一様ではなく、リアムコ事件［1977年］の仲裁裁判所は、国有化の合法性について、公益原則を検討する必要はないと判断したが、逆にBP対リビア事件［1973年］の仲裁裁判所は、公益原則を検討した結果、政治的報復を目的とした国有化は、当該原則を満たさないと結論づけている。

** 無差別原則

第二の要件である**無差別原則**とは、外国人と自国民の間で、又は外国人相互間で国有化の条件や実施に不平等があってはならないというものである。ただし、一部の外国企業のみが操業している事業を国有化の対象とすることは、無差別原則に抵触するとはいえない。例として1956年のエジプトのスエズ運河の国有化がある。また、たとえ差別的とみなされる国有化であっても、それが十分な理由に基づく場合、無差別原則に抵触したことにはならないとする判決（★アミノイル事件、仲裁裁判所判決［1982年］）もある。

** 補償原則

これら二つの要件以上に問題となるのが、補償原則である。これまで先進諸国は、補償は「十分、実効的かつ迅速な補償」でなければならないと主張してきた。1938年のメキシコによる国有化に対してアメリカ合衆国国務長官ハル（Cordell Hull）が主張したことからハル・フォーミュラとも呼ばれる。**十分な補償**とは、国有化した財産の市場価格に見合った支払いを行うことを意味する。また**実効的な補償**とは、国際的に通用する通貨によって支払いを行うことを意味する。そして**迅速な補償**とは、国有化後、速やかに支払いを行うことを意味する。

** 適当な補償

補償に関するハル三原則は、ヨーロッパにおける近代化の過程で形成された私有財産不可侵の原則を尊重するためのものである。他方で、これらの条件の充足が国有化の不可欠の要件だとすれば、財政基盤の脆弱な発展途上国にとって、国有化は事実上不可能となる。発展途上国の中には補償原則そのものを否定する国もあったが、多くの発展途上国は、1962年の天然資源の永久的主権決議において規定されたように「適当な補償」（▶第4項）で足りると主張した。1974年の**国家の経済的権利義務憲章**（▶総会決議3281（XXIX））では、国有化について詳細に規定し、国有化を行う場合には、「自国の関連法令及び自国が適切と認めるすべての事情を考慮して適当な補償を支払わなければならない」としたうえで、国有化の補償問題は、「国有化を行う国の国内法に基づき、かつその国の裁判所によって解決される」こととされた（▶第2条2項）。

Point　国有化

国有化の要件
- ①公益原則
- ②無差別原則
- ③補償原則
  - ①十分な補償又は適当な補償
  - ②実効的な補償
  - ③迅速な補償

*** **コンセッション契約**　国有化をめぐる紛争は、主として投資受入国である発展途上国と先進国国籍の投資企業との間で発生するが、この問題が国際法上問題となるのは、伝統的に**コンセッション**（利権協定、開発協定）と呼ばれる経済開発契約の不履行に対して、投資企業の本国が外交的保護権を行使する場合である。そもそもコンセッション契約の法的性質については、受入国の国内法を準拠法とする国内契約にとどまるという**国内契約説**と、準拠法が国内法であっても、その国際的性質から当該契約の不履行は国際法違反とみなす**国際協定説**が存在する。また、コンセッション契約は、国内法でも国際法でもない独自の法秩序に基づく**準国際協定**であるという第三の見解もある。しかし、常設国際司法裁判所のセルビア公債事件［1929年］判決や国際司法裁判所のアングロ・イラニアン石油会社事件［1952年］判決等、国際判例はこれまで国内契約説が主流であり、国際協定説を採用する見解は、テキサコ事件仲裁裁判所判決［1977年］等ごくわずかにとどまる。

** **投資保護協定**　冷戦後、資本主義の**グローバル化**を反映して、国有化に対する批判が強まっている。国有化の実施が懸念される国家に対しては、外国資本が撤退したり、外国からの投資が行われなかったりするため、発展途上国も、投資保護協定を締結し国有化よりも外国資本を受け入れるような施策を講じるようになった。こうしてコンセッションによる外国人財産の取扱いは、投資受入国と投資企業の本国との二国間条約、とりわけ**投資保護協定**によって保護が図られる傾向にある。投資保護協定では、一般に投資に関する最恵国待遇や内国民待遇、収用又は国有化が行われる場合の条件及びその補償、そして紛争解決手続等の規定を置く。コンセッションに関しては、国有化の可能性を肯定しつつ、例えば、補償を「収用された投資財産の公正な市場価格に相当するもの」(▶日中韓投資協定第11条3項)とする等、先進国側が主張する「十分な補償」が規定される場合が多い。これは、冷戦崩壊後の経済のグローバル化に伴い、発展途上国にとっても、投資の安全を保障する必要性から先進国の主張を受忍せざるをえない状況にあることが一因である。もっとも、最近では、明確な国有化という政策をとらず、間接的な方法又は所有権を侵害しない方法を使いつつ、結果的に投資企業の財産や権益を取得しようとする「**しのびよる国有化**」が問題視されている。このような投資保護協定の導入により、投資受入国と外国企業との間の紛争が外交的保護によって処理されることは少なくなった。

*** 投資紛争解決条約

1965年に世界銀行が「国家と他の国家の国民との間の投資紛争の解決に関する条約」(**投資紛争解決条約**)を採択し、**投資紛争解決国際センター(ICSID)**が設置された。近年では、ICSIDによって

◆ Further Study　しのびよる国有化

国有化は、政府が外国企業の財産を国家財産に移転させることにより、直接的に財産権の侵害という効果をもたらすが、近年問題となっているのが、間接的に国有化の効果を発生させる「しのびよる国有化」(creeping nationalization)である。これは、所有権を外国企業の下にとどめつつも、投資受入国が、当該企業の財産の使用や処分に制限を課すことにより、その支配と管理を結果的に剥奪(はくだつ)する効果をもつ措置であり、具体的な例として、恣意的な課税、経営に関する強制的な介入、事業活動に不可欠な免許の拒否又は更新の拒絶、不合理な環境規制の強要が挙げられる。このような措置の存在は、第二次世界大戦後すぐに指摘されていたが、とくに冷戦構造崩壊後の投資の自由化に伴って顕在化した。「しのびよる国有化」は、所有権の移転を伴わないため、具体的にどのような権利が侵害されたのかがわかりにくい。また政府が環境保護や国家の安全保障を理由として行う場合、国有化の要件の一つである「公益性」を隠れ蓑(みの)とした財産没収であるという批判がある。加えて、「補償原則」についても、明確な財産権の侵害でない以上、補償額の算定は困難である。エネルギー安全保障に関心が高まる今日、資源開発に関連して、このような新たな対立にも注目すべきである(ウクライナ侵攻後のロシアによるサハリン2譲渡命令等)。

国家と外国企業の間の投資紛争を処理するケースが圧倒的に多くなっている。ICSIDの紛争解決手続には、調停と仲裁がある。紛争当事者は調停委員会又は仲裁裁判所の設置を合意によって選択することができる（▶第25条）。仲裁の場合の準拠法も合意によって決定される。合意できない場合、紛争当事者である締約国の法及び国際法を適用することができる（▶第42条）。なお、ICSIDにおける当事者間の調停又は仲裁に付託された投資紛争については、受入国がその仲裁判断に服さない場合を除き、投資企業の本国が外交的保護権を行使することは禁止される（▶第27条）。

3　領域使用の管理責任

* **領域主権の限界**

国家は、領域主権の帰結として、自国領域に管轄権を行使できる。しかしながら、領域主権も国際法上の制約に服さなければならない。もし国家が外国との間で自国の管轄権を規制する二国間協定を締結すれば、当該国家は、相手国との関係において、当該協定に規定する範囲内で自国の管轄権の行使が制限される。多数国間条約の義務が設定される場合も同様であり、国際河川や国際運河の条約制度がその例である。また慣習国際法が、外国及び外国籍の私人に一定の権利を付与する場合も、国家は自国の管轄権行使が規制される。例えば、主権免除や外交特権免除等が挙げられる。言い換えれば、国際法上の制限がない限り、国家はその領域をいかなる目的で使用するかを決定する裁量権を有する。しかしながら、他の国家、とりわけ隣国も同様の権利を有する以上、ある国家の領域主権に基づく行為が、外国の領域の使用を妨げる、若しくは使用を困難にする場合がありうる。このような国家間の領域主権の調整については、領域主権の排他性を強調する絶対的主権概念が主張されたことがある。代表的な例として、アメリカ合衆国とメキシコを流れるリオ・グランデ川の利用をめぐって、1895年にアメリカ合衆国国務長官が述べた**ハーモン・ドクトリン**が挙げられる。しかしながら今日、相互主義と国家平等の概念から、領域主権にも内在的制約が存在することは明らかである。

** **領域使用の管理責任**

国家が自国の領域を使用する、又は私人に使用を許可するにあたり、他国に損害を発生させてはならないとする国際法上の義務があり、**領域使用の管理責任**と呼ばれている。パルマス島事件［1928年］において仲裁裁判所は、領域主権にはその当然の帰結として「領域内において他国の権利を保護する義務」が伴うと判断した。その後、国際司法裁判所もコルフ海峡事件［1949年］において、「他国の権利を侵害する行為のために自国の領域を使用させてはならないというすべての国家の義務」を確認した。その結果、アルバニアは、領海内に機雷があることを了知していながら、外国船舶にそれを通報せず、結果としてイギリス軍艦に損害をもたらしたと裁判所は認定し、アルバニアの国家責任を認めた。

＊＊ **越境損害** 領域使用の管理責任は、越境環境損害を防止する一般国際法上の原則として重要な発展をみせた。アメリカ合衆国とカナダの間で争われた**トレイル溶鉱所事件**は、そのリーディング・ケースである。事件を付託された仲裁裁判所は、1941年の最終判決の中で領域使用の管理責任が国際法の原則であることを確認し、カナダ領域内の企業によるアメリカ合衆国への越境損害についてカナダの国家責任を認めた。もっとも、問題とされていたのは、領域国が、**相当の注意**（due diligence）をもって他国に損害を発生させないような方法で、自国領域を使用した（又は私人に使用させた）かどうかという過失の有無であった。

◆ Case　トレイル溶鉱所事件

（カナダ／アメリカ合衆国）仲裁裁判所判決［1941年3月11日］

トレイル溶鉱所は、カナダ領ブリティッシュ・コロンビア州で操業する民間会社である。同社から排出された多量の亜硫酸ガスが、国境を越えてアメリカ合衆国領ワシントン州の農作物や森林資源に悪影響を与えた。事件は、両国の合同委員会の審査［1931年］によっていったん決着したが、その後も越境汚染が継続したため、両国は、付託合意によって事件を仲裁裁判所に付託した。仲裁裁判所は、中間判決［1938年］の後の最終判決［1941年］の中で、「いかなる国家も、事件が重大な結果をもたらし、かつその損害が明白で納得できる証拠によって立証される場合には、他国領域内で若しくは他国領域に対して、又は他国領域内の財産若しくは人に対して、煤煙によって損害を生じさせるような方法で、自国領域を使用する権利及び使用を許可する権利を有するものではない」と判断し、自国企業の越境環境汚染の発生について、カナダの国際法上の責任を認めた。この事件は、越境大気汚染に関する最初の国際裁判例であり、国家責任及び国際環境法において、領域使用の管理責任を示した事例として有名である。もっとも、裁判所は、上記判断の根拠として、州間で適用される合衆国の国内法及び判例を援用しており、国内法のいわゆる相隣関係の法理又はニューサンス（生活妨害）の法理が判決に大きく影響したと考えられる。

したがって、過失を要件としない厳格責任（strict liability）を認めたわけではない。

＊＊ **ストックホルム国連人間環境宣言**

トレイル溶鉱所事件判決で提示された越境環境損害に伴う国家の責任は、その後、1972年の**ストックホルム国連人間環境宣言**の中で一般的かつ普遍的に確認された。同宣言の原則21は、「自国の管轄又は管理下の活動が、他国の環境又は国家管轄権外の区域の環境に損害を及ぼさないように確保する責任を有する」ことを明記した。この原則は、国家が責任を有する範囲を自国の領域のみならず管理下に拡大した点、そして保護対象の範囲を他国領域のみならず、いわゆる国際公域まで拡大した点で、単なる領域使用の管理責任を超えて独自の発展を遂げたとみなすことができる。このストックホルム原則21で拡大された管理責任は、その後1992年にリオデジャネイロで開催された国連環境発展会議での**リオ宣言**（▶原則2）でもほぼそのまま踏襲されたほか、国連海洋法条約（▶第194条2項）や生物多様性条約（▶第3条）といった多数国間条約の中でも確認されている。

＊＊ **環境尊重義務**

国際司法裁判所は、核兵器使用の合法性事件［1996年］で、「自国の管轄や管理の下で何らかの活動が行われる際に、他国の環境又は国家管理外の区域の環境が尊重されるよう確保する国家の一般的義務が存在していることは、今や環境に関する国際法を構成する」と述べ、一般国際法上の原則であることを確認した。このように領域使用の管理責任は、慣習国際法として認識され、その適用範囲も拡大する傾向にある。その一方で、内戦や政治腐敗等により、事実上国家機能を喪失してしまったいわゆる破綻国家は、この種の責任を果たすことができないといった問題がある。例えばソマリア領海における海賊行為の取締りが、安保理決議によって他国に認められた。また排他的経済水域等、主権的権利の設定範囲が大幅に拡大した今日、すべての国に一律に管理責任を適用することが適当かといった問題も存在する。

4　国際化地域

＊ **国際化地域の定義**

国際化地域とは、ある国家の領域であるが、国際法により、領域主権の行使が制限され、その利用、とりわけ通行が外国及び外国籍の私人に開放されている地域を意味する。したがって、国家の領有が禁止され、すべての国家に自由な使用が許されている公海のようないわゆる**国際公域**とは性格を異にする。ここでは、代表的なものとして、国際河川と国際運河をとりあげる。

＊ **国際河川**

国際河川とは、広義には、複数の国家を貫流する河川又は複数の国の国境を構成する河川のことを指すが、オーデル川国際委員会事件の常設国際司法裁判所判決［1929年］によれば、航行可能で、複数の国が海に出入りすることができる河川のことをいう。代表的な国際河川としてライン川（リヒテンシュタイン、オーストリア、スイス、フランス、ドイツ及びオランダ）、ダニューブ川（ドナウ川の英語名：ドイツ、オーストリア、及び東欧12か国）、メコン川（中国、ミャンマー、ラオス、カンボジア及びベトナム）、ニジェール川（ギニア、マリ、ベニン、ニジェール及びナイジェリア）等がある。

＊＊ **国際河川制度**

国際河川制度の歴史は、19世紀にヨーロッパで始まった国際行政連合から始まる。1815年のウィーン会議最終議定書で自由航行に関する一般原則が採択され、その後1856年には、ダニューブ川の自由通航を管理するヨーロッパ委員会が設立された。第一次世界大戦後の1919年にベルサイユ条約で敗戦国を流れる国際河川（オーデル川、ダニューブ川、エルベ川等）の国際化が規定された。1921年には、「国際関係を有する可航水路の制度に関する条約」（バルセロナ条約）が採択され、国際河川の航行に関する一般制度が規定されたが多くの支持は集まらなかった。一般に、複数国を貫流する河川であっても外国船舶の自由航行が認められているとはいえず、河川ごとに作成される個別の**国際河川条約**により河川の国際化が実施される。言い換えれば、条約によって流域国の管轄権を制限し、外国船舶の自由航行が認められれば、その範囲で当該河川は国際化される。また、条約上外国船舶に認められる権利が、非流域国の船舶にも平等に認められるとは限らず、少なくとも慣習国際法であるとはいえない。多くの国際河川が**国際河川委員会**を設置して河川利用の調整を図っている。ただし、メコン川委員会における中国の不参加のように、一部の流域国が条約制度に参加していない場合もある。なお、条約によって自由航行を認める場合であっても民間船舶に限定され、軍艦をはじめとする政府公用船については認められていない場合がほとんどである。

＊＊＊ **国際河川の非航行的利用**

灌漑（かんがい）や発電事業等、河川の**非航行的利用**について、伝統的国際法の時代には、ハーモン・ドクトリンのように、上流国の絶対的主権が主張されたこともあったが、今日では、1957年のラヌー湖事件仲裁裁判所判決にみられるように、上流国と下流国の間の利害調整を行う必要性が認識されている。国際法委員会が作成し、1997年に国連総会で採択された「国際水路の非航行的利用の法に関する条約」では、国際河川の非航行的利用に関し、**衡平**で合理的な利用と参加の原則を規定した。1997年のガブチコボ・ナジマロシュ計画事件で国際司法裁判所は、この条約に言及しながら、河川の共同利用の考え方を非航行利用についても拡大し、流域国の資源利用及び開発を環境保護と調和させる重要性を強調した。

＊ **国際運河**

国際運河とは、人工的に掘削した可航水路で、内水としての地位をもつが、二つの公海を連絡する海上交通の重要航路であることから、国際条約によってすべての国の船舶に航行の自由を保障しているものをいう。この定義に従えば、国内法により外国船舶に運河の通航を開放している運河（例えばドイツのキール運河）は、国際運河とはいえない。

＊＊ **スエズ運河**

スエズ運河は、エジプト領域内にあり、地中海と紅海をつなぐ国際運河である。フランスの元外交官であり事業家であったレセップスによって1858年に設立された万国スエズ運河会社は、1869年に運河を開通させた。その後、エジプトへの進出をはかるイギリスが、同会社の株式を購入して運河に対する支配権を獲得したが、1888年にヨーロッパ列強とオスマントルコ帝国との間で締結された「スエズ運河の自由航行に関する条約」（コンスタンティノープル条約）により、国際化と中立化が図られた。2回の世界大戦では軍事封鎖も行われたが、第二次中東戦争後、エジプトが同条約の有効性を確認した。その結果、運河は、平時はもとより戦時においても、条約非締約国を含むすべての国の商船及び軍艦に開放されている（▶第1条）。

＊＊ **パナマ運河**

パナマ運河は、パナマ共和国の領域内にあり、太平洋と大西洋（カリブ海）をつなぐ国際運河である。16世紀、この地を植民地としていたスペインが調査を開始し、19世紀末にはスエズ運河を建設したレセップス等が運河の開通を試みたが失敗した。20世紀に入り、この地を重要視したアメリカ合衆国が、運河の建設と管理を画策し、1903年にコロンビアからの独立を目指していたパナマを支援するかたちで、パナマ運河条約を締結した。同条約は二国間条約であり、運河地帯の施政権と運河の管理権をアメリカ合衆国に認める内容であった。その後、1914年に運河は開通するが、運河地帯の主権回復を目指すパナマ共和国の努力により、1977年に新しいパナマ運河条約とパナマ運河の永久中立及び運営に関する条約が締結された。両条約により、運河及び運河地帯の施政権は1999年12月31日にパナマ共和国に返還された。

☆ Summary

国家は、自国の国家領域に対して国際法上固有の権利を行使することができる。この権利を（　1　）と呼ぶ。（　1　）の本質について争いがある。領域は、使用し処分することができる対象つまり（　2　）の対象であると考える（　3　）説と、国家が管轄権を行使することのできる場所的な限界、つまり（　4　）の対象であると考える（　5　）説の対立である。しかし、国家領域が両者の側面をもっていることは間違いがなく、今日では両者の（　6　）概念であると説明される。国家領域は主権が発現される場所であるため、国家は他国の領土を侵してはならないという（　7　）原則が確立している。

国家は、自国領土を自由に開発し、利用し、処分することができる。自決権の経済的側面として、国家は自国領土における天然の富と資源に対する（　8　）的主権を有することが、国連の決議や国際人権規約から確認される。しかし、現実には、外国企業が領域国から（　9　）と呼ばれる合意文書を締結し、開発に従事していることが多い。国家は、そうした企業を国有化する権利をもっている。ただし、三つの要件を満たさなければならない。第一は、（　10　）原則、第二は、無差別原則、そして第三は、補償原則である。補償の範囲に関して、先進国は、（　11　）で、実効的かつ（　12　）な補償を要求するが、途上国はそれを満たすことができないため、（　13　）な補償でよいと主張する。経済のグローバル化の進展によって、途上国も外国からの直接投資を受け入れざるをえないと考え、国有化どころではない。そこで、二国間の（　14　）協定を締結している。そこでは、補償の三原則が盛り込まれるとともに、紛争解決のために国内法だけでなく国際法の適用が規定され、（　15　）条約によって設立された（　15　）国際センター（ICSID）の利用が規定されている。

国家は、自国領域であっても、全く自由に使うことができるというわけではない。かつては、河川の上流国が自由に利用することができるという（　16　）・ドクトリンが主張されたこともあるが、現在では、国際法上一定の制約がある。国家は、自国領域を利用することができるとしても他国に対して損害を発生させてはならない義務がある。これを（　17　）の管理責任といい、境越大気汚染に関する（　18　）事件が有名である。この義務の中身は、（　19　）の注意義務であり、厳格責任が認められたわけではない。その後、1972年のストックホルム（　20　）宣言や1992年のリオ宣言で具体化された。

国家の領土であるが、国際法により、領域主権の行使が制限されている地域がある。（　21　）地域と呼ばれる。第一に、（　22　）がある。複数の国家を貫流する河川を流域国が自由に通航できるよう、流域国が（　22　）条約を締結し、河川を管理するために（　22　）委員会を設置することがある。今日では、（　22　）の非航行的利用が注目されており、（　23　）な利用が要求されるようになっている。第二に、国際運河がある。その代表例は、（　24　）運河とパナマ運河である。（　24　）運河に関しては、戦時でもすべての国に開放されている。

答

【Quiz】①はい、できる。中国政府が相当な注意を払い防止義務を果たしていない場合には、領域使用の管理責任から、日本は中国に責任を問うことができる。ただし、中国が相当な注意を払っている場合には、責任を問えず、答は②となる。

【Summary】①領域主権、② dominium ／ドミニウム、③所有権／客体、④ imperium ／インペリウム、⑤空間／主体、⑥混合、⑦領土保全、⑧永久／恒久、⑨コンセッション／利権協定／開発協定、⑩公益、⑪十分、⑫迅速、⑬適当、⑭投資保護、⑮投資紛争解決、⑯ハーモン、⑰領域使用、⑱トレイル溶鉱所、⑲相当、⑳国連人間環境、㉑国際化、㉒国際河川、㉓衡平、㉔スエズ

第10章　海洋法の構造

Quiz

国際社会は約200の国から構成されているが、そのうち、海をもつ国家の数はどのくらいか。

①約80か国、②約100か国、③約120か国、④約150か国　　　（答は章末）

1　多元的構造

* **伝統的構造**　第二次世界大戦以前の海洋法制度は、狭い領海制度と広い公海制度の二元的構造をもっていた。領土に隣接する海域は、防衛可能な範囲である3カイリ（1カイリ＝約1.8km）を限度に領海として沿岸国の管轄権下に置かれた。しかし、その外はどの国も自由に使用できる公海としていた。そこでは公海自由の原則が確立し、国際貿易のための主要な通路として海洋は利用されていた。

* **多元的構造**　20世紀に入ると航海目的以外の海洋利用が注目を集めるようになった。船の大型化、漁業方法や冷凍保存技術の発展により、日本をはじめ一部の国は世界中の海で漁業を行った。また海底から油田が発見された。そのため海洋の資源獲得競争が熾烈になり、沿岸国は領海の幅の拡大を要求した。しかし領海の幅の伸長は、公海の縮小を意味し、これまで資本主義経済を牽引してきた海洋制度の重要な原則である公海における船舶の自由航行を縮減してしまうことになる。そのため航行の自由を確保しつつ沿岸国の資源に対する管轄権拡大を可能にするために領海と公海に加えて新たな制度を作る必要が生じた。海域を機能分化させることにより、海洋法制度は多元的な構造をもつようになった。第三次国連海洋法会議の10年に及ぶ討議を経て海洋法に関する国際連合条約、いわゆる国連海洋法条約（UNCLOS）が1982年に採択された。

海洋を有する沿岸国は、海岸に沿って12カイリまでの幅の領海を設定することができる。その外側には接続水域と呼ばれる水域を沿岸から24カイリまで設ける

■図1　各種海域の概念図

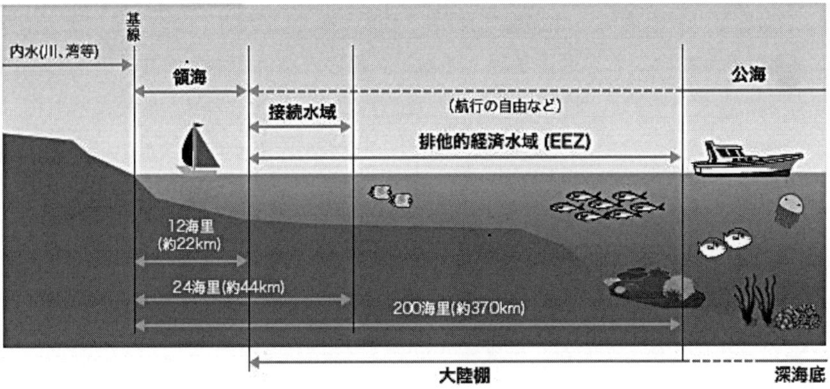

出所：外務省「国連海洋法条約と日本」 http://www.mofa.go.jp/mofaj/files/000243495.pdf

ことができる（▶国連海洋法条約第2部）。国際航行に使われる海峡は領海に含まれるが、航行の自由を保障するため国際海峡という特別な制度が創設された（▶第3部）。接続水域の外側には排他的経済水域が200カイリまで認められる（▶第5部）。その海底部分は大陸棚と呼ばれるが、200カイリを超える大陸棚も条件を満たせば沿岸国による開発が許容される（▶第6部）。排他的経済水域の外側が公海である（▶第7部）。その下の大部分は深海底となる（▶第11部）。

＊ **国連海洋法条約**　1982年の国連海洋法条約は多元的海洋法構造をほぼ網羅的に規範化し、一つの条約にまとめ上げており「海の憲法」と呼ばれている。多元的海洋法秩序を構築するために、多くの規定が妥協の産物として作り上げられた。そのため、国連海洋法条約では、すべての条文を一括して採択するパッケージ・ディール方式がとられた。締約国は留保を付すことが禁じられ、一切の一方的変更が認められていない（▶第309条）。現在168か国が締約国となっているが、アメリカ合衆国は締約国となっていない。第11部深海底制度に対する強い反発の表れである。しかし排他的経済水域等はすでに慣習法化しており、一般国際法上の権利としてアメリカ合衆国は主張しうると考えている。

2　領　　海

＊＊ **基　線**　領海の幅をはかる基点となるのが、**基線**である。基線は海岸線とほぼ同一と考えてよいが、干潮時と満潮時で海岸線は移動する。そこ

で基線は、通常沿岸国が公認する大縮尺海図（航海に使用する5万分の1未満の海図）に記載されている海岸の**低潮線**（干潮時の陸地と海面との境界）とされた（▶国連海洋法条約第5条）。これを**通常基線**と呼ぶ。基線の内側は内水となり、外国船舶は沿岸国の許可がなければ立ち入ることはできない。内水内の外国船舶に対しては沿岸国の管轄権が及ぶ。低潮時には水面上にあるが、高潮時には水中に没する場所を**低潮高地**という。低潮線が通常基線である限り、低潮高地も基線として用いてもよさそうなものであるが、領海内にあるかどうかで取扱いが異なる。領海内の低潮高地は基線として使うことができるが、領海の外にある低潮高地は基線とならず、したがって領海を持つことができない（▶第13条）。

河川が海に直接流入している場合、基線は、河口の両岸の低潮線上の点の間に河川を横切って引いた直線である（▶第9条）。河川は内水となる。**湾**では、湾の天然の入り口の両側の低潮線上の点の間が24カイリ以内のとき、これらの点を結んで引いた**閉鎖線**が基線であり、その内側は内水となる（▶第10条4項）。ただし、**湾**と認められるためには、湾口を横切って引いた線を直径とする半円の面積以上の湾入であることが必要である（▶第2項）。島が存在するために湾入に湾口が二つ以上存在する場合には、それぞれの湾口に引いた線の長さの合計に等しい長さの線上に半円を描き、その半円の面積以上の湾入をもつものが湾と認められる（▶第3項）。湾の定義にあてはまったとしても湾の天然の入り口の両側の低潮線上の点の間の距離が24カイリを超えるときは、湾の中に24カイリの閉鎖線を引き、囲んだ水域の面積が最大となるものが基線となる（▶第5項）。ただし、カナダのハドソン湾のように長期にわたって諸外国から湾だと認められてきた**歴史的湾**の場合、湾口が24カイリを超え、湾の定義に該当しなくても、湾口に閉鎖線を引くことが許される（▶第6項）。湾は、海岸が単一の国に属するものでなければならない（▶第1項）が、国際司法裁判所は、3か国にまたがるフォンセカ湾について、歴史的に湾であることを認めた（★陸・島・海洋境界紛争［1992年］）。

直線基線 ＊＊ 通常の基線のほかに、海岸線が著しく曲折しているか又は海岸に沿って至近距離に一連の島がある場合には**直線基線**を引くことができる（▶第7条1項）。リアス式海岸のように海岸線が複雑な場合、湾の制度を援用して24カイリまで直線基線を引くことに問題はない。しかし、24カイリを超えて基線を引くためにこの直線基線の制度が設けられた。ノルウェー漁業事件［1951年］でノルウェーの引いた直線基線が、当時の湾口10カイリ規則（湾口10カイリまで閉鎖線を引いてよいという規則）を超えていたためイギリスがその合法性を争ったが、国際司法裁判所はノルウェー勝訴の判断を下した。それが1958年の領海条約及び1982年の国連海洋法条約に規定されたのである。直線基線は、海岸の低潮線そのままに引いた線を基線として採用せずに、海岸又は島の適当な点を結んだ線を基線としたものである。海岸の全般的な方向から著しく離れて引いてはならず、またその内側は内水として規制されるため陸地と十分に密接な関連をもっていなければならない（▶第７条３項)。しかし直線基線の濫用と思われる引き方が多数見受けられる。

** **内　海**

瀬戸内海のような内海について国連海洋法条約は規定していない。**内海**とは、外洋とつながる二つ以上の出入り口をもつ閉じられた海域である。瀬戸内海の出入り口はすべて24カイリ以下の幅しかなく、今日では湾や直線基線に関する国連海洋法条約の規定を適用して内水であると主張することに困難はない。「領海及び接続水域に関する法律」第２条で瀬戸内海は内水とされ、外国船舶は港への出入りを目的としない航行は禁止されている。しかし、瀬戸内海は国連海洋法条約以前から内水として取り扱われてきた。日本は長年にわたっ

◆ Case　ノルウェー漁業事件

（イギリス対ノルウェー）国際司法裁判所判決［1951年12月18日］

ノルウェーは、1920年代以降自国近海での外国船による漁業活動が急激に活発になったことから近海での外国船の操業を禁止し、1935年には漁業水域を画定した。ノルウェーの沿岸には島や岩礁等が多くあり、ノルウェーはそれらの外縁を結んだ直線を引いて基線としたが、イギリスはノルウェーが主張する基線は不当であるとして抗議をした。この問題は第二次世界大戦後に再燃し、イギリスは、基線の引き方に関する国際法の原則の明確化と、イギリス漁船に対するノルウェーの干渉に対する賠償を求め国際司法裁判所に提訴した。

これに対し裁判所は、ノルウェーの沿岸は島や岩礁等から構成されており、そこは良好な漁場としてその地域の人たちの生活を支えてきたことを考慮しなければならないとした。さらにノルウェーのような複雑な海岸線をもつ場合には沿岸の一般的方向に従いながら島や岩礁等の外縁を基線として直線基線方式を引くことができ、また、イギリスの主張する湾口10カイリ規則は一般的な法規則として定式化できず、領海画定にあたっては、長期の慣行によって認められる地域特有の経済的利益を考慮に入れることができるとして、ノルウェーの基線は国際法に違反しないとした。

て瀬戸内海を内水として取り扱ってきたにもかかわらず、諸外国は抗議を提出しておらず、内水たる「歴史的水域」の地位を獲得していることが根拠である（★テキサダ号事件、大阪高判昭51・11・19、判時844号102頁）。

＊＊＊ **日本における直線基線** 日本は1996年に国連海洋法条約を批准したが、その際1977年領海法を改正し「領海及び接続水域に関する法律」を制定した。新たに接続水域と直線基線方式を採用することとなった。これによってこれまで領海の外であった海域が日本の領海となった。この新領海法をめぐっては、日本の領海となった海域で操業していた韓国漁船が外国人漁業規制法に違反するとして拿捕（だほ）され、乗組員が日本の裁判所に訴追される事件が起こった（★**韓国漁船拿捕事件**）。日本と韓国は1965年に日韓漁業協定を締結し、直線基線方式を使用する場合には協議の上決定し、さらに漁業水域の外側の公海では旗国主義を適用するとしていた。日本は韓国とその漁業関係者に直線基線方式の導入とそれに伴って領海が拡張されたことを通告したが、協議は行っていなかった。そのため韓国漁船側は日本の新領海法は協定に違反し、韓国漁船が操業していた海域は漁業水域の外側であると主張した。広島高裁松江支部判決は、領海の拡張が国際法にしたがって行われたのであれば、拡張された海域に含まれる従来の漁業水域は消滅し、漁業協定と新領海法との抵触はないとした（★広島高判平10・9・11、判時1656号56頁）。日本と韓国の漁業問題については両国が1999年１月に排他的経済水域及び暫定水域（竹島周辺と東シナ海）の画定のために新漁業協定を締結し、自国の排他的経済水域における相手国の漁獲割当量を決定したことにより一応の決着をみた。

＊ **領海の幅** 領海の幅は、基線から12カイリを超えない範囲で各国が定めることができる（▶第３条）。伝統的国際法では、一般に領海の幅は３カイリとされていたが、沿岸国がその領域の延長上にある海洋資源に対する権限の拡大を主張する中で、領海の幅そのものを12カイリまで拡大することが認められた。領海内においては、外国船舶が軍事活動や漁業を行うことはできない。ただし一定の条件の下、外国船舶にも航行の自由は確保されている。無害通航権である。

＊＊ **無害通航権** **無害通航権**とは、沿岸国に対して害を与えないことを条件として、船舶が、継続的かつ迅速に沿岸国の領海内を通航する権利である。沿岸国の内水へ出入りする船舶や内水の外の停泊地又は港湾施設に寄る船舶だけでなく単に領海を通過する船舶にも認められる。船舶は継続的かつ迅速

に通航することを求められ、航行に通常付随するもの、不可抗力や遭難のため必要な場合、他の船舶、人、航空機の救助に必要な場合を除く他は停船及び投錨はできない（▶第18条）。

外国船舶に無害通航が認められるためには、その航行が沿岸国の平和、秩序又は安全を害しないことが必要である（▶第19条１項）。領海条約では原則を規定したにすぎなかったが、国連海洋法条約では、第19条２項で何が沿岸国の平和、秩序又は安全を害するのか、詳細に規定している。そこでは、武力による威嚇又は武力の行使であって、沿岸国の主権、領土保全若しくは政治的独立を脅かすものを無害ではないとするだけでなく、国連憲章に規定する国際法の諸原則に違反するものも無害ではないとしている（▶第19条２項(a)）。したがって、沿岸国への直接の武力による威嚇又は武力行使だけでなく、第三国に対するそうした行為も無害でないとされ、領海内の航行が認められなくなる。

第19条２項では、武力行使にかかわる事項に加え、(g)沿岸国の通関上、財政上、出入国管理上又は衛生上の法令違反となる物品、通貨又は人の積み込み又は積み卸し、(h)故意かつ重大な汚染行為、(i)漁獲活動、(j)調査・測量活動を無害とみなさない行為として具体的に規定されたが、さらに(l)通航に直接関係しない活動も沿岸国を害する行為とされている。これにより通航に直接関係しない活動であれば、それが沿岸国の平和、秩序又は安全をどのように脅かすものかを問うことなしに、そのこと自体が無害ではないということができる。

国連海洋法条約

第３節　領海における無害通航

A　すべての船舶に適用される規則

第17条　すべての国の船舶は、沿岸国であるか内陸国であるかを問わず、この条約に従うことを条件として、領海において無害通航権を有する。

第18条２　通航は、継続的かつ迅速に行わなければならない。

第19条１　通航は、沿岸国の平和、秩序又は安全を害しない限り、無害とされる。無害通航は、この条約及び国際法の他の規則に従って行わなければならない。

２　外国船舶の通航は、当該外国船舶が領海において次の活動のいずれかに従事する場合には、沿岸国の平和、秩序又は安全を害するものとされる。

(a)　武力による威嚇又は武力の行使であって、沿岸国の主権、領土保全若しくは政治的独立に対するもの又はその他の国際連合憲章に規定する国際法の諸原則に違反する方法によるもの

＊＊ **軍艦の無害通航権**　軍艦が無害通航権を有するか否かについては、軍艦であるということだけで無害ではないと判断する**船種別規制**と、その通航の態様・方法によって判断する**行為態様別規制**とに各国の対応は分かれている。第二次世界大戦前は船種別規制が有力であった。しかし、現在通航に事前の通告や許可を求める国もあれば、ヨーロッパ諸国を中心に軍艦の無害通航権を認める国もあり、国家実行は一致していない。国連海洋法条約第17条では、領海において「すべての船舶」ではなく、「すべての国の船舶」に無害通航権を認めている。一方、無害通航権は、国連海洋法条約第2部第3節「A　すべての船舶に適用される規則」である。

第19条2項は、第1項の例示だとする説では、第2項は行為態様別に無害でない具体例を示すものであり、その他の理由で無害性を否定することができ、その結果、船種別規制が可能だと主張する。それに対し、第2項は、行為態様別規制の対象とされる活動を網羅的に挙げたものであり、それ以外に無害性が否定されることはなく、船種別規制が入り込む余地はないとする説がある。スウェーデン、フィンランド等の国はこれまでとってきた外国軍艦に対する措置を維持して事前許可制等の規制措置をとることは条約に抵触しないと宣言したのに対し、イギリス、イタリア等はこうした規制措置をとることを宣言することは条約の法的効果をなくしたり、変更するものであるとしている。1989年、アメリカ合衆国とソ連（現ロシア）は、「無害通航権を規律する国際法規則の統一解釈に関する共同声明」を発表し、軍艦は領海において無害通航権を有し、沿岸国の通告も許可も必要でないと宣言した。この対立は解消されていない。日本は外国船舶に対し無害通航権を認めているが、「外国船舶」の定義から軍艦及び各国政府が所有し又は運航する船舶であって非商業的目的のみに使用されるものは除外している（▶領海等における外国船舶の航行に関する法律第2条3項）。外国軍艦の日本の領海内航行は、

■表1　軍艦の無害通航権

	基　準	列　挙	文　言	その他
肯定説	行為態様別規制	網羅的	第3節A「すべての船舶」、第19条2項「次の活動」	1989年無害通航権に関する米ソ統一解釈声明
否定説	船種別規制	例示的	第17条「すべての国の船舶」	a「武力による威嚇」、l「その他の活動」に該当

それが無害であるかどうかを判断し対応している。

＊＊＊ **航行の自由作戦** アメリカ合衆国は、1979年より、日本を含む26か国・地域で「航行の自由作戦」を展開している。アメリカ合衆国が考える「違法」な海洋権益の主張を行っている国や地域に対して、軍艦を派遣し、航行の自由を守る作戦である。特に中国が実効的支配している礁を埋め立て航空機の発着場を建設していることに対し、アメリカ合衆国は、2016年の南シナ海事件仲裁裁判所判決にしたがい、中国の南シナ海の領有権を否定し、その海域に対し航行の自由があると主張し、中国が開発した礁から12カイリ以内の海域において軍艦を航行させている。中国側は、中国の主権を侵害する行為だとしてアメリカ合衆国に抗議している。2021年３月頃から日本も、海上自衛隊を南シナ海に派遣し、アメリカ合衆国同様の作戦を展開している。しかし、中国の主張する領海には入らず、接続水域内で実施している。

＊＊＊ **沿岸国の保護権** 外国船舶が内水に向かって航行している場合、又は内水の外にある港湾施設に立ち寄る場合には、無害通航と認められるためには沿岸国の定める条件に従わなければならない。沿岸国は、内水に入るために、又は港湾施設に立ち寄るために船舶が従う条件を定めることができ、その条件の遵守に必要な措置をとる権利を有している（▶第25条２項）。したがって、第19条２項に違反していなくても内水への立ち入り又は港湾施設への立ち寄りに課せられた条件に違反している場合には領海内の無害通航権が保障されない場合がある。さらに外国船舶の通航自体に問題がなくても、自国の安全保護のために不可欠な場合には、沿岸国は領海内の特定水域において外国船舶の無害通航を一時的に停止することができる。ただし、外国船舶の間に差別を設けてはならず、このような停止について適当な方法で公表する必要がある（▶第25条３項）。

＊＊＊ **航路帯・分離通航帯** 沿岸国は、航行の安全を考慮して必要な場合には、**航路帯**及び**分離通航帯**を設定し、船舶がそれらを使用するよう要求することができる（▶第22条１項）。とくにタンカー、**原子力船**、核物質又はその他の有害物質を運搬する船舶に対しては航路帯のみを通航するように要求できる（▶第22条２項）。これらの航路帯及び分離通航帯は海図上に明示し、適当に公表しなければならない（▶第22条４項）。なお、沿岸国は領海内を通航する船舶に対し、水先案内等の役務の対価以外の課徴金を課すことはできない（▶第26条）。

＊＊ **潜水船や航空機**　**潜水船**、その他の水中航行機器は、領海において浮上して国旗を掲揚しなければならない（▶第20条）。領海において潜水航行は許されない。領海の上空は領空であり、領域国の排他的な主権が及ぶ。そのため、**上空飛行**の権利は沿岸国の許可なしには認められない。

＊＊＊ **沿岸国の法令制定権**　国連海洋法条約第21条では、沿岸国がその領海内において無害通航にかかわる法令を制定することができるとし、外国船舶は、航行の安全の確保、海底電線やパイプライン保護、通関上、財政上、出入国管理上又は衛生上の法令の違反防止、海洋の科学的調査、水路測量に関する法令だけでなく、海洋生物資源の保存、漁業に関する法令違反の防止、環境保全、環境汚染の防止、軽減、規制に関する沿岸国の法令を遵守しなければならず、生物資源保護、環境保護に対する沿岸国の権限が強化されている。例えば、タンカー等が積荷を下ろすと喫水が上がり、プロペラが海面上に出たり、不安定になるため、それを防ぐバラスト水を積み込むが、それは海洋環境破壊等を起こすことがあり、問題となっている。そこで、2004年に船舶バラスト水規制管理条約（未発効）が採択されたが、バラスト水によって大きな影響を受けたアメリカ合衆国等はバラスト水の交換について条約よりも厳しい基準を国内法で設けて規制している。

＊＊ **沿岸国の義務**　沿岸国は国連海洋法条約に定める場合を除いて、外国船舶の無害通航権を害してはならない。とくに法令制定にあたっては実質的に無害通航権を否定する効果又は害する効果をもつ要件を課してならず、さらに特定の国を差別する結果となる船舶の貨物の運搬に対する法律上又は事実上の差別を行ってはならない（▶第24条１項）。沿岸国には危険警告義務があり、領海内における航行上の危険で知っているものを適当に公表しなければならない（▶第24条２項）。

3　国際海峡

＊＊ **国際海峡**　沿岸国の領域内にあって国際航行に使用されている海峡を一般に**国際海峡**という。国際海峡については、第二次世界大戦直後にアルバニアとイギリスの間で起こった**コルフ海峡事件**［1949年］において軍艦の国際海峡の通航権が問題となり、国際司法裁判所は国際海峡における軍艦の無害通航権を容認した。しかし、無害通航権には飛行機の上空飛行や潜水船の潜水航行

等が含まれているかどうかについては明確ではなく、国連海洋法会議で軍事大国はこれらの飛行及び通航を認めるよう主張した。とくに、国連海洋法条約では沿岸国が領海の幅を最大12カイリまでの範囲で設定することを認めており、多くの海峡が領海内に入ってしまうことになったため、軍事大国にとって従来どおり海峡での通航を確保することが重要課題となった。そのため国連海洋法条約では、国際海峡制度を領海制度とは別に置き、国際航行に使用されている海峡におけるすべての船舶及び航空機の通過の自由を確保したのである。

＊＊ **通過通航権**　国際海峡では、すべての船舶及び航空機に**通過通航権**が与えられている。通過通航権とは、船舶及び航空機が継続的かつ迅速に海峡を通過する自由であり、それは害されるものではない（▶第38条）。航空機の上空飛行も認められる。また、領海では浮上して国旗掲揚の義務を課していた潜水船の航行に関する規定（▶第20条）がないため、潜水航行が可能であると解釈できる。船舶及び航空機は、遅滞なく通過すること、国連憲章に違反する武力行使又は武力による威嚇を行うために海峡通過はできないこと、不可抗力又は遭難以外は通常の航行に伴う活動以外の活動をしてはならないことが義務づけられており（▶第39条）、とくに調査活動又は測量活動については海峡沿岸国の事前の許可なしに行うことはできない（▶第40条）。

この国際海峡の通過通航制度は、特定の海峡に対し長い間存在し現在も効力をもっている条約が存在し、その条約によって海峡通航が規制されている場合にはその条約が適用される（▶第35条(c)）。黒海入口のダーダネルス・ボスポラス海峡では、1936年モントルー条約によって軍艦の通航を制限している。2022年、ロシアのウクライナ侵攻を受けて、トルコは、軍艦の通航を認めないとの通告を行った。ただし、黒海に母港をもつ艦艇は、条約で通過が認められている。

国連海洋法条約は、船舶及び航空機に通過通航権が認められる国際海峡に加え、通過通航権は認められず、船舶に無害通航権が認められるにすぎない国際海峡の

■表2　無害通航権と通過通航権

	通航権	軍艦の通航	上空飛行	潜水航行
領　海	無害通航権	△	×	×
国際海峡	通過通航権	○	○	○

制度を規定している。船舶に無害通航権が認められる海峡は、海峡が海峡沿岸国の本土及び島で構成されていて、その島の海側に便利な公海又は排他的経済水域の航路が存在する海峡、あるいは、公海又は一の国の排他的経済水域と他国の領海との間にある海峡である。これらの海峡において無害通航は停止してはならず(▶第45条)、船舶の自由航行を確保しなければならない。そのため「強化された無害通航」と呼ばれている。

***
特定海域

日本は、領海の幅を3カイリから12カイリに広げるにあたって領海法を改正し、附則2に特定海域を設けた。特定海域とは、宗谷海峡、津軽海峡、対馬海峡東水道、対馬海峡西水道及び大隅海峡を指す。この海域には、第1条の規定を適用せず、「特定海域に係る領海は、それぞれ、基線からその外側3海里の線及びこれと接続して引かれる線までの海域」とした。これによってこれら海域は、領海と排他的経済水域から構成されることとなった。日本政府は、この措置を大型タンカー等の自由航行を確保するためといっているが、領海内において商船は無害通航権を有しており、特定海域をあえて設定する理由とは言い難い。この海域の領海の幅を12カイリとし、国際海峡制度が適用されると、この海域を原子力潜水艦等の核搭載艦が通航することができる。しかし、それは非核三原則と抵触し、日本国内で大きな政治的問題となる。それを回避するための附則であるという推定がされている。

***
海峡沿岸国の権利義務

海峡沿岸国は、船舶の安全確保のため航路帯の指定及び分離通航帯の設定を行うことができる(▶第41条1項)。ただし、こうした航路帯又は分離通航帯の指定若しくは変更には国際機関での採択が必要であり、海峡沿岸国だけで勝手に指定若しくは変更ができない(▶第41条4項)。また海峡沿岸国はすべての航路帯及び分離通航帯を海図上に表示し、その海図を公表しなければならない(▶第41条6項)。海峡内の交通規制、国際的な基準に沿った汚染の防止、軽減及び規制、漁獲の規制、及び通関上、財政上、出入国管理上又は衛生上の法令違反物資、通貨又は人の積み込み又は積み卸しに関しては海峡沿岸国が法令を制定し規制できる(▶第42条)。また海峡沿岸国は、コルフ海峡事件で明確にされたように海峡内の航行を妨害することは許されず、海峡内の航行上、飛行上の危険で知っているものについては適当に公表しなければならない(▶第44条)。

4　群島水域

＊＊＊ **群島国**　全体が１又は２以上の群島からなる国を群島国といい（▶第46条）、群島の最も外側にある島及び低潮時に水面上にある礁の最も外側にある点を結ぶ直線を基線とすることができる（**群島基線**）。その内側を**群島水域**という（▶第47条、第49条）。群島水域の理論は以前より群島国家により出されていたが、排他的経済水域等隣接する海域における沿岸国の資源に対する主権的権利の議論が進む中で認められるようになったものである。群島国家と認められるためには、島が密接に関係し、本質的に一つの地理的、経済的及び政治的単位を構

◆ Further Study　九段線

中国は、一本の実線ではなく、南シナ海の大部分を取り囲むように九つの破線（九段線）を引き、その中にある島嶼に対する領有権だけでなく排他的経済水域や大陸棚を含む海洋権益を主張している。中国を相手取りフィリピンが提訴した南シナ海仲裁裁判では、2016年７月仲裁判決が下された。そこでは、中国が設定した「九段線」によって取り囲まれる水域が中国の排他的な権限の下に置かれるかが問題となった。そもそも海洋法では「領土が海洋を支配する」という原則が成り立っており、領土を基準に排他的経済水域や大陸棚の権利は設定される。したがって、礁を含む島嶼が中国領土か否かが最初に決定されなければならない問題である。しかし、仲裁裁判所は国連海洋法条約にしたがい設立されており、領土に関する裁判権を行使できない。そこで裁判所は、南シナ海にある地物（ちぶつ）が島ではなく、排他的経済水域も大陸棚も有しえないと結論した。つまり、排他的経済水域や大陸棚はすべて本土から測らなければならないことになる。中国は、九段線の内側の水域に対し歴史的権利があると主張したが、裁判所はそのような権利は、国連海洋法条約上の排他的経済水域と両立しないとした。排他的経済水域内で沿岸国以外の国が主張しうる歴史的権限は漁業に関する権利のみで石油や鉱物資源に対する歴史的権限はない。国連海洋法条約ができるまでは、その水域は公海であり、すべての国の船舶は航行及び漁業の自由があった。したがって、中国がその水域で歴史的権利をもっているといっているが、それは歴史的権利というよりも公海自由の原則の行使であった。中国が国連海洋法条約に加入することによって、国連海洋法条約に合致しない歴史的権利は条約上の権利に取って代わられたのである。フィリピン勝訴の判決が下されたが中国は判決を無視し続けている。

成しているか、歴史的にそのような単位として認識されている必要があり（▶第46条)、インドネシア、フィリピン等が群島国にあたる。

＊＊＊ **群島基線** 群島基線の長さは、原則として100カイリ以下であるが、群島を取り巻く基線全体の３％までについては、最長125カイリまで延長が可能である。ただし、群島基線は群島の一般的な輪郭から著しく離れて引いてはならず、群島基線の内側の水域の面積と陸地（環礁を含む）の面積との割合は１対１から９対１の間である（▶第47条)。日本はこの基準を満たすことができず、海洋法上の群島国ではない。

＊＊＊ **群島水域** 群島水域では外国船舶の**無害通航権**を保障しなければならない（▶第52条)。ただし、群島国は、自国の群島水域、これに接続する領海及び上空における外国船舶及び航空機の継続的かつ迅速な通航に適した航路帯及びその上空に航空路を指定することができ（**群島航路帯**）(▶第53条１項)、船舶、航空機は**群島航路帯通航権**をもつ（▶第53条２項)。群島国が航路帯又は航空路を指定しない場合には、群島航路帯通航権は、通常国際航行に使用されている航路において行使できるので（▶第53条12項)、これまでの航行及び上空飛行の自由は確保されている。群島国家は、他国との既存の協定、隣接国の伝統的な漁業権、他国の既設の海底電線は尊重しなければならない（▶第51条)。しかし、基本的には群島を囲む形で群島基線を引いて、領海及び排他的経済水域を群島水域から測ることができるため群島国家の海洋資源に対する管轄権は大きく拡大しているのである。群島水域は、内水でも領海でもなく、特殊な水域であるといわざるをえない。

☆ Summary

伝統的海洋法の構造は、広い（　1　）と狭い（　2　）を有する（　3　）的構造であった。1982年に採択された（　4　）条約では、沿岸から200カイリまでの幅で、領海の外側に（　5　）を設定することが認められ、領海の外側の海底部分には（　6　）が存在し、沿岸国の主権的権利が承認されている。このように、現代海洋法では、（　7　）的構造を有するようになった。沿岸国は、海岸から（　8　）カイリの幅で、領海を定めることができる。領海の幅を測定する際の基準となる線を（　9　）といい、通常は（　10　）線である。河口の場合は、両岸の（　10　）線上の点を結ぶ直線である。湾は、湾口の幅が24カイリを越えない場合、河口と同様の線を引き（　11　）線とし、その内側が内水となる。湾とは、湾口を横切って引いた線を直径とする（　12　）の面積以上の面積を有していなければならない。湾口の幅が24カイリを超える場合であっても、歴史的湾に関しては、湾とみなされ、（　11　）線を引くことができる。海岸線が著しく（　13　）している場合や、海岸に沿って一連の島がある場合には、（　14　）を引くことができる。これは、（　15　）とイギリスの漁業事件［1951年］において国際司法裁判所が認めた。

領海では、船舶が（　16　）権をもつ。つまり、継続的で（　17　）な通航であり、かつ沿岸国の（　18　）、秩序又は安全を害さない通航である限り、領海を通過することができる権利である。軍艦もこの権利を有しているかどうかについて争いがある。否定説は、伝統的に、（　19　）別規制が採用されてきたと主張し、（　4　）条約第19条２項の列挙は、（　20　）的なものであり、それ以外の理由で無害とみなされない通航があると主張する。肯定説は、国連海洋法条約では、（　21　）別規制が採用されていると主張し、第19条２項の列挙は（　22　）的列挙であると主張する。しかし、沿岸国が通航や許可を求めているにもかかわらずそれを無視して軍艦が領海を通航するとすれば、それは武力による（　23　）にあたると解釈できないわけではない。

公海と公海、排他的経済水域と排他的経済水域、又は公海と排他的経済水域を結ぶ海峡で、国際航行に使用されている海峡は、（　24　）海峡と呼ばれ、（　25　）権が認められている。上空飛行や（　26　）航行が許される。また、（　27　）事件によれば、軍艦も、通航権を有する。複数の島々から成り立つ群島国は、群島水域を設定できる。群島の外側の点を結び群島基線を引くことが許されるが、群島基線の内側の水域、つまり（　28　）と、その基線の内側の陸地の面積の比が１対１から（　29　）対１でなければならない。この基線の長さは、原則として、100カイリまでである。群島水域では、船舶に（　30　）権が認められる。群島航路帯を沿岸国は設定できる。そこでは、（　31　）権が与えられ、航空機には上空飛行が許される。

答

【Quiz】④約150か国。海をもたない国のことを内陸国といい、48か国存在している。

【Summary】①公海、②領海、③二元、④国連海洋法、⑤排他的経済水域／EEZ、⑥大陸棚、⑦多元、⑧12、⑨基線、⑩低潮、⑪閉鎖、⑫半円、⑬曲折、⑭直線基線、⑮ノルウェー、⑯無害通航、⑰迅速、⑱平和、⑲船種、⑳例示、㉑行為態様、㉒網羅、㉓威嚇、㉔国際、㉕通過通航、㉖潜水、㉗コルフ海峡、㉘群島水域、㉙９、㉚無害通航、㉛群島航路帯通航

第 11 章　海洋開発

Quiz

「国際法上、大陸棚は、排他的経済水域同様、基線200カイリまで認められる」ということは正しいか。

①はい、正しい。②いいえ、正しくない。　　（答は章末）

1　排他的経済水域

＊ 沿岸国の主権的権利

国連海洋法条約では、領海に接続する水域で基線から200カイリを超えない水域を**排他的経済水域**（Exclusive Economic Zone：**EEZ**）として特別な法制度の下に置いている（▶国連海洋法条約第57条、第55条）。これまで公海として資源の開発や航行等がどの国にも自由に開かれていた水域のうち、沿岸国の基線から200カイリまでの水域では、漁業やエネルギー資源の開発等の経済的活動や環境の保護・保全に対する沿岸国の主権的権利が認められるようになったのである。さらに沿岸国は、排他的経済水域内において人工島、施設及び構築物の設置及び利用、海洋の科学的調査、海洋環境の保護及び保全に対する管轄権を有している（▶第56条）。

国連海洋法条約は、海底の上部水域並びに海底及びその下の天然資源の探査、開発、保存及び管理は、その天然資源が生物であるか、非生物であるかにかかわらずすべて沿岸国の主権的権利の下に置かれる（▶第56条 1 項）と規定している。ただし、海底及びその下については大陸棚制度の下に置かれ（▶第56条 3 項）、排他的経済水域の下に実際に置かれるのは上部水域となる。この上部水域では漁業など天然資源の開発等の活動に加えてエネルギーの生産など経済活動についても沿岸国の管轄権の下に置かれている。他方で、沿岸国はその主権的権利と管轄権を行使する際に他国の権利に妥当な考慮を払うべき義務を負う（▶第56条 2 項）。

他国は、沿岸国の主権を侵害しない限り、これまでどおり船舶及び航空機の自由航行や飛行が確保され、海底電線・海底パイプラインの敷設の自由を有する（▶

第58条)。

＊＊ **漁業資源の利用**

国連海洋法条約は、排他的経済水域の環境の保護・保全の権限を沿岸国に与えている。その権限の下、沿岸国は、排他的経済水域内の生物資源の漁獲可能量を決定することができる（▶第61条１項）が、**最大持続生産量**を実現し種の資源量を維持・回復できるように（▶第３項）適当な保存措置及び管理措置をとって生物資源の維持を図らなければならない（▶第２項)。そのうえで、沿岸国は、排他的経済水域内の生物資源の**最適利用**の目的を促進し（▶第62条１項)、環境を維持できると沿岸国が判断する漁獲可能量よりも沿岸国の漁獲能力が低い場合にはその差を漁獲可能量の余剰分として他の国にも漁獲を認める（▶第２項)。

この水域内でどの程度までの漁獲量なら漁業資源の維持ができるか、沿岸国の漁獲高はどれだけか、といった数値はすべて沿岸国が判断する。したがって、漁獲量の決定は、国連海洋法条約上は環境に配慮し漁業資源の持続可能な確保を目的としながらも、実質的には沿岸国がこの水域の漁業資源に対し排他的に主権的権利を行使することが可能となっている。なお、この余剰分については、内陸国と地理的不利国には一定の配慮がされているが（▶第69条、第70条)、先進国と発展途上国とを区別している。先進国は内陸国又は地理的不利国であっても自国と同一の小地域又は地域の沿岸国である先進国の排他的経済水域においてのみ生物資源の開発への参加が認められている（▶第69条４項、第70条５項)。

＊＊＊ **日中・日韓漁業協定**

日本は、中国、韓国との間で排他的経済水域内での漁業について漁業協定を締結している。日中漁業協定［2000年発効］及び日韓漁業協定［1999年発効］に従って締約国である日本、中国、韓国はそれぞれ、自国の排他的経済水域において相手国漁船に認める漁獲量（漁獲割当量）及びその他の漁獲条件を決定する。これらの協定は、相手国漁船の漁獲に対し許可や取締りを行う相互入会の措置を基本とし、締約国は毎年それぞれ日中漁業共同委員会及び日韓漁業共同委員会において操業条件等を協議し決定している。日本と中国との間では尖閣列島をめぐり、また韓国との間では竹島をめぐり領有権争いがあることからそうした水域については、暫定水域を設けている。暫定水域は、それぞれ日中、日韓両国が利用できる水域であり、自国のルールに従って漁業をすることができる。また相手国漁船に対し旗国主義がとられ、自国の関係法令は適用しない。しかし、それぞれの漁業共同委員会において締約国は、資源管理等について協議・決定し、適切な漁業管理の実施を約束している。なお、日本と韓国との間では、違法漁船、暫定水域内の漁場占拠の問題につき意見の相違があり、2016年７月以降2022年２月現在相互に入漁をしていない状態が続いている。

Point　最適利用の原則
（漁獲可能量）－（漁獲能力）＝（余剰分）⇒ 内陸国や地理的不利国へ優先的に

＊＊ **魚種別規制**　国連海洋法条約では特定の魚種について特別の規定を置き、排他的経済水域内でも漁業の規制をしている。しかし、その規制は別の条約によって地域管理を行うことを前提とし国連海洋法条約は枠組みを提供するのみで、管理の詳細は別の条約に委ねている。

＊＊ **高度回遊性魚種**　**高度回遊性魚種**は、広い地域を回遊するため地域的に協力して保存していかなければ資源が枯渇することから、地域管理を進める方式が国連海洋法条約の下で採られている。こうした地域漁業管理機関としては、全米熱帯まぐろ類委員会、大西洋まぐろ類保存国際委員会、みなみまぐろ保存委員会、中西部大西洋まぐろ類委員会、インド洋まぐろ類委員会等がある。

高度回遊性魚種についてはそれを漁獲する国に対し、排他的経済水域の内外を問わず自由に漁獲することを許さず、当該種の保存を確保した最適利用を行うように国際機関を通じて協力することを求めている（▶国連海洋法条約第64条）。例えば、全米熱帯まぐろ類委員会は、「全米熱帯のまぐろ類委員会の設置に関するアメリカ合衆国とコスタリカ共和国との間の条約」により設置されたが、日本、カナダ、韓国、EU など21の国や地域が加盟し、資源の最適利用の実現のため、規制区域におけるカツオ・まぐろ類の漁獲量の配分を行っている。

＊＊ **溯河性資源**　高度回遊性魚種のほかに、溯河性資源についても沿岸国は自国の排他的経済水域内で自由に漁獲をすることはできない。**溯河性資源**とは、サケやマスのように産卵のために川を遡上する魚種であるが、国連海洋法条約では母川国が第一義的な利益及び責任をもつとされている（▶第66条１項）。溯河性資源についても高度回遊性魚種と同様に地域的条約が締結されており、カナダ、日本、ロシア、アメリカ合衆国及び韓国は「北太平洋における溯

河性魚類の系群の保存のための条約」を締結し、その条約の下に北太平洋溯河性魚類委員会を組織し、北太平洋の公海部分における漁獲を禁止し、取締りを行っている。

＊＊ **降河性の種**　うなぎのように海で産卵し川で成長する降河性の種については、その魚種の生活史の大部分を過ごす水域が所在する沿岸国が管理について責任を有する。また漁獲は、排他的経済水域の外側の限界より陸地側の水域のみにおいて行われ、沿岸国とは別の国の排他的経済水域を通過する場合には、沿岸国と当該国との間の合意によって管理を行う（▶第67条）。

＊＊＊ **海産哺乳動物**　イルカや鯨のような海産哺乳動物については、その開発を国連海洋法条約に定める規定よりも厳しく禁止、あるいは規制することが国連海洋法条約上認められている。とくに、鯨類について、各国がその保存に協力し、適当な国際機関を通じて保存、管理及び研究活動をする（▶第65条）。そのような国際機関として国際捕鯨取締条約に基づき国際捕鯨委員会（International Whaling Commission: IWC）が設置されている。国際捕鯨取締条約では、シロナガスクジラなどの大型鯨類13種の保存について国際捕鯨委員会による管理を規定している。しかし、その例外として各国政府が調査研究のため調査捕鯨を行う特別許可書を自国民に与えることを認めている（▶国際捕鯨取締条約第８条１項）。

＊＊ **日本の捕鯨**　日本は、南極海での調査捕鯨を行っていたが、その第二期南極海鯨類調査が国際捕鯨取締条約に違反しているとして2010年にオーストラリアから国際司法裁判所に提訴された。国際司法裁判所は、日本の行っている第二期南極海鯨類捕獲調査についてその調査計画・実施が調査目的を達成するために合理的なものであることが立証されておらず、国際捕鯨取締条約第８条１項に規定する科学目的の調査とはいえないと判示した（★捕鯨事件［2014年］）。日本は、国際捕鯨委員会において鯨類資源の持続可能な利用のための管理に必要な科学的データを収集する必要から調査捕鯨を継続する必要があると訴えたが、日本の主張は認められなかったため、2018年国際捕鯨委員会から脱退し（脱退の効力発生2019年）、2019年７月１日より日本の領海及び排他的経済水域における商業捕鯨を再開した。また2019年から南極海における鯨類の資源量や科学的情報を収集するための「南極海鯨類資源調査」（JASS-A）を行っている。

2 大陸棚

* **大陸棚制度の誕生**

第二次世界大戦後の海洋資源に対する沿岸国の主権的権利の拡大は、アメリカ合衆国大統領トルーマン（Harry S. Truman）による「大陸棚の地下及び海底の天然資源に関する宣言」（トルーマン宣言［1945年］）から始まったといえるが、大陸棚制度はその中で比較的早く国家の合意が形成された。第一次国連海洋法会議では大陸棚条約が締結され、北海大陸棚事件判決では、大陸棚制度が慣習法化したと認められたのである。

** **大陸棚の定義**

大陸棚の定義については科学技術の発達に伴い変更されている。**大陸棚条約**では、大陸棚の範囲を水深200メートルまで、あるいはそれを超えて大陸棚が広がる場合には開発可能なところまで（▶第1条）として沿岸国の排他的な開発の権利を認めた。しかし、技術的に深海底までの開発が可能となったことにより大陸棚が長く続くところでは沿岸国の開発の権利が深海底まで及ぶことになってしまい、技術力のある先進国によって海底資源のほとんどを分割されてしまう危険性が生じた。

そこで、国連海洋法条約では大陸棚の再定義を行った。沿岸国の管轄権の及ぶ範囲は、沿岸国の**領土の自然の延長**をたどって大陸棚の外縁に至るまでとし、大陸棚が200カイリまで延びていない場合には200カイリまでとする。200カイリ以上延びている場合には、次のいずれかの線により**大陸棚縁辺部**の外縁を設定する。(i)ある点における堆積岩の厚さが当該点から大陸斜面の脚部までの最短距離の1パーセント以上であるとの要件を満たすとき、このような点のうち最も外側のものを用いて引いた線、(ii)大陸斜面の脚部から60カイリを超えない点を用いて引いた線。(i)(ii)ともに用いる点を結ぶ線は60カイリを超えない直線である。ただし、基線から350カイリを超えてはならず、また水深2500メートルの等深線から100カイリを超えてはならない（▶国連海洋法条約第76条）。200カイリを超える場合には国連海洋法条約附属書Ⅱによって設立された**大陸棚限界委員会**に200カイリを超える大陸棚の情報を提出し勧告を受けた場合のみ沿岸国は開発が可能となる。勧告は最終的な大陸棚の限界となって拘束力をもつ（▶第76条8項）。日本は2008年11月に7海域を申請し、2012年4月に大陸棚延長申請に関する大陸棚限界委員会の勧告を受領し、4海域について大陸棚の延長が認められた。

** **沿岸国の権利・義務**

大陸棚の天然資源は沿岸国が主権的権利をもち、たとえ沿岸国が開発をしない場合でも沿岸国が明示的に許可しなければ他の国は開発をすることはできない（▶国連海洋法条約第77条）。大陸棚資源に対する沿岸国の主権は排他的であり、それは実効的若しくは名目上の先占又は明示の宣言によって獲得されるものではない（▶第77条3項）。北海大陸棚事件では大陸棚は領土の自然の延長を構成し、沿岸国の権利は当然にかつ最初から（*ipso facto* and *ab initio*）存在し、後天的に取得されるものとはみなされていない。また、主権的権利は、大陸棚資源の開発に関する限り認められるものであり、オデコ・ニホン・S・A事件（★東京地判昭57・4・22、東京高判昭59・3・14）では、鉱物資源の探索及び開発に関する活動に関する限り沿岸国が主権的権利をもち、課税権も含まれるとした。

＊＊ 大陸棚の境界画定方式　貴重な天然資源が大陸棚の地下に多く眠っていることから、大陸棚の境界画定は諸国にとって重要な問題となり、多くの紛争が起こっている。境界画定について大陸棚条約では、向かい合っているか又は隣接している国家間で合意がない場合、特別な事情によって他の境界線が正当と認められない限り、**等距離中間線方式**によって境界を画定する（▶第6条）。しかし、**北海大陸棚事件**［1969年］で国際司法裁判所は、大陸棚制度は慣習法化しているものの、境界の画定について等距離中間線方式は慣習法となっていないと判示し、関連事情を考慮し、**衡平原則**によって合意に達するように命じた。

＊＊ 衡平な解決　北海大陸棚事件判決にしたがい国連海洋法条約では、衡平な解決のために国際法に基づいて合意により境界を画定する（▶第83

大陸棚条約	国連海洋法条約
第6条1　相対する海岸を有する二以上の国の領域に同一の大陸棚が隣接している場合には、これらの国に属するその大陸棚の境界は、それらの国の間の合意によって決定される。合意がない場合には、境界は、特別の事情により他の境界線が正当と認められない限り、いずれの点をとってもそれぞれの国の領海の幅員測定の起点となる基線上の最も近い点から等しい距離にある中間線とする。	第83条1　向かい合っているか又は隣接している海岸を有する国の間における大陸棚の境界画定は、衡平な解決を達成するために、国際司法裁判所規程第38条に規定する国際法に基づいて合意により行う。

条）と規定された。しかし、何が衡平な解決であるかという点は未解決であり、実際には国際裁判による境界画定の判決が積み重ねられてきた。英仏大陸棚事件（★仲裁裁判［1977年・1978年］）では、北海大陸棚事件で示された領土の自然の延長という考え方ではなく、等距離中間線原則を基本としつつ、**関連事情**として海岸線の方向や長さ等を考慮して衡平な原則を検討していった。国際司法裁判所でも、まず等距離中間線を暫定的な線として引き、次に関連事情の有無を検討し、それによって等距離中間線を移動させて境界画定をすることが衡平原則に従った画定となるとした。例えばチュニジア・リビア大陸棚事件では、海岸線の方向や島の存在を、リビア・マルタ大陸棚事件では、海岸線の方向性に加え海岸線の長さを関連事情として考慮した。こうした画定方法を黒海海洋境界画定事件（★ルーマニア対ウクライナ［2009年］）では明確化し、３段階アプローチがとられた。このアプローチは、①等距離線を基本としてまず暫定的な境界線を引き、②関連事情が存在するか、存在すれば衡平原則による調整を行い、③調整した線と関連する海岸線の長さとを比較して著しい不均衡がないか検討するものである。その後これは、領土及び海洋紛争事件（★ニカラグア対コロンビア［2012年］）でも、ベンガ

◆ Case　**北海大陸棚事件**

（西ドイツ対デンマーク、西ドイツ対オランダ）

国際司法裁判所判決［1969年２月20日］

大陸棚境界画定をめぐって争われたはじめての事件。北海大陸棚では、資源の探査・開発が技術的に可能となり、各国が大陸棚の境界画定について協定を締結した。デンマークと西ドイツ、オランダと西ドイツは一定の沖合までの境界について合意したが、その先については意見が一致していなかった。ところが、デンマークとオランダが西ドイツの沖合の海域について等距離中間線で大陸棚を分割することで合意した。西ドイツはこの境界線は西ドイツに対し有効ではないと主張した。西ドイツとデンマーク、西ドイツとオランダと二つの訴訟事件が国際司法裁判所に付託されたが、裁判所は一つの問題として審理した。大きな争点は、大陸棚条約第６条２項に示された等距離原則が適用できるかどうかであった。裁判所は、等距離原則を慣習国際法の規則とはみなさず、大陸棚条約を批准していない西ドイツには適用されないとした。そのうえで大陸棚の境界画定にあたって①大陸棚は陸地領域の自然の延長であること、②大陸棚及び海岸線の形状等の関連事情すべてを検討すべきこと、③衡平の原則に従って関係国間で合意によって解決されるべきであること、という基本的な考えを示した。

ル湾におけるバングラデシュとミャンマー間の海洋境界画定事件（★国際海洋法裁判所［2012年］、本事件は国際海洋法裁判所で初めて扱われた海洋境界画定事件）においても用いられている。

＊＊＊ 200カイリを超える大陸棚境界画定　ベンガル湾海洋境界画定事件は200カイリ以遠の大陸棚の境界画定にも踏み込んだ判決であった。国際海洋法裁判所は、国連海洋法条約第76条4項の文脈で200カイリ以遠の大陸棚の境界画定も検討されるべきであるとし、200カイリ内で引いた線をそのまま第三国が影響を受けない範囲で延長させたのである。この結果、バングラデシュの海岸から200カイリを超えて位置するがミャンマーの海岸からは200カイリ以内となる「グレー・エリア」と呼ばれる区域ができた。大陸棚はバングラデシュに属し、その上部水域の排他的経済水域はミャンマーに属するという複雑な関係となったが、その運用を国際海洋法裁判所は両当事国に任せており、その点で検討の余地がある。200カイリ以遠の大陸棚の境界について国際海洋法裁判所は、ガーナとコートジボワール海洋境界画定事件（国際海洋法裁判所［2017年］）において、200カイリ内にある大陸棚とその延長上にある200カイリ以遠の大陸棚は同一のものであるから、200カイリ以遠の大陸棚の境界線は200カイリ内の大陸棚の境界線と同じ方向に延びているとした。

＊＊＊ 日本の大陸棚　日本は、東シナ海を挟んで中国と向かい合っておりその距離は400カイリ未満であるため両国の排他的経済水域及び大陸棚が重なりあっている。日本側は、中間線を基に境界を画定することが衡平な解決であると主張している。中国は大陸棚の自然の延長、大陸と島の対比等から中間線による境界画定は認められないと主張し、日本側の主張と対立している。しかし、境界画定とは別に両国は、2008年に東シナ海における共同開発について了解を発表し、共同探査・開発について協議を進めることに合意した。

韓国との間では**日韓大陸棚協定**［1974年］を締結し、領有を争っている竹島につき、基線を定める地点に加えずに等距離中間線を引き境界を画定している。九州南方のトカラ列島周辺の西部の海域の部分については、2012年に韓国が大陸棚限界委員会に対し大陸棚延長申請を行ったことにより日本からは口上書が大陸棚限界委員会に提出された。韓国が大陸棚延長申請を行った海域は、日韓それぞれの領海基線の間の距離が400カイリ未満の海域であり、日韓間の合意により境界を画定する必要があると日本は主張した。したがって、韓国はこの海域において、

◆Further Study　島を基点とする大陸棚延伸

日本は沖ノ鳥島を島であるとし、2008年沖ノ鳥島を基点とする海域を含む七つの海域について国連大陸棚限界委員会に大陸棚延伸を申請した。これに対し中国及び韓国は沖ノ鳥島を岩であるとして日本による大陸棚延伸に反対し、審査を行わないことを求めて口上書を提出した。大陸棚限界委員会は2012年４月に日本が申請した七つの海域のうち六つについて勧告を行っている。この六つの中に沖ノ鳥島関連海域の四国海盆海域が含まれており、そのことから日本政府は沖ノ鳥島を基点とする大陸棚延長が認められたとしている。しかし、同じく沖ノ鳥島を基点とする九州・パラオ海嶺南部海域について大陸棚限界委員会は、中国と韓国の口上書に言及された事項が解決するまで勧告を出す状況にないとし勧告を先送りした。

他方で、フィリピンが中国との間の南シナ海をめぐる紛争を国連海洋法条約に従って仲裁裁判に付託したが、その判決は沖ノ鳥島の法的地位に関係してくる。判決では、南シナ海の礁の多くは、高潮時に水面下になり、スプラトリー諸島も少人数の漁師グループによる使用やいくつかの日本の漁業・企業による使用の試みは確認されているが、人間が居住したり、独自の経済的生活の維持が行われていたわけではないので南シナ海には EEZ をもつ島はないと結論づけた。しかし、この判決からただちに沖ノ鳥島が大陸棚を有するか否かを論じることはできない。大陸棚限界委員会は、オーストラリアのミドルトン礁など人間の居住が難しいところでも海上で孤立し他国との境界争いの起きないところでは大陸棚を認めているからである。大陸棚限界委員会そのものは、島あるいは礁がどの国の領域に属するかを決定する権限はなく、他国との争いがない場合に国連海洋法条約に従って大陸棚の延伸を画定するだけである。人間の居住が難しく、経済活動がないところについても他国との境界争いが起こっていなければ大陸棚の延伸を認めるのか、境界争いはないものの他国から大陸棚の延伸に異議が出されたら認められないのか、大陸棚の延伸について結論は得られていないといえよう。

一方的に大陸棚の限界を設定することはできないので、日本は大陸棚限界委員会に対して当該申請を検討しないよう要請している。

島の制度　島は排他的経済水域と大陸棚を有するので海洋資源の観点から島と認定されるかどうかは重要である。国連海洋法条約第121条では島

を「自然に形成された陸地であって、水に囲まれ、高潮時においても水面上にあるもの」（▶第１項）と定義し、「人間の居住又は独自の経済的生活を維持することのできない岩は、排他的経済水域又は大陸棚を有しない」（▶第３項）としている。

3　公　　海

＊ **公海自由の原則**　伝統的国際法の下では領海と公海に区分されていた海洋に第二次世界大戦後、排他的経済水域及び群島水域という新たな制度が導入された。そのため、公海は、領海及び内水並びに新しい水域である排他的経済水域及び群島水域を含まない海洋（▶国連海洋法条約第86条）となり、公海の範囲は狭まることとなった。しかし、公海の法的地位は基本的に変わっていない。公海は、どこの国にも帰属せず、いかなる国も領有することはできない（▶第89条）。この帰属からの自由（領有禁止）から**公海自由の原則**が演繹されてきた。公海自由の原則は、**帰属からの自由**と**使用の自由**から成る。国連海洋法条約においても、公海はすべての国に開放され、とくに船舶又は航空機には(a)航行の自由、(b)上空飛行の自由が認められ、さらに国連海洋法条約の規定にしたがった(c)海底電線、パイプラインの敷設の自由、(d)人口島等の建設の自由、(e)漁獲の自由、(f)科学的調査の自由が認められている（▶第87条１項）。ただし、他の国の利益に妥当な考慮を払って使用しなければならない（▶第87条２項）。公海制度は、人、物及び資本の円滑な移動を可能にするために整備されてきたものであり、船舶の航行、漁獲の自由といった活動に対する規制は海賊等の場合を除いて行われてこなかった。ところが、第二次世界大戦後の技術革新により大量輸送が可能になったこと、また漁獲活動が活発になり生物資源の枯渇が問題になってきたことから規制が加えられるようになってきている。

> Point　公海自由の原則
> ①帰属からの自由（領有禁止）：領有の禁止
> ②使用の自由：航行、上空飛行、漁獲の自由等

＊＊ **便宜置籍船**　第二次世界大戦後、船舶による国際輸送量が飛躍的に増加し、国際競争が激しくなる中で船舶運航会社は輸送費を削減するために税金、運航費（現在では賃金の安い乗組員の雇用目的が主）を削減できる国（リ

ベリア、パナマ、キプロス等）に船舶を登録することが多くなった。このような船舶を**便宜置籍船**というが、船舶の構造や乗組員の資格等について旗国の規制が緩い等の問題があり、それが多くの海難事故の原因となっている。そこで、公海条約及び国連海洋法条約では、船舶と国籍付与国との間にも**真正な関係**がなければならない（▶国連海洋法条約第91条）とし、旗国と船舶との関係を強化しようとした。ノッテボーム事件［1955年］で国際司法裁判所は、帰化した人と帰化を認めた国家の間の真正な関係を帰化した人の居住地や経済的関係等から検討している。しかし、それをそのまま船舶と国家との関係に適用することはできず、どのような場合に船舶と国家の間に真正な関係があるといえるのか検討する必要があるが、公海条約、国連海洋法条約ともに明らかにしていない。また1986年に採択された国連船舶登録要件条約（未発効）では乗組員の構成や船舶会社の所在地等について規定があるものの、乗組員全体に対する旗国の国民の割合等、具体的な要件を規定しておらず、実質的な会社組織が旗国になくても船舶の登録ができ、実際に便宜置籍船を排除するものとなっていない。

このように便宜置籍船自体の削減を図るための国際社会の取組みは実効的でないことから、船舶の設計、構造、配乗等に関し条約によって規制をかけて海難事故を防止することが考えられている。しかし、旗国主義により船舶の管轄権は旗国にあり、これまで条約に旗国が未加盟であれば便宜置籍船に規制をかけることはできなかった。そこで寄港国によって船舶を規制することが行われている。これを**ポート・ステート・コントロール**（PSC）という。

** **漁獲活動**　公海上の漁獲活動も、漁業資源の保護・保全の観点から条約で規制する動きが出てきている。国連海洋法条約では、公海における漁獲についてすべての国が漁獲を行う権利がある（▶第116条）とする一方、公海における生物資源の保存のために必要な措置を自国民に対しとり、その措置について他の国と協力する義務がある（▶第117条）とする。さらに適当な場合には地域的な漁業機関を設立して保存を行うこと（▶第118条）、漁獲可能量の決定にあたっては科学的証拠に基づいて最大持続生産量を実現する水準に資源量を維持又は回復できるようにすること（▶第119条）が規定され、もはや公海における漁獲活動は全くの自由であるわけではない。

*** **国連公海漁業実施協定**　国連海洋法条約は、こうした枠組みを提供するのみで具体的な規制については、地域的な、あるいは特定魚種を限定した

条約に委ねている。1995年の**国連公海漁業実施協定**では、地域的管理を進めることが約束され、国際的な協力体制の構築がなされている。排他的経済水域の内外に分布する魚類資源（タラ、カレイ等）、高度回遊性魚類資源（マグロ、カツオ等）は、地域漁業管理機関の加盟国等又は当該機関等が定める保存管理措置に合意する国のみが両魚類資源の利用機会を有している。「みなみまぐろ保存のための条約」は、みなみまぐろ保存委員会を設立し、特定の対象水域を設定せずに魚種をみなみまぐろに限定して漁獲可能量と割当量の設定を行うとともに、条約の目的達成に悪影響を与えるような非加盟国等の活動を抑止するために協力をし、加盟国の漁船のフラッグアウト（便宜置籍化）を防止すること等を行っている。

＊＊＊ **IUU**　EUは、違法・無報告・無規制（Illegal, Unreported and Unregulated：IUU）漁業が水産生物資源の持続的な利用に対する最も深刻な脅威の一つであると考え、その防止・廃絶を目的として、IUU漁業規則を設け、2010年より施行している。この規則は、加盟国の領域、共同体の水域、加盟国以外の管轄下及び主権下にある海域、並びに公海で適用され、それらの海域でとれた水産物・加工水産製品がIUU漁業規則に従ったものである場合にのみEUに輸出することが可能となる。第三国漁船は、寄港する港を指定され、漁獲証明書などを求められるなどIUU漁業の規制が図られている。

4　深海底

＊＊ **人類の共同財産**　国連海洋法条約における深海底制度では、深海底とその資源を**人類の共同財産**とし（▶第136条）、国家は、深海底又はその資源について主権又は主権的権利を主張し行使してはならず、いかなる専有もしてはならない（▶第137条）。深海底における活動は、発展途上国のニーズに特別の考慮を払って、人類全体の利益のために行う（▶第140条）こと、**国際海底機構**（以下、機構）を設立して深海底の資源開発を管理し（▶第156条、第157条）、機構の機関である事業体が開発事業（輸送、精錬及び販売を含む）を行う（▶第153条、第170条）とともに機構と提携をする締約国及び締約国に保証される企業も開発事業を行う（▶第153条2項）ことが規定された。機構の権限は強く、この開発活動にあたって機構は事業操業者に対し生産認可、生産制限等を行い（▶第151条）、収益の一定割合を機構に拠出させ（▶附属書Ⅲ第13条）、技術移転の義務を課している（▶第5条）。

> Point　人類共同財産
> ①領有の禁止
> ②国際機構による開発

***実施協定**　こうした強い管理に不満をもつ先進国は国連海洋法条約自体に加盟せず、公海自由の原則を掲げ、深海底の開発に独自に乗り出そうとした。そこで、1990年に国連事務総長の呼びかけによって深海底の再検討を図るための非公式協議が開かれ、1994年「国連海洋法条約第11部の実施に関する協定」（**深海底制度実施協定**）が採択された。深海底制度実施協定と国連海洋法条約第11部との関係は、単一の文書として一括して解釈適用され、二つが抵触する場合には実施協定が優先する（▶実施協定第２条)。附属書は実施協定の不可分の一部とされ（▶第１条２項)、附属書によって国連海洋法条約第11部に規定された国際機構による資源開発の管理・規制は修正を加えられたことになる。

このように国連海洋法条約第11部は実質的に改定され、**技術移転**に関する国連海洋法条約附属書Ⅲ第５条の規定は適用されなくなり（▶実施協定附属書第５節２)、技術移転を希望する発展途上国は「公開の市場における公正かつ妥当な商業的条件で」又は「合弁事業の取決め」を通じて技術を入手する（▶附属書第５節１）ことになった。技術移転を望む場合には**市場原理**によって相当の対価を支払う必要がある。さらに生産量に対する制限（▶国連海洋法条約第151条）も適用されなくなり（▶実施協定附属書第６節７)、**生産政策**は、「健全な商業上の原則」の下、GATT 及びその関連協定に従うことが義務づけられ、GATT 上認められている補助金以外の交付は禁止され、深海底の鉱物と陸上等の他から採取された鉱物との間に差別を設けることはできない（▶第６節１)。また深海底の開発活動によって鉱物の価格が下落、又は輸出量が減少したことにより影響を受けた発展途上国に対する補償制度（▶国連海洋法条約第151条10項）は、**経済援助基金**の設置に置き換えられた。経済援助基金は、機構の資金から運営経費を引いたものがあてられ、援助額は深刻な影響を受けた発展途上国に対し財政委員会の勧告に従って理事会によって決定される（▶実施協定附属書第７節)。こうして先進国は、実施協定及びその附属書の採択により深海底における資源開発を市場原理に置くことに成功した。深海底活動は、人類全体のために行うという目的は、実施協定によっても変更されていないが、このようにその手段は大きく変えられてしまった。はたして、人類の共同財産という考え方は、維持されているのだろうか。

☆ Summary

国連海洋法条約では、沿岸国の管轄権の及ぶ範囲が拡大し、また海洋環境保護のための規制が公海にも及ぶようになった。沿岸国は基線から200カイリまでの（　1　）の設定を行い、漁業資源を探査、（　2　）、（　3　）及び管理する（　4　）的権利が認められるようになった。そこでは、漁業資源の（　5　）が目的とされ、最大持続生産量を確保することが必要とされる。沿岸国は、漁獲可能量を決定し、自国の（　6　）がそれに及ばない場合、（　7　）について他国の漁獲を認めなければならない。とくに、（　8　）国や地理的不利国には開発に参加する権利が与えられる。ただし、特定の魚種については国際的な管理が進められてきている。

大陸棚制度では資源の開発に対する（　4　）的権利が認められている。しかし、大陸棚の境界画定については多くの紛争が起こっている。大陸棚条約では、（　9　）原則が規定されていたが、（　10　）事件において、その慣習法性が否定された。国連海洋法条約は、大陸棚を領土の（　11　）の延長であると規定し、海洋境界画定紛争では（　12　）原則に基づく解決を図っている。

こうした海洋法制度の変革は、公海にも及んでいる。船舶の航行の自由は認められているものの、（　13　）主義に対しては海洋環境保護の観点から一定の制約が加えられ、（　14　）コントロールによる寄港国規制が進められている。さらに特定の魚種については排他的経済水域内の漁獲活動と同様に地域的な管理の下に置かれるようになり、保護が進んでいる。

深海底の資源も開発の対象となっている。そこで、深海底資源を人類の（　15　）として国際的な制度の下に置くことになった。しかし、国連海洋法条約上の深海底制度は企業による開発の自由を大きく制限していたことから先進国は強く反対し、国連海洋法条約自体に加盟せず、条約の発効が遅れた。そのため、実質的には深海底の資源開発の自由を確保することができる深海底制度（　16　）協定が採択され、ようやく先進国が加盟するようになった。

答

【Quiz】②いいえ、正しくない。大陸棚は、最大350カイリまで認められる可能性がある。

【Summary】①排他的経済水域／EEZ、②開発、③保存、④主権、⑤最適利用、⑥漁獲能力、⑦余剰分、⑧内陸、⑨等距離中間線、⑩北海大陸棚、⑪自然、⑫衡平、⑬旗国、⑭ポート・ステート、⑮共同財産、⑯実施

第12章　海上管轄権

Quiz

A国に登録されているヘリコプターを利用してB国人が、C国に登録されている船舶の甲板上に着陸し、D国人の財宝を奪い立ち去る事件があった。これは海賊行為であろうか。

①はい、海賊行為である。②いいえ、海賊行為ではない。　（答は章末）

1　内水及び領海における刑事管轄権

** 設問 1

もし、日本の民間船舶Xが調査捕鯨に向かうために日本の港から出航し、湾内を航行していたところ、外国の民間船舶Yが調査捕鯨に抗議する目的でXに体当たりをし、Xの乗組員の数名が重傷を負ったとすると、日本は日本国刑法を適用してYの船長である外国人甲を傷害罪で処罰できるだろうか。また、もし、Xが湾から出て、沖合12カイリ以内の日本の領海内を航行していたところを体当たりされたとすると、どうだろうか。

** 海上刑事管轄権

湾内のような内水も領海も国家領域の一部である。そのため、国家は、属地主義に従い管轄権を有しており、外国人を含むすべての人、物、行為に対して管轄権を有している。そのため、［設問 1］では、日本は自国の刑法を適用して外国人甲を処罰できる。このような海上における国家管轄権のことを**海上管轄権**と呼ぶ。

** 内水における刑事管轄権

内水における外国船舶の船内犯罪の場合はどうか。かつて外国船舶の旗国が当該船舶を自国の「浮かぶ領土」ととらえて排他的管轄権を主張し沿岸国と対立したこともあり、イギリス主義とフランス主義の二つの考え方が生じた。**イギリス主義**は沿岸国の刑事管轄権が原則として及ぶとする考え方で、**フランス主義**は、旗国の刑事管轄権が原則として及ぶとする考え方である。しかし、今や両説は実際の適用において大きな相違をもたらさないといわれている。なぜなら、フランス主義といっても、港の安全や平穏がみだされる場合には、沿岸国の管轄権が認められており、イギリス主義も、国際礼譲から、純然たる船舶の内部事項には干与しないという方針をとっているからである。実際には、フランス主義に近い立場が一般に広く採用されている。すなわち、船舶の内部規律の違反とか、犯罪であっても軽微なものである場合には、船舶所属国の管轄権に委ねるのが慣例になっているが、船舶内の犯罪であっても、沿岸国国民に関係のある場合や、殺人等の重大な犯罪が行われ、港の平穏をみだす場合には、沿岸国が刑事管轄権を行使できるとされている。

＊＊ 領海における刑事管轄権　領海では外国船舶が**無害通航権**をもつが、外国船舶に対して沿岸国の属地的管轄権が及ぶ。ただし、沿岸国は、外国船舶の船内犯罪に対する海上刑事管轄権に関しては、原則として行使できない。行使しうるのは、国連海洋法条約第27条１項により、次の四つの場合に限られる。すなわち、①犯罪の結果が沿岸国に及ぶ場合、②犯罪が当該沿岸国の安寧又は領海の秩序を乱す性質のものである場合、③当該外国船舶の船長又は旗国の外交官若しくは領事官が当該沿岸国の当局に対して援助を要請する場合、④麻薬又は向精神薬の不正取引を防止するために必要である場合である。

＊＊ 軍艦・政府船舶　**軍艦**や非商業目的で運航する**政府船舶**に関しては、沿岸国の海上管轄権について**主権免除**を受ける。とくに軍艦は完全な免除を受け、沿岸国当局による艦内の強制的捜索等は認められない。ただし、軍艦や政府船舶が沿岸国法令に違反すれば、沿岸国は領海から退去要求できるし、軍艦や政府船舶は、沿岸国法令や国際法に違反した結果の損害につき、国際責任を負う。

2　接続水域と継続追跡

＊＊ 接続水域　禁輸品の密輸や沿岸の安全に対する犯罪等については、領海内において刑事管轄権を及ぼすだけでは実効的に規制できない。そのため、1736年にイギリスが密輸取締りのための徘徊法（はいかいほう）を制定したのをはじめとして、領海の範囲を超えて刑事管轄権行使を認める国内法が制定されてきた。このような国家実行を受けて、1958年の領海条約ではじめて接続水域の制度が国際法上正式に認められた。このときの接続水域の範囲は基線から12カイリであったが、国連海洋法条約は12カイリ領海を採用するとともに、接続水域を基線から24カイリに拡大した（▶第33条）。日本は1996年の国連海洋法条約加入に際して、はじめて24カイリの接続水域制度を採用した（▶領海及び接続水域に関する法律第４条）。

国連海洋法条約第33条によると、沿岸国は、**接続水域**を設定して、領土又は領海内における通関上、財政上、出入国管理上又は衛生上の法令の違反を防止し、この法令の違反を処罰するために必要な規制を行い、取り締まることができる。

***
接続水域内での法令違反

領海条約において接続水域が認められた際、その趣旨は、領土又は領海内における法令の違反を接続水域において取り締まることであったが、その後、各国の国内法の中には、接続水域内における通関上、財政上、出入国管理上又は衛生上の法令の違反を取り締まろうとするものもでてきた。このような国内法に基づく取締りについては、これを肯定する見解と否定する見解に分かれている。この点につき、後述の継続追跡権に関する国連海洋法条約第111条１項は、接続水域の設定により保護される通関上、財政上、出入国管理上又は衛生上の「国内法に違反」した場合に限って継続追跡権を行使して取り締まることを認めている。したがって、肯定説は、接続水域内において「国内法に違反」した場合も継続追跡権を行使できると第111条１項を解釈して、取締りを肯定する。これに対し否定説は、第111条１項も沿岸国に接続水域内における立法管轄権を与えるものとは解されないことを根拠とする。そのため、接続水域内でその違反を取り締まりうる法令は、第33条の規定する「領土又は領海内における」違反に限られていると解するのである。執行管轄権は領域主権に基づいて領域内においてのみ行使できるのが原則であり、明文の根拠がない以上、その例外を認めたものとは解されない。したがって、接続水域内における法令の違反については､取締りを否定する見解のほうが妥当であるといえよう。

**
設問 2

日本の民間船舶Ｘが日本の内水又は領海内で外国の民間船舶Ｙにより体当たりされ、Ｘの乗組員数名が重傷を負ったとする。その後、Ｙが公海へ逃走した。日本の海上保安庁の巡視船は、公海上でＹを拿捕(だほ)できるだろうか。

**
継続追跡権

この設問に関しては、旗国主義の例外として**継続追跡権**制度が適用される。国連海洋法条約第111条１項及び２項によると、沿岸国は、領海やそれ以外の管轄海域での法令違反を取り締まるために、一定の要件の下、公海まで外国船舶を追跡して、当該船舶を停止させ拿捕することができる。**拿捕**とは、船舶の航行の自由を制約するために国家が主体となって行う行為のうち、船舶の抑留等実力行使を伴うものをいう。しばしば船員の抑留や積荷の没収を伴う。このうち、追跡可能な領海以外での法令違反としては、接続水域制度により保護する権利が接続水域において侵害された場合、及び排他的経済水域や大陸棚に適用のある国内法がそれらの水域で違反された場合が挙げられる。

＊＊ 継続追跡権の目的　かつては、戦時において交戦国が戦闘を有利にするために、敵国を利する船舶を中立海域へ追跡したり、拿捕したりするという制度があった。これに対し、現在の継続追跡権制度は、沿岸国の国内法違反を実効的に取り締まることを目的とし、領海や管轄水域内で外国船舶を取り締まりきれない沿岸国の利益を保護する。領海を越えて沿岸国が執行管轄権を行使する点で、継続追跡権制度と接続水域制度は類似している。

＊＊ 継続追跡権の要件　国連海洋法条約第111条によると、継続追跡権の要件は、①法令違反を信ずるに足りる十分な理由があること、②外国船舶が領海や管轄水域内にあるときに追跡を開始したこと、③追跡の継続、④軍艦その他権限をもつ船舶や航空機による追跡の四つである。そのため、[設問２]でも、これらの要件を満たせば、日本の海上保安庁の船艇は、外国の民間船舶Ｙを公海まで追跡して拿捕できる。なお、追跡されている船が本国や第三国の領海に入れば、継続追跡権は消滅する。他国の領海に許可なく政府船舶が侵入することはできず、追跡を継続することができないからである。また、要件②につき、国連海洋法条約第111条４項によると、母船が公海に出たのちでも、そのボートが領海や管轄水域内にあるとか、母船と一団となって作業する船等が領海や管轄水域内にあればよいとされている。この「一団となって」という協同関係は、近年、麻薬違法取引や違法漁獲の国際規制の分野で、麻薬や漁獲物の転載に従事する二船の関係がその典型例となっている。この二つの分野は、継続追跡権の事例が集積している分野だが、それらにおける実行では、協同関係がさらに緩やかに解される傾向がある。

＊＊ 第三国や多数国の協力　第三国領海の沿岸国が、継続追跡権行使に協力する場合がある。本来、追跡されている船が本国や第三国の領海に入れば継続追跡権は終了するが、第三国と合意して、その国の領海でも継続追跡権を行使する例が増えている。これは、追跡する国の取締りの実効性を確保するために、追跡されている船が逃げ込む可能性のある領海の沿岸国と、追跡する国の間で結ばれた合意により成立する継続追跡権の行使である。また、漁業資源保存の分野では、沿岸国の追跡に二か国以上の国の船が加わったり、追跡に協力したりする、多国籍追跡の例も生じてきている。これは、南極海洋生物資源

保存条約当事国等による実行例で、条約当事国間の協力という意味ももつ。

＊＊＊ **「不審船」事件** 日本は、1999年にいわゆる「不審船」に対して領海から継続追跡権を行使した。さらに、2001年には排他的経済水域から、継続追跡権を行使した。その法的根拠は漁業法違反とされている。いわゆる「不審船」が停船命令に従わずに逃走したことを、漁業法上の検査忌避罪にあたるとしたのである。ただし、違法漁獲の実証はほとんど行われていない。この点、領海からの追跡については、停船命令に従わず逃走した場合は無害通航とはいえず、沿岸国の属地的管轄権が及ぶ。そのため、具体的な違法漁獲が確認されなくても、検査忌避罪を法的根拠とする継続追跡権が認められうるといえよう。しかし、排他的経済水域における沿岸国の権利は、資源の探査・開発等に関する事項を対象とするものに限られているうえ、排他的経済水域からの継続追跡権は、排他的経済水域に適用のある法令の違反に基づいてのみ認められる。そのため、排他的経

◆ Case　**サイガ号事件（No. 2）**

（セントビンセント対ギニア）国際海洋法裁判所判決［1999年7月1日］

1997年、セントビンセントに仮登録された給油タンカーのサイガ号をギニアの沿岸警備船が拿捕した。ギニアは輸入手続を経ない石油の販売を法令で禁止しているが、サイガ号が他国で積み込んだ軽油をギニアの排他的経済水域で操業している第三国漁船に給油したことにより、この法令に違反したとの容疑であった。追跡の過程で警備船が発砲し、サイガ号乗組員一人が負傷した。

本件に関連して国際海洋法裁判所が裁判した事件は二つあり、第2事件では、ギニアがサイガ号を拿捕するに際して、国連海洋法条約第111条による継続追跡権を適法に行使したかどうかが争われた。この点に関して裁判所は、次の四つの要件を欠くとして、継続追跡権の適法な行使とはいえないと判示した。第一に、ギニアは、サイガ号がギニアの排他的経済水域においてギニアの国内法令に違反したとの疑い以上のものをもちえず、第二に、追跡を開始するにあたって停船信号を発しておらず、第三に、追跡を中断しているうえに、第四に、そもそも国連海洋法条約は排他的経済水域において関税に関する国内法令を適用する権限を沿岸国に与えておらず、サイガ号はギニアの国内法令に違反していないため、適法ではないと判示したのである。その他の論点のうち、海上での法執行活動に伴う「実力の行使」について裁判所は、従来の事件で示された見解を踏襲しつつ、警備船が警告を発することなく実弾を発射したことは違法であると判示した。

ただし、排他的経済水域における給油という経済的活動に対する規制が沿岸国の権限に含まれるかどうかについては、判断しなかった。

済水域から「不審船」に対して継続追跡権を行使するには、原則として、違法漁獲を確認する必要がある。

3　公海における刑事管轄権

＊＊ **設問 3**　仮に、日本の民間船舶Ｘが、調査捕鯨に向かうために公海上を航行していたところ、外国の民間船舶Ｙが調査捕鯨に抗議する目的でＸに体当たりしてＸの乗組員の数名が重傷を負い、その後もＹがＸに軽微な体当たりを繰り返していたとする。日本の政府船舶Ｋが近くの公海上に居合わせた場合、体当たりを繰り返している外国船舶Ｙに対して、停船命令を発して強制的にこれを停止させて乗船検査を行う等の執行措置をとることはできるだろうか。

＊＊ **旗国主義**　**公海自由**の原則から、すべての国は、自国の旗を掲げる船舶を公海において航行させる権利を有する。船舶は、その旗を掲げる国籍を有し、公海においては、いかなる国の属地的管轄権も及ばず、原則として、旗国の排他的管轄権に服する。この**旗国主義**については、国連海洋法条約第90条から第92条で確認されている。これにより、原則として、船内で発生する諸問題に対しては旗国の法令と裁判権が適用される。1927年の**ローチュス号事件**で常設国際司法裁判所は、「国際法が定める特別の場合を除いて、公海上の船舶はその旗を掲げる国以外のいかなる権限にも服さないことは確かである」と判示し、そのうえで、「公海自由の原則、すなわち公海での領域主権の不存在により、いかなる国も外国船舶に対して管轄権を行使することはできない」と判示した。

＊＊ **旗国主義の根拠**　かつて、船舶を領域とみなして自国船舶に領域主権が及ぶとする**船舶領域説**（浮かぶ領土説）もあったが、20世紀中盤にはほとんど支持されなくなった。現在では、旗国主義の適用が原則として船舶の航行利益に最も適合的であり、かつ、船舶の管理において最も効果的であるという現実的な考慮によっていると考えられている。このような根拠からすると、旗国主義を適用しないほうが船舶の航行利益に適合する場合、又は船舶の管理において効果的な場合には、旗国主義の例外が認められるはずである。実際に、公海の秩序維持のために、公海上の船舶に対して、例外的に当該船舶の旗国以外の国によって、警察権の行使とも呼ぶべき執行措置が認められる場合がある。

＊＊ **臨　検**　国連海洋法条約第110条によると、軍艦は、公海において外国の民間船舶に遭遇した場合、次の五つの不法行為のうちのいずれかを疑う

に足りる十分な根拠がある場合に、その船舶を**臨検**できる。臨検とは、軍艦が、船舶の船籍を確認するために旗の提示を求め、その旗を掲げる権利を確認するために必要であれば、停船を命じ、乗船して文書を検閲し、なお嫌疑が残る場合には船内においてさらに検査を行うことである。

臨検の根拠となりうる不法行為とは、①海賊行為、②奴隷取引、③無許可放送、④無国籍及び⑤国旗の濫用の五つである。このうち、①と②と④の場合は、いずれの国の軍艦も臨検の根拠としうるのに対し、③と⑤の場合は、臨検可能な国が限定されている。ここで、第110条4項及び5項によると、軍艦が行う臨検に関する規定は、軍用航空機についても準用され、「政府の公務に使用されている」船舶又は航空機についても準用される。さらに、麻薬や向精神薬の不正取引の取締りに関して臨検を行うことは認められていないが、不正取引を防止するために、各国に協力することが求められている（▶第108条）。

以上のような臨検に関する規定からみて、［設問 3］において、日本の政府船舶Ｋが外国船舶Ｙに対して停船命令を発して強制的にこれを停止させて乗船検査を行う等の執行措置をとることが可能かどうかは、Ｙの行為が海賊行為に該当するかどうかによって決せられるといえよう。

> Point　**旗国主義の例外**
> ①海賊、②奴隷取引、③無許可放送、④無国籍、⑤国旗の濫用

＊＊ **海賊行為の定義**

海賊行為に従事する者は、古くから「人類一般の敵」として広く取締りの対象とされてきた。**海賊行為**について、古くは海上での略奪行為と考えられていたが、その後、定義をめぐって実行上の混乱がみられた。国連海洋法条約第101条は、これを５要件に統一した。①私有の船舶又は航空機の乗組員又は旅客によって、②私的目的のために、③公海又はいずれの国の管轄権にも服さない場所にある④他の船舶、航空機又はその内にある人や財産を対象として行われる⑤不法な暴力行為、抑留又は略奪行為であるとした。また、普遍主義がとられ、いずれの国の軍艦も、海賊船舶又は海賊航空機を臨検し、拿捕して、自国の裁判所で処罰することができる（▶第105条、第107条）。

＊＊ **海賊行為の適用**

［設問 3］について考えてみると、①と③と④の要件は満たすと解される。したがって、調査捕鯨に抗議することが

②の要件の「私的な目的」にあたるかどうか、及び船舶Ｙが体当たりをして船舶Ｘの乗組員の数名に重傷を負わせたうえで、さらにＹがＸに軽微な体当たりを繰り返した行為が⑤の要件の「不法な暴力行為」にあたるかどうかが問題となる。この点、旗国主義が公海の秩序維持の原則である以上、Ｙの旗国の刑事管轄権を優先しなければならないという観点からも判断を行う必要がある。［設問 3］では、船舶Ｙが体当たりをして船舶Ｘの乗組員の数名に重傷を負わせたうえで、さらにＹがＸに軽微な体当たりを繰り返したとあり、これらの行為は、⑤の要件の「不法な暴力行為」にあたると解される。また、調査捕鯨に抗議することは、あくまで民間団体がその団体の目的を追求するために行う行為であり、②の要件の「私的な目的」のための行為にあたると解される。したがって、［設問 3］の場合は、日本の政府船舶Ｋが、外国船舶Ｙに対して、停船命令を発して強制的にこれを停止させて、乗船検査を行う等の執行措置をとることができるといえよう。

＊＊＊ **船舶に対する武装強盗**　国際法上の海賊行為は公海又はいずれの国の管轄権にも服さない場所で行われるものに限られるが、近年、領海内等で船舶が襲撃される事件が多発している。それらの多くは船体と積荷を奪う強盗行為なので、領域外で行われる海賊行為と区別して、船舶に対する**武装強盗**と呼ばれている。沿岸国が十分な取締能力をもたない場合には取締り自体が困難である。このような盲点を突いた犯罪に対し、さらなる有効な対策が必要とされている。武装強盗の多発しているマラッカ海峡では、日本が主導して、ReCAAPと呼ばれる組織がつくられ、情報収集・共有に努めている。

＊＊＊ **奴隷取引**　古く**奴隷取引**は、通常の商取引とされ、国際法に反するものとはみなされなかった。しかし、とくにイギリスが反奴隷取引の先鋒に立ち、19世紀以降、関係国が個別の条約を結んで相互に臨検等を行ってきた。1890年には「アフリカにおける奴隷取引に関するブリュッセル会議一般議定書」が結ばれ、対象海域はインド洋の一定海域に限定されていたものの、500トン以下の船舶について条約締約国間の相互臨検を認めた。公海条約はこのような制限を取り除き、いずれの国の軍艦も臨検できる権利を一般的に承認し、国連海洋法条約第110条１項に引き継がれた。ただし、裁判管轄権は、旗国又は実行者の本国に留保される。

＊＊＊ **無許可放送**　公海上の外国船舶又は海上施設から沿岸に向けて送信される**無許可放送**、いわゆる**海賊放送**は、公海の「使用の自由」によって保障される活動とはいえない。しかし、旗国主義の原則により、沿岸国がこれ

◆ Further Study　中国公船の尖閣諸島周辺海域への侵入

2010年９月７日、中国漁船が尖閣諸島周辺の我が国領海内で操業をしていた。それを発見した海上保安庁巡視船は当該漁船に対し領海外への退去を命じたが、中国漁船は海上保安庁の退去命令を無視し、激しく抵抗した。最終的に、海上保安官が当該船舶に移乗し、停船させ、その乗組員を逮捕したという事件が発生した。中国漁船衝突事件である。これ以降、中国公船（中国海警局に所属する船舶等）による尖閣諸島周辺の領海侵入と接続水域の航行が多くなり、現在では、これが常態化している。下記の図１が示す通り、特に2019年以降多くの中国公船が尖閣諸島周辺の我が国の接続水域内を航行している。

中国政府は「尖閣諸島及びその周辺の海域は中国の管轄であり、中国漁船の乗組員を逮捕したことは不当である」と主張し、その示威行動として尖閣諸島周辺の領海と接続水域に侵入を繰り返し続けているのである。これに対し、日本政府は、尖閣諸島については「歴史的にも国際法的にも日本固有の領土であり、領有権問題は存在しない」と主張し、国連海洋法条約に従って中国公船に対して退去要求を続けている。日本が尖閣諸島の国際法上の領有権紛争の存在を黙認したと受けとられないためである。ただし、日本の退去要請を無視して侵入、航行を繰り返す中国公船に対して、放水規制や接舷規制まで行うことが必要なのか、また、中国との武力紛争を避けつつ行うことは可能なのか、なお検討が必要である。

■ 図１　中国海警局に所属する船舶等の接続水域内における連続確認日数（過去最多から五番目まで）

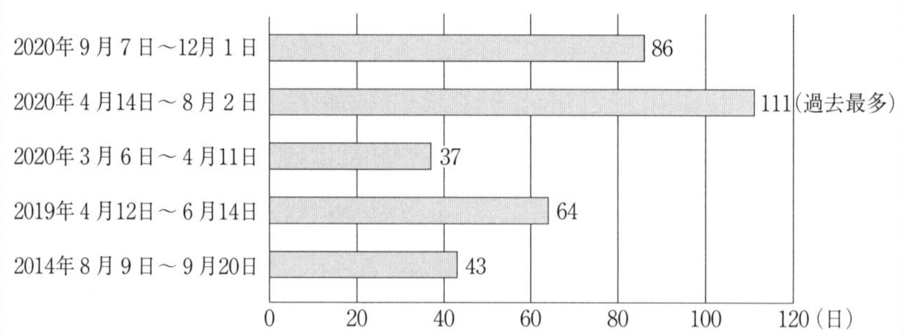

出所：海上保安庁『海上保安レポート2021』（2021年）16頁

を直接取り締まることは困難であり、1960年代以降、無許可放送の影響を受けたヨーロッパ諸国は対策に苦慮した。1965年の「国家領域外の施設から送信される放送の防止のためのヨーロッパ協定」は、自国領域内外での自国民による無許可放送及び自国領域内、自国船舶又は自国の海上施設から送信される、すべての者による無許可放送を取り締まるものとしたが、領海外での外国船舶又は海上施設からの外国人による無許可放送を規制することはできなかった。この点を国連海洋法条約第109条は、次のように改善した。すなわち、(a)当該船舶の旗国、(b)施設の登録国、(c)行為者の本国、(d)当該放送の受信国、(e)無線通信の被害国に、無許可放送を取り締まる権限を認めた。これらの関係国は、臨検、拿捕、さらには裁判管轄権をも行使することができる。

国旗の濫用又は無国籍　19世紀以降、奴隷貿易の臨検が個別の条約によって行われていた当時、臨検を逃れるためにしばしば国旗が濫用されることがあった。これに対処して、虚偽の国旗の掲揚がある場合、その船舶の本国の軍艦はこれを臨検することができるとされた。また、近年、**無国籍船**が麻薬の不正取引等の違法行為に携わることが多くなったことに対処して、国連海洋法条約第110条では新たに無国籍船に対する臨検の規定も置かれた。

麻薬の不正取引　海上での麻薬・向精神薬の不正取引については、他国による臨検等の取締りは認められていない。国連海洋法条約第108条は、各国の一般的な協力義務を定めるにとどまっている。ただし、1988年の「麻薬及び向精神薬の不正取引の防止に関する国際連合条約」は、この点で特別の臨検制度を採用した。許可方式による臨検である。具体的には、他国の船舶が不正取引に従事しているとの「合理的根拠」をもつ国が、その旨を旗国に通報し、臨検や拿捕の許可を要請し、旗国の判断によって許可が与えられれば臨検や拿捕ができるという制度である。この許可方式の臨検は、通信手段の発達に伴って公海上の取引現場から即時に行うことができ、近年アメリカ合衆国では広く実行されている。また1981年の英米麻薬取締臨検協定は、アメリカ合衆国の大西洋岸の一定海域において不正取引に従事するイギリス船の一般的な臨検をアメリカ合衆国に認めている。

4　海洋汚染防止

個別の条約による汚染防止　第二次世界大戦後、船舶からの油による海洋汚染を国際的に防止しようとする動きが高まり、その

ための条約が締結されるようになった。1954年の「油による海水の汚濁の防止のための国際条約」は、船舶からの油及び油性混合物の排出を規制し、違反の取締りについては旗国主義に基づいて船舶の旗国が違反を処罰すると定めている。しかし、旗国主義の下では、船舶が公海において違法な汚染行為を行った場合、その船舶を処罰するのは旗国に限られ、海洋汚染の防止に十分対応できない。

この問題点を端的に示したのが、1967年トリー・キャニオン号事件であった。リベリア船籍の大型タンカー、トリー・キャニオン号がイギリス沖合の公海上で座礁し、流れ出た大量の油によってイギリスとフランスが甚大な被害を受けた事件である。この事件では、座礁の原因がもっぱら船長の過失によるものとされたことから、旗国であるリベリアの責任を問うことは困難と判断され、英仏両国政府は船主側との示談で決着をつけたが、本件がきっかけとなって海洋汚染防止に関する国際条約の整備が急速に進んだ。

まず1969年に「油による汚染を伴う事故の場合における公海上の措置に関する国際条約」（公法条約）が結ばれた。この条約は、公海上の外国船舶の事故により沿岸国に油による重大かつ急迫した汚染の危険がある場合に、沿岸国は、旗国等との協議のうえ、また、極度に緊急の場合は、旗国への通告や旗国との協議をすることなく、均衡の原則に基づき、必要な防止措置を公海上でとることができると規定している。これは、油濁事故の場合の旗国主義につき、緊急時における例外を認めたものである。また、同年には「油による汚染損害についての民事責任に関する国際条約」が結ばれたほか、1971年には「油による汚染損害の補償のための国際基金の設立に関する国際条約」、1972年には「廃棄物その他の物の投棄による海洋汚染の防止に関する条約」、1973年には「船舶からの汚染の防止のための国際条約」が結ばれた。

＊＊ 旗国と沿岸国による汚染防止

国連海洋法条約は、船舶に起因する海洋汚染の防止のために、上記の公法条約にならって、旗国の義務を強化するとともに、沿岸国にも一定の刑事管轄権を行使する権限を認めた。まず、第217条によると、旗国は、海洋汚染の防止に関する国際的な規則や基準を実施するために必要な法令を制定し、それらの規制、基準及び法令を効果的に執行しなければならない。さらに、自国の船舶の違反について、他国から書面により申し立てられた場合に調査を行い、必要な手続を開始しなければならない。他方第220条で、沿岸国は、その領海又は排他的経済水域を航行中の外国船舶が行う自国法令の違反について手続を開始することを認められた。

＊＊ **ポート・ステート・コントロール**　国連海洋法条約は船舶に起因する海洋汚染防止のために、船舶の**寄港国**（ポート・ステート）にも一定の刑事管轄権を行使することを認めた。第218条によると、寄港国は、外国船舶が内水、領海又は排他的経済水域の外側において国際的基準に違反した排出を行った後に入港したとき、その船舶を調査して、違反が証拠によって確かめられれば、必要な手続を開始することができる。このように、寄港国の刑事管轄権行使によって海洋汚染を防止しようとする制度を**ポート・ステート・コントロール**という。この制度は、船舶が国際的な安全基準を満たしているかどうかを寄港国が検査・監督する制度であり、海洋汚染防止以外に、船舶の海難防止のためにも利用されている。とくにヨーロッパ諸国では、1982年にパリ覚書を取り交わし、これを広く実施している。アジア太平洋地域では、1993年に東京覚書が締結されている。

> **Point　海洋汚染に関する執行**
> ①旗国による執行
> ②沿岸国による執行
> ③寄港国（ポート・ステート）による執行

＊＊＊ **保障措置**　国連海洋法条約は、寄港国や沿岸国による手続の開始が国際航行への不当な干渉にならないことを保障するための措置も定めている。外国船舶の違反が明らかにされても、海洋環境に対する不当な損害のおそれがない場合には、金銭上の保証に従うことを条件に、**釈放**の措置がとられなければならない（▶第226条１項）。また、締約国の領海外での外国船舶の違反については、その違反が沿岸国に重大な損害を与えるものでない限り、６か月が経過するまでは、旗国が手続を開始する優先権をもつ（▶第228条１項）。さらに、領海の内外を問わず、外国船舶の違反については、領海における故意の重大な汚染行為を除いて、金銭上の刑罰のみを科すことができる（▶第230条１項・２項）。

＊＊＊ **海洋保護区**　近年、**海洋保護区**（MPA、海の自然公園）を指定する国が増えている。海中の生物と環境の保護のために、各国が指定した水域のことである。この水域における規制は多様で、例えば、全面的に漁業活動を禁止している水域から小規模の漁業なら認めている水域まで存在し、ダイビングを認める水

域もある。イギリスは、2010年にチャゴス諸島の周囲に海洋保護区を設定したが、2015年仲裁裁判所が「国連海洋法条約第194条4項（海洋環境保護の措置が他国の行動への不当な干渉となってはならない）等に違反する」という裁定を下した。

5 国連海洋法条約上の紛争解決手続

＊＊ **紛争解決手続の構造** 国連海洋法条約は、第15部で、この条約の解釈又は適用に関する紛争の解決手続を規定している。この手続は3層構造になっており、①国連海洋法条約第279条では、国連憲章第33条1項に示されている従来の平和的解決手段で解決するものとされているが、②従来の平和的解決手段で解決できなかった場合には、一定の種類の紛争を除いて、拘束力を有する決定を伴う**義務的手続**に付託しなければならない。ただし、③一定の種類の紛争については、義務的手続に関して除外若しくは制限が定められている。例えば、海洋の科学的調査に関して沿岸国に認められている権利の行使から生じる紛争や、排他的経済水域での沿岸国の主権的権利の行使に関する紛争等については、義務的手続は適用されない（▶国連海洋法条約第297条）。また、海洋の境界画定に関する紛争や軍事的活動に関する紛争等については、義務的手続を除外しておくことを事前に宣言しておくことが認められている（▶第298条）。

＊＊ **義務的解決手続** 国連海洋法条約第287条によると、義務的裁判が行われる裁判所として、①**国際海洋法裁判所**（ITLOS）、②国際司法裁判所、③仲裁裁判所、④特別仲裁裁判所という四つの裁判所が予定されている。このうち、④が扱う紛争は、漁業、海洋環境の保護保全、海洋科学調査、航行に関する国連海洋法条約の解釈適用をめぐる紛争に限定される（▶附属書Ⅷ第1条）。また、深海底活動に関する紛争は、原則として、国際海洋法裁判所の**海底紛争裁判部**に付託されることになっている（▶国連海洋法条約第187条）。これら以外の紛争について、各締約国は、書面による宣言を行うことにより、①～④のうち一又は二以上の裁判所を自由に選択することができる（▶国連海洋法条約第287条1項）。

この点、紛争当事者双方が紛争の解決のために同一の手続を受け入れている場合には、紛争当事者が別段の合意をしない限り、双方が受け入れている手続にのみ付することができる（▶第287条4項）。これに対し、紛争当事者が紛争の解決のために同一の手続を受け入れていない場合には、紛争当事者が別段の合意をしない限り、③の仲裁裁判にのみ付することができる（▶第287条5項）。また、紛争発生時にいまだ選択の宣言をしていない場合には、③の仲裁裁判を受け入れているものとみなされる（▶第287条3項）。したがって、合意がなければ仲裁裁判所に付託され、仲裁裁判所がいわば初期設定（デフォルト）手続として準備されている。

附属書Ⅶに基づく義務的手続として設置された仲裁裁判所に対して、2013年1月、フィリピンが中国を提訴した。フィリピンは、「中国の南シナ海における主権の主張は国連海洋法条約に違反する」などと主張した。2016年7月、仲裁裁判所はフィリピン勝訴の判決を下した。

*** **暫定措置**　国連海洋法条約第290条には、①～④の裁判所のうちのいずれかが管轄権を有すると推定される場合には、当該裁判所は、紛争当事者のそれぞれの権利を保全し又は海洋環境に対して生ずる重大な害を防止するため、状況に応じて適当と認める**暫定措置**を定めることができると規定されている。当事者によって合意された裁判手続が開始する前であっても、暫定措置が国際海洋法裁判所によって命令される。ここで、暫定措置が環境に対して生ずる重大な害を防止するためにも認められているのは、国際司法裁判所規程第41条とは異なる特徴である。日本が被告となった**みなみまぐろ事件**では、国際海洋法裁判所が日本に不利な暫定措置を命令した。その後、仲裁裁判所では、「管轄権なし」という判断が下され、暫定措置の効力が否定された。

*** **釈　放**　国連海洋法条約第73条2項には、拿捕された船舶及びその乗組員は、合理的な保証金の支払い又は合理的な他の保証の提供があれば速やかに釈放されると規定されており、第226条1項には、外国船舶の調査についても、合理的な手続（例えば、保証金又は他の適当な金銭上の保証）に従えば「速やかに釈放する」と規定されている。これらの規定の不履行があると判断される場合には、拿捕された船舶の旗国は、抑留国が受諾する裁判所又は国際海洋法裁判所に提訴することができる（▶第292条）。

☆ Summary

船舶に対して行使できる管轄権を（　1　）という。とくに船舶に対する刑事管轄権のことを海上刑事管轄権という。内水にある船舶内での犯罪に刑事管轄権を及ぼすことができるのはどこの国であるかという問題について、沿岸国に認める（　2　）主義と、旗国に認める（　3　）主義との間で争いがあったが、実際には、船舶内部には沿岸国の管轄権が及ばず、港の平穏を害する犯罪には及ぼすことができるということで事実上一致している。領海では、船舶は（　4　）権を有するため、沿岸国管轄権は、犯罪結果が沿岸国に及ぶような場合等に限定されている。外国の軍艦や政府船舶は（　5　）を享有している。沿岸国は、領海の外側に（　6　）水域を設定することができ、通関上、財政上、（　7　）管理上又は衛生上の法令違反を処罰することができる。接続水域内における法令違反について処罰できるかどうか争いがある。公海上では沿岸国は管轄権を行使できないのが原則であるが、船舶が領域や管轄水域内にあるときに追跡を開始した場合、（　8　）追跡であれば、公海上で拿捕することができる。

公海では、（　9　）主義が妥当している。つまり船舶に対して排他的に管轄権を行使しうるのは（　9　）である。この根拠として船舶領域説が主張されたことがあるが、今日では支持されない。しかし、海賊、（　10　）取引、（　11　）放送、無国籍又は国旗の濫用の場合には、旗国以外でも臨検を行うことが認められる。海賊とは、公海上において、（　12　）的目的で、私有の船舶又は（　13　）に対して略奪行為を行うことである。近年問題となっているのは、領海内での武装強盗であり、海賊の定義に入らない。船舶に起因する海洋汚染に関し、旗国がその防止義務を負っている。領海や排他的経済水域における海洋汚染が発生した場合、汚染を起こした船舶が沿岸国の内水、領海、排他的経済水域等にとどまっている場合、（　14　）国が手続をとることができる。公海上では、（　9　）主義が働くが、便宜置籍船のような場合、（　9　）に期待することはできない。そこで、寄港国が海洋汚染に関して調査を開始し、必要な手続をとることができる。（　15　）・コントロールという。ただ、航行に対する不当な干渉とならないよう、（　16　）が支払われることを条件に速やかに釈放しなければならない。最近では、海洋保護区が設定される場合がある。

国連海洋法条約では、紛争解決が義務化された。当事国は、国際海洋法裁判所（ITLOS）、国際司法裁判所、仲裁裁判所又は特定の紛争については特別仲裁裁判所を選択しうる。合意が得られない場合は、（　17　）に紛争がかけられる。紛争がいずれの裁判所にかけられる前であっても、国際海洋法裁判所は（　18　）措置を命じることができる。

答

【Quiz】①はい、海賊行為である。海賊といえば海賊船のイメージが強いが、航空機による海賊も海賊である。

【Summary】①海上管轄権、②イギリス、③フランス、④無害通航、⑤主権免除／国家免除、⑥接続、⑦出入国、⑧継続、⑨旗国、⑩奴隷、⑪無許可／海賊、⑫私、⑬航空機、⑭沿岸、⑮ポート・ステート、⑯保証金、⑰仲裁／仲裁裁判所、⑱暫定

第13章　空・宇宙及び南極

Quiz
月の土地を購入することはできるか。
①はい、できる。②いいえ、できない。（答は章末）

1　空

* **領空主権**　国家が領有する空域を**領空**という。領土及び領水の上方空間について、かつては空域を国家の領有対象とはみなさない**自由説**も主張されたが、航空機の登場、とくに第一次世界大戦において航空機が軍事利用され、スイスやオランダ等の中立国が交戦国軍用機の自国上空飛行を禁止し、これを他の諸国も認めるという国家実行が積み重ねられたことから、領域国の主権が及ぶとする**主権説**が定着した。そして、第一次世界大戦終了からまもない1919年に作られた国際航空条約（パリ条約）においては、領域上の空域に対する領域国の完全かつ排他的な主権（**領空主権**）が承認（▶第１条）された。これが1944年の**国際民間航空条約**（**シカゴ条約**）等においても踏襲され、この領空主権の存在を前提に、国際航空に関するルールや制度が構築されることになった。

* **領空侵犯**　領域国の領空主権は絶対的なものであるから、領海における無害通航権に相当する無害飛行権なるものは存在しない。他方、シカゴ条約では、航空機は登録を受けた国の**国籍**を有するとし（▶第17条）、この登録国が航空機に対して管轄権を行使することとしている。したがって、航空機が領域国の許可を得ることなく領空に入ること（**領空侵犯**）は、領域国の主権を侵害する行為である。このような領空侵犯に対する領域国の対応として、武力の使用が認められるかどうかについて、国際法は明確な定めをもっていなかったが、**大韓航空機撃墜事件**［1983年］を契機として、民間航空機による領空侵犯に対して武力を使用することを差し控えること、民間航空機が領域国による着陸命令等に従うよう義務づける国内法を登録国等が制定することを義務化する新たな規定が挿入された（▶第３条の２）。ただし、アメリカ合衆国は批准していない。

** **不定期航空**　シカゴ条約は、完全かつ排他的な領空主権の存在を前提にしつつ（▶第１条）、国際航空制度発展のために、**不定期航空**に限り、一定程度**空の自由化**を図っている。すなわち、同条約の締約国の民間航空機は、事前の許可を必要とすることなく、他の締約国の領空を飛行する権利を有する（▶第3条、第5条）。この権利には、他の締約国の領域内への飛行、無着陸の通過、運輸以外の目的の着陸が含まれる。また、着陸要求、航空路の指定、特別の許可等領域国の定める規制や制限に従うことを条件として、有償又は貸切で旅客、貨物、郵便物を積込み又は積み降ろす権利が認められている。

このように、シカゴ条約では、民間航空機による不定期飛行の権利を認めているが、**チャーター便**といわれる専属の貸切輸送が急速に拡大して、ブロック・オフ・チャーターと呼ばれる定期便の一部又は全部をチャーター便として運航する形態等も一般化し、不定期航空の概念に収まりきらなくなっている。そのため、これに対して領域国が事前許可や厳しい運行基準・整備基準等の条件を課すという国家実行が積み重ねられている。他方で、国際観光の促進、アジア・ゲートウェイ構想、地方空港の活性化等の観点から、国際チャーター便に対する規制を緩和し、さらなる空の自由化を目指そうとする動きもみられる。

** 定期国際航空業務

シカゴ条約は、「**定期国際航空業務**は、締約国の特別の許可その他の許可を受け、且つ、その許可の条件に従う場合を除く外、その締約国の領空の上空を通って又はその領域に乗り入れて行うこと

◆ Further Study　大韓航空機撃墜事件

日本時間1983年9月1日未明、ニューヨークのジョン・F・ケネディ国際空港から韓国の金浦（キンポ）国際空港に向かっていた大韓航空 KAL007便が、経由地のアンカレッジ空港（アラスカ）を離陸後、予定されていた航路を大きく外れて、ソ連（当時）のカムチャツカ半島やサハリン付近の領空に侵入。これに対して、ソ連防空軍が警告射撃ののちミサイルを発射、同機はサハリン沖に墜落、日本人28名を含む乗員・乗客269名全員が死亡した事件。冷戦終結後、同機の領空侵犯は計器故障又は乗務員の操作ミスが原因であると判明したが、事件は冷戦期の米ソ両超大国が直接対峙する地域での出来事であった。ソ連は同機の領空侵犯がスパイ目的の意図的なものであったと判断し、民間航空機であろうと攻撃はやむなしとの対応をとったとされる。また、ソ連が撃墜の事実を認めたのは事件から5日後の9月6日になってからで、その後も機体や遺体・遺品の回収について日本やアメリカ合衆国の介入を拒否するなど、事件の真相解明も困難をきわめた。この事件はシカゴ条約改正の契機となった。

ができない」（▶第６条）として、他国への乗入れ及び上空通過について、領域国の事前の許可を要求しており、定期国際航空業務に関しては空の自由化は実現されていない。これは、アメリカ合衆国による国際航空業務の支配を危惧したイギリスの懸念を反映したものであるとされる。しかし、国際航空業務における自由競争を主張していたアメリカ合衆国の意見にも配慮するかたちで、シカゴ条約の附属協定として、**国際航空業務通過協定**（「二つの自由」協定）と**国際航空運送協定**（「五つの自由」協定）が採択された。

「二つの自由」協定では、①他国の領空を無着陸で通過する自由（上空通過）、②輸送以外の目的で着陸する自由（技術着陸）、そして、「五つの自由」協定では、これに加えて、③自国領域内で積み込んだ旅客・貨物等を他の締約国で積み降ろす自由（往路輸送）、④自国向けの旅客・貨物等を他の締約国で積み込む自由（復路輸送）、⑤第三国の領域に向かう旅客・貨物等を他の締約国で積み込み、又は第三国からの旅客・貨物等を他の締約国で積み降ろす自由（以遠権）が規定されている。「二つの自由」協定は多くの国が加入している（129か国）が、「五つの自由」協定の締約国は少数にとどまっている（11か国）ため、定期国際航空業務における「空の自由化」は二国間の航空協定に委ねられた。

*** **二国間航空協定**　二国間航空協定には、①英米間の第一次バミューダ協定［1946年］をモデルとするバミューダⅠ方式、②イギリスの要請により改定された第二次バミューダ協定［1977年］をモデルとするバミューダⅡ方式、そして、③現在、アメリカ合衆国が強力に推進しているオープンスカイ協定という三つの形態がある。**バミューダⅠ方式**は、協定の核となる輸送力条項については運航企業が決定したものを事後的に政府が審査をすることとし（アメリカ合衆国の主張）、運賃については国際運送協会（IATA）が決定する（イギリスの主張）というスタイルである。**バミューダⅡ方式**は、輸送力増強の可否について政府間の事前の協議により決定することとするなど、航路の開設、便数、運賃の決定に対する政府（国家）による規制を可能にしたものである。シカゴ条約による領空主権の確立と政府間の二国間協定による事前協議を前提とするこのような定期国際航空事業体制は**シカゴ・バミューダ体制**と呼ばれる。

*** **オープンスカイ協定**　こうした体制を不満としたアメリカ合衆国は、1990年代になると、参入（航空企業の指定）、路線、輸送力に関し航空企業の自由な決定に委ねることを基本とするオープンスカイ協定を締結する

ようになった。**オープンスカイ協定**では、以遠権並びに自国を経由して、出発地である相手国の地点から、到着地である第三国の地点に向けて運送する自由（第6の自由）及び相手国から自国に向かう運輸において、相手国で乗せた旅客・貨物等を相手国の別の地点で降ろす自由（タグエント・カボタージュ）（第８の自由）が認められている。他方、自国を経由しないで相手国と第三国を運送する自由（第7の自由：第三国間輸送）及びカボタージュ（相手国の国内の２地点を運送する自由）（第9の自由：相手国の国内路線の運航）は認めていない。輸送力は、原則として航空企業の自主的判断に基づくものとされ、国家がこれを許認可の対象とすることを禁じている。このようなオープンスカイ協定を、アメリカ合衆国はこれまで日本を含む107か国と締結しており、この動きはAPEC諸国、EU、オーストラリア、ニュージーランドにも広がっている。EUや豪・ニュージーランド間の協定では、第三国間輸送やカボタージュも自由化されている。航空の規制緩和や自由化は領空主権の概念そのものを基本的に変更するものではないが、領空に対する国家の主権の行使の態様あるいは担い方が変化しつつあることを意味し、その限りにおいて領空主権の性質を変えるものであるといえる。

2 宇　宙

宇宙の定義 ＊＊

1957年のソ連による人工衛星スプートニク１号、翌1958年アメリカ合衆国による人工衛星エクスプローラー１号の打上げ成功を契機にして、人類による宇宙開発がスタートした。当時は冷戦期であり、米ソ両超大国を中心として、宇宙の軍事利用も視野に入れた激しい開発競争がさっそく繰り広げられるようになったことから、宇宙活動に対する規律の必要性が認識されるようになった。こうして、国際法では、領空等の空域（air space）とは区別された**宇宙空間**（outer space）を対象とする新たな法規則（**宇宙法**）が形成されることになった。宇宙法の規律対象となる宇宙空間は、科学的には「地表から100kmを超える空間」を意味する。しかし、国際法における空域と宇宙空間の境界基準については、特定の高度を設定せず、活動の性質に基づいて考えるべきであるとする**機能説**、物理的現象及び政治的・戦略的必要を基礎として、特定の高度を設定すべきであるとする**空間説**の立場があり、さらに空間説においては、国家主権の及ぶ範囲を大気圏の限界とする大気圏説、シカゴ条約附属書における「航空機」の定義に基づき、宇宙空間とは航空機が飛行できる範囲よりも上の空間であるとする飛行可能説、地球周辺の軌道を周回する人工衛星が地球の中心に最接近し、軌道周回ができなくなる限界（近地点）が宇宙空間の境界であるとする最低周回軌道説等が主張されているものの、国際的な合意はなされておらず、法的な意味における両者の境界画定、ひいては宇宙空間の定義はいまだ確立していない。

＊＊宇宙法の形成　国連では、1958年に**宇宙平和利用委員会**が設置され、そこでの議論をもとに、1963年に「宇宙空間の探査及び利用における国家活動を律する法的原則宣言」（▶総会決議1962（XVIII））が全会一致により採択された。さらに、1966年にはこれを条約化した「月その他の天体を含む宇宙空間の探査及び利用における国家活動を律する原則に関する条約」（**宇宙条約**）が採択された（▶総会決議2222（XXI））。宇宙条約は宇宙における基本法となっている。また、1979年には、「人類の共同財産」としての月や地球以外の太陽系の他の天体及びその周回軌道、同軌道に到達する飛行経路における探査・利用などの国家活動について規律した「月その他の天体における国家活動を律する協定」（月協定）が採択されている（▶総会決議34/68）。

＊宇宙活動における基本原則　宇宙条約が掲げる基本原則は、①宇宙活動自由の原則（▶第１条）、②領有禁止原則（▶第２条）、③平和利用原則（▶第４条）及び④国家への責任集中原則（▶第６条、第７条）である。

＊＊探査・利用の自由　月その他の天体を含む宇宙空間の探査及び利用は、「全人類に認められる活動分野」（▶第１条）であり、すべての国が、差別なく、自由に探査し利用し、立ち入ることができる。また、科学的調査も自由である。なお、スペース・ベネフィット宣言（▶総会決議51/122）では、「衡平かつ容認可能な基礎に立って」、「途上国のニーズに特別な考慮を払い」ながら、宇宙空間の探査及び利用に関する国際協力の促進及び強化を図っていくこと等を求めている。また、月その他の天体とその資源は、**人類の共同財産**であり、その開発については国際的な制度の設立までの間モラトリアムが課されている（▶月協定第１条、第11条）が、月の鉱物その他のサンプルを採取し、月から除去し、さらには処分する権利は認められている（▶第６条）。ただし、月協定は批准国が18か国と少なく、アメリカ合衆国、ヨーロッパ諸国、日本等宇宙活動を積極的に行っている主要国はほとんど加入していない。

＊＊国家による取得の禁止　月その他の天体を含む宇宙空間は、国家による取得の対象とはならない。しかし、1973年に赤道諸国８か国

がボゴタ宣言を採択し、静止軌道は宇宙空間の一部とみなされるべきではなく、赤道諸国がこの希少な天然資源に対して主権をもつと宣言した。静止軌道は、赤道上空３万6000㎞にあり、公転周期が地球の自転周期に等しく、衛星が地球の自転の方向と同方向に動く周回軌道であることから、多くの人工衛星が打ち上げられた。国際電気通信条約［1973年］でも、静止軌道は「有限な天然資源」であるとされ、公平な利用が義務づけられた。その後、宇宙空間平和利用委員会は、静止軌道が宇宙空間の一部であることを確認した。国家による領有が禁止されることについてはもはや異論はない。他方で、宇宙空間の定義問題、静止軌道の公平な利用・平等なアクセスにかかわる問題については、進展がみられない。

＊＊ 軍事利用の規制 宇宙条約第４条は、宇宙空間に関しては、核兵器その他の大量破壊兵器を、地球を回る軌道に乗せたり、宇宙空間に設置したりすることを禁止している。月その他の天体についてはもっぱら平和的目的のために利用しなければならないとして、軍事基地・軍事施設等の設置、あらゆる型の兵器の実験、軍事演習の実施を禁止している。しかし、宇宙空間に軍事衛星を打ち上げること、宇宙空間に軍事基地として利用される宇宙物体を配備すること、宇宙空間における核兵器その他の大量破壊兵器以外の兵器の実験や軍事演習を実施すること等は禁止されていない。平和的利用の義務が課され、非軍事化が合意されているのは天体のみであり、宇宙空間に関しては、核兵器その他の大量破壊兵器の設置のみが禁止されているというのが、一般的な解釈である。

また、平和的目的の利用とは非侵略的利用を意味するものであり、非軍事利用には限定されないとするのが、宇宙条約採択時点からの一貫した国際的な認識であるとされる。つまり、宇宙空間においても自衛権の範囲内での軍事利用は平和的目的の利用として許容される。そうであるとするならば、宇宙空間における軍事的な活動が許容される範囲はどこまでなのかという問題が重要になる。この点に関して、軍縮会議においては、宇宙空間に配置する物体の攻撃能力の有無を基準として、攻撃的な軍事活動は「兵器化」（weaponization）として禁止されるが、地上の軍事活動を支援する目的で用いられ、それ自体は攻撃能力をもたない防御的な活動は宇宙の「軍事化」（militarization）として許容されるべきであるとの考え方が、関係国における共通理解となっている。

＊＊ 打上げ国 宇宙空間に発射された物体（宇宙物体）の打上げを行った国、宇宙物体の打上げを行わせた国、自国領域又は施設から宇宙物体が打

ち上げられた国は、**打上げ国**とされる（▶宇宙物体登録条約第1条）。打上げ国は打ち上げられた物体を国内的に登録し、国連事務総長に通報しなければならない（▶第2条）。そして、このようにして宇宙物体が登録されている打上げ国が**登録国**である（▶第1条）。なお、打上げ国が複数ある場合には、共同の決定により、そのうち1か国が登録国となる（▶第2条2項）。この登録国が宇宙物体及びその乗員に対し管轄権及び管理の権限をもつこととされる（▶宇宙条約第8条）。

＊＊ 管轄権及び責任　宇宙条約では、天体を含む宇宙空間における「自国の活動」について、国家は、政府機関によるものであるか非政府団体によるものであるかを問わず、国際的責任（responsibility）を有し、自国の活動が宇宙条約の規定に従って行われることを確保する責任（保証責任）を有する（▶第6条）。さらに、当該活動に伴う国際違法行為に対する責任（liability）は直接国家に帰属する（▶第7条）ものとしている（**国家への責任集中の原則**）。これは私人の活動に関する国家責任法の一般原則に対する例外を構成する。

宇宙条約によると、非政府団体による宇宙活動は、関係当事国の許可及び継続的監督を必要とし、国家はその活動が宇宙条約の規定に従って行われることを確保する責任（保証責任）を負うとされている（▶第6条）が、ここでいう関係当事国と宇宙物体に管轄権・管理権限を行使する登録国（▶第8条）、宇宙物体による損害賠償責任を負う打上げ国（▶第7条）、さらには事前協議の対象となる「潜在的に有害な干渉を及ぼすおそれがある」宇宙活動計画者の国籍国（▶第9条）との関係性は必ずしも明確ではない。

＊＊ 無過失責任　宇宙物体による損害賠償責任について、宇宙条約第7条を具体化した**宇宙損害責任条約**［1972年］では、打上げ国に責任を集中し、自国の宇宙物体が地表において引き起こした損害や飛行中の航空機に与えた損害に対して**無過失責任**を負うとしている（▶第2条）。1978年にソ連の原子力衛星コスモス954号がカナダに落下し、放射能汚染被害を発生させるという事故が起きた。カナダは同条約に基づきソ連に賠償請求を行ったが、「好意により」（*ex gratia*）見舞金としてソ連が300万カナダ・ドルの支払いを行うことにより決着した。

近年は中国によるアジア太平洋宇宙協力機構（APSCO）設立（2008年）に象徴されるように、宇宙開発市場への途上国の参入が増大、衛星等を保有する国は増加している一方で、宇宙物体を打ち上げる能力を有する国は今なお限られていることから、打上げサービスの市場が拡大している。このような状況において、途上国を含む複数の国が関係する宇宙物体にかかる損害賠償責任について、関係する国が現実的にどこまで責任を負うことができるのかという懸念も生じている。

*** 直接放送衛星

直接放送衛星は、静止軌道上で地上の受信局を介さずテレビ番組等を送出する。このような直接放送衛星は外国の情報や文化へのアクセスを可能にし、情報の自由という基本的人権に資する手段と考える発信国（西側諸国）と、国家主権の観点から他国向けの衛星放送番組の発出は国際法上違法であり、その流入を規制しようとする受信国（東側諸国等）との間で対立がみられた。国連総会は、1982年に直接衛星放送原則宣言（▶総会決議37/92）を採択し、放送業務の開始は発信国と受信国との協定に基づくべきとした。

*** 資源探査衛星

資源探査衛星による地球資源の**遠隔探査**（リモート・センシング）についても、推進しようとする活動実施国（先進国）と遠隔探査による自国の天然資源に関するデータの公開を国家主権に対する侵害ととらえる被探査国（途上国）との間で対立がみられた。1986年のリモート・センシング原則宣言（▶総会決議41/65）において、被探査国の利益の保護、被探査国によるデータへの優先的アクセス、有益なデータの関係国への提供等が定められている。

*** 原子力電源の利用規制

ソ連の原子力衛星コスモス954号墜落によるカナダでの放射能汚染事故を契機に、宇宙空間平和利用委員会は宇宙空間における原子力電源の利用問題について審議を進めている。1992年の原子力電源搭載衛星原則宣言（▶総会決議47/68）では、安全な使用のための指針及び基準、再突入（事故）の通告義務等が定められている。

** 宇宙基地

2011年に完成した国際宇宙ステーション（ISS）は、1984年にアメリカ合衆国が提唱したことにより計画がスタートし、現在は1998年の「民生用国際宇宙基地のための協力に関するカナダ政府、欧州宇宙機関の加盟国政府、日本国政府、ロシア連邦政府、及びアメリカ合衆国政府の間の協定」（新国際宇宙基地協力協定）に基づき、15か国の協力により運用されている。この新協定においては、自国が提供する飛行要素を宇宙物体として登録すること、登録された物体及び基地上の自国民たる人員に対する管轄権・管理権（▶第５条）、宇宙損害責任条約に基づく参加国の賠償責任（▶第17条）、刑事裁判権に関する積極的属人主義（▶第22条）等が定められている。

*** スペース・デブリ問題

スペース・デブリ（space debris）とは宇宙ゴミのことで、地球周回軌道や大気圏突入途上にある機能停止状態となった人工物体であり、スペース・デブリ同士の衝突によって生じた破片等も含まれる。こうしたスペース・デブリは、場合によっては、宇宙活動を害したり、さらには人命の喪失につながるような被害を有人飛行物体に与えたりすることもありうるため、その低減が緊要であると認識されるようになった。宇宙条約第9条では、宇宙空間の探査及び利用は、他のすべての国の対応する利益に妥当な考慮を払うこと、宇宙空間の有害な汚染や地球環境の悪化を回避できるように研究及び探査を行うこと、必要な場合にはそのための適当な措置をとること、自国や自国民により計画された宇宙活動が他国の活動に潜在的に有害な干渉を及ぼすおそれがある場合には、事前に国際的な協議を行うことが義務づけられている。

1996年に国際法協会（ILA）が作成した「スペース・デブリによって引き起こされる損害からの環境の保護に関するブエノスアイレス国際規約」条文草案においては、宇宙条約等の関連条約の規定を踏まえて、一般的な協力義務（▶第3条）、環境損害を防止する義務、通報義務、協議義務、誠実交渉義務（▶第4条）等を定め、打上げ国は国家の活動が宇宙条約及び宇宙損害責任条約に従って行われるよう確保する国際責任を有し（▶第7条）、スペース・デブリによる損害について国際賠償責任を負う（▶第8条）としている。また、宇宙平和利用委員会はスペース・デブリ低減ガイドライン（2007年）、スペース・デブリ低減や宇宙物体の安全などの宇宙活動の長期的持続可能性ガイドライン（2019年；2018年に出されたWG案うち合意が成立した21のガイドラインのみを「加盟国が自主的に実施すべきグッド・プラクティス」として全会一致で採択）などを策定している。

＊＊＊ **宇宙資源法の成立**　日本では、2021年に超党派の議員立法により「宇宙資源の探査及び開発に関する事業活動の促進に関する法律」（宇宙資源法）が成立・施行された。同法は、国家による取得を禁止しつつ、探査・利用の自由を定めた宇宙条約との整合性を図りつつ、採取された宇宙資源に対する民間事業者の所有権を認めるとともに、国際的な枠組み作りへの協力義務も定めており、民間主導の宇宙開発への移行を象徴づけるものとなっている。同種の立法は米国、ルクセンブルク、アラブ首長国連邦に次いで世界で4番目となる。

3 南　極

＊＊ **セクター理論に基づく領有権の主張**　南極は、南極点を中心とした南極大陸及びその周辺諸島等により構成される地域

であり、気象条件が厳しいために、長らく未踏の地であったが、19世紀以降、探検隊が派遣されるようになり（ノルウェーのアムンゼン、日本の白瀬矗等）、20世紀に入ると、一部の国が領有権を主張するようになった。これらの国（**クレイマント**）は、自国民による発見・探検活動や地理的近接性等を根拠として、南極点を頂点とする二つの子午線に囲まれた扇形の区域を自国領域とする**セクター理論**を採用した。しかし、こうした主張は国際法上の領域取得要件を満たすものではないため、領有権を主張せず、クレイマントによる領有権の主張も承認していなかった他の多くの諸国（ノン・クレイマント）により受け入れられることはなかった。そのため第二次世界大戦後、この問題に関する紛争の可能性は増大した。

** **南極条約** 国際地球観測年［1957年～1958年］を契機に、科学的調査のための国際協力体制の構築が求められ、1959年、クレイマントを含む12か国の間で南極条約が締結された。南極条約は、すべての氷棚を含む南緯60度以南の地域（南極地域）を適用範囲としている（▶第6条）。南極環境保護議定書［1991年］では、これを南極条約地域としている。他方、南極海洋生物資源保存条約［1980年］は、適用範囲が南緯60度と南極収束線（南緯50度から60度付近にある南極海流と亜熱帯海流の境界）の間の地域にも拡大されている（▶第1条）。

* **領土権の凍結** 南極条約は、クレイマントによる領土主権又は請求権の主張も、自国ないし自国民の活動等を理由とする請求権の基礎も放棄されず、また、他国による主権、請求権又はその基礎を否認する締約国の地位も害されないとした（▶第4条1項）。そのうえで、条約の有効期間中に行われた行為・活動は、請求権を主張するための基礎又は請求権を否認するための基礎となることも、主権を設定することもなく、条約の有効期間中は新たな請求権又は既存の請求権の拡大を主張することもできないとしている（▶同2項）。領土権・請求権の凍結又は領土紛争回避の原理と呼ばれる。

* **軍事利用の禁止** 南極地域は、**平和的目的**のみに利用され、軍事基地等の設置、軍事演習の実施及びあらゆる型の兵器の実験が禁止される（▶第1条）。ただし、科学的研究その他の平和的目的のために、軍の要員や備品を使用することは許容される（▶同2項）。他方、すべての**核爆発**及び放射性廃棄物処分も禁止される（▶第5条）。つまり、平和目的であっても、核爆発等は禁止されているので、徹底した非核地帯を創設したといえる。

＊＊ **査察制度**　南極条約は、条約の目的促進及び遵守確保のために**査察制度**を導入している（▶第７条１項）。指名された監視員は南極地域にいつでも出入りする完全な自由をもち（▶同２項）、南極地域におけるすべての基地、施設及び備品、並びに積卸し・積込み地点にあるすべての船舶・航空機は、いつでも監視員による査察のために開放される（▶同３項）。また、監視員を指名する権利をもつ協議国は南極地域の空中監視をいつでも行うことができる（▶同４項）。

＊＊ **アクセスの自由**　南極条約の規定は、公海に関する国際法に基づく国家の権利やその行使に影響を及ぼさない（▶第６条）。したがって、南極地域においても公海の自由が保障されている。すべての国は、特別保護地区（▶南極環境保護議定書附属書Ｖ）のように南極条約その他の関連条約により禁止されていない限り、南極条約地域に自由にアクセスすることが認められている。このアクセスの自由は、科学的調査の自由（▶第２条）を実現するために必要不可欠な条件である。

＊ **南極の法的地位**　領土権の凍結、軍事利用の禁止、査察制度、アクセスの自由により、南極条約地域は国際公域に近い**国際化地域**であると考えることができる。

> Point　**南極条約の基本原則**
> ①領土権の凍結、②軍事利用の禁止、③核爆発の禁止
> ④査察制度、⑤アクセスの自由

＊＊ **南極条約協議国会議**　共通の利害関係事項について協議し、条約の原則・目的を助長する措置を立案・審議し、締約国に対して勧告を行うための機関として、**南極条約協議国会議**が設置されている（▶第９条１項）。現在、協議国会議は、12の原署名国及びその他の締約国のうち南極地域に対する実績及び実質的な利益をもつと認められた国（2022年６月現在、29か国）により構成され、生物資源・環境の保護や資源開発の規制に関連する条約の作成等を通じて、南極条約体制の強化に主導的な役割を果たしている。

＊＊＊ **生物資源及び環境・生態系の保護**　南極地域における生物資源の保護に関しては、協議国会議での議論を踏まえて、南緯60度以南の海域におけるあざらしの猟獲の禁止ないし規制について定めた南極あざらし保存条約［1972年］が採択、また、メロ（マゼランアイナメ）、オキアミ等南

極海洋生態系に属する魚種等の南極収束線以南の海域における保存管理と合理的ないし持続可能な利用のための措置を採択・実施する国際委員会の設置等について合意した南極海洋生物資源保存条約［1980年］も採択されている。

***

鉱物資源活動の規制

南極条約成立当時は、南極地域における鉱物資源については未知であったことから、条約では、生物資源の保護及び保存を協議国会議の審議事項とするにとどめた（▶第９条１項(f)）。しかし、1970年代の海底石油資源の発見や中東情勢の不安定化に起因する石油不足等により、各国の鉱物資源に対する関心が高まり、利害関係の対立が具体化・顕在化するようになったことから、協議国会議は1977年以降、南極地域における鉱物資源活動に関する新たな枠組みが必要であるとの認識で、議論を積み重ねてきた。こうして採択されたのが、**南極鉱物資源活動規制条約**［1988年］である。

同条約では、環境影響評価により、南極の環境に対する悪影響、生態系に対するリスク等をもたらさないと判断されるまで、安全な活動と諸基準の遵守確保のための十分な技術及び手続が存在しない限り、さらに、環境・生態系を監視する能力、環境影響事故に対応する能力がない限り、鉱物資源活動を禁止した（▶第４条）。しかし、この条約は、協議国会議というフォーラムの閉鎖性、収益配分の不公平性、環境保全に対する配慮の不十分さ等を理由とする外部からの批判ばかりでなく、オーストラリア、フランス等クレイマント諸国からの反対も相次いだことから、発効の見込みが立たなくなった。

***

南極条約環境保護議定書

1991年南極条約特別協議国会議（海洋生物資源の保護や環境保護等特定の議題についての協議の場）で、南極地域の環境・生態系を保護するための包括的な制度構築を企図した**南極条約環境保護議定書**が採択された。議定書は、南極地域を自然保護地域として（▶第２条）、南極条約地域におけるすべての活動は環境・生態系に対する悪影響を限定するように計画・実施することを義務づけ、環境影響評価等の手続を要求している（▶第３条）。また、科学的調査を除くいかなる鉱物資源活動も禁止するとしている（▶第７条）。しかし、発効後50年を経れば、同規定を含む議定書の改正手続を開始することができる（▶第25条２項～４項）。それ以前であっても、協議国会議の一致した合意による修正も認められている（▶同１項）。したがって、同条による鉱物資源活動の凍結期間は最大50年にとどまる。ただし、第７条は、拘束力ある法制度が発効するまで継続する（▶第７条５項(a)）。また、同年の協議国会議で採択された附属書Ⅴでは、科学上、環境上、芸術上若しくは原生地域としての顕著な価値や科学的調査を保護するために、南極特別保護地区を指定し、立入りを原則禁止することが定められている。

***「商業化」の進展**　南極条約においてはアクセスの自由が認められている（▶第6条）が、近年、このアクセスの自由に基づいて、観光活動やバイオプロスペクティング（生物資源探査）活動など経済的・商業的な活動が活況を呈しており、環境損害等が発生した場合の責任の所在や規制の要否あるいはそのあり方等新たな問題が議論されている。もともと南極地域における管轄権配分については、南極条約第8条における科学要員・監視員に対する属人主義、南極あざらし保存条約第2条や南極海洋生物資源条約第10条及び第21条における属人主義・旗国主義、南極鉱物資源活動規制条約における事業者に対する保証国の管轄権といったように、活動別に定められているが、このような管轄権規定が存在しない場合には、南極条約第7条5項が参照基準とされてきた。

◆ Further Study　北　極

北極は北極点を中心とする北極海及びその周辺の島嶼（グリーンランド、アイスランド、クイーン・エリザベス諸島等）・大陸沿岸（北米大陸、スカンジナビア半島、シベリア等）により構成され、とくに白夜・極夜がみられる北緯66度33分以北の地域は北極圏と呼ばれる。北極海は年間を通じて氷結しており、周辺の陸地部分もきわめて寒冷な気候であるため、ここに生活しているのはイヌイット等少数にとどまる。かつては南極と同様、カナダとソ連がセクター理論に基づく領有権を主張したが、現在は陸地部分については、実効的な支配という一般的な領域取得方法により、アイスランド、アメリカ合衆国、カナダ、スウェーデン、デンマーク、ノルウェー、フィンランド、ロシア連邦の領土とされている。他方、海域部分についても、通常の海洋法が適用される。北極は国際化されておらず、陸地・海域ともに領域に関する国際法の一般的規律の下にある。

近年、気候温暖化の悪影響により、同地域における環境・生態系保護への関心が高まり、1996年に上述の8か国（北極圏諸国）及び同地域に居住する先住民団体等により構成される北極評議会（Arctic Council）が設立された。さらに、評議会では、海洋資源開発・航路開発等新たに注目を集めている分野について、日本、イギリス、フランス等非北極圏諸国も参加するかたちで、国際協力の枠組みづくりに向けての議論が進められている。

この規定は、もともと自国船舶又は自国民が参加する南極地域向けのすべての探検隊又は同地域にあるすべての探検隊（属人主義）に加えて、自国の領域で組織され、又は自国領域から出発するすべての探検隊についても、他の締約国への事前の通告を義務づけた規定である（▶第7条5項(a)）。その後の協議国の慣行によって、この探検隊には非政府観光活動が含まれること、「南極地域向け」には、一部活動に関しては南極条約地域に入域することが含まれるものと解されるようになってきた。南極条約環境保護議定書では、このような管轄権リンクが正式に採用され、観光活動等にも、同議定書による規制を課すことが締約国に義務づけられている（▶第3条4項、第8条2項等）。2005年に採択された同議定書の附属書Ⅵ「環境緊急事態から生じる賠償責任」においても、事業者等が南極で活動中に生じた環境上の緊急事態に対する対応措置（▶第5条）が有効になされなかった場合について、この管轄権リンクに基づき、事業者を管轄する国家が厳格責任を負うとしている（▶第6条）。

バイオプロスペクティング活動に対する規制の要否については具体的な合意はみられていない。しかし、規制を求める主張が出てきていること自体、商業的活動に関する限り、将来において、アクセスの自由及び科学的活動の自由という南極条約の基本原則が修正される可能性を示唆するものである。

＊＊ **南極条約体制** 南極に関する国際法は、南極条約その他の関連諸条約を核として、協議国会議による決議・勧告等の諸決定等により整備強化され、南極条約体制と呼ばれる条約制度を成している（▶南極環境保護議定書第1条(e)）。南極条約体制に対しては、1980年代のマレーシア等が南極へ人類の共同財産概念の適用を求めるなど、外部からの根本的な批判が寄せられたこともあったが、マレーシアを協議国会議へ非公式に招聘し体制への取り込み［2002年］を行ったり、南極条約事務局を設置［2003年］したりして、徐々にその正当性に対する普遍的な承認を得つつあるといえよう。

☆ Summary

国家が領有する空域を領空という。領空に対しては、領域国の完全かつ排他的な主権、すなわち（　1　）が認められるので、航空機が領域国の許可なく領空に入ることは、（　2　）となる。（　3　）条約（シカゴ条約）は、（　1　）を前提としつつ、（　4　）航空に関しては、事前の許可なく、他の締約国の領域国の領空を飛行する権利を認めることにより、一定程度の「空の（　5　）」を図っている。他方、（　6　）国際航空業務に関しては「空の（　5　）」はなされていない。しかし、その後、（　6　）国際航空業務における（　5　）を推進しようとするアメリカ合衆国の意向を反映して、シカゴ条約の附属協定として、（　7　）協定、さらに（　8　）協定が締結された。しかし後者の締約国は少数にとどまったため、（　6　）国際航空業務に関しては（　9　）協定に委ねられている。そこでも従来、輸送力増強の可否や運賃の決定に対して政府の介入を強化しようとするものが主流であったが、1990年代以降、アメリカ合衆国が主導するかたちで、規制を撤廃し、企業の自由な決定を尊重する（　10　）協定が増えている。

科学技術の発展により、宇宙空間に関しても国際的なルールが必要であることが認識されるようになり、宇宙条約を中核とする宇宙法が形成されることになった。宇宙条約は宇宙活動における基本原則として、宇宙活動自由の原則、宇宙空間（　11　）禁止原則、宇宙平和利用原則、国家への（　12　）原則を定めている。現在、宇宙空間及び月その他の天体をめぐっては、直接放送衛星・資源探査衛星と国家主権との調整、原子力電源の利用規制、宇宙基地における国際協力体制の構築、宇宙ゴミである（　13　）対策等について、国際的なルールづくりに向けての議論が進められている。

南極大陸及びその周辺諸島等により構成される南極地域に関しては、かつて一部の国が（　14　）理論に基づいた領有権を主張していたこともあったが、普遍的な支持を得ることはなく、南極条約により、条約の有効期間中の活動を根拠に領有権の主張は行わないこととされた。これを領土権の（　15　）という。また、この条約においては、軍事利用及び（　16　）の禁止、（　17　）制度の導入、科学的調査の自由及びそのための（　18　）の自由が合意されており、南極条約地域は国際公域に近い国際化地域であると考えられる。現在、同条約により設けられた南極条約（　19　）会議が、同地域における生物資源・環境の保護や資源開発の規制にかかわる条約の作成作業等を通じて、南極条約体制の強化を図っている。南極条約（　20　）議定書では、鉱物資源活動が禁止された。

答

【Quiz】②いいえ、できない。月は国家による領有が禁止されている（宇宙条約第２条）ので、どこの国の領土でもなく、土地を購入することはできない。

【Summary】①領空主権、②領空侵犯、③国際民間航空、④不定期、⑤自由化、⑥定期、⑦国際航空業務通過／「二つの自由」、⑧国際航空運送／「五つの自由」、⑨二国間航空、⑩オープンスカイ、⑪領有、⑫責任集中、⑬スペース・デブリ、⑭セクター、⑮凍結、⑯核爆発、⑰査察、⑱アクセス、⑲協議国　⑳環境保護／環境

第14章　外国人法

Quiz

A君はアメリカ合衆国の大学に4年間留学することになり、航空券、パスポート、クレジットカード、現金を準備し、海外旅行保険に入った。それ以外に忘れているものはないだろうか。

（答は章末）

1　国民と外国人

* **国民と外国人の区別**　領域主権の原則から、国家はその領域内に居住・滞在している人びとについて管轄権を行使することができる。つまり、私たちは日本にいれば日本の、中国にいれば中国の国内法に従わなければならない。それと同時に、国家は自国領域にいる人びとに対して人権を保障し保護する責任をもつが、国民と外国人では取扱いが異なるところがある。ここで、**国民**というのは領域国の国籍をもつ人（自然人、法人）のことであり、**外国人**とはそれ以外の人のことである。船舶や航空機にも国籍がある。

* **外国人の入国**　国家は外国人を**入国**及び再入国させる義務を一般国際法上負っていない（★マクリーン事件、最大判昭53・10・4）。しかし、条約がある場合は、国家はその範囲で外国人を入国させる義務を負うこととなり、二国間の通商航海条約や経済連携協定、地域的な経済統合条約には、経済活動を行う人の受入れに関する規定が置かれている。また、永住者や定住者の再入国は、市民的及び政治的権利に関する国際規約（自由権規約）の第12条4項の「自国に戻る（enter）権利」によって保障されうる（★スチュワート事件、自由権規約委員会見解［1993年］、同一般的意見27［1999年］）。

*** **COVID-19による入国制限**　2020年の春、新型コロナ（COVID-19）感染拡大防止のために、多数の国が全面的な外国人の入国禁止を行った。自国民の入国さえ制限した国もあった。日本では初期の数か月間は、特別永住者を別として、永住者や定住者等の入国が禁止された。このことは、上述の自由権規約委員

会の「自国」の解釈、及び同委員会の「自国に戻る権利の剥奪が合理的である状況はほとんどない」(一般的意見27) との指摘に照らせば、問題となる点であった。

* **外国人の出国**　外国人の**出国**は、自由権規約第12条２項の「いずれの国からも自由に離れる権利」によって保障されているが、国家は犯罪捜査などのために一定の制約を課すことはできる。逆に、違法に入国・滞在している外国人に対しては、国家は強制的に退去させること (**退去強制**) ができるし、合法的に滞在する外国人であっても自由権規約第13条は一定の条件の下で**追放**を認めている。また、犯罪人引渡しの手続により、外国人を他国へ移送することもある。ただし、自由権規約第17条で禁じられた家族に対する干渉になるとして不法滞在者の退去強制措置を違法とした事例 (★ウィタナ事件、自由権規約委員会見解 [2001年]) があり、さらに迫害や拷問等を理由に、外国人を出身国へ退去強制等させられない場合もある。

** **滞在する外国人の権利保障**　人権の中には、国家が自国民に対する保障を優先できるものがあると考えられている。法人格の承認、生命や身体の保全の尊重、人格的自由や精神的自由の保障などは一般的に外国人にも保障している国が多い。

** **法の前の平等**　自由権規約第26条はすべての者の**法の前の平等**を定めるが、これは合理的ではない差別の禁止を求めるものである。差別事由として、「人種、皮膚の色、性、言語、宗教、政治的意見その他の意見、国民的若しくは社会的出身、財産、出生又は他の地位等」が挙げられており、国籍は「他の地位」としてこの条文によりカバーされる (★ゲイエ事件、自由権規約委員会見解 [1989年])。したがって、国家が合理的な理由なく法律による権利保護から外国人を排除すれば、自由権規約に規定される権利でなくても、同条違反となる。

** **参政権**　参政権は外国人に当然には認められない。自由権規約第25条は参政権の保障を**市民**に限っている。では、この市民は国民であることを前提としているのだろうか。自由権規約委員会は一般的意見15「規約の下での外国人の立場」[1986年] において、市民という言葉を外国人と対照させて用いているし、市民は国民の中の一定の人たちという理解が一般的でもある。また、世界人権宣言の第21条には「自国の統治に参与する権利」や「自国の公務に平等に携わる権利」という文言が用いられているのも、参政権の保障は外国人にまでは及んでいないことを示唆しているように思える。

他方で、自由権規約委員会は、一般的意見25「公務参加の権利、選挙権及び公的サービスへの平等なアクセスの権利」[1996年] の中で、「人種、皮膚の色、性、言語、宗教、政治的意見その他の意見、国民的若しくは社会的出身、財産、出生又は他の地位によって、市民の間での区別は許されない」と述べているが、上述のように、自由権規約委員会は第26条の解釈で「他の地位」には国籍が入るという考えを示しており、市民とは多国籍からなる集団である可能性がある。自由権規約第25条は当然に外国人を排除することを認めているわけではないだろう。

いずれにせよ、参政権が「市民」に限定されるのは、現代の国民国家を基礎づけている国民主権原理の帰結である。第25条も外国人に参政権を与えることを禁止しているわけではないので、とくに地方参政権に関しては一定の定住外国人に付与を認めている国も複数ある。日本でも最高裁（★選挙人名簿不登録処分に対する異議の申出却下決定取消請求事件、最三小判平7・2・28）がこの点に関する憲法解釈として許容説の立場を示したが、立法化は進んでいない。

＊＊ **経済的権利** 経済活動に関する諸権利は、国内法や相互条約が定める範囲内で外国人に認められ、自国民と同様の保障がされることは通常ない。経済的、社会的及び文化的権利に関する国際規約（社会権規約）の第2条3項は、発展途上国は「この規約において認められる経済的権利をどの程度まで外国人に保障するかを決定すること」ができると規定しているが、これは、途上国の外国による経済的支配からの脱却を念頭に置いて設けられたものである。

＊＊ **社会保障** 社会保障に対する権利も外国人に制限がある国が多い。例えば、日本では、国民健康保険や老齢年金のように拠出制のものは外国人も平等に加入・受給できるが、生活保護法による公的扶助やかつての福祉年金のように全額国庫から賄われている社会保障の場合に外国人を差別することは合理的な理由があり立法裁量として認められるとされている（★塩見事件、最一小判平1・9・25）。しかしながら、社会権規約第9条は外国人差別を認めていないし、自由権規約第26条の差別禁止の要請は、社会権にも及ぶと解される（★ブレークス事件、自由権規約委員会見解［1989年］）。

＊ **義　務** 国民と外国人の違いは国家に対する義務という側面にも存在している。兵役、陪審、教育などの義務は一般的に国民のみに課される。

＊＊ **移住労働者の保護** 国際労働機関（ILO）は、移住労働者の保護のための条約や勧告を複数出している。また、国連は、1990年に「すべ

ての移住労働者及びその家族の権利の保護に関する国際条約」（**移住労働者の権利条約**）を採択した。この条約は、表題が示すように、正規移住労働者だけでなく非正規移住労働者にも多数の権利を保障していることが特徴である。2022年３月現在加盟国は57か国で、移住労働者を多く受け入れている北米やオーストラリア、EU 諸国、日本などは、未加盟である。

2　国　　籍

＊ **国籍の定義**　**国籍**は人に特定の国家の構成員資格を認める法的な紐であり、それにより、国民としての権利・義務が与えられる。領域主権原則から、人は居住・滞在する国の管轄権に服するが、外国で国籍国の保護を受けるだけでなく、域外犯として処罰の対象となるなど、一定程度国籍国の管轄権にも服する。船舶や航空機は登録国の国籍をもち、企業など法人の本国に関しても国籍という表現が用いられることがある。

＊＊ **国籍の付与**　国籍をどのような人に与えるかは、原則、**国内管轄事項**と考えられており（★チュニス・モロッコ国籍法事件［1923年］、▶国籍法抵触条約第１条）、それぞれの国が国内法で自国民の資格を定めることができるが、真正な結合関係がなければ、国籍を他国に主張できず、対抗力を有しない（★ノッテボーム事件［1955年］）。

＊ **先天的国籍取得**　出生による国籍取得（**先天的国籍取得**）に関しては、親の国籍が子どもの国籍の根拠となる**血統主義**と子どもの出生地が根拠となる**出生地主義**の考え方があり、それぞれの国がどちらかによりあるいは両者を組み合わせて国内法を定めている。例えば、日本の国籍法第２条１号及び２号は血統主義、３号は出生地主義の考え方である。国籍法抵触条約は前文で、**国籍単一の原則**が国際社会の一般的利益であると述べているが、実際には国に

国籍法

第２条　子は、次の場合には、日本国民とする。

　一　出生の時に父又は母が日本国民であるとき。

　二　出生前に死亡した父が死亡の時に日本国民であったとき。

　三　日本で生まれた場合において、父母がともに知れないとき、又は国籍を有しないとき。

よってルールが異なることから、無国籍や重国籍の状況が生じることもある。

＊ **国籍の後天的取得** 出生後の国籍取得の代表的な方法として帰化がある。**帰化**とは、外国人の国籍取得の意思表明に基づいて、国家がそれを許可することによって成立する。どのような人に帰化を認めるのかは国家の自由裁量であるが、日本を含めて一般的には、住所条件、能力条件、素行条件、生計条件等が課せられる。その他、婚姻、準正（親の婚姻や認知などにより嫡出子の身分を得ること）等の身分行為に伴う国籍取得もある。

＊＊ **国籍のはく奪** 国籍はく奪による無国籍状態は、婚姻に伴う原国籍の離脱後の婚姻解消による新国籍のはく奪、ある領域の他の国家への移転、国家からの迫害等さまざまな要因から生じる。どの国においても国民としての資格を有しない無国籍状況は望ましくないため、1954年の「無国籍者の地位に関する条約」は、国家は無国籍者に難民とほぼ同様の待遇を与えることを定めた。また、1961年の「無国籍の削減に関する条約」では無国籍者が生じるような事態においては国家が一定の人に国籍付与の義務を負うことを定めている。

＊＊ **国籍の権利** 「無国籍者の地位に関する条約」は締約国数が少ないうえに、同条約の下でも自国民と全く同等の権利の保障、とくに政治的権利の保障はない。国籍をもつことは個人にとって「権利をもつための権利」として重要な人権である。世界人権宣言第15条が、すべての者の国籍をもつ権利を定め、国籍の恣意的なはく奪や国籍変更の権利の否認を禁止し、児童の権利条約第24条がすべての児童の**国籍取得の権利**を規定するほか、人種差別撤廃条約、女子差別撤廃条約、障害者権利条約等にも国籍に対する権利が規定されている。

＊＊ **自然人以外の国籍** 法人の国籍国は一般的には設立準拠法国又は本拠所所在国である。船舶は登録国の国籍をもちその国の旗を揚げて航行することから、当該国を旗国と呼ぶが、船舶と旗国の間には真正な関係の存在が必要とされる（▶国連海洋法条約第91条、第92条）。国際航空に従事するすべての航空機は、その適切な国籍及び登録の記号を掲げなければならない（国際民間航空条約第20条）。

3 領事保護

＊＊ **領事任務** 領事関係条約の第５条は領事任務について定めている。領事任務には派遣国の国民（自然人・法人）のために接受国で行う次のこと

が含まれる。すなわち、(a)国民の利益の保護、(b)両国間の通商上、経済上、文化上及び科学上の関係の発展の助長並びに友好関係の促進、(c)接受国の通商上、経済上、文化上及び科学上の活動等の把握と派遣国への報告及び関心をもつ者への情報提供、(d)国民への旅券又は渡航文書の発給及び派遣国への渡航を希望する者への査証等の発給、(e)国民の援助等である。

*** **領事官への通報**　領事関係条約第36条１項には、国民に関する領事任務の遂行を容易にするため、以下の内容が規定されている。すなわち、(a)領事官から国民へ、国民から領事官へ自由に通信及び面接を行うことができる。(b)国民が逮捕されたり、留置されたり、裁判に付されるために勾留されたり、他の理由により拘留された場合、当該国民の要請があるときには、接受国の権限ある当局は当該領事機関へその旨を遅滞なく通報しなければならない。そのような国民から領事機関へ宛てた通信を、接受国の権限ある当局は遅滞なく送付しなければならない。その者がこの(b)の規定に基づき有する権利を、接受国の権限ある当局はその者へ遅滞なく告知しなければならない。(c)留置、勾留又は拘束されている国民を領事官が訪問、面談及び文通する権利、弁護士をあっせんする権利、判決に従い留置され、拘留され又は拘禁されている国民を領事官が訪問する権利である。ただし、領事官が当該国民のために行動することに対し当該国民が明示的に反対する場合には、領事官はそのような行動を控えることになっている。

** **領事保護権**　以上のように、領事官は行政的側面から在外自国民の保護や支援を行い、それらは一般に**領事保護**といわれている。領事保護権は国家に対して認められている。しかしながら、自国領事官にアクセスする権利やそうした権利についての情報を与えられる権利は、個人の権利である。1985年の**外国人の人権宣言**（▶総会決議40/144）は、これらの権利が「外国人の個人の権利であり外国人の人権と考えられる」と述べている。領事関係条約ではこの点がはっきりしていない。第36条１項柱書きには「派遣国の国民に関する領事任務の遂行を容易にするため」との断りがある。**ラグラン事件**［2001年］で、被告のアメリカ合衆国は、「領事官への通報及びアクセスの権利は、個人に利益を与えるかもしれないが、国家の権利である」と主張していたが、国際司法裁判所は、「第36条１項は個人の権利を創設して」いるとの立場を示した。

4 外交的保護

＊＊ **外国人保護の義務**

外国人の身体や財産を**相当の注意**をもって保護することは、領域国の義務である。もし外国人に損害を発生させた場合は国家責任の問題が生ずる。注意の程度について、領域国が自国民に対して与える保護と同等のものでよいのか否かということが19世紀半ば以降問題とされてきた。海外において経済活動を展開する欧米諸国は、投資先の非欧米諸国でも自国民に自国にいるときと同等のレベルの保護（**国際標準主義**）を要求した。それに対して、とくにラテンアメリカ諸国は領域主権の原則から外国人にも自国民と同等の保護を与えればよいと反論した（**国内標準主義**）。欧米の主張していた国際標準主義が一般国際法として受け入れられたとはいえない。国際標準主義も**文明国標準主義**といわれることがあるように、欧米の国内標準でしかない。少なくとも、国内標準に従った相当な注意義務がすべての国家に課されているということができる。ただし、第二次世界大戦終結以降は国際人権法の発展によって、自国民も含め個人一般に対して一定の人権保障義務を国家は負うようになっている。

◆ Case ラグラン事件

（ドイツ対アメリカ合衆国）国際司法裁判所判決［2001年6月27日］

ドイツ生まれで幼少時に母親と永住のために渡米したがドイツ国籍を保持していたウォルター及びカール・ラグラン兄弟は、武装銀行強盗未遂事件に関してアリゾナ州ピマ郡最高裁判所により、死刑判決を受けた。アメリカ合衆国は領事関係条約第36条１項(b)において求められている情報を両人に与えておらず、関係ドイツ領事官にも彼らの逮捕について知らせていなかった。カールの死刑執行後、ドイツはアメリカ合衆国を同条約違反で国際司法裁判所に提訴し、同時にウォルターの死刑執行停止のための仮保全措置を要請した。国際司法裁判所は仮保全措置命令を出したが、ウォルターの死刑も執行された。

ドイツは、領事関係条約第36条１項(b)に基づき、アメリカ合衆国がラグラン兄弟の有する権利を彼らに逮捕後遅滞なく知らせなかったことにより、ドイツに対する国際法義務違反を犯したと主張した。国際司法裁判所は、領事官への通報及びアクセスの権利は国家の権利であり個人の権利ではないというアメリカ合衆国の主張を退けた。第36条１項は、その文言からして個人の権利を創設しており、本件では当該権利が侵害されたことを認めた。

Point　外国人の保護義務

「相当の注意」義務
- ①国際標準主義
- ②国内標準主義
- ③人権標準主義

＊＊ **外交的保護**　外国人に対して領域国による違法行為があった場合は、その私人の国籍国が領域国に対して救済を求めることができる。**外交的保護権**である。この権利は私人の受けた損害が契機となり国家により行使される国家の権利であり、私人の権利ではない。国家は私人からの訴えがなくとも行使することができ、さらに、領域国から賠償を受け取ってもそれを私人に渡すかどうかも自由である。このように外交的保護権は国家的性格を有する。常設国際司法裁判所は、マヴロマティス事件判決［1924年］で「国家は……自国民に代わって国際法規則の尊重を確保させる自国の権利を主張している」と説明した。個人の請求が国家に埋没すると考えられている（**埋没理論**）のである。

＊＊＊ **法人の外交的保護**　外交的保護のための法人の国籍国は、原則的には法人の設立準拠法国である（▶外交的保護条文第９条）。他方で、会社の株主の国籍国は、総会に参加し投票する権利など、国内法で与えられる株主固有の権利を保護する場合を除き、会社が消滅したり法的能力を消失したりした場合等に限って、株主個人のために外交的保護権を行使できる（**★バルセロナ・トラクション事件**［1970年］、アーマドゥ・ディアス事件（先決的抗弁）［2007年］、（本案判決）［2010年］、▶外交的保護条文第11条）。

＊＊ **国籍継続の原則**　国家が外交的保護を行使するためには、被害者たる私人は、損害を受けた時から国家が外交的保護権に基づく請求を行い救済が得られるまで、請求国の国籍を継続して有していなければならない（**国籍継続の原則**）。外交的保護が小国に対する大国の内政干渉の手段として機能するのを防ぐための規則である。ただし、個人が先行国の国籍を有していた場合や、以前の国籍を喪失した場合でも、請求の提起とは無関係な理由により請求提出国の国籍を取得した場合は、新たな国籍取得が国際法に違反していなければ、変更後の国籍国により外交的保護が行使される（▶外交的保護条文第５条）。

「国籍法の抵触についてのある種の問題に関する条約」（国籍法抵触条約）第４条によれば、私人が重国籍を有していた場合は国籍国が他の国籍国に対して外交的保護を行うことはできないが、一方の国籍が優勢である場合は例外と考えられる（▶外交的保護条文第７条）。第三国に対しては、どの国籍国も外交的保護を行使することができる（▶第６条）。ただし、重国籍者の国籍について、第三国はその領域内で、その者が常住的で主要な居住を有する国籍又は事実上最も関係が深いと認められる国籍のみを認めることができるのであり（▶国籍法抵触条約第５条）、複数の国籍国からの請求を受けた第三国は、より真正かつ実効的な国籍を与えている国籍国からの外交的保護の行使を認める。また、真正な結合をもたない国籍国の外交的保護を、より緊密な結合をもつ第三国が認める義務はない（★ノッテボーム事件［1955年］）。当該私人が死亡し権利相続人の国籍が異なる場合には、国籍継続の原則の例外が必要となる。複数の多国籍の権利相続人が生じた場合等は外交的保護権の合同行使も考えられるだろう。

＊＊ **国内救済完了の原則**　被害者がすでに領域国において裁判や行政機関への申立て等、利用可能な法的救済手段をすべて尽くしていることが、外交的保護の第二の要件とされる（**国内救済完了の原則**）。これは、私人の

◆ Case　**ノッテボーム事件**
（リヒテンシュタイン対グアテマラ）
国際司法裁判所第二段階判決［1955年４月６日］

ノッテボームは1881年生まれのドイツ人で1905年にグアテマラで働き始めた。1939年に同国を出国し、リヒテンシュタインに帰化申請を行い、認められた。翌年彼はグアテマラで仕事を再開し、1943年まで同国に居住し続けたが、グアテマラはノッテボームを逮捕、追放、再入国拒否し、その財産を補償なく没収したので、リヒテンシュタインは国籍国として外交的保護権を行使し、グアテマラを相手取り国際司法裁判所に提訴した。

リヒテンシュタインによる国籍の付与という一方的行為により、グアテマラはリヒテンシュタインの外交的保護権を承認する義務を負うのか、つまり、リヒテンシュタインの管轄権行使として行われる帰化が国際的な効力をもつのかについて、裁判所は検討した。そして、ノッテボームとリヒテンシュタインとのつながりの希薄さ及びグアテマラとのつながりの緊密さを認め、リヒテンシュタインによる国籍の付与は国際法で採用されている国籍の概念を考慮せずに行われたもので、真正さという条件を欠き、したがって、グアテマラは彼のリヒテンシュタイン国籍を認める義務はなく、リヒテンシュタインはグアテマラに対してノッテボームの保護を行う権限はないと判断を下した。

損害が容易に国際紛争に転化しないことを目的として設けられた外交的保護権行使のための手続的要件であり、慣習国際法上確立している（★インターハンデル事件［1959年］）。例外的に、国内救済手段を尽くす必要がない場合として、実効的救済手続が存在しない場合や存在しても救正の合理的可能性を示すものではない場合、救済過程に領域国の責めに帰す不当な遅延がある場合、損害の日に被害者と領域国との間に関連性のある結びつきがない場合、被害者が救済手段を遂行することを明白に妨げられている場合、領域国が国内救済手段完了の要件の援用を放棄した場合がある（▶外交的保護条文第15条）。

なお、途上国と外国人（企業）との間のコンセッションに、当該外国人（企業）が本国の保護を求めることを禁ずる**カルボ条項**が挿入されることがある。19世紀の終わりから20世紀のはじめに外国の介入を嫌ったラテンアメリカ諸国が始めた実行であり現在も見受けられるが、これにより国家の権利としての外交的保護権が否定されるわけではない。

> Point　外交的保護権行使の要件
> ①国籍継続の原則
> ②国内救済完了の原則

5　難　　民

＊＊ **難民の定義**

国家は、**難民**には特別の保護を与えなければならない。法律用語としての難民は、厳格な定義により対象範囲が定められている。一般的な定義は、1951年に採択された「難民の地位に関する条約」(**難民条約**)の第１条Ａ(2)が規定する「人種、宗教、国籍若しくは特定の社会的集団の構成員であること又は政治的意見を理由に**迫害を受ける恐れ**があるという十分に理由のある恐怖を有するために、国籍国の外にいるものであって、その国籍国の保護を受けることができないもの又は……望まないもの」及び同様の状況にある、無国籍者である。

＊＊ **東西対立を反映**

難民条約は冷戦初期の東西対立の中、社会主義国家となった東欧諸国から西欧に亡命する人びとを念頭に西側主導で作成された条約である。これ以前の条約で扱われてきた人種や宗教等を理由とする政府からの迫害とともに、その人個人の政治的な立場を理由とする迫害が中核

Point　難民の定義

①人種、宗教、国籍若しくは特定の社会的集団の構成員であること又は政治的意見を理由に迫害を受ける恐れがあること（迫害要件）
②国籍国の外にいること
③国籍国の保護を受けることができないこと

的な要素として考えられた。第1条A(2)の文章の前に、「1951年1月1日前に生じた事件の結果として」という限定句が付いており、第2条B(1)で、締約国は、その事件について、(a)欧州、(b)欧州又は他の地域において生じたものの二者から選択することができるようになっている。その後、1967年に「難民の地位に関する議定書」（難民議定書）が採択され、以上のような時間的条件及び地理的条件ははずされたが、迫害を受ける恐れがあることが難民の定義の中心概念であることは変わりがない。

*** **多様化する避難の原因と形態**

冷戦終結後の紛争の特徴として挙げられるのが、内戦、とくに民族的な対立による紛争である。そうした内戦によって、特定の集団が周辺国へ追いやられた。さらに、自然災害や環境悪化などで移住せざるをえない人なども難民問題と関連して議論され、**強制移住**という言葉もしばしば用いられる。さらに、自国内の他の地域へ避難する人びと（**国内避難民**）も多数生じている。

*** **武力紛争と難民**

国連難民高等弁務官（UNHCR）事務所は、武力紛争の状況においても、難民条約の「迫害を受けるおそれがあるという十分に理由のある恐怖」は、その迫害が人種等の5つの事由による場合は適用されると述べている（「国際的保護に関するガイドライン12」2016年）。

他方でアフリカ統一機構（OAU、現在のアフリカ連合（AU））が1969年に作成した「アフリカにおける難民問題の特定の側面を規律するアフリカ統一機構条約」（OAU難民条約）は、「難民」について難民条約の定義に加えて、第1条2項で、「外部からの侵略、占領、外国の支配、又はその出身国若しくは国籍国の一部若しくは全部における公の秩序を著しく乱す出来事のために、出身国又は国籍国の外の場所に避難所を求めて、その常居所地を去ることを余儀なくされたすべての者にも適用される」と述べている。植民地独立闘争の過程で多くの避難民を生み出していたアフリカ諸国の状況を念頭に置いて設けられたものである。1984年にラテンアメリカ諸国によって作成されたカルタヘナ宣言第３条(3)も、類似の規定をもつ。また、欧州連合では、難民とは別の「補完的保護」の下で、「国際的又は国内的武力紛争の状況における無差別暴力を理由とする文民の生活又は身体への重大かつ個人的な脅威」に直面する人が保護の対象となっている（「資格指令」2011年）。

＊＊ 迫害概念の多様性

難民条約の**迫害**という概念のとらえ方も多様である。難民条約自体に迫害の定義はない。生命や身体の自由への脅威を迫害ととらえることが一般的であるが、自由権規約や社会権規約が認める権利が国の持続的又は組織的懈怠により保障されていない状況を迫害ととらえる考え方もある。国際人権法の発展がその考え方の基盤となっている。

＊＊ 難民認定

難民条約の場合、一人ひとりに関して個別に難民の要件を満たしているか領域国が審査（**難民認定**）するのが一般的である。とくに、「迫害を受ける恐れがあるという十分に理由のある恐怖を有する」か否かの判断には、恐怖をもつという主観的要素と、その恐怖に十分な理由があるという客観的要素からの考察が必要とされる。後者の判断には、出身国の状況、申請者本人の経歴、家族や関係する人びとの経験等の調査が行われるが、その結果、申請者が本国に帰還すれば危害を受けるだろうという合理的な可能性が認められれば十分である。迫害の主体は第一義的には政府であるが、非国家主体による迫害であっても、国家が個人を保護できない場合や保護しようとしない場合は条約の定義にあてはまる。

しかしながら、認定を行うのはそれぞれの国家なので、国連難民高等弁務官（UNHCR）事務所の指針や勧告があっても、審査をする国によって判断が異なり、同じ国からの出身者をとってみても受入国によって難民認定率には差がある。国家によって難民と認定されなかった人が、国連難民高等弁務官事務所によって難民と認定され援助の対象となることもあり、同機関による認定難民は**マンデート難民**と呼ばれる。

＊＊ 日本の難民認定

日本は出入国管理及び難民認定法で難民条約の定義をそのまま採用している。2004年まで続いたインドシナ難民の受入れを除けば、年に数名から数十名しか難民を受け入れておらず、これは世界的にみてかなり少ない。その理由の一つとして、以前は申請者自体も比較的少なかったということもあったが、もう一つとして難民認定基準が厳しいということも挙げられる。すなわち、立証責任を申請者のみに負わせる、迫害の合理的可能性以上の高い立証基準を課す、本人の証言の信ぴょう性を厳格に判断するなど、迫害から逃れてくる難民にとっては厳しい要求がされており、国連難民高等弁務官事務所が求めるような「灰色の利益」があまり与えられていない。

難民の権利 ＊＊ 難民条約は、同一の事情の下で一般に外国人に対して与える待遇よりも不利でない待遇（動産及び不動産の所有権、自営業に従事する権利、自由業に従事する権利、住居、初等教育以外の教育）、同一の事情の下で外国の国民に与える待遇のうち最も有利な待遇（結社の権利、賃金が支払われる職業に従事する権利）、自国民と同一の待遇（著作権及び工業所有権、裁判を受ける権利に関連する事項、配給の分配、公の初等教育、公的扶助及び公的援助、労働法制及び社会保障の適用）、少なくとも自国民以上の好意的待遇（宗教の自由）、無条件に保障されている権利（裁判を受ける権利）、一般外国人対象の規制の遵守を条件とする権利（移動の自由）を規定し、権利保障レベルに区別を設けている。受入国は、身分証明書や旅行証明書の発給など難民に対して必要な行政的措置をとることも求められる。

庇護権 ＊＊ 庇護を受ける権利は難民条約に規定されていない。世界人権宣言第14条は「迫害からの庇護を他国に求め、かつ、これを他国で享受する権利」を謳っている。しかし、個人の**庇護権**が一般国際法上確立しているかどうかについては、争いがある。**領域内庇護宣言**（▶総会決議2312（XXII））第３条１項は、世界人権宣言第14条を援用する権利を有する者に対する国家の入国拒否を禁じており、個人の権利として庇護権を認めている。また、米州人権条約や「人及び人民の権利に関するアフリカ憲章」（バンジュール憲章）は、「庇護を求めかつ与えられる権利」を保障している。さらに、欧州連合の関連法は、難民や補完的保護の資格を有する人に対して、構成国はそれぞれの地位を与える（shall grant）と定めている。しかし、一般国際法では、未だ庇護権は国家の権利とされ、庇護を与えるかどうかは、国家が自由に決定することができる。

ノン・ルフールマン ＊＊ 難民の保護のために非常に重要な規定が、難民条約第31条から第33条に設けられている。許可なく自国領域に入国及び滞在している難民が、難民条約第１条の意味において、生命又は自由が脅威にさらされていた領域から直接来たのであれば、当該難民に対し不法入国又は不法滞在を理由として刑罰を科してはならない（▶第31条１項）。国の安全又は公の秩序を理由とする場合を除いては合法的にその領域内にいる難民を追放してはならない（▶第32条１項）。そして、難民を第１条の理由によってその生命又は自由が脅威にさらされる恐れのある領域の国境へ追放し又は送還してはならない（▶第33条１項）とされている（**ノン・ルフールマン原則**）。

これらは、出入国という点で一般の外国人と難民を大きく区別している。とくに第33条１項により、難民条約が難民受入れを国家に義務づける規定を欠いているにもかかわらず、締約国は難民を安全な第三国に送れない限り、自国で受け入れなくてはならない。ノン・ルフールマン原則は、難民条約以外にも、追放・送還・引渡し禁止の義務として拷問等禁止条約の第３条に明示されている。また同じく拷問等を禁止している自由権規約第７条や欧州人権条約第３条の規定の適用においても採用されている概念である。

＊＊＊ **難民の地位の終止**　難民条約第１条Ｃは、難民の地位が終止する場合を列挙している。⑴任意に国籍国の保護を再び受けている場合、⑵国籍を任意に回復した場合、⑶新たな国籍を取得しかつそこからの保護を受けている場合、⑷定住国に任意に再び定住している場合、⑸難民認定の根拠となった事由が消滅したため国籍国の保護を受けることを拒むことができなくなった場合、⑹無国籍者の場合で同様の理由で常居所を有していた国に帰ることができるとき、である。国連難民高等弁務官事務所は難民問題の解決策として、受入国での統合、自主的帰還、第三国定住の三つを挙げている。

☆ Summary

（　1　）は領域国の国籍をもつ者、外国人はそれ以外の者である。国家は外国人に（　2　）を認める義務がない。外国人の（　3　）は自由であるが、強制的に退去させられることがある。（　4　）という。自由権規約第26条はすべての者の法の前の（　5　）を定めており、外国人であることを理由に差別されない。外国人の身体や財産を（　6　）の注意をもって保護することは、領域国の義務である。外国人が自国にいるときと同等のレベルの保護を受けると主張する（　7　）主義と、外国人にも自国民と同等の保護を与えればよいとする（　8　）主義の対立がある。

領事官は行政的な側面から在外自国民の保護や支援を行う。それらは一般に（　9　）といわれている。外国人に対して領域国による違法行為があった場合、その私人の国籍国が領域国に対して救済を求めることができる。（　10　）権である。これは国家の権利であって個人の権利ではない。個人の請求が国家に（　11　）すると考えられている。二つの要件を満たさなければならない。第一は、請求国の国籍を継続して有することである。（　12　）の原則といわれる。国際司法裁判所は、（　13　）

事件の中で、国籍国と国民との間に（　14　）な結合関係がなければならないと述べた。第二の要件は、利用可能な法的救済手段をすべて尽くすことである。（　15　）の原則と呼ばれる。ただし実効的な手段がない場合は、不要である。

国家には、外国人が自国領域内に避難してきた場合、その者を（　16　）する権利を有しているが、（　16　）する義務を有していない。しかし、難民については、難民条約上一定の保護を与えなければならない。難民とは、人種、宗教、国籍若しくは特定の社会的集団の構成員であること又は政治的意見を理由に（　17　）を受ける恐れがあるという十分に理由のある恐怖を有するために、国籍国の外にいるものである。難民の要件を満たしているか領域国により個別に審査される。（　18　）という手続である。紛争等の難を逃れるため自分の居住地から離れているが、自国にとどまっている（　19　）は、難民条約上難民としての保護を受けない。難民条約は、（　20　）原則を規定している。つまり難民を、生命又は自由が脅威にさらされる恐れのある領域の国境へ追放し又は送還してはならない。

国籍は人を特定の国家に結びつける法的紐帯である。国籍の付与は、原則、（　21　）事項である。出生による国籍取得に関しては、親の国籍が子どもの国籍の根拠となる（　22　）主義と子どもの（　23　）が国籍の根拠となる（　23　）主義の考え方がある。そのため、重国籍や無国籍の問題が生じる可能性がある。従来は、（　24　）の原則が主張されていた。今日では、世界人権宣言第15条が、すべての者の国籍をもつ権利を定め、児童の権利条約第24条がすべての児童の国籍取得の権利を規定している。国籍は（　25　）としてとらえられるようになり、重国籍より無国籍のほうが問題として認識されている。

答

【Quiz】ビザ（査証）が必要。ビザは、入国許可であり、これなしには入国できない。アメリカ合衆国は外国人であるＡ君をビザなしに入国させる義務を負っていない。観光目的の短期滞在でもビザが必要な国があるので要チェック。日本国との間に査証免除協定があれば、短期の観光目的については、取得不要。

【Summary】①国民、②入国、③出国、④退去強制／強制退去、⑤平等、⑥相当、⑦国際標準、⑧国内標準、⑨領事保護、⑩外交的保護、⑪埋没、⑫国籍継続、⑬ノッテボーム、⑭真正、⑮国内救済完了、⑯庇護、⑰迫害、⑱難民認定、⑲国内避難民、⑳ノン・ルフールマン、㉑国内管轄、㉒血統、㉓出生地、㉔国籍単一、㉕人権

第15章　国際人権法

Quiz

人権とは、生まれながらにしてすべての人に与えられる権利であるといわれるが、国際的に保障される人権は、どこの国に行っても、同じであるということができるか。

①はい、いえる。②いいえ、いえない。（答は章末）

1　人権の法典化

＊ **人権思想**　国際法は、「国家間の関係を規律する法」であるが、今日では、国家間の関係だけでなく、国家と個人の関係を規律する法も含まれる。国家と個人の関係を規律する法として存在するのが、**国際人権法**である。国際人権法を中核とする人権保障の国際化は、第二次世界大戦後に発展してきた。

もともと人権という概念は欧米諸国で生まれ、アメリカ独立宣言・権利章典、フランス人権宣言等では、**自然権思想**に基づき、人が生まれながらにして有する権利としてとらえられた。その後19世紀には、国家がその国民に対して与える権利だと定義された時期もあった。人権の保障というのは、各国がその領域や管轄の範囲内の市民に対して、国内法や政策に基づいて保障するものであるという意味において、**国内管轄事項**であり、他国がそれに対して介入することは国際法上の不干渉原則に反すると考えられていた。

＊ **人権の国際的保障の始動**　第二次世界大戦前までのいわゆる伝統的国際法でも、外国人の権利の保護に関する規則は設けられていたが、外国人の権利への侵害が、当該外国人の国籍国の利益に対する侵害であると認められる場合にのみ保護されるという限定的なものであった。また第一次世界大戦後に設立された国際連盟の下では、国内の少数者の権利を保護する制度（**少数者保護制度**）が欧州地域に置かれ、そのことは人権保障の国際化の萌芽と位置づけられているが、国際的保障と呼ぶには対象も地域も限定的であった。第二

次世界大戦においては、ナチスドイツによるユダヤ人迫害があり、連合国側の戦争目的の一つに人権の保障が挙げられた。人権保障が平和の維持に果たす役割の重要性が認識され、戦後に創られた国連においても、その目的の一つとして、「人種、性、言語又は宗教による差別のないすべての者のための人権及び基本的自由の尊重及び遵守」が掲げられた（▶国連憲章第1条、第55条(c)）。その規定ぶりは抽象的であり、人権及び基本的自由の具体的な内容は不明確で、実際に人権の保障に関する手続については決められていないなどの不具合があった。

＊ **世界人権宣言** 国連経済社会理事会の下部組織として設置された**国連人権委員会**（Commission on Human Rights）が、人権保障に係る具体的な基準や制度を定めるために、**国際人権章典**の作成を目指した。しかし冷戦期という国際情勢の影響を受けて、保障されるべき人権の内容や国家に課される義務の性質、また保障の方法や手続のあり方をめぐって国家の意見が対立し、国際人権章典の作成は困難を極めた。国連人権委員会での議論の結果、単一の国際人権章典ではなく、国際的に保障されるべき人権についての宣言（世界人権宣言）、人権の保障を国家の義務として定める条約（国際人権規約）、保障のための手続に関する実施措置（選択議定書）という三種類の文書に分けて、まずは宣言から順序立てて作成するという方針がとられた。その後の作業により、1948年国連総会は、人間は生まれながらに自由かつ平等であるという理念を謳った**世界人権宣言**（Universal Declaration of Human Rights）を採択した。この文書は、保障されるべき人権の内容を明らかにし、後の国際社会における人権保障の発展に大きく貢献した。人権保障において達成すべき基準を示すものとして多くの人権条約や各国の国内法に影響を与えた。法的拘束力は有していないが、今日では多くの規定が慣習国際法としての地位を有している。

＊ **国際人権規約** 世界人権宣言の採択後、その内容を法的拘束力のある国際的な文書に高めるため、国連人権委員会は条約の起草作業を開始した。ここにおいても、東西冷戦が交渉に影響を与え、世界人権宣言の採択から約20年を経て、ようやく1966年に二つの条約（国際人権規約）が採択された。「経済的、社会的及び文化的権利に関する国際規約」（**社会権規約**、A 規約）と、「市民的及び政治的権利に関する国際規約」（**自由権規約**、B 規約）である。前者は、いわゆる「国家への自由」である社会権、後者は「国家からの自由」である自由権を保障すべき人権として網羅的に定め、それぞれに実施措置を置いた。

2　さまざまな人権条約

＊ **人権条約の分類**　国際社会においては、世界人権宣言の採択以降、さまざまな人権を保護・尊重するための条約が数多く作られてきた。それらの人権条約の全体像を分類しながら概観する。条約が適用される国々の範囲に着目して、普遍的（あるいは世界的）人権条約と地域的人権条約という分類がある。また保障の対象となる人や権利の範囲に着目して、一般的人権条約と個別的人権条約という分類がある。これらの分類に従えば、人権条約は四つのグループに分類され、普遍的人権条約の中にも一般的人権条約と個別的人権条約が、地域的人権条約にも同様に一般的人権条約と個別的人権条約が存在しているということである。

＊＊ **普遍的（世界的）人権条約**　普遍的（世界的）人権条約は、国際社会を構成するすべての国家が、できる限り数多く参加することを目指している。二つの国際人権規約をはじめ、主に国連における交渉を経て作成された条約がこれにあたる。具体的には、難民条約［1951年］、人種差別撤廃条約［1965年］、女子差別撤廃条約［1979年］、拷問等禁止条約［1984年］、児童の権利条約［1989年］、移住労働者権利条約［1990年］、障害者権利条約［2006年］、強制失踪条約［2006年］等がある。

＊＊ **一般的人権条約**　普遍的人権条約の中で、一般的人権条約とされるものは、二つの国際人権規約である。世界人権宣言は、自由権（▶第3条～21条）と社会権（▶第22条～27条）の両方の規定を置いていたが、規約の起草作業において、いずれの権利がより重要か、国家がそれぞれの権利に対して負う義務の性質が異なるのではないか、などという議論が決着に至らず、二つの文書に分けられた。

＊＊＊ **個別的人権条約**　普遍的人権条約の中で個別的条約とされるものについて、ここでは次の四つの条約について概観する。

(1)　**人種差別撤廃条約**［1965年］　人種差別撤廃条約は、人種、皮膚の色、宗教又は民族若しくは種族的出身に基づく差別を撤廃することを目的とし、そのために、四つの措置が規定されている。①国家自身が直接的あるいは間接的に人種差別を行わないことを確保し、さらに私人間の差別を禁止する措置、②人種差別の予防のために人種主義的な活動に対して刑罰を定めたり、人種間の理解を促進したりする措置、③アファーマティブ・アクション等、実質的平等の促進のための措置及び④人種差別の被害者に対する救済措置である。

⑵ **女子差別撤廃条約**［1979年］　女子差別撤廃条約は、性に基づく差別を撤廃することを目的としている。1976年からの「国連婦人の10年」の成果として採択された。条約では、男女間の優越性の観念や定型化された役割分担の観念を変革するために、法制度の整備とともに性差別的な慣習や慣行の撤廃を義務づけている（▶第3条、第5条）。また国家による差別だけでなく、私人間における差別を禁止する措置をとることも締約国の義務とされている（▶第2条）。個別的な権利に関しては、国籍に関する男女平等（▶第9条）や雇用における男女差別の禁止（▶第11条）等が定められており、日本が1985年この条約を批准する際には、これらの規定との関係で、国籍法における父系優先主義規定の改正［1984年］や男女雇用機会均等法の制定［1985年］等が行われた。

⑶ **拷問等禁止条約**［1984年］　拷問等禁止条約は、「拷問及び他の残虐な、非人道的な又は品位を傷つける取扱い又は刑罰を無くすために世界各地における努力をいっそう効果的なものとすること」を目的としている。締約国は、拷問防止の義務だけでなく、拷問を受けるおそれのある国や地域への追放や送還・引渡しを禁止する義務を負う（▶第3条）。拷問を国内刑法上の犯罪として定め、その実行者（あるいは責任者）を裁くこと、さらに、他国で拷問を行った者が自国内で発見された場合、その身柄を拘束し、他国から引渡しの請求がなされた場合にはそれに応じるか、応じない場合には、自国において処罰する義務（引き渡すか訴追するかの義務）を負う（▶第7条）。拷問等の禁止は、世界人権宣言第5条をはじめ、自由権規約第7条、欧州人権条約第3条、米州人権条約第5条等でも規定されている。近年は、拘束したテロリストの処遇や死刑制度、難民保護等の文脈において、拷問等禁止条約の解釈・適用が重要な問題となっている。

⑷ **児童の権利条約**［1989年］　児童の権利条約は、18歳未満を児童と定め、児童の権利を保護することを目的としている。この条約では、児童は保護の対象としてだけではなく、権利の主体として尊重されている。基本的な理念は、児童の最善の利益に対する考慮であり、公私を問わずさまざまな機関が児童の最善の利益に配慮することが義務づけられている（▶第3条）。2002年には、児童の人権を取り巻く状況により、「児童の売買、児童の売春及び児童のポルノグラフィーに関する児童の権利条約選択議定書」と「武力紛争への児童の関与に関する児童の権利条約選択議定書」が採択された。前者は、児童売買や児童買春、児童ポル

ノを規制するためである。後者は児童兵士の採用や、児童兵士を直接的な敵対行為に参加させることを規制するための法的文書である。

＊＊＊ **地域的人権条約**　地域的人権条約とは、特定の地域の国家のみが参加できる条約である。現在は、欧州、米州、アフリカにそれぞれの地域的条約制度があり、人権裁判所や人権委員会等が条約実施の主要機関として設置されている。欧州の保障制度については、第二次世界大戦後に、民主主義や法の支配の確立、人権の擁護を目的として設立された欧州評議会（Council of Europe）の下で**欧州人権条約**［1950年］が採択され、法的拘束力のある判決を下す欧州人権裁判所を中心に発展している。東欧諸国の加盟や欧州連合（EU）との協力関係構築等、実効的な人権保障体制のパイオニア的存在ともいえる。

米州地域では、米州機構（OAS）の主導で作成された**米州人権条約**［1969年］があり、米州人権委員会及び米州人権裁判所が人権侵害に対する救済手続をとっている。しかし米州機構の一員であるアメリカ合衆国やカナダは条約に加盟していない。アフリカ地域に関しては、「人及び人民の権利に関するアフリカ憲章」（**アフリカ人権憲章**、バンジュール憲章［1981年］）があり、アフリカ人権委員会と2008年に設置されたアフリカ人権裁判所が、各国の人権保障の実施状況を審査している。アラブ地域では、**アラブ人権憲章**が1994年に採択されており、実施機関であるアラブ人権委員会が設置されている。アジア地域では、2007年に東南アジア諸国連合（ASEAN）が採択したASEAN憲章に、ASEAN人権機関を設置するという規定が含められ、2009年に、ASEAN人権宣言の作成を任務の一つとするASEAN政府間人権委員会が設置された。その後、自由権・社会権のほか発展の権利や平和への権利を規定したASEAN人権宣言が2012年に採択された。

地域的人権条約における一般的条約と個別的条約については、前者が欧州人権条約、欧州社会憲章［1961年］、米州人権条約、サンサルバドル議定書［1988年］、アフリカ人権憲章等、後者が、欧州拷問等防止条約［1987年］や米州強制失踪条約［1994年］等と分類できる。

3　人権条約の国際的実施

＊＊ **国際人権規約の実体規定**

国際人権規約が、社会権規約と自由権規約の二つの文書に分けられたことはすでに学んだ。これは、起草当時の国際情勢の影響とともに、社会権の保障と自由権の保障とでは、国家が負うべき義務の性質が異なるという意見に基づいている。両規約の第２条をみると、社会権規約には、権利の完全な実現について、**漸進**（ぜんしん）**的実施義務**が定められている。すなわち社会保障や教育の提供等、社会権の実現には、国内での法的整備や財政的措置が必要であるので、各国はそれを一歩一歩達成していけばよいということである。一方、自由権規約では、身体の自由や表現の自由等、国家に対して規約が効力を有する時点では、それらの権利がすでに実現されていなければならないという**即時的実施義務**が定められている。しかし現実はそれほど単純ではない。差別の禁止や行動をとる義務は、社会権の保障に関しても、自由権と同様

◆Further Study　国際人権法と国際人道法の「交錯」？

国際人権法と国際人道法は、人間の生命・身体や尊厳を守るという点で共通する法分野であるが、前者は平時に適用される法、後者は戦時に適用される法であると整理されることもある。本当にそうであろうか。第一に、戦争が違法化された結果、戦時と平時の区別それ自身が否定される。第二に、自由権規約や拷問等禁止条約には、武力紛争等国家の緊急事態において、真に必要な限度で国家が人権保障の義務を停止することもやむをえないとする規定（**デロゲーション条項**：自由権規約第４条等）があるが、生命権、拷問や非人道的扱いを受けない権利等については、いかなる状況においても、国家はそれらの保障義務を免れることができないとも定めている。武力紛争下の児童選択議定書では、18歳未満の者の徴兵を禁止しているが、この議定書は、はたして国際人権法であろうか、それとも国際人道法であろうか。これらの例をみれば、国際人権法と国際人道法は単純に分けることができないことがわかる。

国際司法裁判所は、核兵器使用合法性勧告的意見［1996年］やパレスチナ壁勧告的意見［2004年］等において、武力紛争時の自由権規約の適用の可能性を認めたが、「特別法たる国際人道法」という表現を用いて、一般法である国際人権法の適用が、武力紛争下では無条件ではないことを示した。国際人権法と国際人道法は、規定の内容や範囲が重複しており、相互補完的な関係にあるということができるだろう。

に即時的な義務とされている。社会権と自由権は、どちらか一方だけでは成り立たず、**不可分**で相互依存的な関係にあるという指摘は、ウィーン宣言［1993年］等の国際人権文書において確認されてきた。近年の新型コロナ（COVID-19）の世界的な感染拡大は、権利概念やその序列に関する議論にも新たな問題を提起している。各国でのロックダウンや不要不急の活動自粛の要請、ワクチン接種の義務化などの措置が、生命権や健康権、移動・経済活動の自由など、様々な人権に対する非常事態下での制約として、どこまで認められるのかについて論争が続いている。

＊＊ **人権条約の実施措置**　人権条約の国際的実施措置にはいくつかの種類があり、どの措置を備えているかは、条約によって異なる。ここでは代表的な三つの措置、つまり国家報告制度、個人通報（申立）制度、国家間通報（申立）制度について概観する。これらの措置の実施については、普遍的人権条約の場合、各人権条約の規定（社会権規約については経済社会理事会決議）により設置された個人資格の専門家等で構成される**モニタリング委員会**が、人権侵害状況の審査や改善のための勧告の提示等、重要な役割を果たしている。例として自由権規約委員会や社会権規約委員会、拷問禁止委員会等がある。また地域的人権条約では、欧州人権裁判所や米州人権裁判所等が活動している。これらのモニタリング委員会や人権裁判所は、**条約実施機関**とも呼ばれる。

Point　国際的実施措置
①国家報告制度、②個人通報制度、③国家間通報制度

＊＊ **国家報告制度**　普遍的人権条約は、それぞれの締約国に対して、自国における当該人権条約の実施状況について、定期的な国家報告を提出し、モニタリング委員会による審査を受けることを義務づけている（**国家報告制度**）。例えば自由権規約では、締約国は、自らに対し規約が発効した後１年以内に初回の報告を**自由権規約委員会**に提出し、その後は委員会が要請するときに報告を提出しなければならない（▶第40条１項、２項）。提出された報告は、委員会と締約国代表団とが会する審査によって検討される。委員会は審査において、締約国からの報告だけでなく、NGOから寄せられる情報や国連人権高等弁務官事務所が収集する当該国家の人権状況や関連文書等も考慮し、評価にあたる**総括**

所見（Concluding Observations）を採択し、締約国に送付する（▶第40条３項、４項）。

総括所見では、締約国の取組みとして評価できる点を積極的側面としてとりあげるとともに、改善点が勧告にて示される。次回報告を提出しなければならない締切期日も指示される。かつては２回目以降の報告提出の期日はおよそ５年ごとであったが、近時では、とくに問題がないとされた国については５年程度、改善すべき点が多い、あるいは長年指摘されている改善点への対応がみられない国については３年程度というように、締約国の実施状況に応じて差が設けられるようになった。このような変化は、フォローアップ制度の導入とも関係している。国家報告に対する**フォローアップ制度**は2001年に導入された。自由権規約委員会が総括所見の中でとくに指定した勧告について、締約国がどのような措置を講じたかを、総括所見の採択から１年以内に文書にて委員会に通知することを求める手続である。例えば生命・身体の危機にかかわる緊急性を有する問題について、次回の報告提出を待つことなく、締約国の迅速な対応をひきだす狙いがある。

＊＊ **個人通報（申立）制度**

普遍的人権条約では、条約上保障されている権利が侵害されたと訴える個人（被害者）が、侵害を行ったとする国（加害国）を相手として、権利回復や救済を求めて通報を行う手続が備えられている。これを**個人通報制度**又は**個人申立制度**という。この手続を被害者である個人が利用するには、加害国が個人通報制度を受諾していること、被害者が加害国の領域内又は管轄下にあること、国内での救済手続が完了していることなどの条件が整っていることが必要である。被害者が提出した通報は、条約実施機関において、受理することが可能かどうかが審査される（許容性審査）。許容性審査を通過した通報は本案審査に移される。本案審査では、加害国の作為・不作為が、条約規定の違反であるかどうかが審査される。審査結果は、例えば自由権規約では**見解**（Views）と呼ばれる勧告として、双方当事者に示される（▶自由権規約第一選択議定書第５条）。自由権規約委員会は、関連規定の解釈・適用、違反の有無についての判断を述べ、締約国に規約上の義務違反があるとの結論に至ると、救済に関する勧告も提示する。1990年代以降は、勧告が締約国によってどのように実施されているかを確認するフォローアップ制度が導入され、個人通報制度の実効性を向上させる工夫が図られている。

地域的人権条約でもとくに欧州人権条約では、個人申立制度の運用が発展している。今日では、同条約の締約国は個人申立てを義務的に受諾することになっており、条約実施機関である**欧州人権裁判所**が下す判決は、法的拘束力を有し、締約国はその判決の履行にも法的義務を負う。地域的人権条約下の判決と普遍的人権条約下での見解は、その解釈・適用において、相互に影響を及ぼしあっている。一例として、欧州人権裁判所の1989年ゼーリング事件判決がある。自由権規約委員会は、同様の解釈により1993年キンドラー事件において、カナダからアメリカ合衆国への死刑囚引渡しが規約違反にあたるとの判断を示した。

** 国家間通報（申立）制度

他国の人権侵害状況を告発する措置として、**国家間通報（申立）制度**がある。普遍的人権条約では自由権規約や拷問等禁止条約、人種差別撤廃条約等に、地域的人権条約では欧州人権条約に置かれている。この措置は、自由権規約を例にすると、他の締約国からの通報を自由権規約委員会が審査する権限を承認する受諾宣言を行った国同士の間で成り立つ手続である（▶第41条１項）。関係する締約国間で調整がつかない場合、自由権規約委員会が調停委員会の設置やあっせんを行う。普遍的人権条約では、

◆ Case　**ゼーリング事件**

（ゼーリング対イギリス）欧州人権裁判所判決［1989年7月7日］

西ドイツ（事件当時）国民であったゼーリングは、アメリカ合衆国ヴァージニア州で殺人の罪を犯し、同州刑法に基づき死刑が適用される可能性のある罪で起訴された。ゼーリングはイギリスに逃亡し、そこで別件逮捕された。アメリカ合衆国は彼の身柄引渡しをイギリスに要請し、続いて西ドイツも同様の請求を行った。イギリス政府は引渡請求の順番等を考慮し、アメリカ合衆国への引渡しについて検討を開始した。イギリスは、英米犯罪人引渡条約に基づき、アメリカ合衆国側より死刑不適用に配慮する旨の文書を得たため、内務大臣が引渡命令書に署名を行った。

実際には欧州人権裁判所の仮保全措置命令により、引渡しは執行されなかった。ゼーリングは自らがアメリカ合衆国に引き渡されれば死刑判決を受け、死の順番待ち状態に置かれることになることが予見されるので、イギリスによる引渡しは欧州人権条約違反となるとして、欧州人権委員会（当時）に申立てを行った。欧州人権裁判所は、条約は個人の引き渡されない権利を保障してはいないが、条約締約国は、引渡しの結果条約上の権利が侵害されないよう努める義務を負うとの見解を示した。そして、アメリカ合衆国側の保証はあるがヴァージニア州検事は死刑を求刑する見通しであること、条約規定は死刑を禁止してはいないが死の順番待ち状態が過酷なものであること、刑罰確保は死刑廃止国である西ドイツに引き渡せば達せられること等を理由として、イギリスの引渡決定は欧州人権条約第３条（拷問や非人道的な取扱いの禁止）違反にあたるとの判決を下した。

2018年に初めて、人種差別撤廃条約の下で３件（カタール対UAE、カタール対サウジアラビア、パレスチナ対イスラエル）が通報されている。カタール対UAEは同時期に国際司法裁判所（ICJ）にも付託された。国際司法裁判所では近年、人権条約の紛争解決条項に基づく裁判事件が散見され、国家間通報と裁判手続との関係やその判断に注目が集まっている。欧州人権条約では、アイルランド対イギリス事件［1978年］やキプロス対トルコ事件［2001年］等の事例がある。

＊＊＊ **実施措置の発展**　人権条約において代表的な国際的実施措置は、公平・公正で実効性のある手続とするために、問題点が検討され、さまざまな試行錯誤を経ながら発展してきた。普遍的条約における国家報告制度では、締約国からの報告の提出遅延が散見される。国家が批准する人権条約の数が増えることは、その国家の人権保障に対する強い意思の確認という意味では望ましいことである。しかし同時に、批准した条約ごとに報告を定期的に提出しなければならない義務は、小規模な国家の政府にとっては経済的・人的負担となるのも現実である。また報告を審査する委員会側にも課題がないわけではない。普遍的人権条約の締約国数が増加するにつれ、年に２、３回の会期限定で活動するモニタリング委員会にとっては、報告審査待ちの国数が膨らむという悩ましい状況があり、その改善策が検討・実施されている。

近時では、自由権規約委員会のように、報告の提出が著しく遅れている場合には、当該締約国の報告や代表団の出席を得ずに、入手した情報をもとに審査を実施したり、事前に自由権規約委員会から示された質問のみに応答するかたちでの報告作成を求めたりと、作業合理化への試みがなされている。個人通報制度についても、死刑囚からの通報に際して、委員会が締約国に対して死刑執行停止の仮保全措置を要請したり、見解の実効性を高めるためのフォローアップ制度を導入したり、条約起草時には必ずしも想定されていなかった新しい取組みが、モニタリング委員会の手続規則の改正等の方法により導入されている。

4　国連機関による人権の実現

＊＊ **国連憲章に基づく人権機関**　条約に基づく制度とは別に、国連憲章に基づく機関による人権保障制度がある。その主要機関は、1946年、経済社会理事会の機能委員会の一つとして設置された**国連人権委員会**、2006年以降その任務を引き継いだ**人権理事会**（Human Rights Council）、国連にお

ける人権の保護・尊重活動の統括的役割・権限を有する総会である。そのほかにも、女性の権利や地位向上のための**女性の地位委員会**、国連事務総長の指揮下で国連の人権活動を統率する**国連人権高等弁務官**（UNHCHR、1993年総会決議により設置)、同弁務官を支え人権理事会や人権諸条約のモニタリング委員会の事務局としても活動している**国連人権高等弁務官事務所**等がある。

＊＊ **特別手続（国別手続・テーマ別手続）**

特定国（例えばスーダン、カンボジア、北朝鮮等）の人権状況の監視は**国別手続**、特定の人権問題（例えば、拷問、即決・恣意的処刑、司法の独立等）への対応は**テーマ別手続**と呼ばれる。人権委員会は、実態を調査するために特別報告者や独立専門家を任命し、その調査報告をもとに審議を行い、評価や勧告、その後の活動方針を決める決議を採択した。国別・テーマ別を問わず多くの議題がとりあげられ、人権状況の改善に貢献した例も多い。しかしとくに国別手続に関しては、議題設定が恣意的であり、西側先進諸国によるダブル・スタンダードであるとの批判が、非難決議の対象とされた国家を中心にたえず噴出した。特別手続は人権理事会にも引き継がれたが、意思決定が、国家間対立の構図により滞る事態もみられる。

＊＊ **通報手続（旧1503手続）**

国連は、1960年代に植民地から独立を果たしたアフリカ諸国が数多く加盟したことに伴い、第三世界の国々や東西両陣営との間の勢力図が変化をみせ始めた。互いの人権状況を検討するために、1967年の経済社会理事会決議1235（XLII）により、人権委員会は「すべての国における人権侵害状況」という議題を毎年審議し、大規模な人権侵害に関する通報を検討し、一貫した形態の人権侵害について徹底的な調査を行い、経済社会理事会に報告する手続（**1235手続**）を設けた。しかしこの手続は通報を検討する手続を定めていなかったので、その後の経済社会理事会決議1503（XLVIII）［1970年］により、特定の国家における**大規模かつ一貫した形態で行われている人権侵害**について、個人あるいは集団からの通報をもとに、非公開で審議（審議対象の国名は公開。人権諸条約の個人通報制度とは異なり、事態についての徹底的な研究か、暫定的に設置される委員会の調査が行われる。）を行う手続（**1503手続**）が置かれた。2007年より通報手続と名称を変えて人権理事会に引き継がれているが、審査・作業部会に政府代表が加わる過程があることから手続の独立性や公平性、有効性に、疑問を呈する声も多い。

＊＊ **人権理事会** 人権理事会は、2006年の総会決議60/251により設置された。国連発足60年を機に国連改革の議論が進められ、**人権主流化**促進のため、経済社会理事会の下部組織である人権委員会から総会の補助機関である理事会へと格上げが図られた。理事会は、総会での選挙で選ばれる47理事国で構成される。理事国としての適性に疑義が生じた場合には、総会の決定により資格停止が可能となった。2022年ウクライナ侵攻において、ロシア軍による戦争犯罪や人権侵害が報告されたため、ロシアは国連総会決議ES-11/3により理事国資格を停止された（同国はその直後、理事国から辞任するとした）。また、18名の個人専門家で構成される**諮問委員会**が、助言機能を担う下部組織として設置された。活動内容ついては、国連人権委員会の活動を概ね承継したが、新たな目玉として、すべての国連加盟国の人権状況に関する**普遍的定期的審査**（Universal Periodic Review：UPR）が導入され、2008年より実施されている。

＊＊ **普遍的定期的審査（UPR）** UPRでは、すべての国連加盟国が、自国の人権状況一般や国際的人権保障の実施状況について、約4年に一度の間隔で、他の加盟国による審査を受ける。政府間プロセスを重視した手続である。審査は、被審査国が事前に提出する報告書をもとに、事前の質問提示や対面での質疑応答により行われ、各国は自由に被審査国に対する勧告を提起することができる。最終的には、トロイカと呼ばれる3か国で構成される審査の取りまとめ役が中心となって**審査報告書**が作成され、人権理事会及び総会にて採択される。審査報告書には、各国から付された勧告がすべて掲載され、被審査国は、それらの勧告に対する自らの態度を、「受け入れる」、「受け入れない」、「検討する」等に分類して表明することができる。UPRは、人権委員会時のダブル・スタンダードに対する批判の解消を目指していたが、すでに西側諸国と、途上国や人権後進国と呼ばれる国々との間で、軋轢（あつれき）が生じている。各国より出された勧告の実施状況については、次回のUPR審査においてフォローアップの対象とされることになっているが、審査の回が進むごとに、勧告数が増加する傾向にあり、評価や対応の難しさが指摘されている。

☆ Summary

国際人権法は、国家間だけでなく、国家と個人の関係を規律するという点で、伝統的な国際法とは異なる特色を有する。人権保障は、従来、（　1　）事項とみなされてきた。例外は、第一次世界大戦後に設立された（　2　）制度であった。第二次世界大戦後、今日まで国際的な人権保障は、さまざまな人権文書を核として発展してきた。国際的人権文書として筆頭に挙げられるのは1948年に採択された（　3　）宣言であるが、具体的な人権の内容や人権保障のための手続については、国際人権規約に委ねられた。規約は、（　4　）規約と（　5　）規約に分けられている。前者は、国家への自由を規定し、（　6　）的実施義務を定める。後者は、国家からの自由を規定し、（　7　）的実施義務を定める。国際人権規約をはじめとして、国際社会を構成する国家全般が参加可能な普遍的（世界的）人権条約と、（　8　）条約や米州人権条約、バンジュール憲章等、特定地域の国家のみが参加できる地域的人権条約がある。また同時にそれらの人権条約は、一般的人権条約と個別的人権条約という視点からも分類することができる。前者の例としては、国際人権規約等があり、後者の例としては、人種（　9　）条約や児童の権利条約等がある。

それぞれの人権条約に備えられた手続は、国際的な人権保障に不可欠なものとなっている。条約の国内的実施状況と一定期間ごとに（　10　）委員会に報告する（　11　）制度や、他国の人権侵害を国家が通報する（　12　）制度、権利侵害の個人被害者が当該侵害国を訴える（　13　）制度は、それら手続の中心的存在であり、実効性確保のための（　14　）制度の導入等さまざまな取り組みを経て、今日も発展し続けている。人権保障において、国連憲章に基づき設置された機関も、重要な役割を果たしている。1946年に経済社会理事会の機能委員会として設置された（　15　）委員会は、多くの人権条約や宣言の起草を行い、国別や（　16　）別といった特別手続や特定国家における大規模かつ（　17　）した形態で行われる人権侵害について審査する（　18　）手続の実施を担当した。その後国連改革を機に、2006年に（　15　）委員会は60年の歴史に幕を閉じ、総会直属の（　19　）として格上げが図られた。そこでは、すべての国連加盟国の人権状況を審査する（　20　）が新たに導入されている。

答

【Quiz】②いいえ、いえない。国によって国際人権条約の締結状況が異なっている。人権条約に入っていない国は、当該条約上の人権を保障する義務を負っていない。たしかに慣習法上の人権は、すべての国が保障しなければならないが、条約上の人権は、当事国であるかどうか、留保を付しているかどうかに依存する。Aという人権は、X国では認められているかもしれないが、Y国では認められていないかもしれない。

【Summary】①国内管轄、②少数者保護、③世界人権、④社会権、⑤自由権、⑥漸進、⑦即時、⑧欧州人権、⑨差別撤廃、⑩モニタリング、⑪国家報告、⑫国家間通報／国家間申立、⑬個人通報／個人申立、⑭フォローアップ、⑮人権／国連人権、⑯テーマ、⑰一貫、⑱1503、⑲人権理事会、⑳普遍的定期的審査／UPR

第16章　国際人道法

Quiz

1941（昭和16）年、時の陸軍大臣東條英機は戦陣訓を布告し、「生きて虜囚の辱を受けず、死して罪禍の汚名を残すこと勿れ」と説いた。国際法上、はたして虜囚（捕虜）となることは、許されないのか。

①はい、許されない。②いいえ、許される。　（答は章末）

1　国際人道法とは何か

＊＊ 戦時国際法から国際人道法へ

国際人道法とは、武力紛争の際に紛争当事者が守らなければならないルール（原則や規則）の総体をいう。**武力紛争法**とも呼ばれる。さらにこのうち、敵対行為の遂行（交戦者資格並びに敵対行為の手段及び方法）に関するルールをハーグ法、武力紛争犠牲者保護に関するルールをジュネーヴ法と分けて呼ぶこともある。かつては戦時国際法や戦争法（交戦法規）等と呼ばれていた。戦争違法化により、国際社会は、戦争とは別の**武力紛争**という概念を採用し、これに適用されるルールとして戦時国際法を国際人道法へと再構築することで、もっぱら事実として発生した戦争（武力紛争）の当事者に等しく適用される新たな法体系を生み出したのである。国際人道法の中核をなすジュネーヴ第一追加議定書前文が「武力紛争の性質若しくは原因又は紛争当事者が掲げ若しくは紛争当事者に帰せられる理由に基づく不利な差別をすることなく……すべての場合において完全に適用されなければならない」ことを強調しているのは、まさにこのことを意味している。

＊ 国際人道法の意義

国際人道法の名に込められた「人道」という言葉のもつ美しい響きに惑わされないよう注意が必要である。国際人道法は、武力紛争時の兵士の殺傷や一般住民の巻き添え被害を認めている。しかも、兵士の安全と一般住民の安全のどちらかを犠牲にしなければならない極限の状況において、国際人道法は兵士の安全を優先させる。自分の命よりも一般住民を守ることを優先するよう義務づける法など兵士に守らせることはできるだろうか。

＊＊ **人道性**　国際人道法もルールであるから、戦いを無制限に認めるわけではない（▶ハーグ陸戦規則第22条、第一追加議定書第35条1項）。被害の伴わない武力紛争など現代の技術をもってしても未だ叶わない以上、国際人道法は、せめてその被害を最小限に抑えることで人道性という倫理的価値を追求しようと努めているのである。かくして国際人道法における**人道性**とは、人間の本質的感情に従い、敵対行為の正当な軍事目的（敵戦力の剥奪又は弱体化）の達成に必要でない苦痛、傷害、破壊のみを禁じる倫理的な要請と位置づけられる。

＊＊＊ **軍事的必要性**　国際人道法を支える規範理念として、人道性と双璧をなすものが軍事的必要性である。**軍事的必要性**とは、来たるべき次の紛争のための戦力温存を目的として、紛争当事者のもつ戦力源を紛争の早期終結に必要な最小限度にまで抑えることを求める経済効率的要請をいう（**精力集中の原則**）。人道性が武力紛争の被害を受けるすべての人間の保護を目指すのに対して、軍事的必要性は紛争に従事する当事者（**戦力源**）の保護を目指している。国際人道法が実効性をもつかどうかは紛争当事者の意思にかかっている以上、その内容が戦力温存という紛争当事者の重視する軍事的考慮に合致することは、人道法の遵守を促すうえで不可欠である。国際人道法は、武力紛争から一般住民を守るルールであると同時に、武力紛争から兵士自身をも守るルールでなければならない。時に矛盾するこれらの命題を、国際人道法の成立基盤をなす人道性と軍事的必要性とのバランスの中でどのように両立させるかが鍵となる。

Point　国際人道法上の要請

①人道性
②軍事的必要性＝精力集中の原則

2　国際人道法の適用される事態

＊＊ **国際的武力紛争**　国際人道法が適用される武力紛争には、国際的武力紛争と非国際的武力紛争がある。それぞれの武力紛争に適用されるルールの内容は、一部の基本原則を除けば大きく異なる。**国際的武力紛争**とは、一般的には戦争と呼ばれてきたものであり、主に国家間の武力紛争をいう（例外として民族解放闘争）。もっとも、この種の武力紛争が具体的にどのような事態を

指すのかについて明文規定はない。ただ一般的には、国家が軍隊等によって他国に武力を用いるときに国際的武力紛争が発生するといわれ、使用される武力の形態や規模(烈度)は問わないとされる。このことから、近年では軍隊によるサイバー攻撃もこれに含まれると考えられるようになってきている。

＊＊ 非国際的武力紛争

非国際的武力紛争（一般的には、**内戦**と呼ばれてきたもの）とは、主に一国内の領域内における、反乱軍等の組織された武装集団と政府軍との間の武力紛争、あるいは武装集団同士の武力紛争をいう。この場合の武力紛争がどのような事態であるのかについては、国際的武力紛争とは対照的に、明文規定が存在し、要件もある程度明確になっている。第一に、対立する武装集団が、持続的かつ協調して行動する能力をもち、さらに責任ある指揮の下で国際人道法実施を可能にする支配を一定領域に及ぼすほどにまで組織されていること（組織性要件）、第二に、その対立が長期にわたる暴力行為の一定の烈度を伴っていること（烈度要件）である（▶第二追加議定書第１条)。こうした要件が非国際的武力紛争の場合に求められるのは、武力紛争の規模には至らない暴動等の騒乱や緊張といった国内事態とを区別するためである。本来、国内の事態はその国の治安を脅かす犯罪者が当事者となるため、領域国政府の法とそれを執行する警察組織が対処すべき国内問題であって、国際人道法の出る幕ではない。しかし、その事態がもはや政府の手に負えない規模にまで悪化すると、そこから生じる被害も国際社会が無視できない深刻なものとなる（例えば最近のリビアやシリア、マリの内戦等)。国際法の規制を要する国内事態として非国際的武力紛争という特別の枠組みが生まれたのはこうした理由による。

＊＊ 非国際的武力紛争に適用される国際人道法

非国際的武力紛争であっても本質的には領域国の法が規律する事態であるため、そこに適用される国際人道法の内容は、その国の国内法秩序と矛盾しない範囲で紛争当事者間の無用の暴力行為を抑制するものに限られる。例えば、戦闘員の特権等は非国際的武力紛争の人道法に存在しない。非国際的武力紛争に適用される法としては、1949年ジュネーヴ諸条約（陸上傷病者条約、海上傷病者難船者条約、捕虜条約、文民条約）共通第３条と第二追加議定書を挙げることができるが、第二追加議定書はすべての非国際的武力紛争に適用されるわけではなく、領域国の政府軍が一方の紛争当事者となるものに適用が限定されている。

＊＊ 国際的武力紛争に適用される国際人道法　国際人道法は、伝統的に国家間の武力紛争を通じて発展してきたことから、その内容も、ほとんどが国際的武力紛争への適用を目的としたものとなっている。しかし、国際的武力紛争に適用される国際人道法には、陸上、海上、空中のそれぞれについて規定した多岐にわたるルールが存在するので、以下では、陸上の国際的武力紛争に適用される主なものに限定して解説することとする。

3　敵対行為に直接参加する者（交戦者の資格）

＊＊ 戦闘員　武力紛争の当事者（交戦者ともいう）を代表して戦うことを、国際人道法では「敵対行為に直接参加する」という。ただし、その具体的な定義について明文規定はない。例えば、弾薬等の軍用資材の製造・輸送、兵士の徴募・訓練、諜報活動、要人警護、無人機操縦、サイバー攻撃、人間の盾等は敵対行為への直接参加にあたるのかどうか争いがある。こうした行為は、敵の殺傷又は破壊をもたらす危害と密接に関係していることから、本来であればどの国の法でも犯罪として処罰されうるものである。しかし国際的武力紛争には、こうした敵対行為に直接参加する権利を国際人道法上認められ、敵に捕まっても自身の当該行為について処罰を免除される特権をもつ者が存在する。これを（合法）**戦闘員**という。なお、非国際的武力紛争では戦闘員の概念は認められていない。戦闘員に認められる免責特権が、国の治安を脅かす犯罪者という紛争当事者の領域国内法上の地位と矛盾するからである。戦闘員の資格が認められるための要件は、陸戦規則又は捕虜条約の場合と第一追加議定書の場合とで異なり、それぞれの条約で詳細な規定が設けられている。

＊＊＊ 陸戦規則及び捕虜条約上の戦闘員　ハーグ陸戦規則（▶第１条、２条）及び捕虜条約（▶第４条Ａ項(1)・(2)・(6)）は、戦闘員の資格要件を、①正規軍隊構成員、②不正規軍隊構成員、③群民兵という三つの場合に分けて定めている。まず、**正規軍隊**とは一般的に武力紛争当事者の国内法においてそのようなものと認められた存在をいう（民兵隊や義勇隊等、名称は問わない）が、その構成員には、衛生要員等の非戦闘員を除き、無条件に戦闘員の地位が認められる。**不正規軍隊**とは紛争当事者に属するその他の軍隊（民兵隊、義勇隊、組織的抵抗運動団体等、名称は問わない）を指し、①指揮官の存在、②遠方より認識できる固着の特殊標章の使用、③公然武器携行、④人道法遵守の四つを満たすこと

が条件となる。**群民兵**とは、占領されていない地域の住民で、侵入する敵に対して軍隊を組織する時間がないまま敵対行為に直接参加する者をいい、公然武器携行と人道法遵守の二要件を満たすことで戦闘員の地位が認められる。

Point　陸戦規則及び捕虜条約における交戦者資格

- 正規軍隊
- 不正規軍隊 ← ①指揮官、②特殊標章、③公然武器携行、④人道法遵守
- 群民兵 ← ①公然武器携行、②人道法遵守

***

第一追加議定書上の戦闘員

これに対して第一追加議定書（▶第43条、44条）の場合は、軍隊の構成員であることが戦闘員資格の要件となる（衛生要員等の非戦闘員を除く）。ただし、**軍隊**は、武力紛争当事者に対して責任を有する司令部の下に組織されていなければならない。これに加えて、関係国際法遵守のための内部規律制度も必要であるとする見解があるが、異論もある。さらに、警察（法執行）機関の構成員についても、軍隊に編入のうえ、敵に通告することで戦闘員の地位が認められる。

戦闘員は関係国際法の遵守義務を負うが、自己と文民たる住民とを区別する義務に違反しない限り、その他の国際法義務に違反しても戦闘員の地位を失わない。しかも、敵対行為の性質上、文民と区別することができない場合があるので（日本は、これを占領地又は民族解放闘争の場合に限定）、①交戦の間、又は②自己が参加する攻撃に先立つ軍事展開中（日本は、これを「攻撃が行われる場所へのあらゆる移動」の間に限定）に敵に目撃されている間は、**公然武器携行**のみで住民との区別義務を履行したとみなされる。なお、**傭兵**には戦闘員の権利が認められない（▶第47条）。

**

非戦闘員と文民との関係

戦闘員以外の者を**非戦闘員**という。その中でも正規であるか否かを問わず軍隊に属さない者は、さらに**文民**と呼ばれる。すべての非戦闘員が文民というわけではない。衛生要員、宗教要員、その他軍属等のように、編制によっては非戦闘員が紛争当事者の軍隊に属している場合もあるからである（▶陸戦規則第３条）。第一追加議定書第37条１項(c)でもそうした非戦闘員と文民の区別が示唆されている。

＊＊＊ **不法・非特権的戦闘員**

問題は、戦闘員でない者（とくに文民）が、紛争当事者を代表して敵対行為に直接参加することがはたしてできるのか、ということである。敵対行為に参加した者は、しばしば**不法戦闘員**又は**非特権的戦闘員**等と呼ばれる。グアンタナモ収容所で抑留されているテロリスト、さらには無人機攻撃等の各種敵対行為に関与しているアメリカ中央情報局（CIA）職員や民間軍事会社従業員との関係で、この問題は注目を集めている。国際人道法は、不法・非特権的戦闘員の地位について明文規定をもたず、敵対行為への直接参加自体について、明文上は禁止もしていなければ、不法・非特権的戦闘員に特権を付与することもしていない。不法・非特権的戦闘員は、戦闘に参加している間は攻撃対象になり（▶第一追加議定書第51条３項）、また、敵に捕まれば国内刑法上の普通犯罪人として処罰されるという危険を自ら負担するにすぎない。他方で、戦闘員だけが紛争当事者を代表して合法的に敵対行為に直接参加できると考える見解も根強い。国際人道法のルールが徹底されていない、あるいはそもそもルールすら十分に知らない文民の敵対行為は、武力紛争を悪化させるだけであるので、国際人道法秩序の維持の観点からも禁止され処罰されねばならない戦争犯罪と解すべき、というわけである。

4　敵対行為の方法

＊＊＊ **攻　撃**

紛争当事者の主たる戦闘手段は攻撃である。**攻撃**とは、「攻勢としてであるか防御としてであるかを問わず、敵に対する暴力行為をいう」(▶第一追加議定書第49条１項)。攻勢であるか防御であるかを問わないのは、紛争当事者の敵対行為を広く攻撃の概念に包摂し軍事目標主義の規制下に置くことで、より多くの敵対行為から文民を保護しようとするためである。これは、攻撃の定義が「文民たる住民」に関する同議定書第４編で規定されていることからもわかる。また、従来から「攻撃」とは物理的な暴力行為を指すものと解されていた。しかし、生物剤や化学剤といったそれ自体では物理的な力を伴わない物質を兵器として用いる場合も「攻撃」とみなされてきたことから、今日では、サイバー攻撃を含め、何かしらの特定の結果を目標に引き起こす暴力行為が広く「攻撃」を構成するものと解されるようになってきている。

＊＊ **軍事目標主義**

攻撃は、軍事目標にのみ向けられねばならず、無差別に行ってはならない。これを**軍事目標主義**という（▶第一追加議定書第48

条)。軍事目標は、人的目標と物的目標とに分けられる。**人的軍事目標**となるのは、戦闘員だけでなく、敵対行為に直接参加している文民が含まれる。他方、**物的軍事目標**については、民生用から軍事用に転用できる物をも網羅できるよう、「その性質、位置、用途又は使用が軍事活動に効果的に資する物であってその全面的又は部分的な破壊、奪取又は無効化がその時点における状況において明確な軍事的利益をもたらすもの」(▶第52条2項)とされており、広範囲にかつ柔軟に定義されている。ただし、紛争当事者は、文化財及び礼拝所並びに文民の生活に必要不可欠の物を軍事目標にしてはならず(▶第53条、第54条)、ある特定の人や物が軍事目標であるかどうかについて疑義のある場合には非軍事目標と推定しなければならない(▶第50条1項、第52条3項)。

***

比例性原則と巻き添え被害 軍事目標に攻撃する際、非軍事目標への巻き添え被害が過度にならないよう紛争当事者は求められる(**比例性原則**)。人道法は、不断の注意をもってさまざまな予防措置をとることを紛争当事者に求めている。具体的には①正当な軍事目標であることの確認、②被害を最小化する手段・方法の選択、③「予期される具体的かつ直接的な軍事的利益」との比較において過度の被害が予測される場合の攻撃決定の禁止、④正当な軍事目標でないこと、又は過度の被害の発生が予測されることが明らかとなった場合における攻撃の中止若しくは停止、⑤事情が許す限りの効果的な事前の警告である(▶第58条)。さらに、自然環境やダム・堤防・原子力発電所の被害に対する配慮も求めている(▶第55条、第56条)。なお、巻き添え被害の極小化義務は攻撃する側にだけ求められるのではない。攻撃される側にも軍事目標を守るために文民を人間の盾にしてはならない(▶第51条7項、第58条)。

**

適用される攻撃の範囲 以上の攻撃に関するルールは、洋上の船舶又は空中の航空機による陸上の目標への攻撃(いわゆる対地攻撃)にも適用される(▶第49条3項)。

***

背信的行為と奇計 攻撃のほかにも敵対行為にはさまざまな方法があるが、「兵は詭道(きどう)なり」といわれるように、敵を欺く心理戦は、古くから敵対行為の一つとして認められてきた。国際人道法もこうした状況を反映して、一定の範囲でこれを認めている。従来は、禁止される欺瞞(ぎまん)的行為を背信行為、そうでない行為を奇計と呼んで両者を区別してきた。

武力紛争の際に適用される国際法の保護を受ける権利がある、又は保護を与えなければならない義務があると敵が信ずるように誘い込み（▶具体例は第一追加議定書第37条1項)、その信頼を裏切る意図をもって敵を殺傷し又は捕らえる行為を**背信行為**という。敵の信頼を裏切る意図をもつ点が信義誠実原則に反するとされる。一方、保護される地位に対する敵の信頼を裏切るわけでない、あるいは殺傷や捕獲を伴わない欺瞞的行為は、広く**奇計**として認められてきた。しかし近年、その許容範囲は第一追加議定書を通じて狭められてきている。第一追加議定書は、赤十字標章その他特殊保護標章の不当な使用又は故意の濫用をはじめ、非紛争当事者や敵に偽装すること自体を、一定の範囲で禁止している（▶第38条、第39条)。

5　敵対行為の手段

** **基本原則**　敵対行為の手段を規律する国際人道法上の伝統的な基本原則とは、第一に、兵器固有の性格として軍事目標と非軍事目標の区別を否定する**無差別兵器**の禁止、そして第二に、人的軍事目標に過度の傷害又は**無用の苦痛（不必要の苦痛）を与える兵器**の禁止である。何をもって過度の傷害又は無用の苦痛とみるか。紛争当事者による敵対行為の目的が、戦力を奪い敵を弱体化させることにあるので、これを超える程度の傷害又は苦痛をもたらす兵器であるか否かが一つの基準である。さらに今日では国際人道法上の第三の原則として、「自然環境に対して広範、長期的かつ深刻な損害を与えることを目的とする又は与えることが予測される」兵器も禁止されている（▶第一追加議定書第35条3項、第55条)。問題は、以上の諸原則に反する兵器とは一体何かである。これまで国際社会は、条約を通じて特定可能な個別兵器ごとに禁止・制限してきた。

*** **通常兵器**　通常兵器の使用規制については、重量400グラム以下の炸裂性又は爆裂性・燃焼性の発射物を禁止する1868年サンクト・ペテルブルク宣言、1899年ダムダム弾禁止宣言、陸戦規則第23条イ（施毒兵器）等がある。海上武力紛争においては1907年自動触発海底水雷敷設条約がある。その後、半世紀以上の時を経て、1977年環境改変技術敵対的使用禁止条約、1980年特定通常兵器使用禁止制限条約及び附属議定書 I-V、1997年対人地雷禁止条約、2007年クラスター弾禁止条約等が成立した。

** **大量破壊兵器**　**大量破壊兵器（WMD）**は、ABC（NBC）兵器といわれるように、一般的に、核兵器（atomic or nuclear weapons)、生物兵器（biological weapons）及び化学兵器（chemical weapons）を指す。このうち、条約で規制されているのは化学兵器と生物兵器である（▶毒ガス禁止宣言、毒ガス等禁止議定書）。化学兵器についてはさらに、戦時復仇の場合を含む使用の全面禁止を目的とした化学兵器禁止条約が1993年に成立した。核兵器についても国際人道法の基本原則に服することはいうまでもない。原爆使用は無差別的効果を有し、無用の苦痛を与えるものとして人道法違反とした日本の判例がある（★下田事件、東京地判昭38・12・7）。ただし、国際司法裁判所は、核兵器の使用又は威嚇が一般的に人道法に違反しているとしつつも、国家の存亡の危機に瀕した自衛の極限状況については判断できないとしている（★核兵器使用の合法性事件［1996年］）。そうしたあいまいさを払拭するため2017年に核兵器の全面禁止を掲げる核兵器禁止条約が締結され、2021年発効した。核兵器保有国は参加しておらず、実効性は小さい。日本はアメリカ合衆国の核の傘に入っているため、署名も批准もしていない。

＊＊ **軍縮・軍備管理との関係** ちなみに国際人道法における兵器規制は、いわゆる軍縮・軍備管理に関する国際法の兵器規制とは性格が異なる。人道法は、あくまで武力紛争時の兵器の使用のみを規制するにとどま

◆ Case　核兵器使用の合法性事件

国際司法裁判所勧告的意見［1996年7月8日］

1996年7月8日、国際司法裁判所は、「国際法上、いかなる事情においても、核兵器の威嚇又は使用は許容されるか」という国連総会の要請に対して、勧告的意見を発表した。裁判所は、核兵器のもつ「すべての文明及び地球の全生態系を破壊する潜在力」に鑑み、核兵器による威嚇又は核兵器の使用が、軍事目標と非軍事目標との区別、そして戦闘員に無用の苦痛を与えることの禁止を規定する慣習国際人道法の原則と規則に一般的に違反するとした。しかし、裁判所は、以上のことが「いかなる事情においても」あてはまると述べたわけではない。国際法の現状、そして知り得た事実を考慮した結果、「まさに国家の存亡が危機に瀕しているという自衛の究極状態」において、それが合法であるか違法であるかを「明確に結論することはできない」との見解も明らかにした。これは、7対7と裁判官の意見が分かれた結果、裁判所長の決定投票によって示されたものである。

国際人道法上、核兵器による威嚇又はその使用は原則として違法であるけれども、判断できない場合もあるとの勧告的意見は、核兵器による威嚇又はその使用に対する国際法上の合法性・違法性をめぐる問題が、その兵器がもちうる言語に絶する威力にもかかわらず、決して自明なものではなく、未だ困難を極めるものであるということを我々に確認させるものとなった。

る。軍縮・軍備管理における国際法規制の射程は、武力紛争時の使用を超えた平時における兵器の開発、生産、貯蔵、委譲、廃棄及び平和目的への転用にまで広く及ぶ。さらに軍縮と軍備管理もまた、厳密には区別されるべきである。**軍備管理**は国家間の軍事バランスの維持が主な目的であるため、文字通り軍備の縮小を目指す**軍縮**とは異なり、場合によっては軍備強化にも連なるものだからである。

6　武力紛争犠牲者の保護

＊＊ 基本原則

国際人道法は、**武力紛争犠牲者**の保護を主たる目的としている。この場合の被保護者とは、戦闘外にある者（*hors de combat*）である（▶例えば、第一追加議定書第41条）。具体的には、敵対行為を差し控える傷病者、難船者、捕虜、文民を指している。文民保護が注目を集めるようになったのは第二次世界大戦後にすぎず、それまでは傷病者と捕虜が国際法上の主な戦争犠牲者であった。人道法は、こうした者たちに対する紛争当事者の攻撃や戦時復仇を禁止する一方、自己の権力下にある者については人道的に取り扱うことを義務づけている（▶ジュネーヴ諸条約共通第３条、第一追加議定書第75条）。

＊＊ 傷病者

傷病者とは、軍人・文民を問わず、治療又は看護を必要とする者で、いかなる敵対行為も差し控える者をいう。傷病者には、妊産婦、新生児、虚弱者が含まれている。傷病者の保護についてジュネーヴ諸条約は、捕虜資格者の場合（▶陸上傷病者条約第13条）と文民の場合（▶文民条約第14条～22条）とに分けて別個の規定を設けているが、第一追加議定書は、こうした区別を排して両者を等しく扱う単一の保護制度を採用している（▶第８条(a)・(b)）。紛争当事者は、武力紛争の性質にかかわらず、傷病者を尊重し、保護し、必要な場合には可及的速やかに看護しなければならない。この場合、傷病者を「尊重する」とは、紛争当事者が傷病者に対して威嚇、脅迫、苦しめる行為を慎むことを意味し、「保護する」とは、武力紛争から生ずる危険や病気等の外在的要因から安全な場所（病院、安全地帯、中立地帯、病院船等）で積極的に守ることをいう。「看護する」とは、医療上の理由による差別（例えば、重病患者の優先）を除き、傷病者に対して必要な医学的治療を等しく施すことをいう。

＊＊ 捕　虜

捕虜とは、国際的武力紛争の際に敵に捕らえられた紛争当事者とその関係者をいう。**捕虜条約**は、戦闘員や軍隊に属する非戦闘員（衛生要員及び宗教要員を除く）に捕虜資格を認めるだけでなく、軍隊の許可を得た軍隊随伴者、商船・民間航空機の乗組員等の一定の文民にも捕虜資格を認めている（▶第４条Ａ)。ただし、スパイや傭兵には捕虜の地位が認められない（▶第一追加議定書第46条、第47条)。また、文民との区別義務に違反した戦闘員は捕虜の権利を失うが、捕虜に与える保護と「同等のもの」は認められる（▶第44条４項)。ある者が捕虜であるかどうかについて疑義のある場合、権限ある裁判所による決定までの間は捕虜として扱われる（▶第45条１項)。

◆ Further Study　民間軍事組織

現代の武力紛争は、兵士だけで行われるわけではない。日々のニュースが報じているように、軍隊とは別の国家機関（例えば、諜報機関）や民間組織（例えば、民間軍事会社）の構成員、さらには組織や集団に属さない個々の一般市民に至るまで、実にさまざまな人間が武力紛争に関与している。もちろん、関与の目的もさまざまであるし、関与の仕方もまた、当事者による軍事行動のための作戦の立案、実行、後方支援等多岐にわたることはいうまでもない。しかし、以上のことははたして人道法上許されることなのだろうか。具体的には、次のような問題点を指摘することができる。

①国際人道法上、紛争当事者のために当該紛争に関与することは誰でも許されるのだろうか。許されるとしても、はたしてどのような関与までが許されるのだろうか。②その者は敵の攻撃対象になるのだろうか。また、攻撃対象になるとしても、その者を殺害することに問題はないか。③敵に捕まった場合、その者は少なくとも法的にはどのような扱いを受けるのだろうか。例えば、その者は何かしらの犯罪を行ったとして処罰されるのだろうか。処罰されるとしても、誰がその者を罰することができるのだろうか。また、捕虜又は文民として扱われるのか。そもそも身柄を（どれだけの期間）拘束できるのか。④その者が利そうとした紛争当事者は、その者の行為について国際法上何らかの責任を負うのだろうか。負うとするなら、具体的にどのような責任を、誰に対して負うのか。⑤以上の問いに対する答えは、国際的武力紛争の場合と非国際的武力紛争の場合とで異なるのだろうか。以上の問いに答えることは決して容易ではないし、答えも一つとは限らない。なお、①と②と⑤の点については、赤十字国際委員会（ICRC）が『国際人道法上の敵対行為への直接参加の概念に関する解釈指針』を発表しており、日本語訳（黒﨑将広訳）が公式ウェブサイトから入手できる。検索 ⇒ 赤十字、解釈指針

捕虜の地位は、原則として、敵の権力下に陥ってから敵対行為終了後に解放・送還されるまで続く。この間、捕虜は、戦地から十分に離れ、かつ衛生上及び健康上良好な紀律ある地上の収容施設において、人種、国籍、宗教等の基準による差別なく、公衆の好奇心からの保護を含め、常に人道的に保護される。抑留国は、捕虜に対して給養及び医療を無償で提供しなければならない。

** 文　民　紛争当事者の権力下にある**文民**の保護については、**文民条約**が規定している。ただし、同条約の対象とする文民（被保護者）は、第2編の規定の適用を除き、当事国の権力下にある（占領の場合を含む）①敵国民、②通常の外交代表を常駐させていない中立国国民、③難民、④無国籍者に限定される（▶第4条、第一追加議定書第73条）。紛争当事者は、文民の安全又は絶対的な軍事上の理由のために必要とされる場合を除き、被保護者たる文民の自由を奪ってはならない。抑留、強制移住、住居指定等が禁止される。したがって文民を抑留する場合でも、紛争当事者は、その必要性がなくなり次第、速やかに解放しなければならない。これを確保するため文民条約は、紛争当事者が文民を不当な期間抑留することのないよう、「抑留国が指定する適当な裁判所又は行政庁で」、少なくとも年に2回、定期的に抑留の必要性を再審査するよう抑留国に義務づけている（▶第43条）。また、被保護者たる文民が当事国からの国外退去を望む場合、その国の「国家的利益に反しない限り」その権利が認められる。

7　国際人道法の履行確保

** 履行措置　武力紛争という過酷な状況下で紛争当事者にいかに国際人道法を守らせるかは、国際人道法の存在意義にもかかわる重要な問題である。常日頃から国内法の整備や教育等を通じて国際人道法の普及を徹底させることが重要であることはいうまでもないが、履行確保を担う主な仕組みとしては、戦時復仇、裁判による処罰、第三者による監視を挙げることができる。

** 戦時復仇　**戦時復仇**とは、敵の違反行為に対して人道法の遵守を促すために違反行為で返す紛争当事者の行為をいう。これは、①敵の違法行為が先にあること、②他に手段がないこと、③先行違法行為と均衡したものであること（**比例性**）を条件に国際法上認められる。ただし、戦時復仇は違反行為の認定等の面で紛争当事者の濫用を招きやすい。したがって、戦時復仇の応酬による紛争被害の悪化を避けるためにも、今日、人道法によって保護される人（文民その他の戦闘外にある者）や物（民用物、文化財・礼拝所、自然環境）に対して戦時復仇を行うことは、禁止される傾向にある（▶陸上傷病者条約第46条、海上傷病者難船者条約第47条、捕虜条約第13条、文民条約第33条、第一追加議定書第20条、第51条６項、第52条１項、第53条(c)、第54条４項、第55条２項）。ただし、一部の国は、この点について留保や解釈宣言を付している。

＊＊ **裁判による処罰** 裁判による国際人道法違反の処罰もまた、違反行為を抑止する点で重要な位置を占めている。当該違反の処罰については、武力紛争時に紛争当事者が自国の法に基づいてこれを行ってきた。しかし、ジュネーヴ諸条約は、重大な違反行為が存在する場合に、武力紛争時であるか否かを問わず、そして紛争当事者であるか否かを問わず、すべての締約国に当該行為の処罰を義務づける普遍的処罰（引き渡すか訴追するか）の制度を生み出した。さらに今日では、臨時又は常設の国際刑事裁判機関の設置を通じたさまざまな国際犯罪処罰の試みもみられるなど、裁判による履行確保の仕組みは、紛争当事者の利益を超えた国際共同体全体の問題として大きな展開を遂げている。

＊＊＊ **第三者による監視** ジュネーヴ諸条約は、双方の紛争当事者の同意により指定された**利益保護国**や**赤十字国際委員会**といった第三者による人道法遵守の監視制度を設けている。とりわけジュネーヴ諸条約は、被抑留者の人道的取扱いを確保すべく、抑留国の絶対的な軍事上の必要がある場合を除き、利益保護国や赤十字国際委員会の代表に対して、立会人なしに直接すべての抑留施設を訪問する特権を認めている（▶捕虜条約第126条、文民条約第143条）。さらに第一追加議定書は、人道法違反を防止するための試みとして、第三者機関である国際事実調査委員会の設置を認めている（▶第90条）。

☆ Summary

国際人道法は、武力紛争に適用される国際法であり、武力紛争によって生じる被害を最小限に抑えることを目的としている。国際人道法の目指す武力紛争被害の最小化は、倫理的要請、つまり（　1　）性のためだけではない。それは次の戦いに備えて当事者の戦力をできるだけ温存するという経済効率的要請、つまり（　2　）性のためでもある。国際人道法は、（　3　）的武力紛争に適用されるものと（　4　）的武力紛争に適用されるものとに分けられる。しかし、国際人道法の多くを占めるのは前者である。

第一に、国際的武力紛争を規律する国際人道法は、主に、誰が敵対行為に直接参加することができるのかという（　5　）者の資格に関する問題を取り扱う。敵対行為に直接参加する権利を有するのは（　6　）であり、それ以外は非（　6　）とされるが、この中で軍隊に属さない者は（　7　）と呼ばれる。また、（　6　）でないにもかかわらず敵対行為に直接参加する者は不法・非特権的（　6　）と呼ばれ、その扱いが今日論争を呼んでいる。第二に、どのような方法によって敵対行為を行うのかを規定する。攻撃は（　8　）目標に限定するだけでなく、攻撃による巻き添え被害も過度にならないよう努めねばならない。（　9　）行為と（　10　）はともに敵を欺く点で共通しているが、両者は敵を殺傷し又は捕らえるために人道法上保護される地位に対する敵の信頼を裏切る意図を持つか否かで区別され、前者は違法、後者は適法とされてきた。しかしながら近年、（　10　）と位置づけられてきた行為までもが条約で禁止されるようになってきており、両者を区別することの意味が問われている。第三に、敵対行為の手段に関するルールとして、紛争当事者は、①（　11　）兵器、②過度の傷害又は無用の（　12　）を与える兵器、③自然環境に広範、長期的かつ深刻な損害を与える兵器を用いてはならない。現在では主に条約を通じて禁止兵器を特定する試みが国家間でなされている。第四に、武力紛争犠牲者の保護のルールについて人道法は、犠牲者のカテゴリーを大きく傷病者・難船者、捕虜、文民に分け、それぞれにつき、主に敵の権力下に入った場合の取扱いを規定している。犠牲者に対する攻撃と戦時（　13　）の禁止、そして人道的取扱いが同ルールの基本原則である。第五に、人道法の履行を確保する手段としては、敵の違反行為を違反行為で返す戦時（　13　）、国内・国際裁判による処罰、そして第三者による監視等がある。監視を行う第三者は、（　14　）保護国、（　15　）国際委員会、国際事実調査委員会である。

答

【Quiz】②いいえ、戦闘員であれば許される。捕虜は、国際法上保護の対象とされている。第二次世界大戦中、日本国兵士に捕虜となることを禁じたことが、集団自決を発生させたり、連合国捕虜に対する虐待につながったとみることができないだろうか。

【Summary】①人道、②軍事的必要、③国際、④非国際、⑤交戦、⑥戦闘員、⑦文民、⑧軍事、⑨背信、⑩奇計、⑪無差別、⑫苦痛、⑬復仇、⑭利益、⑮赤十字

第17章　国際刑事法

Quiz

国際刑事警察機構（インターポール）に派遣されている日本の警察官が、国際手配されている日本人の殺人犯をアメリカ合衆国で発見した場合、逮捕する権限があるか。

①はい、ある。②いいえ、ない。　（答は章末）

1　国際犯罪

* **増加する国際犯罪**　グローバル化の負の側面として国際犯罪が増加している。交通手段を利用した犯罪者の国外逃亡、国境を越えた麻薬取引や暴力団の活動、インターネットを使用したサイバー犯罪等、国際犯罪の取締りに各国の協力が必要とされてきている。また、談合（カルテル）、知的財産権を脅かす経済スパイ、金融・証券犯罪や資金洗浄（マネー・ロンダリング）等、国際的な経済犯罪は、発生数の増加と犯罪被害の拡大がみられる。

** **国際犯罪**　国際犯罪とは国際的な要素を有する犯罪の総称であるが、その類型は三つに分かれる。第一に**外国性**（**渉外性**）をもつ犯罪、第二に諸国の**共通利益**を害する犯罪、第三に**国際社会全体の利益**を害する犯罪である。第一類型は国内法上の犯罪であり、第二及び第三類型は国際法上の犯罪である。それぞれの類型を、どこで処罰されるのかという点とともにみてみよう。

** **外国性をもつ犯罪**　各国の国内法によって禁止されている犯罪（普通犯罪）であるが、犯行地が外国であったり、犯人が外国に逃亡したりしたことから、外国が関係してくる犯罪がある。このように国内法上の犯罪であるが**外国性**（**渉外性**）**をもつ犯罪**は、各国の国内裁判所で訴追し処罰されるが、証拠収集や犯人の身柄確保において関係する外国の協力が必要となる場合がある。

** **諸国の共通利益を害する犯罪**　**諸国の共通利益を害する犯罪**は、多数の国の共通の法益を侵害する行為であるため、国際法によって禁止されている犯罪である。伝統的国際法の時代から**海賊**は、「人類の共通の敵」と認識され、個別国家の利益にとどまらず諸国に共通の利益を害するとみなされた。無国籍又は国旗掲揚のない海賊船に対しては旗国主義では効果的に取り締まれないため、どの国でも海賊を公海上逮捕し処罰することができるとする**普遍主義**が慣習法上認められるようになった。諸国の共通利益を害する犯罪は慣習法上の犯罪もあるが、犯罪を特定する多数国間条約が締結されているものが多い。これらの条約は、犯罪を定義し構成要件を定めるとともに、国内法でも犯罪と定めて処罰のために刑事管轄権を設定するよう国内法の整備を締約国に義務づけている。諸国の共通利益を害する犯罪は、国際法によって禁止されているが、その取締りと処罰は各国に委ねられている。

＊＊ **国際社会全体の利益を害する犯罪**

国際社会全体の利益を害する犯罪は、国際法によって禁止される犯罪の中でも最も重大な犯罪（**中核犯罪**）であり、強行規範や対世的義務に違反するものである。重大な戦争犯罪や、人道に対する罪、ジェノサイドが含まれる。これらの犯罪については、それを禁止する国内法の有無にかかわらず国際法上禁止される。犯罪者は、各国の国内裁判所で処罰されるが、場合によっては国際刑事裁判機関で処罰される。

＊＊ **犯罪類型の違い**

上記三つの犯罪類型の違いは、①国内法上の犯罪であるか国際法上の犯罪であるか、②国際刑事裁判機関が裁判対象とする犯罪種類か否かによって生じる。つまり、犯罪の重大性と、訴追・処罰に国際社会が直接関与する必要性によって決まる。犯罪がどの類型に属するかは時代によって異なりうる。これまで国内法上の犯罪であったものが、犯罪の重大性に関して国際社会の意見が一致し、条約で規定されることにより国際法上の犯罪となる場合もあるからである。

＊＊ **国際刑事法**

国際刑事法は刑事法分野の国際法である。国際司法共助、国際犯罪に関する多数国間条約の成立、国際刑事裁判機関の設立等

■ **表1　国際犯罪の三類型**

	外国性をもつ犯罪	諸国の共通利益を害する犯罪	国際社会全体の利益を害する犯罪
犯罪を規律する法	国内法	国際法	国際法
裁判機関	国内裁判所	国内裁判所	国内・国際刑事裁判所

が、国際刑事法の発展をもたらした。国際刑事法は、国際人権法や国際人道法の分野と関係する。国際人権法とは、国際犯罪が人権侵害である場合や、被疑者・被告人・在監者の人権尊重といった面で関係し、国際人道法とは、国際人道法に違反する行為の処罰という履行確保措置において重複する関係にある。

2 国際司法共助と犯罪人引渡し

*** 国際司法共助

国際犯罪の捜査・訴追・裁判・処罰には、証拠収集や容疑者の身柄確保等で他国の協力が必要な場合がある。刑事司法の分野における国際協力を**国際司法共助**という。これは、一般的には国家の義務ではない。国際司法共助を円滑に行うために二国間条約や多数国間で条約が締結されており、国際刑事警察機構（ICPO: インターポール）も存在する。ICPOには195か国が加盟しており、国際犯罪の情報収集や逃亡犯罪人の所在発見と国際手配書発行を行っているが、ICPOの職員が国を超えた捜査活動や被疑者の逮捕を行うわけではなく、各国警察の協力を推進するのみである。国際司法共助には、文書の送達、証拠収集といった情報提供等、刑事手続にかかわるさまざまな協力の態様があるが、なかでも古くから行われてきたのが犯罪人引渡しである。

** 犯罪人引渡し

外国が訴追又は処罰のために犯罪容疑者の身柄を請求してきた場合、これに応じてその者の身柄を引き渡すことを**犯罪人引渡し**という。犯罪人引渡しは、古くから実行があるが、一般的には国家の義務ではなく、国際礼譲又は相互主義と協力の精神から行われてきた。諸国は相互に引渡しを約束して要件や手続等を定める犯罪人引渡条約を二国間又は多数国間で締結している。この場合、引渡しが義務化される。日本は二国間犯罪人引渡条約をアメリカ合衆国及び韓国と締結している（日米犯罪人引渡条約［1978年］、日韓犯罪人引渡条約［2002年］）。なお、日本は米・韓以外の国に対しても、相互主義に基づいて引渡しを行うことができる。

*** 犯罪人引渡しの手続

日本からの犯罪人引渡しは、逃亡犯罪人引渡法と「逃亡犯罪人引渡法による審査等の手続に関する規則」という国内法に基づき処理される。外国から引渡請求を受けた外務大臣は、法務大臣へ引渡請求書を送付する（▶逃亡犯罪人引渡法第3条）。法務大臣は東京高等検察庁検事長に関係書類を送付し、引渡しができるか東京高等裁判所に審査請求を行うよう命じる（▶第4条）。引き渡すことができるとの東京高裁の決定が下された後、法務大臣が引渡しの是非を最終的に判断し命令を下す（▶第14条）。

＊＊ **双方可罰性の原則と特定主義の原則**　犯罪人引渡しは、双方可罰性の原則と特定主義の原則を守って行われなければならない。**双方可罰性**の原則に基づき、引渡しの対象となる犯罪（引渡犯罪）は、引渡請求国と被請求国の両国の刑法で処罰可能なものでなければならない。双方可罰性の判断基準は国により異なり、犯罪名の一致は不要だが、同様の犯罪に自国の管轄権が成立しうることを要件とする国もある（フランス、イギリス等）。この点、逃亡犯罪人引渡法第2条は、引渡請求国と日本のいずれの法においても死刑又は無期若しくは長期3年以上の拘禁刑に該当する犯罪を引渡犯罪とする。このように犯罪人引渡しは、通常、重い刑罰がある重罪を対象としている。また、**特定主義の原則**に基づき、請求国は、引渡犯罪以外の犯罪について訴追してはならず、第三国に引き渡すこともできない（▶日米犯罪人引渡条約第7条）。

＊＊ **自国民不引渡しの原則**　日本は逃亡犯罪人が日本国民であるときは別段の取決めがない限り引き渡さない（▶逃亡犯罪人引渡法第2条9号）。同様に多くの国が国内法で**自国民不引渡しの原則**を定めているが、一般的には裁量により引き渡すことも可能とされており、自国民不引渡しの原則が国際法上の原則であるかは確かではない。日韓犯罪人引渡条約第6条2項では、不引渡しの場合には引渡請求国は被請求国に訴追を要求することができる。

＊＊ **政治犯不引渡しの原則**　**政治犯不引渡しの原則**に従い、政治犯罪は引き渡さない（▶逃亡犯罪人引渡法第2条1項）。歴史的には政治犯罪人について引渡しが行われていたが、フランス革命以後は、不引渡しの傾向が広まった。個人の信条の自由の尊重に加えて、革命等による政権交代が激しい国では政治犯の引渡しが新政権により非友好的な行為とみなされる危険を回避するという政治的な配慮が背景にある。

(1)　**政治犯罪の定義**　**政治犯罪**とは、一国の政治体制の変革を目的とした行為であり、純粋政治犯罪（絶対的政治犯罪）と、相対的政治犯罪に分類される。**純粋政治犯罪**は、クーデターの計画や違法な政治結社の結成等、政治的変革を目的として政治秩序を侵害する犯罪である。これに対して**相対的政治犯罪**は、政治的目的をもちつつも、関連して殺人や強盗等の普通犯罪を犯すものである。純粋政治犯罪に対しては政治犯不引渡しの原則が適用されるが、相対的政治犯罪には同原則を適用すべきではないとの見解が有力である。**張振海事件**で東京高裁は、被告人が行ったハイジャックが真に政治的目的をもち、かつ客観的にみてその目的の達成に直接的な関連をもつのかどうか、行為の内容、性質、結果の重大性がその目的と対比して均衡を失っていないかどうか等を勘案した結果、政治犯罪にはあたらないと判断した（★東京高決平２・４・20、高刑集43巻１号27頁）。政治犯罪の概念が明確ではないうえにその判断が引渡被請求国に委ねられているため、各国で判断が異なりうる。元首やその家族に対する加害行為は政治犯とみなさない旨の規定（**加害条項**又はベルギー条項）を1856年にベルギーは国内法で定めたが、同様の規定は欧州犯罪人引渡条約や日韓犯罪人引渡条約３条(c)(i)にも取り入れられた。また、ジェノサイドや爆弾テロ、核によるテロ等、政治的動機で犯される可能性が高くとも重大な犯罪については、政治犯として扱わないことがそれぞれの関連条約で規定されている（▶ジェノサイド条約第７条）。

(2) **慣習法性**　政治犯不引渡しの原則は慣習法であるか否か、また慣習法である場合には、国家の権利なのか義務なのか見解が分かれる。尹秀吉（ユン・スウギル）事件において、第一審の東京地方裁判所は、政治犯不引渡しの原則が国家の義務を定める国際慣習法上の確立した原則であると判示した（★東京地判昭44・1・25、行集20巻1号28頁）が、控訴審（★東京高判昭47・4・19、判時664号３頁）と上告審（★最二小判

◆ Case　張振海事件

東京高等裁判所決定［1990年４月20日］

1989年12月、張振海（ちょうしんかい）（中国人）は、北京発ニューヨーク行の中国国際航空公司機をハイジャックし、福岡空港に着陸したが、乗務員により機体から突き落とされて病院に収容された。日本は中国から引渡請求を受領した。双方可罰性原則が充足されていないこと、天安門事件への参加で逮捕・取調べを受けた張が台湾への政治亡命を目的として行った行為は政治犯罪に該当すること、中国の目的は政治犯罪の処罰であり引渡し後に自由権規約第７条違反が生じる可能性があること、ノン・ルフールマン原則に違反すること等を理由に、張は不引渡しを求めた。しかし1990年４月20日、東京高等裁判所は、犯罪行為の深刻さと国外脱出の目的との間に均衡はなく、純粋政治犯罪に該当しないと判断し、引渡犯罪以外の犯罪事実で処罰しないとの中国の態度を勘案し、逃亡犯罪人引渡法第８条に基づき引渡し可能との決定を下した（高刑集43巻１号27頁）。４月23日、法務大臣は引渡しを命令するとともに、張の難民不認定に対する異議申立てを却下した。４月24日、被告の不服申立てを最高裁は棄却した。中国に引き渡された張に対しては、同年７月、北京中級人民法院が懲役８年と政治的権利剥奪２年の判決を下した。

昭51・1・26、判タ334号105頁）は不引渡しの義務を定める慣習法の存在を否定した。

＊＊＊ **容疑者の人権保護**　特定国への国外退去処分など、正式な引渡しの手続をとらずに事実上の引渡しの結果を実現することを**偽装引渡し**という。犯罪人引渡しに関する諸原則の適用を回避する偽装引渡しでも、ノン・ルフールマン原則は守られるべきである。

近年では、犯罪人の基本的人権の保護の観点から、引渡し後の請求国での待遇が人権条約の基準に合致するものとなることの保証を得ずに引き渡した場合には、人権条約違反となるとする見解が登場している。ゼーリング事件において、欧州人権裁判所は、死刑の順番待ち現象と被疑者の年齢及び精神状態を考慮した結果、イギリスによるアメリカ合衆国への引渡しが欧州人権条約第３条（拷問の禁止）に違反すると判示した。自由権規約委員会はジャッジ事件において、死刑廃止国であるカナダが、死刑を執行しないとの保証なしにアメリカ合衆国に国外退去させたことが同規約第６条（生命に対する権利）の違反に該当するとの見解を示した。今後、死刑存置国である日本が、死刑廃止国に引渡請求を行う場合、引渡条件として死刑を執行しないとの保証を被請求国から求められる可能性がある。

Point　犯罪人引渡しに関する原則

①双方可罰性の原則
②特定主義の原則
③自国民不引渡しの原則（国際法上の原則？）
④政治犯不引渡しの原則（純粋政治犯罪のみ）
⑤死刑存置国への不引渡し（ゼーリング事件、ジャッジ事件）

3　テロの規制

＊ **国際犯罪としてのテロ**　諸国の共通利益を害する犯罪の代表例がテロである。2001年９月11日のアメリカ合衆国における同時多発テロ（9・11事件）を契機として国際社会の関心事として扱われている。テロは一般人に多くの被害をもたらす無差別行為である。時には戦闘員資格をもたない者による事実上の戦闘行為にあたるものもあり、国内の刑事法の枠組みで処理するのか、戦争とみなして自衛権や武力紛争法で処理するのか、事例ごとに国によってテロへの対応は異なっている。

＊ **包括的テロ条約の欠如** テロの動機はさまざまであるとともに、爆弾テロやコンピューターを介したサイバーテロ等、テロの手段として行われる行為形態は多様である。また、テロリズムを包括的に定義することは難しい。定義によってはパレスチナ解放機構（PLO）など解放闘争を行う集団もテロ集団に該当しうることから、諸国の見解は一致せず、国連総会で包括的テロ防止条約の起草が長年審議されたが、成立していない。そのため、一つの包括的な条約はなく、個々のテロ行為を禁止して抑止する条約が複数制定されている。

＊＊ **ハイジャック防止** 1960年代から70年代にかけてハイジャックが多発したため、ハイジャックを防止し処罰するための多数国間条約が締結された。1963年の「航空機内で行われた犯罪その他ある種の行為に関する条約」(東京条約)、1970年の「航空機の不法な奪取の防止に関する条約」(ハーグ条約)、1971年の「民間航空の安全に対する不法な行為の防止に関する条約」(モントリオール条約）等は、ハイジャックの防止と処罰に関する従来の不備を徐々に改善していった。例えば、刑事管轄権について、1963年の東京条約第３条は航空機登録国の管轄権を優先させて、それ以外の管轄権は例外的に認めるにすぎなかったが、1970年のハーグ条約第４条は航空機登録国のみならず、犯罪者が領域内に所在する締約国や着陸国等に管轄権の設定を義務づけた。

◆ Case　引き渡すか訴追するかの義務事件

（ベルギー対セネガル）国際司法裁判所判決［2012年７月20日］

チャドのハブレ大統領が在任中（1982年～1990年）に行った人権侵害の被害者は、元大統領が政治亡命したセネガルと、普遍的管轄権を有するベルギーに犯罪の処罰を求めた。2005年にベルギーは、拷問やジェノサイド等の容疑で元大統領の逮捕状を発してセネガルに引渡しを求めたが、セネガルは引渡しも処罰も行わなかった。ベルギーの提訴を受け、国際司法裁判所は、「引き渡すか訴追するかの原則」を定めた拷問禁止条約第７条により訴追は国際的義務であり、引渡しは国家に与えられた選択肢であると説明した。なお、拷問禁止は慣習国際法であり強行規範であるが、訴追義務は拷問禁止条約の締約国となった時点以降の拷問行為が対象である。裁判所は、セネガルがただちに捜査を行わず訴追のために権限ある当局に事件を付託しなかったことについて同条約第６条２項と第７条１項違反を認定し、セネガルは容疑者を引き渡さない場合には遅滞なく事件を訴追のため権限ある当局に付託することを命令した。

＊＊ **引き渡すか訴追するかの原則**

ハイジャック犯は、処罰回避のために国境を越えて逃亡する危険性が高い。そこで、「犯罪行為の容疑者が領域内で発見された締約国は、その容疑者を引き渡さない場合には、その犯罪行為が自国の領域内で行われたものであるかどうかを問わず、いかなる例外もなしに、訴追のため自国の権限のある当局に事件を付託する義務を負う」（▶東京条約第7条）と定められた。これは「**引き渡すか訴追するか**（*aut dedere aut judicare*）**の原則**」である。この原則は、引渡し又は訴追のいずれかを行う義務を意味し、いずれを行うかは引渡被請求国の裁量による。多くの条約はこの原則を規定すると同時に、普遍的管轄権を許容する条文と、犯罪人引渡条約に相当する機能を果たす条文を挿入することにより、世界のどこかで処罰が行われる制度を築いている。このように国の管轄権行使や犯罪人引渡しを阻む要因が排除されてきているが、実際には政治的背景も絡み、容疑者の引渡しについて国家間で争いが生じる場合がある。1972年のミュンヘン・オリンピック事件や1985年のアキレ・ラウロ号事件では、犯人の引渡しが拒否された。1988年のロッカビー事件では、アメリカ合衆国とイギリスが求めるリビア人容疑者の引渡に対して、リビアは「引き渡すか訴追するかの原則」に従い、自国が管轄権を行使すると主張して、引渡しを拒否したのであった。

＊＊＊ **9・11事件の問題**

2001年の9・11事件を契機として、テロ根絶に向けた国際社会の取組みが活発化した。事件後に採択された安保理決議1373（2001）は、テロ行為のための資金供与の犯罪化やテロリストの資産凍結、テロリストへの金融資産等の提供禁止等をすべての国の義務とした。テロ資金供与防止条約［1999年］がすでに存在していたが、この決議は国連憲章第7章下の非軍事的措置としてテロ資金規制を決定したのである。また、安保理決議1540（2004）は、大量破壊兵器がテロリストに渡らないよう措置を講じ、状況を報告する義務を国家に課した。安保理のテロ関連決議は、条約よりも踏み込んだ義務を国連加盟国に課し、条約代替機能を果たすため、安保理による国際立法だと主張されることがある。9・11事件後、テロを命令したとされるオサマ・ビン・ラディンのアメリカ軍による殺害や、キューバのグアンタナモ基地で勾留されているアルカイダのテロ容疑者及び捕虜となっているタリバン兵士のアメリカ合衆国による取扱いが、国際人権法と国際人道法に違反しないか疑われている。

4 国際刑事裁判所

＊＊ **国際刑事裁判機関の構想** **国際刑事裁判機関**とは、国際法に違反する行為を行った者を訴追し処罰するために国際法により設置される裁判所である。国際刑事裁判機関の構想は第二次世界大戦より前に誕生したが、国家主権の尊重に重きを置き、個人の国際法上の主体性に否定的であった時代の影響もあり、学術的にも賛否が分かれていた。国際刑事裁判機関での裁判が希求される犯罪はその犯罪性と規模において重大なものであり、そのような犯罪は一国の高官や国家元首が指揮命令を行うなどして犯罪に関与している場合があるが、個人の刑事責任ではなく、国家責任で処理する問題と解されていた。現代においても、高官や国家元首は特権免除を有するため、これらの者は処罰できないと主張する国もある。

＊＊＊ **第一次世界大戦後の幻の国際裁判** 第一次世界大戦後の戦後処理においては、戦争について国家責任に加えて国家元首の個人責任も問題とされた。ベルサイユ条約第227条から第230条は、ドイツ皇帝の戦争責任を国際的な裁判機関で裁くことを定めた。しかしドイツ皇帝の亡命先であったオランダが引渡しを拒否し、裁判は実現しなかった。

＊＊ **国際軍事裁判所** はじめて国際刑事裁判機関で個人が国際法に基づいて訴追・処罰されたのは、第二次世界大戦後の**ニュルンベルク国際軍事裁判所**と**極東国際軍事裁判所**（東京裁判）であった。この二つの裁判所は、平和に対する罪、戦争犯罪、人道に対する罪について裁判を行った。裁判所判決は、個人の刑事責任の概念が国際法上認められる論拠となった。また、上官命令の抗弁など刑事責任追及のうえでのさまざまな法規則を明らかにすることにより、新しい時代の国際法規則の表明として注目された。裁判所が適用した法は、1946年の国連総会決議95（I）によって**ニュルンベルク諸原則**として確認され、さらに国連国際法委員会によって1950年に定式化された。他方で、これらの国際軍事裁判所は、犯罪行為の後に設置されたうえに、人道に対する罪といった対象犯罪が裁判所設置前に国際法上の概念として確立していたか不明である（罪刑法定主義や遡及処罰の禁止に反する）点や、被告人が敗戦国国民だけであった点等、法的問題点が指摘されている。戦後処理の一環として事後的に行われた裁判であり、「勝者の裁き」との批判もある。

＊＊ 国際刑事裁判機関の設立案と挫折

国連総会が採択した1948年の「集団殺害犯罪の防止及び処罰に関する条約」（**ジェノサイド条約**）は、第6条で国際刑事裁判所における訴追と処罰を規定している。国連の国際法委員会では「人類の平和と安全に対する罪に関する法典」草案の起草作業の中で、国際刑事裁判所の設立が審議されたが、実現しなかった。

＊＊ ICTY と ICTR の設立

国際刑事裁判機関が再び登場したのは1990年代に入ってからである。1993年に安保理は、旧ユーゴスラビアの解体をもたらした紛争で、民族浄化等、国際人道法の重大な違反を犯した責任者を訴追するため、**旧ユーゴ国際刑事裁判所**（ICTY）を設立した。翌年、安保理は、ルワンダにおけるツチ族とフツ族との紛争への対応として**ルワンダ国際刑事裁判所**（ICTR）の設置を決定した。ICTY と ICTR の特徴は、第一に、場所や時間等、管轄権に制限がある臨時のアド・ホック裁判所である点である。ICTY は旧ユーゴ領域で1991年以降に犯された犯罪に限定して管轄権を有した。ICTR は1994年1月1日から同年12月31日までの間に、ルワンダ領域内で犯された犯罪又はルワンダ市民によって近隣諸国領域で犯された犯罪を対象犯罪とした。ICTY と ICTR の閉廷後は、両裁判所の管轄権を引き継ぐ刑事裁判所国際残務処理機構（IRMCT）が設けられた。第二に、安保理決議によって設立された点である。国連憲章第7章措置として安保理決議で設置された裁判所への協力は、国連加盟国の義務である。第三に、ICTY と ICTR は、国内裁判所に優越する管轄権をもつ（▶ ICTY 規程第9条2項、ICTR 規程第8条2項）。そのため、二つのアド・ホック裁判所と国内裁判所との関係は、競合する管轄権でありながらも垂直的関係にあると位置づけられる。

＊＊ 国際刑事裁判機関の増加

現在まで、設立根拠（安保理決議又は条約）、地域的・時間的管轄権の制限の有無や、裁判官の構成等で、性質の異なる多様な形態の国際刑事裁判機関が設立されている。裁判所形態としては、管轄権が地域的・時間的な制限がある特別法廷としてのアド・ホック裁判所（ICTY、ICTR）、常設的に機能する常設裁判所（ICC）、外国人裁判官が参加したり国際法と国内法の両方を適用法規とするなど国際的かつ国内的な要素をもつ**混合裁判所**（シエラレオネ特別裁判所等）が挙げられる。

＊＊ 国際刑事裁判所（ICC）の設立

1998年の「国際刑事裁判所に関するローマ規程」（ICC 規程）は2002年に発効し、**国際刑事裁**

判所(**ICC**)が設立された。ICTY や ICTR とは異なり、ICC は多数国間条約によって設立された常設的な機関である。日本は2007年から締約国となり、「国際刑事裁判所に対する協力等に関する法律」(国際刑事裁判所協力法)等の国内法を整備した。ICC 規程は、国内法でいうならば刑法と刑事訴訟法に相当する規定を含んでいる。一事不再理の原則や刑事責任の阻却事由等、刑法の一般原則に関する定めが国際刑事法の一般原則であるのか又は ICC に限定して適用されるのか議論がある。ICC は被害者のために、裁判参加や賠償等のための制度(被害者信託基金)を設けている。ICC は、裁判部、検察局、事務局で構成されており、オランダのハーグに所在している。裁判部は予審裁判部、第一審裁判部、上訴裁判部で構成されている。設立後10年以上にわたり、ICC において係属中の事件がすべてアフリカ諸国にかかわるもののみであったことから ICC の公正さを疑う声もあった。

** **対象犯罪** ICC で裁判される対象犯罪は「国際共同体全体の関心事である最も重大な犯罪」であるジェノサイド罪、人道に対する罪、戦争犯罪、侵略犯罪の四つに限定されている(▶ ICC 規程第5条)。

** **補完性の原則** ICC と国家は競合する管轄権を有し、第一次的管轄権は国家にある。ICC は各国の国内裁判所を補完する役割を果たす。これを**補完性の原則**という(▶前文、第1条)。刑事手続が未整備の途上国では、国が「訴追を真に行う意思又は能力がない」(▶第17条)として ICC の介入が行われるのではないかとの懸念がある。ICC 規程前文の精神を尊重し、国際法上の犯罪の処罰の徹底を図るために自国の国家管轄権を積極的に行使する国もある。

** **管轄権行使の仕組み** ICC は、①締約国による付託、②安保理による事態の付託、③検察官の職権による捜査開始のいずれかによって捜査を開始する。

*** **国からの同意の要件** 安保理による付託の場合を除き、ICC が管轄権を行使するためには、犯罪行為が行われた領域国、船舶・航空機内の行為についてはその登録国又は被疑者の国籍国のいずれかの国が ICC の管轄権を受諾していなければならない。ICC の締約国は ICC の管轄権を受諾したものとみなされ、非締約国も管轄権受諾宣言を行えばこの条件を満たす。ウクライナは2014年に限定的な受諾宣言を行い、2015年には訴追対象を無期限に変更した。そのため、2022年、ウクライナ領域内で行われたロシア軍の戦争犯罪等は、ICC で訴追可能となっている。戦争犯罪に限っては、規程締約国となる際に特別

な宣言を行ったならば、締約国となった後の7年間に限りICCの管轄権を排除することができる（▶第124条）。このようにICCが管轄権を行使する前提として国家の同意が条件とされている点や特別な経過措置規定がある点は、ICTYやICTRと異なる点であり、規程の批准を促すために採られた国家への妥協の産物ととらえられている。

*** **侵略犯罪の取扱い**　侵略犯罪については、当初、定義を含め管轄権行使の条件が整備されておらず、管轄権を行使することが認められていなかった（▶同第5条2項）が、2010年6月のローマ規程検討会議において定義と手続が採択され、2018年7月17日から管轄権行使が可能となった。侵略犯罪については、締約国による付託又は検察官の職権による捜査開始の場合には、ICCは規程非締約国の国民又はその領域で犯された犯罪を裁けない（第15条の2）。規程締約国も侵略犯罪についてICCの管轄権を受諾しない宣言を行うことができる。この条件は、安保理による付託の場合には適用されない。検察官は、国連事務総長に通告後6カ月以内に侵略行為について安保理の決定がない場合には、予審裁判部からの捜査開始の許可があれば捜査を進めることができる。ただし、安保理が捜査開始又は続行しないよう要請（第16条）した場合には、できない。

** **受理許容性**　ICCは、国が捜査・訴追を行っているか、すでに行った場合（国が捜査・訴追の意思又は能力を欠く場合を除く）、一事不再理に違反する場合、事件が重大ではない場合には、事件を受理しない（▶第17条）。

*** **ICCと安保理の関係**　ICCは国連機関ではないが、安保理に特別の権限を与えている。第一に、安保理はICCに事態を付託できる。スーダンのバシル大統領やリビアのカダフィ大佐の事件は、安保理が事態を付託したものであった。第二に、安保理は国連憲章第7章決議によって、ICCに対して12か月の間、捜査や訴追を開始又は続行させないよう要請することができる（▶第16条）。これは平和と安全の維持に関する安保理の役割に配慮した制度である

■表2　ICCとアド・ホック裁判所の比較

	ICC	ICTYとICTR
設立根拠	条約（ローマ規程）	安保理決議
常設性	常設の国際刑事裁判機関	アド・ホック機関
国内裁判所との関係	補完性の原則	国際裁判所の優越

が、事件として具体化する前にICCの管轄権を排除するために利用されたこともある。

◆ Further Study　国際刑事裁判所（ICC）に国は協力的？　非協力的？

ICCは捜査・逮捕・引渡し・刑罰の執行等において諸国の協力が必須であるが、ICCへの対応は各国さまざまである。ICCへの協力のために国内法整備を行い、補完性の原則の下で自国の管轄権を整備する国もある。他方で自国領域内の事態を付託したアフリカの国もある。犯罪行為地国からの**自己付託**は補完性の原則と受理許容性の面からICC規程上認められないとする説もあったが、ICCは自己付託を許容した。他方で、自国民又は国家元首や高官に対するICCの管轄権行使を危惧して反発する国もある。アメリカ合衆国はICC規程採択時に反対票を投じた。2000年12月に署名したが、後に署名の効果を否定し当事国とならない意思を表明した。また世界各地に展開しているアメリカ軍の構成員等がICCに引き渡されることを阻止するため、ICC規程第98条2項が言及する二国間協定を各国と締結し、米軍要員保護法［2002年］を制定した。アフリカ連合（AU）は、加盟国の国家元首等の特権免除を原則として刑事裁判を行う権限をAU司法人権裁判所に与える条約（2014年マラボ議定書、未発効）を採択した。2017年10月、ブルンジがICCからの初の脱退国となり、フィリピンも2019年3月に脱退した。

☆ Summary

国際犯罪には、（　1　）性をもつ犯罪、諸国の（　2　）を害する犯罪、国際社会全体の利益を害する犯罪がある。刑事司法の分野における国際協力を（　3　）という。（　3　）の一つである犯罪人引渡しは、一般的には国家の義務ではない。犯罪人引渡しにおいて、請求国及び被請求国双方の刑法上処罰可能でなければならないという（　4　）の原則と、引渡犯罪以外では処罰ができないという（　5　）の原則を守らなければならない。日本は逃亡犯罪人が日本国民であるときは引き渡さないとして（　6　）の原則を定めている。政治犯罪は引き渡されない。政治犯罪とは、一国の政治体制の変革を目的とした行為であり、（　7　）と（　8　）に分類されるが、前者に対しては政治犯不引渡しの原則が適用されるが、後者には同原則を適用すべきではないとの見解が有力である。（　9　）の原則は、引渡し又は訴追のいずれかを行う義務を意味し、いずれを行うかは引渡被請求国の裁量による。

はじめて国際刑事裁判機関で個人が国際法に基づいて訴追・処罰されたのは（　10　）国際軍事裁判所と極東国際軍事裁判所である。現在では、アド・ホック裁判所、常設裁判所、混合裁判所といった多様な形態の国際刑事裁判機関が存在する。国際刑事裁判所（ICC）は、（　11　）罪、（　12　）罪、戦争犯罪、侵略犯罪を犯した個人を裁判し処罰する。（　13　）の原則に基づき、ICCと国家は競合する管轄権を有し、第一次的管轄権は国家にある。ICCは、締約国による付託、安保理による（　14　）の付託、（　15　）の職権による捜査開始のいずれかによって捜査を開始する。安保理による（　14　）の付託の場合を除き、犯罪行為地国又は被疑者国籍国のいずれかがICCの管轄権を受諾していなければならない。国が捜査・訴追を行っているか、すでに行った場合（国が捜査・訴追の意思又は能力を欠く場合を除く）、一事不再理に違反する場合、事件が（　16　）でない場合には、ICCは事件を受理しない。（　17　）は、国連憲章第7章決議によってICCに対して12か月の間は捜査や訴追を開始又は続行させないよう要請することができる。

答

【Quiz】②いいえ、ない。インターポールに所属しているというだけでは、逮捕権があることにはならない。日本の警察官は、日本領域内においてのみ、権限を行使できる。

【Summary】①外国／渉外、②共通利益、③国際司法共助、④双方可罰性、⑤特定主義、⑥自国民不引渡し、⑦純粋政治犯罪／絶対的政治犯罪、⑧相対的政治犯罪、⑨引き渡すか訴追するか、⑩ニュルンベルク、⑪〜⑫ジェノサイド、人道に対する（順不同）、⑬補完性、⑭事態、⑮検察官、⑯重大、⑰安全保障理事会／安保理

第18章　国際経済法

Quiz

WTOとは、下の三つのうち、どれを指すか。

①世界貿易機関、②世界観光機関、③ワルシャワ条約機構　（答は章末）

1　国際経済法とは何か

＊ 国際経済法の定義

国際経済法（International Economic Law）という法分野について、「経済に関する国際法」と理解する考え方と「国際経済に関する法」と理解する考え方の大きく二つが対立している。後者の考え方に立てば、国際経済法には、前者の「経済に関する国際法」に加え「国際経済に関する国内法」も含まれることになる。このような意見の対立は、主に国際経済法研究者の出身学問分野の違いにより発生している。非常に単純に整理すれば、国際法の立場から国際経済法にアプローチする研究者は前者の考え方に傾きやすく、経済法の立場からアプローチする研究者は後者の考え方を支持する傾向が強い。本書第1章において「国際法」を「原則として国家の関係を規律する法」と定義したことを踏まえれば、国際経済法は「原則として国家間の経済関係を規律する国際法」と一応の定義をすることが可能である。

＊＊ 国際経済法の規律対象

国際経済法の規律対象となる国際経済関係には、どのようなものが含まれるだろうか。表1は、国際経済活動を物、サービス、資本、人（労働者）及び（技術を含む）情報の五つの各要素の移動に分類し、各活動に関する国家間関係が国際経済法の規律対象になることを示している。

表1は、横軸に五つの国際経済活動を列挙し、それぞれに関係する国際条約及びその分野で一般的な規律原理を示した。第一に、物の移動という国際経済活動（いわゆる「物の貿易」）に関しては、**世界貿易機関**（World Trade Organization：WTO）という国際機構において、「関税及び貿易に関する一般協定」（General

■ 表１　国際経済法の規律対象範囲

国際経済活動	①物の移動	②サービスの移動	③資本の移動	④人の移動	⑤技術・情報の移動
WTO 協定	GATT	GATS	――	(GATS)	TRIPS
その他条約	二国間及び地域協定	二国間及び地域協定	通貨：IMF 協定 投資：二国間及び地域協定（OECD による MAI は失敗）	二国間及び地域協定	WIPO 諸条約、二国間及び地域協定
主要な規律原理	自由かつ無差別な貿易	自由かつ無差別な貿易	為替自由 投資保護	未確立	知的財産権の国際的保護

Agreement on Tariffs and Trade：GATT）や二国間又は各地域の貿易協定が存在し、そこでの主要な規律原理は「自由かつ無差別な貿易」であるということを示している。第二の「サービスの移動」についても同様に、WTO の「サービスの貿易に関する一般協定」(General Agreement on Trade in Services：GATS）や二国間又は各地域の貿易協定が存在し、主要な規律原理は「自由かつ無差別な貿易」であるが、物の貿易と比べると、サービス貿易における自由化はいまだ発展途上の段階にある。第三の「資本の移動」の問題は、大きく外国通貨との取引、いわゆる為替取引と投資に分けることができ、前者については、**国際通貨基金**（International Monetary Fund: IMF）が為替取引の自由化等の規律を設け、後者について、二国間等の投資協定が投資保護等の規律を設けている。投資については、1990年代後半、主に先進国から構成される**経済協力開発機構**（Organisation for Economic Co-operation and Development: OECD）において、多国間投資協定（Multilateral Agreement on Investment: MAI）の締結に向け交渉が進められたが、主要国の反対を受け、失敗に終わった。第四の「人の移動」においては、労働者の受入れや移民問題に関する多国間における規律はほとんど存在せず、主に二国間において人の移動を一定限度で認めるルール等を取り決めているにすぎず、統一的な規律原理が立ち上がるまでに至っていない。第五の技術・情報の移動については、WTO の「知的所有権の貿易関連の側面に関する協定」(Agreement on Trade-Related Aspects of Intellectual Property Rights：TRIPS）や**世界知的所有権機関**（World Intellectual Property Organization：WIPO）の諸条約が、知的財産権の国際的保護を定めている。このように、国際経済法は、規律対象分野ごと、不均等に発展している。

2 第二次世界大戦後の世界経済秩序

* **ブレトン・ウッズ体制**

1944年7月、連合国44か国の代表が、アメリカ合衆国東海岸のニューハンプシャー州ブレトン・ウッズに集結し、連合国通貨金融会議を開催した。そこでは、1930年代の世界恐慌期に、平均60%まで関税を引き上げたアメリカ合衆国1930年スムート・ホーレー関税法や為替制限・為替レートの切下げ競争に代表される保護貿易主義が蔓延し、その結果、恐慌が長期化しただけでなく、領土拡張競争とひいては第二次世界大戦をも引き起こしてしまったとの反省に基づき、戦後の世界経済秩序をいかに再構築すべきか議論された。その結果、成立したのがIMF及び**国際復興開発銀行**（International Bank for Reconstruction and Development: IBRD）（通称、**世界銀行**）である。**IMF**は為替取引の自由化、為替レートの安定等を加盟国に義務づけるとともに、国際収支の悪化した加盟国に対し金融支援を行うなどの役割を担っている。他方、世界銀行は、融資を通じ、欧州や日本等の戦後復興のために貢献してきたほか、現在は途上国の開発支援に注力している。この二つの国際機構の設立により、確立した戦後の世界経済秩序は、**ブレトン・ウッズ体制**と呼ばれる。

** **GATTの発足と多角的貿易交渉**

貿易の分野においては、貿易全般のルールを含む幅広い規律を設けた国際貿易機関憲章（Charter for an International Trade Organization）が、1948年に成立し、53か国が署名した。しかし、当初、**国際貿易機関**（**ITO**）の設立を提唱したアメリカ合衆国政府が、国内からの反対を受け、批准を断念したため、同憲章は発効することなく現在に至っている。他方、同憲章の起草作業と並行して、23か国間で関税引下げ交渉が行われ、1947年、その成果とそれを保障するための規律（同憲章第4章に対応する内容）を盛り込んだGATTが成立し、1948年より暫定適用された。GATTは当初、ITOが発効するまでの暫定的な協定と位置づけられていたが、ITO憲章発効の見込みが消滅して以降、1995年のWTO発足に至るまで、戦後の世界貿易体制を支える役割を担い続けてきた。

GATTの最大の貢献は、戦後直後、平均40%であったといわれる先進国の鉱工業品に対する関税を、ケネディ・ラウンド（1963年～1967年）、東京ラウンド（1973年～1979年）、ウルグアイ・ラウンド（1986年～1993年）等に代表される数次の**関税交渉**を通じて、5%程度まで引き下げたことである。こうした関税引下げが実現されるにつれ、徐々に国境における貿易障壁から国内における貿易障壁に関心は移動し、とくに、東京ラウンドでは、いわゆる**非関税障壁**（Non-Tariff Barriers: NTB）に対処するための交渉が多数行われた。この成果として、「東京ラウンド・コード」とも呼ばれる協定群（ダンピング防止協定、補助金・相殺措置協定、関税評価協定、基準認証協定、政府調達協定、ライセンシング協定）等が締結された。

**** ウルグアイ・ラウンドとWTO発足**

1980年代に欧米を中心にダンピング防止措置を代表とする貿易保護主義的な動きが活発となったことに加え、サービス貿易全般に関する規律や知的財産権の国際的保護に対する要請が高まったことを受け、GATT 締約国は、1986年以降、**ウルグアイ・ラウンド交渉**を進めた。その結果、従来からの物の貿易に関する規律を強化しただけでなく、サービス貿易と知的財産権の貿易関連側面といった分野における新たな規律を導入した、一連の**ウルグアイ・ラウンド協定**が1993年末に成立した。1994年4月のモロッコ・マラケシュにおける署名後、多くの国が同年内に批准した結果、1995年1月1日、ウルグアイ・ラウンド協定に関する運営を統一的に行う国際機構として、WTO が発足した。

3　世界貿易機関（WTO）における物の貿易

***** 市場アクセスに関する規律**

GATT 第11条1項は、関税その他の課徴金以外の輸出入の禁止や数量制限を原則として禁止している。ここでの禁止対象は、輸出入の完全な禁止はもちろん、数量制限、非自動的許可、輸出入最低価格制度等も含まれる。なお、同条項は、輸入に関する制限のみならず、輸出に関する制限も禁止している。最近は、食糧や稀少な鉱物資源に関し輸出制限を導入する国家が増加している。例えば、中国・各種原材料の輸出に関する措置事件（★ DS394、395、398）や中国・レアアース等の輸出に関する措置事件（★ DS431、432、433）といった紛争が WTO 紛争解決手続に持ち込まれている。なお、DSXXX とは、WTO 紛争解決手続に持ち込まれた各紛争に与えられる正式な紛争番号である。

GATT 第11条1項は「関税その他の課徴金以外のいかなる禁止又は制限も」禁止している。逆にいえば、GATT 上、国内産業の保護の手段として関税を賦課することは認められている。しかし、上記のとおり、一連の関税交渉を通じ、段階的に関税率を引き下げる努力がなされてきた。関税交渉において合意された関税引下げ約束は、各加盟国の**関税譲許表**に登録され、これを上回る関税の賦課はGATT第2条1項(a)及び(b)号により禁止される。例えば、WTO加盟国であるY国が、その関税譲許表に、自動車の輸入関税の上限を100％と登録している場合に、同国は200％だろうが、100.1％だろうが、とにかく100％を上回る関税を賦課することが禁止される。

＊＊＊ 無差別原則 GATT第1条1項は、無差別原則の一つとして、**最恵国待遇原則**を規定している。最恵国待遇は、他国（GATT非締約国も含む）に与える待遇を、GATT締約国に対し即時かつ無条件に与えることを義務づける。最恵国待遇の適用範囲は、①輸出入関税及び課徴金、②輸出入関税及び課徴金の徴収方法、③輸出入に関連するすべての規則及び手続、④内国税及び⑤国内規則である。これらについて、同種の産品間において差別があれば、最恵国待遇原則違反となる。例えば、WTO加盟国であるY国が、同A国原産の産品αに対し、輸入関税10％を賦課しているのに対し、同B国原産の同じ産品αに対しては、輸入関税20％を賦課している場合、これは上記①について差別があるとして、GATT第1条1項違反を構成する。A国向けの産品αに対し、輸出関税が0％であるのに対し、B国向けの同じ産品αに対しては、輸出関税が10％である場合も同様である。最恵国待遇原則は、④及び⑤といった国内での税及び規則にも適用がある。例えば、上記Y国が、A国原産の産品αの国内の流通に対し、スーパーでの販売を認めるのに対し、B国原産の同じ産品αに対しては、スーパーでの販売を禁止する場合、これも上記⑤について差別があるとして、GATT第1条1項違反を構成する。実際に最恵国待遇原則違反が認定された事例として、インドネシア・国民車計画事件（★DS54、55、59、64）、カナダ・自動車等輸入措置事件（★DS139、142）等がある。

上記の最恵国待遇原則が外国と外国の間の差別を禁止するのに対し、**内国民待遇原則**は内外差別を禁止する。同原則を規定するGATT第3条は、内国税（▶第2項）及び販売、輸送、流通などに関する国内規則（▶第4項）に関し、輸入品に対し同種の国産品よりも不利な待遇を与えることを禁止している。例えば、上記Y国が、国産のαについては、スーパーでの販売を認めるのに対し、外国原産のαに対しては、スーパーでの販売を禁止する場合、GATT第3条4項に違反する。第3条2項の具体的な適用例としては、日本酒税事件（★DS8、10、11）がある。この事件では、第一に、焼酎とウォッカ・ジンの間で、第二に、焼酎とその他の蒸留酒との間で税格差があることが問題とされた。パネルは、焼酎とウォッカが、とくに色や原材料などの物理的特性において共通しており、同種の産品であると認定し、その間に税格差があることから、GATT 第3条2項第1文違反を認定した。他方、焼酎とその他の蒸留酒の間には、直接的競争関係が存在し、かつ、わずかな差を超える税格差があることなどから、同第2文違反を認定した。同パネル報告は、上級委員会により支持されている。

第3条4項の適用事例としては、GATT 時代のカナダ・外国投資審査法事件がある。パネル報告［1984年］は、外国直接投資の許可に際し、国内部品の優先購入等を義務づける、いわゆるローカルコンテント要求が、第3条4項によって禁止されることを確認した。さらに、ウルグアイ・ラウンドにより成立した「貿易に関連する投資措置に関する協定」（TRIMs 協定）によって、強制的なローカルコンテント要求のみならず、税免除等のインセンティブに基づくローカルコンテント要求も禁止対象となることが明確にされた。

*** **一般的例外**

GATT 第20条は、以上の GATT 上のルールに対する**一般的例外**として、例えば、人、動物又は植物の生命又は健康の保護のために必要な措置（▶(b)号）、**有限天然資源の保存**に関する措置（▶(g)号）等の適用を認めている。GATT 時代において、同条は、とくに貿易と環境保護の二つの価値が対立する場面において、その適用が問題となった。GATT 時代の一連のパネル報告は、海洋動物の保護のための貿易制限措置に対し、第20条による例外を認めなかったため、貿易に偏重し環境保護を軽視しているとの批判を浴びた。これに対し、WTO 発足後に生じた同様の事件で、上級委員会は、従来の解釈を変更し、環境保護の価値をより重視する姿勢をみせている（次頁 Case 参照）。

*** **貿易救済措置**

GATT 及び WTO のいくつかの協定は、輸入品が国内産業に対し損害を与える場合に、特別な保護を与える、いわゆる**貿易救済措置**をとることを輸入国に認めている。例えば、GATT 第6条及びこれを実施するダンピング防止協定は、輸出国における国内価格を下回る価格で輸入される場合等を**ダンピング**と呼び、当該ダンピングが国内産業に実質的な損害を与える場合等に限って、当該ダンピングの差額（ダンピング・マージン）を上限とする額のダンピング防止税の賦課を輸入国に認める。同様に、GATT 第6条及び「補助金及び相殺措置に関する協定」は、輸出国が交付した補助金付産品の輸入が、国内産業に実質的な損害を与える場合等に限って、当該補助金額を上限とする額の相殺関税の賦課を輸入国に認める。さらに、GATT 第19条及びセーフ

◆ Case　アメリカ合衆国・キハダマグロ事件パネル報告［1991年8月16日］
アメリカ合衆国・エビ事件上級委員会報告［1998年10月12日］

GATT 時代のアメリカ合衆国・キハダマグロ事件（第1事件、申立国はメキシコ）では、イルカのマグロとの混獲を減少させるため、混獲を抑える漁法以外で水揚げされたキハダマグロ及びその加工産品の輸入を禁止するアメリカ合衆国・海洋哺乳動物保護法の GATT 適合性が争われた。パネルは、同輸入禁止が GATT 第11条1項に違反することを認定したうえで、アメリカ合衆国が抗弁として提起した GATT 第20条(b)号及び(g)号のいずれによっても正当化することができないと結論した（同第2事件も結論は同様)。パネルは、その理由として、主に、次の三点を挙げている。第一に、(b)号及び(g)号は、自国の管轄内の人、動物又は植物の生命又は健康の保護を目的とする措置、及び自国の管轄内での有限天然資源の保存を目的とする措置を対象としていること。第二に、(b)号の「保護のために必要」の要件に関し、アメリカ合衆国は GATT に適合する合理的に利用可能なすべての選択肢を尽くしたことを立証していないこと。第三に、(g)号の「保存に関する」の要件に関し、アメリカ合衆国はその措置が有限天然資源の保存を主な目的としていることを立証していないこと。

両パネル報告に対しては、アメリカ合衆国内外から貿易に偏重し環境保護を軽視しているとの厳しい批判が提起された。WTO 発足後に生じたアメリカ合衆国・エビ事件（★ DS58）では、海亀保護のために、エビ漁を行う際に海亀除去装置の使用を義務づけていない輸出国からのエビ及びエビ製品の輸入を禁止するという、キハダマグロ事件ときわめて類似したアメリカ合衆国の措置が問題となった。本件上級委員会報告は、結論として、アメリカ合衆国の措置が、第11条1項違反であり、第20条(g)号の正当化を認められないとしたものの、上記パネル報告の解釈を大幅に変更し、環境保護の価値をより重視する姿勢をみせた。例えば、第一に、「有限天然資源」の解釈において、天然資源を生物及び非生物資源の両方を含むものとして言及する環境保護条約・宣言を参照し、生物資源も含まれるとした点、第二に、キハダマグロ事件で大きな争点となった第20条(g)号における管轄上の制限の有無の問題に触れることなく、高度回遊性動物である海亀とアメリカ合衆国の間に「十分な連関」があると認定した点、第三に、「保存に関する」の要件を満たすためには、保存政策と問題の措置の間に「密接かつ真正の目的・手段関係」があることが必要とし、従来の「保存を主な目的とする」との解釈と比べ、第20条(g)号による正当化を容易にした点等に、そうした姿勢を読み取ることができる。しかし、上級委員会は、第20条(g)号の要件を満たすと認定した一方で、アメリカ合衆国の措置の具体的な適用が、第20条柱書の「同様の条件の下にある諸国の間において任意の若しくは正当と認められない差別」、及び「国際貿易の偽装された制限」に該当するとして、第20条による正当化の濫用を防止する姿勢も示している。

ガード協定は、予見できない輸入の増加によって、国内産業が重大な損害を被った場合などに、譲許税率を超える関税の賦課やGATT 第11条1項に違反する数量制限の導入等を輸入国に認める。一連の関税引下げ交渉の結果、輸入に対し無防備となった国内産業を保護するため、多くのWTO 加盟国は、これらの貿易救済措置を活用する傾向にあり、同措置に関し、紛争が頻発している。

4　世界貿易機関（WTO）における発展

＊＊＊ **サービス貿易**　「サービス貿易に関する一般協定」(GATS) もGATT 同様、サービス貿易の交渉を通じた漸進的な自由化の下(▶GATS 第19条)、サービス貿易を拡大することを目的としている(▶前文)。GATSにおいても、サービス原産国による差別の全廃が義務づけられている（▶第2条、最恵国待遇原則)。GATT 同様、自由化交渉の結果として各加盟国は分野別約束表の提出が義務づけられ（▶第20条)、約束を行った分野においては、内外サービス提供者の間の差別が禁止されるほか（▶第17条、内国民待遇原則)、外国サービス提供者のアクセス制限も禁止される(▶第16条)。GATSに関する具体的な紛争としては、メキシコ・電気通信サービス事件（★DS204)、アメリカ合衆国・越境賭博サービス事件（★DS285)、アルゼンチン・金融サービス事件（★DS453）等がある。

＊＊＊ **知的財産権**　「知的所有権の貿易関連の側面に関する協定」(TRIPS）は、知的財産権(特許権、商標権、著作権等)に関する最低保護水準を設定し、世界規模での知的財産権保護体制を確立している。TRIPSは、上記のGATT 及びGATS 同様、知的財産権保護に関する最恵国待遇と内国民待遇（▶第3条、第4条）を義務づけるほか、民事・刑事裁判を含む効果的救済手続の整備を義務づけている（▶第41条～第61条)。TRIPSに関する具体的な紛争として、EC・地理的表示等に関する措置事件（★DS174、290)、中国・知的財産権の保護及び執行に関する措置事件（★DS362）等がある。

＊＊ **紛争解決手続**　WTOの実体的規律は、協議、パネル及び上級委員会による審理並びに勧告実施の監視等について詳細に規定した紛争解決手続によって、その遵守が担保されている。他の加盟国の措置がWTO違反であると考える加盟国（申立国）は、当該国（被申立国）に対し、まず、**協議**要請を行う。当該協議によっても紛争が解決されない場合は、申立国は、WTO紛争解決機関に対し、パネルを設置するよう要請することができる。**パネル**は、通常3名の専

◆Further Study　WTO紛争解決手続

WTO紛争解決手続は、GATT時代に発展してきたパネル手続を土台としている。GATTパネル手続は、パネリストと呼ばれる通常3名の専門家がGATT適合性の観点から紛争当事国の主張を審理し、最終的に報告を提出する裁判類似の紛争解決手続を発展させてきた。同手続は、GATT成立以降WTO設立までの約50年間で約200件の紛争の申立てがあり、そのうち約80件において、パネル手続を経て報告が下されている。パネル手続はおおむね成功であったと評価されていたが、他方で、手続の各段階においてGATT締約国のコンセンサスに基づく決定を要したため、パネル設置やパネル報告採択の決定が被申立国1か国の反対により、「ブロック」される事例もみられた。

ウルグアイ・ラウンドにおいては、この紛争解決手続の強化が交渉議題の一つとなり、結果として、非常に画期的な「紛争解決に係る規則及び手続に関する了解」(**紛争解決了解**)が成立した。GATTパネル手続からの強化点・改正点のポイントは、以下の3点である。第一に、パネル設置、パネル報告採択等に関し、いわゆる**ネガティブ・コンセンサス方式**を導入し、事実上、これらの決定を自動化したこと。第二に、常設の控訴機関である上級委員会を設置し、手続を二審制としたこと。第三に、対抗措置の許可を自動化するなどパネル及び上級委員会報告の実施を厳しく監視する手続を明確化したこと。

この中でも、第一のパネル設置決定やパネル報告採択に関する決定を自動化した点は、他の国際的な紛争解決手続と比較しても注目すべき点である。例えば、国際司法裁判所(ICJ)の場合、提訴国が訴えを提起しても、被提訴国側があらかじめICJの管轄権を受諾している場合、又は個別に受諾する場合等を除き、手続が強制的に開始されることはない(強制的管轄権の欠如)。これに対し、WTO紛争解決手続は、パネル設置決定を自動化したことにより、WTOの対象協定に関する紛争について一般的に**強制的管轄権**を有することとなった。

こうした強制的管轄権を有するWTO紛争解決手続は、WTO発足後27年間で、611件(2022年2月18日現在)の申立てを受け付け、すでに270件以上の紛争で、パネル及び上級委員会報告が下されるに至っている。こうした短期間での急速な判例法の蓄積を通じ、WTO紛争解決手続は、その目標の一つである「多角的貿易体制に安定性及び予見可能性を与える」(▶紛争解決了解第3条1項)ことに成功したと評価することができる。

門家により構成される一種の国際裁判所であり、被申立国の措置がWTO適合的かどうかという観点から審理を行い、報告と呼ばれる一種の国際判決を下す。パネル報告に不服のある紛争当事国は、さらに**上級委員会**に上訴することができる。同委員会は、パネルの法的解釈と結論がWTO協定に照らして妥当かどうか判断を下す。同委員会によって下された判断は、拘束力をもち、違反が認定された場合、被申立国は違反措置の撤廃又は改善に至るまで、紛争解決機関の監視下に置かれることとなる。本紛争解決手続は、WTO発足後、多くの紛争を扱い、急速に判例法を蓄積することで、多角的貿易体制に安定性及び予見可能性を高めることに成功したと評価されている（前頁 Further Study 参照）。しかし、上級委員会の協定解釈等に不満を持つアメリカ合衆国が2017年以降、同委員任命手続をブロックし続けた結果、2019年12月以降、上訴審理が行えない状態に陥っている。

ドーハ・ラウンド交渉 ＊＊

WTO加盟国は、1998年頃から、ウルグアイ・ラウンドの次期交渉を開始すべく議論を開始した。アメリカ合衆国・シアトルにおける第3回閣僚会議［1999年］は、反グローバリゼーションのデモ行進や先進国と途上国の間の意見対立を受け、何らの成果も挙げることなく決裂したが、カタール・ドーハで開催された第4回閣僚会議［2001年］において、WTO加盟国はいわゆる**ドーハ・ラウンド**（正式名「ドーハ開発アジェンダ」）を開始することに合意した。しかし、その後も、先進国と途上国の間で交渉議題をめぐる根強い対立が解消されず、メキシコ・カンクンにおける第5回閣僚会議［2003年］も決裂に終わった。2004年7月には、貿易と競争、貿易と投資といった先進国側が提案していた交渉議題を取り扱わないという、いわゆる「枠組み合意」が成立し、ようやく交渉は軌道に乗り始めたものの、主要な議題となった農業交渉、非農産品市場アクセス交渉及び途上国向け「特別のかつ異なる待遇」（Special and Differential Treatment: S&D）交渉のいずれにおいても、先進国間及び先進国・途上国間で深刻な対立が発生し、ドーハ・ラウンドはいまだ妥結に至っていない。

5　地域経済統合

多角的貿易体制下での地域経済統合 ＊＊

GATT第24条5項は、二種類の地域経済統合、つまり**関税同盟**（Customs Union）と**自由貿易地域**（Free Trade Area: FTA）を、一定の条件の下、最恵国待遇原則の例外として許容する旨規定している。関税同盟の典型例が、かつての欧州共同体

■表2　EUの規律対象範囲

域内経済活動	①物の移動	②サービスの移動	③資本の移動	④人の移動	⑤技術・情報の移動
条約等	EU運営条約	EU運営条約	投資：EU運営条約 通貨：同上及び欧州通貨機構定款	EU運営条約	欧州特許条約、欧州統一特許に関するEU規則等
主要な規律原理	域内の自由移動	域内の自由移動	域内の自由移動 通貨統合	域内の自由移動	域内の知的財産権の統一等

(European Communities: EC)、現在の**欧州連合**（European Union: EU）である。EUにおいては、ヨーロッパの27か国が、域内の商品、サービス、資本及び人の移動を原則として自由化する**共同市場**を形成している。同時に、EUは、対外的には物の貿易に対し統一の関税及び通商規則を適用する、いわゆる関税同盟を形成している。その結果、EU各加盟国は独自に関税を賦課し、独自の通商規則を適用する主権を放棄し、EUという超国家機構にこれを授権したことになる。EUは、関税同盟として対外的関税及び通商規則を統一し、共同市場として域内の物品、サービス、資本及び人の移動の自由化を実現したにとどまらず、自国通貨を放棄し、ユーロという統一通貨を導入する、いわゆる**通貨同盟**をも形成している（ただし、一部の加盟国を除く。表2）。EUは、WTO等の多国間レベルでは、いまだ規律が実現できていない資本や人の移動の自由化も含め、域内経済活動のほとんどすべてを規律対象とすることに成功し（表1と表2を比較せよ）、多国間レベルの国際経済法が長期的に進むべき方向を指し示していると考える論者も多い。しかし、2016年6月の国民投票の結果を受け、2020年1月、イギリスが欧州統合の歴史上、はじめてとなるEU離脱を行った。これは、加盟国がいったん授権した事項に関する主権を取り戻そうとする動きであり、今後、EUによる経済統合が停滞する可能性もある。

他方、FTAの典型例が、北米自由貿易地域（North American Free Trade Area: NAFTA）やASEAN自由貿易地域（ASEAN Free Trade Area: AFTA）である。FTA域内において物の貿易が自由化される点は基本的に関税同盟と共通だが、FTA加盟各国は、対外的に統一的な関税や通商規則を適用するのでなく、独自の関税や通商規則を適用する主権を維持している点が、関税同盟と大きく異なる。

＊＊ **日本の経済連携協定（EPA）とTPP**

世界各国が自由貿易地域など地域経済統合へと傾斜することを当初、批判的にとらえていた日本も、2000年前後に政策を大転換し、2002年にシンガポールとの間で新時代**経済連携協定**（Economic Partnership Agreement: EPA）を締結した。これを皮切りに、日本は、メキシコ、マレーシア、チリ、タイ、インドネシア、ブルネイ、フィリピン、ASEAN、スイス、ベトナム、インド、ペルー、オーストラリア、モンゴル、EU、イギリスとも順次、EPA を締結するに至った。

日本の上記の動きは、WTO のドーハ・ラウンド交渉が停滞し、長期間、貿易自由化の成果が上がらないなか、各国が二国間や各地域において FTA/EPA 等の地域経済統合を活発に進めていることを示す、ほんの一例にすぎない。そうした動きの最新の例が、**環太平洋パートナーシップ協定**（Trans-Pacific Partnership Agreement:TPP）である。アメリカ合衆国、オーストラリア、カナダ、シンガポール、チリ、ニュージーランド、ブルネイ、ベトナム、ペルー、マレーシア及びメキシコに加え、2013年7月から日本も同交渉に参加した。TPP 交渉は2015年10月、大筋合意に達し、2016年2月、上記12か国が同協定に署名したが、アメリカ合衆国のトランプ大統領による2017年1月の TPP 離脱通告を受け、現在、発効の目途が立っていない。しかし、日本等のリーダーシップの下、交渉を進めた結果、2018年3月、アメリカ合衆国を除く11か国が環太平洋パートナーシップに関する包括的及び先進的な協定（CPTPP）に署名し、2018年12月、同協定は発効するに至った（一部署名国を除く）。オリジナルの TPP であれば世界の国民総生産（GDP）の4割近く、日 EU EPA や CPTPP であっても、それぞれ同28%、13%を占める国々が、一大自由貿易圏を形成する動きは、貿易の自由化という観点から大きな前進ではあるものの、同時に、WTO における最恵国待遇原則の形骸化が、さらに進むこととなる。

☆ Summary

国際経済法は、国家間の経済関係を規律する国際法規範である。第二次世界大戦前の（　1　）主義に対する反省に立ち、為替取引の自由化、為替レートの安定等を加盟国に義務づける国際機構として（　2　）、復興と開発を支援する国際機構として、（　3　）が設立され、自由かつ（　4　）な貿易を志向する GATT が成立した。GATT は数次の（　5　）を開催することで、戦後直後に平均40%であった先進国の鉱工業品に対する関税を大幅に引き下げることに成功するとともに、非関税障壁の問題にも取り組み、一定の成果を挙げてきた。1980年代、再び（　1　）主義が蔓延し、同時に、サービス貿易及び知的財産権に関する世界的なルールの必要性が認識された結果、（　6　）・ラウンド交渉が行われ、その結果、従来からの物の貿易に関する規律を強化するとともに、サービス貿易及び知的財産権の貿易関連側面といった新分野に関する規律を導入する一連の（　6　）・ラウンド協定が成立した。1995年１月、同協定の運営を統一的に行う国際機構としてWTOが発足した。WTOは、物の貿易に関し、市場アクセスに関する原則として、数量制限の禁止、関税譲許の義務を、また、無差別原則として、（　7　）原則及び内国民待遇原則を、それぞれ規定するとともに、一般的例外として、例えば、人、動物又は植物の生命又は健康の保護のために必要な措置、有限（　8　）の保存に関する措置等の適用を認めている。サービス貿易及び知的財産権に関しても、同様に（　7　）と内国民待遇等が主要原則として盛り込まれている。これらの実体的規律は、協議、（　9　）及び上級委員会による審理並びに勧告実施の監視等から構成される紛争解決手続によって、その遵守が担保されている。本紛争解決手続は、国際司法裁判所と異なり（　10　）を有し、WTO発足後、多くの紛争を扱い、短期間で多くの判例法を蓄積することで、多角的貿易体制の予見可能性と安定性を高めることに成功した。他方で、WTOにおける（　11　）・ラウンド交渉（2001年～）は、主要なテーマに関し、先進国間及び先進国・途上国間で深刻な対立が発生し、いまだ妥結するに至っていない。多国間レベルでの貿易自由化交渉の長期停滞を受け、世界各国は、二国間又は各地域における（　12　）地域の形成等、地域経済統合の動きを加速しており、このことがWTOにおける最恵国待遇原則の事実上の形骸化をもたらしている。

答

【Quiz】どれもWTOと略称される。①世界貿易機関はWorld Trade Organization、②世界観光機関は、World Tourism Organization、③ワルシャワ条約機構は、Warsaw Treaty Organizationであり、すべてWTOである。当然、第18章で取り扱うのは、①世界貿易機関である。②世界観光機関は、2003年に国連の専門機関となり、2005年から国連を付してUNWTOといわれるようになった。1978年にわが国が世界観光機関の設立文書である世界観光機関憲章を受諾する際の公定訳は「世界観光機関（WTO）憲章」となっている。また、③ワルシャワ条約機構は、1955年にNATOに対抗する目的で作られた東側の相互防衛条約機構であったが、1991年解散した。

【Summary】①保護貿易／保護、②国際通貨基金／IMF、③世界銀行／国際復興開発銀行／IBRD、④無差別、⑤関税交渉、⑥ウルグアイ、⑦最恵国待遇、⑧天然資源、⑨パネル、⑩強制的管轄権、⑪ドーハ、⑫自由貿易

第19章　国際環境法

Quiz

「地球温暖化問題への対処のために、途上国も含め、すべての国が等しく温室効果ガスの削減をしなければならない」というのは正しいか。

①はい、正しい。②いいえ、正しくない。（答は章末）

1　環境問題と無過失責任

**　相当の注意義務

2011年3月11日の東日本大震災を契機に発生した福島原発事故は、未曾有（みぞう）の被害を日本国内でもたらしただけでなく、高濃度放射能汚染水の海洋流出と低濃度放射能汚染水の海洋への意図的放出とによって、中国、韓国、ロシアといった日本の周辺国や国際社会全体に対して多大な迷惑をかけた。今のところ、他国や公海での具体的な損害は確認されていないが、将来的に他国や公海で損害が顕在化する可能性もないとはいえない。

慣習国際法上、国家は、他国や公海等の国家管轄権外の区域に損害が生じることを**相当の注意**をもって防止する**越境損害防止義務**を負っている。したがって、日本は、東京電力という私企業がそのような損害を与えることを相当の注意をもって防止する義務を負っており、その義務に違反したと判断されれば、国家責任（国際違法行為責任）を負い、損害を救済する義務が生じる。原状回復や金銭賠償の義務である。これは、トレイル溶鉱所仲裁裁判所判決（1941年）が、相当の注意義務違反を理由に、カナダの賠償責任を認めたのと同じ論理である。もっとも、日本政府自身が直接に原状回復や金銭賠償を行う必要は必ずしもなく、東京電力に行わせるのでもよい。もし日本政府が相当の注意をもって損害防止に努めたにもかかわらず、損害が発生したらどうか。この場合は、もはや日本の国家責任は発生せず、日本には国家として原状回復や金銭賠償を行う義務は課されない。この場合でも、日本は、東電による原状回復や金銭賠償がなされるよう相当の注意を払う義務は負うが、結果的にそれらが全く行われなかったとしても、または不十分にしか行われなかったとしても、もはや責任を問われないことになる。

＊＊ 無過失責任

東京電力は福島事故の結果生じた損害に対して民事上の賠償責任を負うが、日本をはじめ世界では、国内法上一般に「過失なくして責任なし」という**過失責任**が原則とされている。しかし、原子力活動のように**高度に危険な活動**の場合に過失責任をとると、機器の不具合が過失によって生じたものかどうかの証明がきわめて困難なことが多いため、大事故が起こっても被害者が泣き寝入りを強いられるということにもなりかねない。そこで、原子力損害については**無過失責任**を採用する国内法ができてきた。我が国の原子力損害賠償法もその一つである。同様に国際的にも、運用管理者（福島原発事故の場合は東京電力）の無過失責任を規定する**原子力損害民事責任条約**ができてきた。1960年「原子力分野における第三者責任に関する条約」（パリ条約）と1963年「原子力損害に関する民事責任に関する条約」（ウィーン条約）である。さらに、1997年には「原子力損害の補完的補償に関する条約」（CSC）もできている。これらの条約は、運用管理者の無過失責任のほか、①裁判管轄権の事故発生国への集中、②運用管理者への責任集中と免責事由の制限、③賠償の額及び請求期間の限度設定、④国家の残余責任といった共通の特徴を有している。

＊＊ 民事責任、混合責任、国家の専属責任

原子力損害の場合をはじめ、航空機損害、海洋油濁汚染損害、宇宙損害等の分野において、民事責任に関する条約がいくつか締結されてきた。これらの条約は、次の3種類に分類することができる。①運用管理者だけが賠償責任を負う**民事責任**の型（航空機損害や海洋油濁汚染損害に関する条約等）。この場合、国家は責任を負わない。②国家のみが賠償責任を負う国家の**専属責任**の型（宇宙損害責任条約）。③運用管理者による賠償でも損害がカバーされない分は国家が負担する（国家の**残余責任**）という**混合責任**の型（原子力損害に関する諸条約）。もっとも、このような特別の条約に入っていない限りは、国家の残余責任は生じない。日本は福島事故当時、パリ条約、ウィーン条約、CSCのいずれにも入っていなかったため、福島事故で万一他国への損害が生じ、それに対する東京電力からの賠償が不十分であったとしても、日本政府にはその不足分を肩代わりする義務は生じていなかった。なお、福島での事故を受けて、日本政府はCSCへの加入を決定し、その結果、同条約は2015年に発効した。

Point　民事責任に関する条約の3類型

①民事責任型：運用管理者の責任
②専属責任型：国家の責任
③混合責任型：国家の残余責任

＊＊ **適法行為責任**

高度に危険な活動については、国家の過失なくして国家が直接に賠償責任を負ったり（宇宙損害責任条約）、原子力活動のように国家が私人では負担できかねる分の残余の賠償責任を負ったりするという特別の条約ができてきた。この場合の国家の賠償責任については、これを**国際適法行為責任**といい、国際違法行為責任とは異なる系列の責任に基づくものとみる立場と、あくまで国際違法行為責任に基づくものであり、必要とされる相当の注意のレベルを絶対的な高さにまで引き上げたものにすぎないとみる立場とが対立する。両説の当否はさておき、高度に危険な活動については、無過失で国家が賠償責任を負う場合が生じていることを認識することが重要である。

2　手続的義務

＊＊ **手続的義務の意義**

慣習国際法上は、越境損害防止義務が、その活動の管轄国に課されているが、その越境損害の防止という目的を実現するため、種々の手続的義務ができている。これらの手続的義務は、もともとは相当の注意の諸要素と考えられていたものであったが、相当の注意が客観化され、実施・方法の義務へと具体化されるに伴い、独立の義務として認識されるに至ったものである。この手続的義務には、以下のような義務がある。

＊＊＊ **事前の通報・情報提供・協議・交渉義務**

事前の通報・情報提供・協議・交渉義務は、他国に損害を与えるおそれがある活動を行う国は、損害を受けるおそれのある国に対して、活動開始前に**通報**を行うとともに、必要な**情報の提供**を行い、協議・交渉に入らねばならないというものである。協議と交渉は区別されずに用いられることもあるが、一般に、**協議**は単なる意見交換を意味し、**交渉**は妥協点を見出すための話し合いを意味することが多い。国際河川や湖沼等の国際水路を共有する諸国の間では、このような事前の通報・情報提供・協議・交渉を行う義務が慣習国際法になっているともいわれる。また、国境付近で原発などの危険な活動を行う際にこれらが行われたという例も存在する。しかし、このような特殊な状況を離れて、一般的に、事前の通報・情報提供・協議・交渉を行う義務が慣習国際法上確立しているかどうかについては疑わしい。この点、2001年国際法委員会（ILC）の越境損害防止条文草案でこうした義務が規定されたことから、その慣習法性を肯定する見解もある。たしかに、この草案で参照されている1957年のラヌー湖事件仲裁裁判所判決では、被影響国の情報請求権に言及があったが、そこでは自主的に事前通報を行う慣習法上の義務までは述べられていない。

例えば日本での原発建設の際に、中国や韓国へ事前に通報・情報提供し、協議・交渉を行ったという事実はない。もっとも、日中韓では、福島事故を受けて、2011年11月の第4回原子力安全上級規制者会合において原子力安全協力イニシアティブが合意され、原発の建設・運転経験を共有する情報交換枠組みを創設することとされた。このような動きが今後、原子力分野における事前の通報・情報提供・協議・交渉義務の慣習法化を導くきっかけとなることが期待される。なお従来は、事前の通報・情報提供・協議・交渉の相手方は、国家のみと考えられてきたが、最近では、影響を受けるおそれのある住民もその対象とすべきとする主張が強くなってきている。しかし、国際司法裁判所は、2010年パルプ工場事件判決において、住民との協議義務が一般国際法上存在するとの主張を否定した。

＊＊＊ **環境影響評価義務**

環境影響評価とは、活動開始にあたり、活動継続中も含め、その活動が環境に与える影響を測定することである。環境影響評価は、環境保護にとっては非常に望ましいものの、大きな経済的負担を伴うものであるため、産業界からの反対が強く、国内的な受入れ同様、国際的な受入れも遅れてきた。現在、ヨーロッパには、1991年に採択されたエスポー条約があるが、環境影響評価を義務づける世界的な条約は未だ存在しない。しかし、国際司法裁判所は、2010年パルプ工場事件判決において、「環境影響評価を行うことは今や一般国際法上の要件とみなすことができるかもしれない」とまで述べるに至っている。もっとも、裁判所は、具体的に要求される環境影響評価の内容については、一般国際法には定めがないと述べた。そのうえで、国際的な技術的機関が出した法的拘束力のない単なる指針としてではあるが、環境影響評価に関する「国連環境計画（UNEP）の目標及び原則」を考慮したうえで、各国が独自に定めればよいとした。したがって、環境影響評価義務が慣習国際法上確立しているとしても、その内実は各国の裁量に大きく左右されることになる。その後、

2011年の国際海洋法裁判所（ITLOS）深海底意見でも、環境影響評価義務は慣習法的義務との立場がとられたが、その内容については、国際海底機構が作成した規則や勧告を参照すべしと述べられるにとどまった。なお、2015年の国境地域におけるニカラグアの活動事件（本案判決）において国際司法裁判所は、環境影響評価義務には次の四つの階層性があると判示している。①危険確定義務、②危険評価義務、③環境影響評価の結果を通報し必要に応じて誠実に協議する義務、④環境影響評価の継続的実施の義務（モニタリング義務）。

*** **緊急事態の際の通報義務**　緊急事態が発生した場合に、損害を受けるおそれのある国へただちに通報を行う義務は、コルフ海峡事件［1949年］で確認された後、1982年国連海洋法条約第198条や1986年原子力事故早期通報条約等、数々の国際条約に取り入れられており、十分慣習国際法化して

◆Further Study　チェルノービリ原発事故

1986年４月26日に、当時のソ連ウクライナ共和国で発生した事故であり、国際原子力事象評価尺度（INES）では福島事故と同じレベル７とされている。チェルノービリ原発は、原子炉格納容器がないうえ、引火しやすい黒鉛を使用する黒鉛減速沸騰軽水圧力管型原子炉であった。この事故は、停電の際の非常用電力供給システムをチェックするためのタービンテスト中に起こったもので、人的過失、原発機器の動作不良、原発の制度的・構造的欠陥が複合して発生したものと考えられる。事故の通報が３日も遅れたうえ、福島事故をはるかに上回る被害を各国にもたらしたにもかかわらず、ソ連は自らの国家責任を否定し、どの国もソ連に対して賠償請求をしなかった。ソ連は、原発職員個人の過失は認めたものの、ソ連による原発管理体制自体には問題ないとの立場であった。そして、各国に生じた被害は、各国がとった不必要な規制措置の結果であると主張した。実際、野菜に対するヨウ素131の放射能基準は、西ドイツではキロ当たり250ベクレルであったのに対してイギリスでは11万ベクレルと、非常なばらつきがあった。このように、ソ連という国家自体の相当の注意の欠如の証明と、明確な因果関係を有する越境損害の発生の証明とが困難であったことが、ソ連の国家責任追及に対する障害として存在していた。この事故の後、原子力事故早期通報条約、原子力事故援助条約、原子力安全条約、使用済燃料・放射性廃棄物管理安全条約といった諸条約が締結された。

いると考えられる。ただ、通報の時間的制限、通報すべき内容及び通報の相手方が明確でないことは問題である。例えば、チェルノービリ事故の際、ソ連からの自発的な通報はなく、他国の要請に応えて通報を行ったのは、事故発生後3日経ってからのことであった。それでも地元ウクライナ代表は、迅速な通報を行ったと述べていた。その反省から作られた**原子力事故早期通報条約**であったが、「直ちに」通報を行うこととされただけで、時間的制限が明記されることはなかった。またこの条約では、通報すべき情報の内容についてはかなり明確化されたものの、通報すべき相手方については、「その放射線の放出が放射線安全に関する（重大な）影響を及ぼすおそれのある国」と述べるのみで、そのような影響を及ぼすおそれがあるかどうかは、その原子力活動の管轄国の判断に委ねている。

福島での事故後に日本政府が低濃度放射能汚染水の意図的な海洋放出を行った際、他国への影響なしと判断して、義務的な通報を行わなかった。任意的な通報は行ったが、それも海洋放出後のことであった。そのため、とくに中国、韓国、ロシアから非難されることとなった。その反省から、今度はロシアが、事故情報内容の特定化、国際原子力事象評価尺度（International Nuclear Event Scale: INES）に基づく通報、及び通報時期に関する規定を追加するという原子力事故早期通報条約の改正提案を出したが、その提案は結局採択されずに終わっている。

3　地球環境保護条約の基本原則

＊＊ 越境損害と地球環境損害

特定の国家に損害を与えるのではなく地球環境全体に損害を与える活動を規制する**地球環境保護条約**には、従来の越境損害防止義務に加えて、種々の新しい法原則が規定されるようになった。持続可能な発展、共通だが差異ある責任、予防原則（予防的アプローチ）といった原則である。地球環境損害の場合は、すべての国が加害国でもあり被害国でもあるという関係上、防止義務違反を理由とする国家責任の追及がなされない可能性がある。また、地球温暖化のように、その発生メカニズムが必ずしも明確でなかったり、原因活動が多岐にわたったりする場合には、その活動と損害との因果関係の証明が非常に困難となるため、国家責任の追及自体が困難となる。加えて、過去に多量の排出を行った先進国と同様な規制を受けることに反発する新興国や途上国への配慮も必要となる。もっとも上記の諸点は、従来型の越境損害の場合にも考慮されうる。例えば、ガブチコボ・ナジマロシュ計画事件判決

［1997年］において、持続可能な発展の重要性が述べられているし、パルプ工場事件判決［2010年］では、予防原則（予防的アプローチ）が、ウルグアイ川規程という条約の解釈適用の指針たりうると判示されている。しかし、地球環境損害の場合には、その考慮の必要性が格段に高くなると考えられる。

＊＊ 持続可能な発展

持続可能な発展（sustainable development）とは、将来世代のニーズを満たす能力を損なうことなく現在世代のニーズを満たすような発展のことである。この概念は、ブルントラント委員会報告書『我ら共通の未来』［1987年］や1992年環境と発展に関するリオ宣言原則４によって一躍有名となったが、国際自然保護連合（IUCN）と世界野生生物基金（WWF）が国連環境計画（UNEP）と協力して1980年に発表した世界保全戦略の中ですでに述べられていた。さらに、1972年ストックホルム人間環境会議に提出されたフネ報告書の環境調和的発展（eco-development）概念にまで遡ることができる。

この持続可能な発展の概念は、環境保護と経済的・社会的発展との両立や統合を目指すものであるが、ブルントラント委員会によれば、その概念には、①自然の回復力の範囲内での利用、②基本的な人間の欲求の充足という二つの鍵となる要素があるという。ただ、この概念の内実は、未だ明らかとはなっていない。この点、2002年に国際法協会（ILA）が採択した「持続可能な発展に関する国際法諸原則ニューデリー宣言」では、以下の七つが持続可能な発展の内実として提示されている。①天然資源の持続可能な利用を確保する国家の義務（自国領域内の環境を保護する義務をも含意する）、②衡平の原則と貧困の除去、③共通だが差異ある責任の原則、④（人間の健康、天然資源、生態系に対する）予防的アプローチ、⑤公衆の参加と情報・司法へのアクセス、⑥良い統治（グッドガバナンス）、⑦人権と社会・経済・環境目的との統合と相互依存。これらの概念は、多くの場合それぞれ独立の原則として語られるものである。したがって、持続可能な発展とは、これら諸概念の統合概念であると理解するのが本質に即している。

さらに、ガブチコボ・ナジマロシュ計画事件において、環境保護重視の立場からハンガリーが、また経済発展重視の立場からスロヴァキアが、それぞれ共に持続可能な発展の概念に依拠したことからもわかるように、この概念は玉虫色的な性格をもっている。玉虫色だからこそ、すべての国がこの概念を受け入れたといえるかもしれない。したがって、この概念から特定的・具体的な行為規範を導き出すことは困難であり、せいぜい立法指針や他の規範の解釈適用指針として現在のところはとどまっていると考えられる。

＊＊＊ 共通だが差異ある責任

共通だが差異ある責任は、リオ宣言原則７や1992年国連気候変動枠組条約第３条１項に明文で規定されているが、1985年オゾン層保護ウィーン条約や1987年同モントリオール議定書もそれを反映したものとなっている。この概念は、地球環境保護の責任はすべての国が負うが、その責任の程度は各国によって異なることを示すものである。リオ宣言では、「地球環境の悪化への異なった寄与という観点から」各国は共通だが差異ある責任を負うとしており、過去の環境悪化への寄与度の違いがその責任の差を生む根拠であるとの立場がとられている。しかし同時に、先進国はその技術と財源の観点から、持続可能な発展の国際的追求における責任を認識するとも述べており、先進国と途上国の能力差も考慮されている。また、気候変動枠組条約でも、共通だが差異ある責任及び「各国の能力」に従い気候系を保護すべきとしており、能力の違いも責任の差を生む根拠とされている。

寄与度を根拠とするにせよ能力差を根拠とするにせよ、それらは各国によってばらばらであるので、差異ある責任を厳密に達成しようとすれば、すべての国を差別化する必要が生じる。しかし現実問題としてそれは著しく困難であるので、気候変動枠組条約では、先進国と途上国という大きなカテゴリーに分け、先進国には温暖化ガス排出抑制を義務づけるが、途上国にはそのような義務づけはしないとの取扱いをしている。また、先進国の中でも西側諸国の場合は、さらに資金提供の義務が課されている。

気候変動枠組条約の1997年**京都議定書**では、各国ごとに異なる排出削減目標が設定されていた。例えば1990年比で2008年～2012年に日本６％、アメリカ合衆国７％、欧州連合（EU）諸国８％の温室効果ガス削減が義務づけられている。その一方で、ニュージーランド、ロシア、ウクライナは現状維持、逆にノルウェーは１％、オーストラリアは８％、アイスランドは10％の増加が認められている。このような削減目標の違いは差異ある責任の帰結であるとよくいわれるが、差異ある責任からただちに具体的な削減目標が導き出されるわけではない。京都議定書の交渉過程をみると、各国が自国の削減能力を考慮して提出した自主的削減目標をもとに、妥協の産物として上記の削減目標が合意された。その交渉の過程において差異ある責任はレトリック以上の働きを示していない。もっとも、このことは、共通の責任に関してもいえる。気候変動枠組条約においては、すべての国に、排出・吸収源に関する目録作成や情報送付等を義務づけているが、共通の責任ということからただちにこれらの具体的な義務が導かれるわけではない。したがって、共通だが差異ある責任は、持続可能な発展概念同様、現在のところ、立法指針や他の規範の解釈適用指針たるにとどまるものと考えられる。なお、2015年に採択された**パリ協定**は、すべての国に排出削減努力を求めており（ただし削減目標には法的拘束力はなし）、京都議定書のように先進国だけに削減目標を設定する「差違ある責任」を過度に強調する立場からは脱却したものとなっている。

＊＊ 予防原則（予防的アプローチ）と防止義務

越境損害防止義務（以下、単に防止義務）は、越境損害の発生を相当の注意をもって防止する義務のことであるが、この防止義務は、損害発生の程度及び蓋然性（がいぜんせい）が科学的に十分立証しうる危険の回避・低減を目的とするものであった。それに対して、地球温暖化のように、損害発生の程度及び蓋然性が科学的に十分立証しえない危険の回避・低減を目的とするものが、**予防原則（予防的アプローチ）**である。予防原則（予防的アプローチ）は、西ドイツ国内法上の事前配慮原則（Vorsorgeprinzip）なる概念を基礎として発展し、後に北海環境保護に関する国際会議の宣言（1984年ブレーメン宣言、1987年ロンドン宣言及び1990年ハーグ宣言）へ取り入れられ、次第に国際社会へと浸透して行ったものである。

＊＊＊ 予防原則（予防的アプローチ）の含意

第一に、予防原則（予防的アプローチ）の言葉遣いについてであるが、**予防原則**は、法的拘束力ある規範たることが含意されるのに対して、**予防的アプローチ**は、法的拘束力のない単なる望ましい法政策的手法・指針たることが含意される。この点、ヨーロッパ諸国は予防原則という表現を好むのに対して、アメリカ合衆国、国際司法裁判所及び国連文書は予防的アプローチという表現を好む傾向がある。このように、予防原則と予防的アプローチとは、概念的には区別できるとしても、実際上、その区別はあいまいなままである。そのため、本書では、原文で特定の言葉遣いが選択されていない限り、予防原則（予防的アプローチ）として、両表現を併記することにする。

＊＊＊ 予防原則（予防的アプローチ）の内容

第二に、予防原則（予防的アプローチ）の内容であるが、これについては、単に「警戒を怠るな」という弱い程度のものから、「無害性が証明されるまで活動を禁止する」（裁判においては立証責任の転換につながる）という強い程度のものまで、論者によりまた問題となる国際文書の規定の仕方によりさまざまである。この点、国際司法裁判所は、パルプ工場事件判決において、予防的アプローチは立証責任の転換までもたらすものではないと判示している。なお、予防的アプローチを規定したリオ宣言原則15は、「深刻な又は不可逆的な損害のおそれがある場合には、完全な科学的確実性の欠如が、環境悪化を防止するための費用対効果の大きい対策を延期する理由として使われてはならない」と述べるが、「深刻な又は不可逆的な損害」の要件や「費用対効果」の考慮が必ず必要かについても議論のあるところである。

＊＊ 予防原則（予防的アプローチ）の法的地位

第三に、予防原則（予防的アプローチ）の法的地位については、すでに慣習法化しているとみる者、慣習法化はしていないが法の一般原則（国際法の一般原則）であるとみる者、単なる条約上又はソフトロー上の原則とみる者の三つの立場に分かれる。また、単に「警戒を怠るな」という程度では慣習法化ないし法の一般原則化しているとしても、立証責任の転換をもたらす程度までは慣習法化ないし

◆ Case　パルプ工場事件

（アルゼンチン対ウルグアイ）国際司法裁判所判決［2010年 4 月20日］

アルゼンチンは、ウルグアイの許可の下、すでに建設され又は建設が予定されていたウルグアイ川河畔の二つのパルプ工場によってウルグアイ川の汚染が生じるとして、ウルグアイ川の汚染防止を定めた1975年ウルグアイ川規程の違反を申し立てた。国際司法裁判所は、ウルグアイによる手続的義務（通報義務）違反は認めたものの、実体的義務（汚染防止義務）違反はなかったと判示した。本件で最も問題となったのは、予防原則（予防的アプローチ）に関してであった。アルゼンチンは、それが慣習国際法上確立しており立証責任の転換をもたらすと主張した。他方、ウルグアイは、それが条約法条約第31条 3 項(c)に鑑み考慮されねばならないことは認めるものの、あくまでソフトロー原則にすぎず、立証責任の転換までもたらすものではないとした。裁判所は、その法的地位については触れることなく、それがウルグアイ川規程の解釈適用指針となりうることを認めたうえで、立証責任転換論は斥けた。本判決において、予防原則（予防的アプローチ）が、ウルグアイ川規程の解釈適用にどのように反映されたのかは明らかではない。しかしながら、汚染防止義務は一定レベルの警戒をもって相当の注意を払う義務であるとした点、環境影響評価義務と「最善の利用可能な技術」使用義務とを実体的義務と位置づけ相当の注意義務の内実を構成するとした点、汚染発生の有無にかかわりなく相当の注意義務違反の審査を行った点などに、その影響が見受けられるように思われる。

法の一般原則化していないと考える者もある。この点、予防原則（予防的アプローチ）の法的地位について明確に判断した国際裁判例は未だ存在しない。例えば、世界貿易機関（WTO）の紛争解決上級委員会は、1998年のEC・ホルモン事件において、「このような重要ではあるが抽象的な問題に関して立場をとることは、不必要であるし、おそらく賢明でない」とし、「予防原則は、少なくとも国際環境法の分野以外では、未だ権威的な定式化を待っている」と述べている。この言葉を読むと、国際環境法の分野では予防原則（予防的アプローチ）の権威的な定式化がすでになされているかのように理解されるかもしれないが、実は、国際環境法の分野でも、そのような権威的定式化は未だなされていない。例えば、パルプ工場事件では、慣習国際法（アルゼンチン）やソフトロー（ウルグアイ）との主張に対し、国際司法裁判所は、その法的地位を明らかにすることなくその適用を認めるというアプローチをとっているし、また、深海底意見において国際海洋法裁判所は、予防原則（予防的アプローチ）の慣習国際法化の傾向を指摘するにとどめている。このように、予防原則（予防的アプローチ）の内容や法的地位は未だ明確でなく、この概念から特定的・具体的な行為規範を導き出すことは困難である。

4　地球環境保護条約の特質

枠組条約と議定書 ＊＊

多くの地球環境保護条約は、枠組条約と議定書の組み合わせからなっている。**枠組条約**で、目的、原則、大まかな実施手続等を定め、後に作られる**議定書**によって、具体的な義務内容や詳細な実施手続を定めるというものである。環境問題は、科学の発展とともに問題の深刻さが明らかとなったり、技術の進展とともに新たな対処法が可能になったりするため、常に最新の科学的知見と技術を反映しうるよう、**枠組条約／議定書方式**が好まれるのである。また、地球環境問題のようにすべての国が参加しないと実効的解決が得られないにもかかわらず各国間での合意が得がたい問題については、とりあえずすべての国が参加しうる枠組条約だけ作っておいて、その条約体制の中での話し合いを重ねることにより、将来的に議定書の締結に至ることも期待される。枠組条約／議定書方式は、地球環境保護の分野にだけみられるというものではないが、地球環境保護の分野にとくに適した方式ということができよう。

締約国会議（COP）と締約国会合（MOP） ＊＊

枠組条約／議定書方式は、絶えざる交渉の場を必要とする。また、実際に交渉が成立して議定書ができたとしても、その履行が十分になされているかを監視する場も必要となる。このような交渉や監視の場となるのが、**締約国会議**（Conference of Parties: COP）と**締約国会合**（Meeting of Parties: MOP）である。COPとMOPは混同されやすいが、COPは枠組条約締約国の集まりで、MOPは議定書締約国の集まりである。ただし、条約と議定書の締約国がほとんど同じ場合には、効率性を考えて条約のCOPが議定書のMOPを兼ねることもあり、その場合はCOP/MOP又はCMPと表記される。例えば、2011年末に南アフリカのダーバンで開催された気候変動枠組条約／京都議定書の会議は、COP17/CMP7である。アメリカ合衆国は、京都議定書に、署名はしたが批准しておらず、気候変動枠組条約の当事国ではあるが京都議定書の当事国ではない。そのため、COPには正式に参加するがMOPには投票権のないオブザーバーとしての参加のみ認められる。

** 不遵守手続

地球環境条約の遵守管理のためには、専門的な知識が必要とされる場合も多く、各国の政治家や外交官が集まるCOPやMOPでは十分その任務を果たしえないことが予想される。そこである程度の専門知識をもった各国代表や独立した専門家から構成される委員会を作り、そこに遵守管理を委ね、その委員会の勧告に基づきCOPやMOPが最終的決定を行うという手続が生まれた。これが**不遵守手続**である。遵守手続と呼ばれることもある。遵守管理が求められるのは多くの場合議定書についてであるので、一般的にはMOPが遵守管理を行うことになる。

不遵守手続においては、**非強制的・支援促進的性格**が基本とされる。これは、地球環境問題の解決に真剣に努力はしているものの、財政的・技術的能力の不足から義務の遵守が困難な国が多いことに鑑み、その国の能力向上を優先課題と考えるからである。しかしながら、不遵守手続には強制的・不利益的性格が欠如しているかというと、そうとも言い切れない。例えば、オゾン層保護モントリオール議定書の場合には、不遵守（を疑われる）国に対する警告や経済制裁（貿易停止）といった措置も予定されており、実際、ロシアや東欧諸国に対して経済制裁が課されたこともあった。また、京都議定書においては、（履行）促進部と並んで（履行）強制部が置かれており、不遵守国に対しては、排出量取引等の適格性を停止したり、第一約束期間（2008年～2012年）における超過排出分の1.3倍の排出削減を第二約束期間中に義務づけたりといった制裁措置が予定されていた。不遵守手続においては、予防原則（予防的アプローチ）が重視され、不遵守の認定なくして（「潜在的不遵守」又は「不遵守の推定」）、警告や経済制裁措置がとられることも多い。なお、パリ協定では、京都議定書と異なり、手続の非強制的・支援促進的性格が強調されている。

＊＊ 不遵守手続と紛争解決手続　不遵守手続が強制的・不利益的性格を帯びる場合、紛争解決手続との境界があいまいになる。すなわち、不遵守をめぐって紛争が生じた際、不遵守手続で処理すべきか紛争解決手続で処理すべきか、という問題が生じる。通常、不遵守手続は、規定上、紛争解決手続の適用を妨げるものではない。原則的には、不遵守手続よりも紛争解決手続が優先される建前になっている。しかし、実際問題として、紛争解決手続の下での判断と不遵守手続の下での判断が相違することになれば、混乱が生じることになる。そこで両者間の調整の必要性が説かれるわけである。ここで、問題となる場面は二つある。第一に、不遵守手続の対象となった国が、不遵守手続の下での決定を不服として、紛争解決手続に訴える場合、第二に、他国の不遵守を止めさせようと考える国が、不遵守手続と紛争解決手続の両方に訴える場合である。

＊＊＊ 不遵守手続の適正性　第一の場合の潜在例が、モントリオール議定書におけるロシアの不遵守の事例である。ここでは、ロシアの不遵守が実際には認定されることなく、ロシアに対する経済制裁が決定された。ロシアは適正手続の保障と比例性とを欠くとして当初反発したものの、財政的・技術的支援の見返りを考え結局はその決定に従った。しかし、ロシアとしては、MOP 決定に賛成した国を相手取って、オゾン層保護ウィーン条約第11条を援用し、紛争解決手続に訴えることもできたはずである。紛争解決手続のうち、仲裁裁判や国際司法裁判所が選択されれば、それらの判決は拘束力を有するため、当然、不遵守手続の下での決定に優先することになる。しかし、裁判への合意が得られず調停になったとしても、紛争当事国はその裁定を誠実に考慮することが義務づけられている。したがって、不遵守手続の下での決定を覆す裁定が出た場合には、不遵守手続の下での決定は見直される可能性が高いといえよう。

＊＊＊ 不遵守手続と紛争解決手続の同時利用　第二に、他国の不遵守を止めさせようと考える国が、不遵守手続と紛争解決手続の両方に訴える場合である。まず、この両者は、その目的の点で相違することに留意しなければならない。すなわち、不遵守手続は遵守管理を目的とするのに対して、紛争解決手続は文字通り紛争解決を目的とする。したがって、特定の国家

に生じた損害の救済（原状回復や金銭賠償）を求めようとすれば、紛争解決手続によらざるをえない。しかし、請求の目的が、遵守状態の回復（違法行為の停止）や不遵守に対する制裁の賦課（対抗措置や行政罰類似の懲罰の賦課）にあるときは、両方の手続の対象となりうる。もちろん、紛争解決手続の対象となるためには、紛争が存在している必要があるが､必ずしも個別的損害の発生は必要とはされない。もっとも、個別的損害の発生がない場合、裁判条項や選択条項受諾宣言の解釈によっては、当事者適格を否認されるおそれはある。

この場合、関連条約や議定書に両手続間での調整方法が定められていれば、それに従うことになる。例えば、越境環境影響評価に関するエスポー条約では、紛争解決手続たる事実審査の対象事例は､不遵守手続ではとりあげないとしている。実際、この規定に基づき、ルーマニアが2004年に付託したダニューブデルタ事件の不遵守審査はいったん停止された。その後、ルーマニアの要請に基づき開始された事実審査の報告書が2006年に提出された後、2007年のルーマニアによる新たな申立てに基づき不遵守審査は再開され、ウクライナによる同条約の不遵守が2008年に認定されている。

他方、そのような調整方法が定められていない場合は、両手続間での競合が生じる可能性がある。そのような競合の調整は、各枠組条約／議定書体制の下、COP や MOP の決定により行われることになろう。その場合、理論的可能性としては、①不遵守手続前置主義、②紛争解決手続前置主義、③両者のどちらかを選ぶ方法、④両者の同時利用を認める方法の四通りがありうる。しかし、紛争解決手続優先の原則からすれば、③の場合は紛争解決手続のみを選ぶことになるであろうし、また④の場合も、エスポー条約のように、紛争解決手続が利用されている間は不遵守手続のほうはいったん審査を停止することが要請され、審査を再開した後は紛争解決手続の判断を尊重することが求められるであろう。

☆ Summary

慣習国際法上の越境損害防止義務は、（　1　）の注意義務であり、発生した損害に対して賠償責任が生じるためには、国家の過失が必要であった。したがって、通常の国家責任（国際違法行為責任）が問題とされていた。それに対し、高度に（　2　）な活動については、宇宙活動のように国家の過失なくして国家が直接に賠償責任を負ったり、原子力活動のように国家が私人では負担できかねる分の残余の賠償責任を負ったりするという特別の条約ができてきた。この場合の国家の賠償責任については、国際（　3　）責任としてとらえるか、国際違法行為責任の枠内でとらえるか、見解の対立がある。

越境損害防止義務の内実を構成する（　1　）の注意は、非常にあいまいな概念であったため、その客観化が図られ、事前の（　4　）・情報提供・協議・交渉義務、緊急事態の際の（　4　）義務、環境（　5　）義務といった手続的義務として具体化されてきた。これらは、すでに慣習国際法化しているか又は慣習国際法化しつつある義務である。これらの義務のうち、環境（　5　）義務や、さらには最近多くの条約でみられるようになってきた「最善の利用可能な技術」使用義務については、その違反が越境損害防止義務という実体的義務自体の違反ともみなされるという理解も、パルプ工場事件判決で示唆されている。

特定の国家に損害を与えるのではなく（　6　）全体に損害を与える活動を規制する（　6　）保護条約には、従来の越境損害防止義務に加えて、（　7　）な発展、共通だが（　8　）ある責任、予防原則（予防的アプローチ）といった新たな法原則が規定されるようになっている。しかしながら、これらの法原則から特定的・具体的な行為規範を導き出すことは困難であり、せいぜい立法指針や他の規範の解釈適用指針にとどまっていると考えられる。

多くの（　6　）保護条約は、（　9　）条約と議定書との組み合わせからなっており、条約違反に対する手続として（　10　）手続という特別の手続を備えている。（　10　）手続においては、非強制的・支援（　11　）的性質が基本とされるが、強制的・利益侵害的性質も排除はされていない。この後者の性質が表れる場合には、紛争解決手続との競合が生じる可能性がある。

答

【Quiz】②いいえ、正しくない。共通だが差異ある責任という考えに基づき、京都議定書では、もっぱら先進国にのみ削減義務が課されている。

【Summary】①相当、②危険、③適法行為、④通報、⑤影響評価、⑥地球環境、⑦持続可能、⑧差異、⑨枠組、⑩不遵守、⑪促進

第20章　国際連合法

Quiz

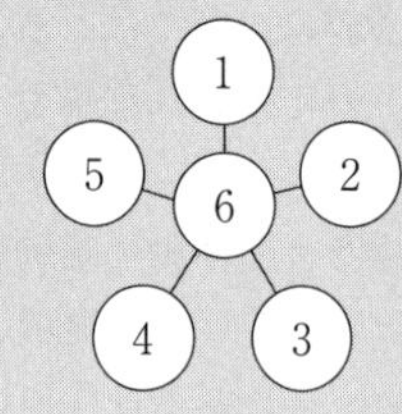

国際連合（UN）には、六つの主要な機関がある。総会（GA)、安全保障理事会(SC)、経済社会理事会(ECOSOC)、信託統治理事会（活動休止）、国際司法裁判所（ICJ）及び事務局である。主要機関の中で、左の図の真ん中⑥に入る最もふさわしい機関は、どれであるか。

①総会、②安全保障理事会、③経済社会理事会、④信託統治理事会、⑤国際司法裁判所、⑥事務局　（答は章末）

1　国連法とは何か

* **グローバル・コミュニティと国連**　国際連合（国連）は国際機構の代表例である。国際機構そのものは、19世紀以来、万国電信連合（1865年設立、現在の国際電気通信連合）や万国郵便連合（1874年設立）等の**国際行政連合**から発展し、国家間協力の必要性が痛感されて多数設立された。さらに、個人の国境を越えた活動の増大により、赤十字国際委員会（1863年設立）や万国国際法学会（1873年設立）等の国際NGO（非政府組織）が国際的協力・交流のネットワークを形成するようになった。その他、企業活動のグローバルな展開は国際社会の緊密化を進めてきた。こうした状況は、たとえ国際法主体が国家に限定されてきたとはいえ、国際社会が国家のみで運営されるわけではないことを示している。こうした状況をトータルにみて、グローバル・コミュニティの成立を描き出す人もおり、魅力的な説明がなされている。しかし、国際法のかかわりという意味では、やはり国連がその主人公の一人であるといっていいだろう。

* **国連の活動**　国連活動の全体について、ここで説明することは不可能である。国連は、国際平和の問題からAIDS/HIVのような疾病問題まで、ありとあらゆる問題をとりあげて、世界規模で解決するためにはどのような協力があるか審議し決議を挙げているからである。私たちを取り巻く日常生活の中で

国境を越えた問題になっていないものはない、といっても言い過ぎではないだろう。その裏返しとして、国連がそうしたあらゆる問題を取り扱うのである。現在でこそ国連が武力紛争を取り扱う姿が目立っているが、国連は創設後すぐに始まった米ソの対立（冷戦）によって、平和維持活動を除き平和問題に取り組むことがほとんどできなかった。そのかわり、アジア・アフリカ地域での植民地解放をめぐる問題を処理したり、発展途上国と先進国との対立（南北問題）を調整したり、国際協力の促進について重要な役割を果たすことになった。そうした活動の直接・間接の成果が、決議の採択や多数国間条約の作成となり、本書でも個別に取り扱われている国際人権法や国際環境法、国際刑事法といった分野の確立に導いた。国際法の生みの親として国連がある。

**
国連法とは何か

国際連合法（国連法）とは、国連システム（図1参照）における法の定立（立法）、法の解釈適用（司法）、法の履行と強制（行政）をめぐる規範と実行の全体を指すものとする。国際人権法や国際環境法等の具体的成果は別のところで検討したので、ここではそれらの規範を生み出した国連の仕組みや権限に絞って考える。また実際に国連を動かしている国際公務員についても簡単にふれる。もっとも国連法という言葉は、一般に流布しているわけではないし、内容について統一されたものがあるわけでもない。しかし国際社会のダイナミックな動きと国際法の展開をみる場合、国連法がかなりぴったりとくる表現であることがわかる。

**
立法機能

国際社会には、国際法を作る立法府が存在していないといわれる。条約は国家が締結するものであって、国家に課されるものではない。他方、国連総会をはじめとするさまざまな国連機関は、人権や民主主義、貧困削減や環境保護等、国際社会のあらゆる問題について審議し、決議を採択してきた。国連は国際社会全体として解決すべき事項について討議し、一定の解決の方向性を定めるという点で、フォーラム又は会議体としての機能を果たしている。ところで、一般に**総会決議**は加盟国を法的に拘束するものではない。その点から総会は立法を行う国会とは違うといわれる。しかし、全会一致ないし圧倒的多数で採択された総会決議は、それ自身が国際社会の意思を示しているとみなされる。これを「インスタント慣習法」として正当化できるかどうかは問題があるものの、全く法的意味がないというのも正しくないだろう。例えば、①世界人権宣言は、総会決議として採択されたが、その内容については慣習法になっているといわれる。慣習法を生み出す契機となっている場合がある。②友好関係宣言（▶総会決議2625（XXV））も総会決議ではあるが、国際連合憲章（国連憲章）に掲げられた国際法の原則についての権威ある解釈とされ、現代国際法の基本原則をかなり詳しく表明したものといわれている。これまで慣習法として存在していた重要な原則を成文化したことになる。また、③2007年に採択された「先住民族の権利に関する国連宣言」は、規定されている権利の存否そのものについて争いがあるものの、国際社会が今後尊重すべき規範はどのようなものかを明確にするものとなっている。こうして総会は規範形成を促す場として機能し、事実上立法府の役割を果たしているのである。

＊＊ **司法機能** 国際社会には、あらゆる紛争を処理するような裁判所は存在していないといわれる。たしかに、国際司法裁判所は、国際法を解釈・適用して、国家間紛争を法的に処理する機関ではあるが、裁判に付すには国家の同意が前提となる。その意味で、国内裁判所のようにすべての事件を処理する強制的管轄権はない。しかし、紛争を「解決する」という観点からみれば、裁判だけがとりあげられることはおかしい。国内でも、調停や和解等が重要な紛争解決手段になることを考えれば、国際環境法や国際人権法等の分野において、国際社会は国連を中心にさまざまなメカニズムを準備している。いわば、規範実施のメカニズムとしての国連の姿が見えるのである。

＊＊ **行政機能** 国際社会には、国際法を執行したり強制したりする機関が存在していないといわれる。たしかに、国内において法を執行する行政機関も、国内法の違反者を取り締まる警察のような機関も存在しない。もっとも、安全保障理事会（安保理）は、国際平和の維持・回復のために強制措置をとることができ、行政機関の役割を果たすことがあると主張される。国家ではなく、国連機関が国際法の執行にかかわり始めていることは確かである。

2 国連の組織・構造

＊ **目的と原則** 国際連盟（League of Nations）は国際平和の維持を目的として設立されたにもかかわらず、結局第二次世界大戦を防ぐことができずに事実上崩壊した。国連は、その反省のうえに立って作られた国際機構である。このことは、国連憲章の前文と第1条1項に明確に述べられている。しかし同時に、人民の自決を尊重して諸国間の友好関係を発展させること（▶第1条2項）

■図1　国際連合システム

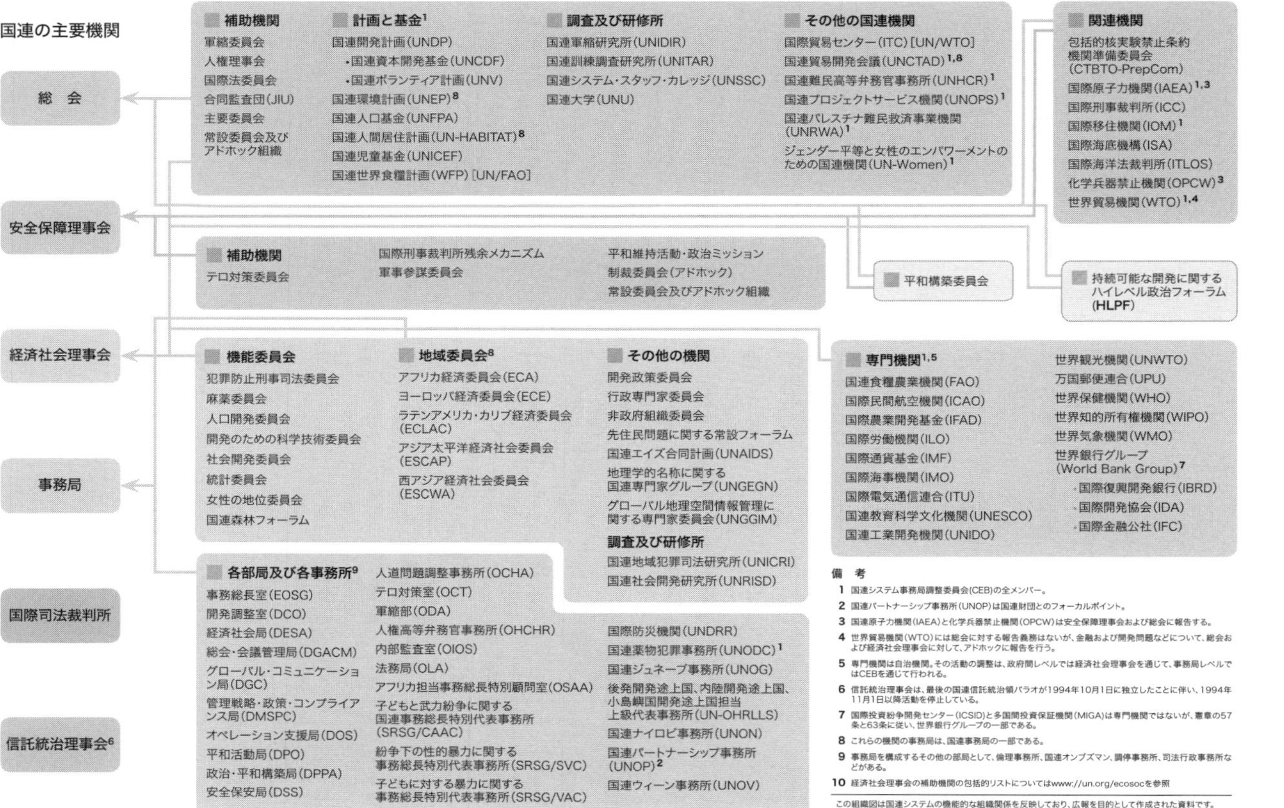

出所：国連グローバル・コミュニケーション局発行　21-00054-July 2021（日本語版作成　国連広報センター　2022年1月）

や、人権の保護や社会的経済的な国際協力を促進すること（▶第3項）も、目的としている。このような目的を実現するための行動原則を定めるのが国連憲章である。なかでも第2条に列挙された原則は、加盟国が従わなければならない原則として、現在では国際法の基本原則を形作っている。その主なものは、主権平等（▶第2項）、紛争の平和的解決（▶第3項）と武力行使の禁止（▶第4項）である。国連の加盟国に対する不干渉義務（▶第7項）も規定する。こうした原則は、1970年の友好関係宣言でいっそう詳細に規定された。

* 組　織　以上のような目的を達成するために国連は、さまざまな機関を設置している。そのうち、総会（GA）、安保理（SC）、経済社会理事会（ECOSOC）、信託統治理事会、国際司法裁判所（ICJ）、事務局の六つが主要機関である。**総会**は、すべての国連加盟国の代表が参加し、議事について審議する会議体である。国際連盟では一つであった理事会は、機能別に三つに分けられた。なかでも中心的な役割を期待されたのは**安保理**であり、連盟理事会と同じく国際平和の問題を扱う。**信託統治理事会**は、国際連盟の委任統治委員会を拡充したもので、信託統治地域が独立を達成した1994年から活動を停止している。**経済社会理事会**は、連盟時代に国際経済会議の開催等を通じて経済的な国際協力の重要性が認識され、その経験を踏まえて設置された新しい機関である。また国家間紛争を解決するための司法的機能を担う**国際司法裁判所**は、連盟時代に設置されていた常設国際司法裁判所（PCIJ）を引き継ぐものである。**事務局**は、国連の事務一般を取り扱う機関で、**事務総長**（SG）及びその他の事務職員から構成されている。

国連は、さまざまな国際機構と連携協定を締結し協力関係をもち、**専門機関**として国連ファミリーに取り込んでいる（▶第57条）。その中には、国際労働機関（ILO）のように、第一次世界大戦後、ベルサイユ条約によって国際連盟と同時に創設された機関がある。さらに、国際電気通信連合（ITU）のように、その前身である万国電信連合まで遡れば、1865年創設のものもある。このように、国連の専門機関といいながら、実際は、国連と独立した国際機構である。ただし、経済社会理事会は、専門機関に対して勧告を行うことができ（▶第63条2項）、専門機関は、経済社会理事会に定期的に報告をすることになっている（▶第64条）。

** 加盟国　国連は第二次世界大戦の戦勝国のみによって作られた（▶第3条）。その点で、中立国も最初から参加した国際連盟と異なり、戦勝国クラブというレッテルが貼られることがある。他方で国連は世界に開かれた普遍的機関として、一定の条件を満たす国に加盟を認めている。その条件は、①国家であること、②平和愛好的であること、③憲章に規定する義務を受諾すること、④憲章上の義務を履行する能力と意思があることである（▶第4条）。これが加盟の際の条件として厳しいかどうかは疑問だが、加盟をめぐってはコソボ問題をはじめ、今日までさまざまな政治的駆け引きの道具となってきた。日本も加盟が承認されるまで、何年もかかった。しかし現在では、200余りある国家のうちのほとんどが加盟する世界的機構になっている（2022年6月現在、193か国）。

＊＊ 表決手続　世界のほとんどが参加する国連をどのように動かすのか、その意思決定を行う手段が**表決手続**である。表決手続は、国連自身の意思を表明するために必要な制度であり、それがどのような手続になっているかによって、国連の活動も左右される。例えば、国際連盟の時代は主権の絶対性が強調されていたから、国際機構に活動の一定部分を任せるとはいっても、それが国家の利益に反しないよう確保する仕組みを必要とした。そのため、連盟の決議は、原則として**全会一致制**が採用され、一国でも反対すれば決議は採択されないことになっていた（▶国際連盟規約第5条1項）。もっとも政治的事項にかかわらない手続事項や、新加盟国の承認等は多数決によった（▶第1条2項、第5条2項）。また実行上、国際連盟の委員会レベルでは多数決が用いられた。しかし基本的枠組みとして全会一致制をとったことは、国際連盟の活動にとって大きな制約になった。これに対して国連は、加盟国間の平等を謳って**一国一票**を原則として採用し、迅速な活動を行うために**多数決**による意思決定方式を採用した。国際連盟が加盟国の主権尊重に重きを置きすぎたという反省に立っている。新たな国際機構が実質上国家にどのような影響を与えるか不安のあった国際連盟と、戦勝国仲間ということで一致し、素早い対応が必要であると考えた国連との違いである。

＊＊ 拒否権　表決手続でもう一つの大きな違いは、周知のように安保理常任理事国（P5）の**拒否権**である。もっとも、国連憲章自体は拒否権という用語を使用していない。実際には、手続事項以外の事項（重要事項）の決定には常任理事国のすべての賛成票を含む理事国の15か国中9か国の賛成が必要とされる（▶第27条）。現在の実行では、常任理事国のすべての賛成は必ずしも必要とされず、反対の意見が表明されないことが重要で、棄権や欠席は賛成とみなされるようになった。とはいうものの、大国のみが行使できる特権としてしばしば非難の的になるのが、この拒否権である。しかし、安保理は拘束力ある決定が行える（▶第

25条）だけに、決定の内容によっては国連対大国という図式になって世界戦争に発展する危険性もある。そのことを考えると、一概に拒否権のシステムがおかしいともいえない。これからも議論が残るところである。

＊＊ **加重投票制**

専門機関である国際通貨基金（IMF）や世界銀行（WB）では、割当額又は出資額に応じて加盟国に投票数を増やし、その全投票数のうちの多数でもって採択する**加重投票制**を採用している。これは株式会社が株主総会を行う場合の決定手続に似ている。国際社会には平和問題や経済問題について各国の実質的な力の差を反映させるべき事項があり、それについては、力のある国に重い責任と権利を与えることで、国際機構の活動を実効的なものにすべきであるとの配慮が働いている。こうした考え方を**機能的平等**ということもある。

＊＊＊ **工夫された多数決制**

機能的平等論は現実の力関係を前提としてそれを是認する考え方である。他方、この考え方の下では各国の**実質的平等**は実現できないとして、力の弱い国、とくに経済関係において不利な立場にある発展途上国が反発していた。しかし他方で、一国一票による多数決制を用いて国連総会決議等を採択し、数の多い彼らが自らの意思を通しても、先進国の協力が得られないならば実質的に意味がないことも多い。そこで、1977年から活動を開始した国際農業開発基金（IFAD）のような国際機構では、先進国、発展途上国、石油輸出国といった、各国の具体的なあり方によってグループ分けをし、そのグループごとに投票数を配分して実質的なバランスを図り、先進国と途上国双方の協力関係を生み出すという表決制度も工夫された。

＊＊＊ **コンセンサス方式**

国際機構の合意形成の手段として、コンセンサス方式も頻繁に利用されている。**コンセンサス方式**とは、決議の採択にあたって、とくに反対を表明したり異議を唱えたりする国がない場合には、投票をせずに決議が採択されたとみなすものである。国連総会決議は投票に付して採択されるよりも、この方式によって採択されるもののほうが多い。この方式を採用する背景は二つある。一つは、決議に対して加盟国間に深刻な対立がなく、投票に付すまでもない場合である。この場合は全会一致と同じ役割を果たすことになる。もう一つは、決議に対して加盟国間に亀裂を起こしかねない深刻な対立があり、投票に付すといっそう亀裂が大きくなる場合がある。この場合には事前に対立する利害の調整を図るために協議と交渉がなされるのが普通で、妥協できない場合には宙吊り状態が続くだろう。その後に妥協が成立した場合に、コンセンサスによる採択というかたちをとる。したがって、国際機構がどのような意思決定を行うか、その状況に応じて、さまざまな工夫がなされている。

＊＊ 総会決議の効力

国連の意思は決議というかたちで表明される。しかし国連総会が全加盟国の参加を得て討議し決議を挙げる機関でありながら、国会とは異なり立法府ではないといわれるのは決議の効力に関する問題があるからである。一般に国連総会決議には拘束力がなく、**勧告的性質**にとどまる。もっとも、機構の**内部事項**を決定する場合には加盟国を拘束する。総会については、新規加盟の承認（▶第４条２項）や加盟国としての権利と特権の停止（▶第５条）、除名（▶第６条）のほか予算審議と承認や国連経費の割当（▶第17条）等が挙げられる。

＊＊ 安保理決議の効力

安保理決議の中の**決定**は、国連憲章第25条に従い、**法的拘束力**がある。したがって、安保理は加盟国に対して義務を課すことができる。しかも、ロッカビー事件における国際司法裁判所命令［1992年］で明らかにされたように、他の条約義務と抵触しても、安保理決議によって創設された義務が優先する（▶第103条）。安保理による経済的な制裁措置が通商航海条約等に反する場合がありうることを想定して設けられた規定である。安保理は、警察機能を行使するものであり、事件ごとに命令を発することしかできないはずである。しかし、安保理決議1540（2004）は、大量破壊兵器をテロリスト等の非国家主体に対して拡散させてはならない一般的な義務をすべての国家に課した。そのため、安保理による国際立法が議論されるようになってきた。テロの規制に関する一般的な条約が締結できない状況下で、国際法のすきまを埋める試みとしてなされたものであるが、そうした立法権限が安保理に認められているかどうか

■表１　国際連盟と国際連合の表決制

	国際連盟	国連総会	国連安保理
投票権	一国一票	一国一票	一国一票
表決手続	全会一致	手続問題：２分の１ 重要問題：３分の２	手続事項：15か国中９か国 重要事項：９か国（拒否権）
効　力	勧　告	勧告（内部事項を除く）	決定（法的拘束力があり、条約義務より優先）と勧告

は疑問である。

3 国連の法人格と権限

** 国内法人格

国連が多種多様な活動を行うためには、国際法上の地位（国際法人格）だけでなく国内法上の地位（**国内法人格**）が認められる必要がある。一般的には、国際機構は加盟国の意思に基づいて設立されるものであるから、その権限や活動も設立文書によって規律される。国連でいえば国連憲章が設立文書にあたる。国内法人格について、国連憲章は、「この機構は、その任務の遂行及びその目的の達成のために必要な法律上の能力を各加盟国の領域において享有する」（▶第104条1項）と規定した。この規定を受けて、1946年には「国際連合の特権及び免除に関する条約」（国連特権免除条約）が策定され、国連が加盟国の領域で、(a)契約、(b)不動産及び動産の取得及び処分、(c)訴えの提起を行う能力のあることが認められている（▶第1条1項）。

** 国際法人格

国連が**国際法人格**を有することについて争いはない。しかしそれが設立文書に明示に規定する範囲でしか認められないのか、国連の目的に照らして必要とされる活動を行うまでの法人格が与えられているのかが問題となる。この問題は、国連設立早々に生じた事件で国際司法裁判所に勧告的意見が求められた（★国連の職務中に被った損害の賠償事件［1949年］）。国連の任務遂行中に損害を被った場合に、国連自体の損害や被害者（その遺族など）に対する損害について、その責任国に対して賠償を得るために国連が**国際請求**を行う能力があるかどうかが問題となった。勧告的意見では、国連は、憲章に明示の規定はないが、広範な国際的人格と国際の場で行動する能力を持っていなければ説明できないような任務を遂行し権利を有していると述べていた。その当時イスラエルは国連加盟国ではなかったが、イスラエルに対する国際請求能力を認め、さらに踏み込んで国連が客観的法人格を有するとまで述べた。そして実際イスラエルは国連への謝罪と被害者への賠償を行ったのである。この意見の解釈をめぐって、**客観的法人格説**と主観説（設立文書根拠説）との間で議論が闘わされた。もっともこれらは理論的な整理の問題であり、主観説でも設立文書に明示の規定がない限り活動できないという極論に立たない限り実際的問題は生じない。

** 黙示的権限

国際司法裁判所は、憲章に明示に定められていない場合であっても、機構の任務を遂行するのに不可欠な諸権能が必然的結果として機構に与えられているとみなさなければならないと述べ、いわゆる**黙示的権限**の存在を認めた（★国連の職務中に被った損害の賠償事件［1949年］）。この考え方は、国連の活動分野を拡大するのに大いに役立った。例えば平和維持活動（PKO）がある。PKO は憲章上に規定のないものであって、派遣に反対する加盟国は PKO の派遣費用を支払う必要はないと主張したが、国際司法裁判所は、黙示的権限を利用して、憲章の目的と任務達成に相当と認めた場合には、その措置は権限の逸脱にはならないという推定が働くとして、黙示的権限を利用して PKO 活動を認めた（★ある種の経費事件［1962年］）。黙示的権限が濫用される危険は常にあるので、それを規制する論理も備えておく必要があるが、実際の判断は個々の事例に即して行わざるをえないだろう。憲章に規定のあるものも含めて、これまでの実行を通じて、国連はさまざまな権利能力を認められてきた。以下では簡単にそのいくつかをみておこう。

◆ Case　国連の職務執行中に被った損害の賠償事件

国際司法裁判所勧告的意見［1949年４月11日］

1948年のイスラエル独立宣言を契機に起こった第１次中東戦争で、国連の調停官として任務を遂行していたベルナドッテ伯（Folke Bernadotte, スウェーデン）が、滞在地のエルサレムで国連が派遣した他の監視員とともに殺害されるという事件が発生した。国連総会は決議258(III) で、国際司法裁判所に次のような内容の勧告的意見を求めた。国連職員が任務遂行中に損害を被った場合に、(a) 国連の損害に対して、(b) 被害者の損害に対して、賠償を得るために、責任ある政府に対して国際請求を行う能力があるかどうか。

国際司法裁判所はこれを肯定して以下のように述べた。国連は、憲章に明示の規定はないが、広範な国際的人格と国際の場で行動する能力を持っていなければ説明できないような任務を遂行し権利を享有することが意図されていたし、実際にもそうである。そして (a) について、国連に対する国際義務違反によって損害を生じさせた加盟国に対して、国連が国際請求を提起する能力を有していること、(b) について、国連に任された任務の性格と職員の使命に照らせば、職員に対する機能的保護を行う国連の能力が憲章から生じることは明白である。被請求国が国連加盟国でない場合でも、国際社会の構成員の大多数を代表する50の国家は、国際法に従って、国際請求を提起する能力とともに、客観的国際法人格を有する実体を創設する権能を有していた。

＊＊ **条約の締結権限**　第一に、条約の締結権限に関し、国連憲章は、国連軍への兵力提供のための特別協定（▶第43条）や専門機関との連携協定（▶第63条）、施政国との信託統治協定（▶第77条）等、いくつかの規定で条約の締結権限を認めている。また明示の規定がない事項についても、1947年には「国連本部に関する国連とアメリカ合衆国との間の協定」(国連本部協定) を締結し、PKO についても駐留国との間で地位協定を結んでいる。1986年に採択された**国際機関条約法条約**第６条は、「国際機構の条約締結能力は、その機構の規則によって規律される」と規定して、設立文書以外の、例えば決議による場合でも条約締結権限を認めることを示唆しているのは、こうした実行をみてのことである。

＊＊ **特権及び免除**　第二に、国際機構の施設や職員等について、特権及び免除が与えられているのが普通である。先に言及した国連憲章第105条１項は国連自体の特権及び免除を認めているが、第２項では加盟国の代表者や国連職員が「この機構に関連する自己の任務を独立に遂行するために必要な」特権及び免除を享有することが規定された。国連自体に対しては、国連財産・資産の訴訟手続からの免除、国連構内の不可侵、文書の不可侵、国連財産に対する課税免除等がある（▶**国連特権免除条約**第２条参照)。また国連本部があるアメリカ合衆国との関係では、上でみた国連本部協定で特権及び免除について規定した。

◆ Further Study　国際機構の国際責任

国連は国際違法行為に対して国際的請求を行う権限がある一方で PKO 活動等から生じる違法行為に対する国際責任を負う。実際、国連が行ってきた PKO 活動によって生じた損害に関して損害賠償を支払ってきたことが注目される。例えば国連緊急軍に関して任務から逸脱した違法な行動（違法な土地の占拠や使用等）について国連自身が賠償を払うことがエジプトとの間で合意された。またコンゴ国連軍についても、損害発生の原因行為が国連軍の違法な行為であると立証された場合には損害賠償を支払っている。こうした実行を踏まえて国連の国際法委員会は、「国際機構責任条文」の作成作業にはいり、2011年に第２読草案を採択した。国際機構の国際責任の問題は、国家責任についての考え方と類似しているものの、国家責任と比べてきわめて最近の現象なので、実行が乏しいことが条文作成にあたって難しい点である。

＊＊ **国際請求と国際責任**

第三に、国際違法行為に対して国際的請求を行う権限があることについては、先にみたように、1949年の国連の職務中に被った損害の賠償事件において、国際司法裁判所の勧告的意見で明らかにされた。この場合問題となりうるのは、職員の本国（スウェーデン）が**外交的保護権**を行使すれば、国連による請求と競合するのではないかということであったが、これについて勧告的意見では、国連によるものは機能的保護権の行使であって外交的保護権の競合ではないことが確認されている。また反対に自らが犯した違法行為に対しては国際責任を負う。例えば、国連はPKO派遣に伴ってその部隊が引き起こした違法行為について責任を負う。コンゴに派遣された国連軍が、ベルギー人に与えた損害について、ベルギー政府から賠償請求がなされた際、当該損害が国連軍の軍事活動の枠内で生じたものではなく違法な行為で引き起こされたとして、賠償に応じたことがある（1965年）。

＊＊＊ **領域管理**

近年注目すべき国連活動に、暫定統治のために国連が領域管理を行う例がある。国連憲章でも、国連自らが信託統治地域の施政権者になることも予定されていた（▶第81条）。実際、1962年から1963年まで西イリアンにおいて、オランダからインドネシアに主権が移されるまでの間、国連が暫定統治を行った。しかし領域管理が本格的に行われたのは、冷戦終結後であった。まず、カンボジアで行われた。内戦の終結とその後の国家再建を支援するために、戦闘の停止、内戦終結、難民の帰還等を経て、国民投票による制憲議会議員の選挙と憲法の制定、新国家の樹立へと至る期間中、国連がカンボジア国内の司法・行政の任務を遂行する**国連カンボジア暫定統治機構**（UNTAC）を設立するというものである。日本も自衛隊員だけでなく、警察官や選挙に詳しい自治体職員等がUNTACメンバーとして派遣された。こうした実行は、その後、コソボ（1999年～現在）や東ティモール（1999年～2002年）等でも行われるようになった。これまで、国際社会は主権国家からなり、国家が主権者として領域を支配するという枠組みで国際法を考えてきた。それに対して国連による領域管理は、領域主権に先立って人民の自決権をどのような仕組みで実現するか、ということが問題となった場合に国連が介入することになった事例である。

4 国際公務員制度

＊＊ **国際公務員とは** 国連が日常的に活動を行うためにはそれを支える常設の事務部門が必要になる。国連憲章は、１名の行政職員の長たる**事務総長**と、職員から成る（▶第97条）**事務局**を主要機関の一つとして規定する。事務総長と職員は、任務の遂行にあたって、いかなる政府や他の当局からも指示を求めたり受けたりしてはならず、国連に対してのみ責任を負う国際的職員としての地位をそこなってはならない。他方で、加盟国も、事務総長と職員の責任の国際的性質を尊重しなければならない（▶第100条）。このように、事務総長と職員は、地位の独立と責任の国際的性質を保障された**国際公務員**なのである。しかし、事務総長にせよ職員にせよいずれかの国籍を有するので、本国との関係で任務遂行の公平性や中立性について疑われる可能性はある。実際、冷戦期には、アメリカ国内で共産主義活動やスパイ活動を行ったと疑われるアメリカ人職員を摘発すべく、アメリカ政府がリー事務総長に圧力をかけて多くの職員を解任させたこともある。同じように、ソ連・東欧諸国は、国連職員として自国の公務員を多数派遣していたこともあった。

事務局は、独立の確保のために、目的の達成に必要な特権及び免除を各加盟国の領域において享有する（▶第105条１項）と規定することで、国連憲章は、任務遂行にあたって加盟国による関与を避けようとした。これと対応するように、加盟国の代表者及び国連職員は、国連の任務遂行のために必要な特権及び免除を享有する（▶第105条２項）。この規定を受けて、国連特権免除条約が締結されている。なお、特権及び免除を享有する者には、経済社会理事会の補助機関であった人権委員会やその下部の小委員会の活動に個人としての地位で参加する専門家も含まれると考えられている（★クマラスワミ事件［1999年］）。

＊＊ **事務総長** 事務総長は安保理の勧告に基づき総会が任命する。事務総長の任務は、他の主要機関の会議において事務総長の資格で行動しかつそれらの機関から委託される任務を遂行する。また、国連の事業について総会に年次報告を行う（▶第98条）。さらに事務総長は、国際の平和及び安全の維持を脅威すると認める事項について、安保理の注意を促すことができる（▶第99条）。現在まで続く歴代の事務総長は、これらの規定を根拠に幅広い活動を行ってきた。加盟国と協力し、時には加盟国間の摩擦を緩和するために、仲介人や調停者として行動してきた。

＊＊＊ **職　員**　職員は、総会が設ける規則に従って事務総長が任命する（▶第101条1項）。職員の任用にあたっては、最高水準の能率、能力及び誠実が最も考慮され、また、地理的基礎に基づく任用にも妥当な考慮が払われなければならない（▶第101条3項）。今日、国連事務局や関係機関で働く職員は約3万人である。これらの職員の勤務関係を規律するために、職員規則及び細則をはじめ種々の法規が作成されている。これは実務上の必要からは当然のことで、職員が他のいかなる権力の影響をも受けないようにするために、国内法とは別個の機構独自の法によって規律する必要があるからである。このように労働者としての職員の権利が侵害された場合の救済制度として、**国連行政裁判所**が、1950年に総会の下に設けられた。権利救済のための行政的な機関として公平かつ実効的な救済機関である。総会がこのような司法的機関を設ける権限があるのかどうか争われた事件で、国際司法裁判所の勧告的意見は、総会による行政裁判所設置権限が、事務局の能率的な作業を確保しかつ最高水準の能率、能力及び誠実の確保を最も考慮するためには不可欠であり、その権限は、国連憲章から必要な結果として生じていることを確認した（★国連行政裁判所の補償裁定事件［1954年］）。なお、この国連行政裁判所は、今日までに約1500件もの判決を下し、職員の身分保障に多大なる貢献を果たしている。

☆ Summary

国際社会は、国内社会と異なり統一的な立法、司法、行政機関をもたない。しかし、19世紀に国家間協力機関として万国電信連合のような（　1　）が成立して以来、国際機構が重要なアクターとなり、部分的ながら、立法、司法、行政の機能を担う存在として活躍してくるようになった。一般的国際機構である国際連合は、国際平和維持を目的として設立されたが、社会的経済的国際協力や人権保護等さまざまな分野で活動を行うようになっている。国連は、設立目的を遂行するために、総会、安保理、（　2　）理事会、信託統治理事会、国際司法裁判所及び（　3　）という六つの主要機関から構成される。またそれらの機関の意思決定の仕組みは目的に応じて異なっており、とくに総会は大国小国を問わず国家の平等の観点から一国一票による（　4　）制を原則としている。時には、採決を行わずに、（　5　）方式が採用されることもある。安保理は迅速かつ実効的に平和維持の責任を果たすべきという観点から、15か国という少数の理事国で構成され、5大国に（　6　）権を与える仕組みが整えられている。専門機関の中には、株主総会のような（　7　）制を採用するものもある。総会決議は、（　8　）に関する決議を除き一般的に勧告的効力しか有さない。一方安保理決議には法的（　9　）が与えられており、他の条約義務よりも（　10　）するものとされている。

また国際機構は一般的に国際法主体として認められるが、とくに国連については、憲章に明示の規定はないが、広範囲の国際的（　11　）と国際の場で行動する能力をもつことを前提としていなければ説明できないような任務を遂行し、また権利を享有することを予定していた。実際にも（　12　）権限、職員の（　13　）・免除等の権利・権能を享有している。さらに国際違法行為に対して国際的（　14　）を行う権限やPKO活動等から生じる違法行為に対する（　15　）を負う。近年では、コソボや東ティモールの事例でみられるように、国連が主権国家に代わって暫定的に（　16　）を行う権限も認められている。

また、日常的に国連を動かしているのは事務総長をトップとする国際公務員である。事務総長は、（　3　）の長というだけでなく、国連の顔として、加盟国との協力や摩擦の中で、仲介人や調停者として行動してきた。また職員は（　17　）としての中立性維持のために、職務遂行にあたって必要な限りで特権・免除を享有する。職員の権利が侵害された場合の救済制度として、（　18　）裁判所があり、権利救済のための行政的な機関として総会の下に設けられている。

答

【Quiz】すべて不正解。「正解なし」が正解。総会を答として選ぶ人が多いかもしれない。すべての国が参加する唯一の機関だからそう考えるのも当然である。昔の組織図はたしかに総会が中心に描かれていた。市販の条約集に付されている組織図にもそうした古い組織図に従ったものがあるが、国連広報センターが作成した国際連合システム（277頁）を参照すればわかるとおり、どの機関が中心機関であるか意図的にあいまいにされている。

【Summary】①国際行政連合、②経済社会、③事務局、④多数決、⑤コンセンサス、⑥拒否、⑦加重投票、⑧内部事項、⑨拘束力、⑩優先、⑪法人格、⑫条約締結、⑬特権、⑭請求、⑮国際責任、⑯領域管理、⑰国際公務員、⑱国連行政

第 21 章　国際法主体

Quiz

5 歳の男の子と 3 歳の女の子の兄妹が 8 個のキャンディーをどのように配分するかをめぐってケンカをしている。いくつずつ配分するのが平等であるか。

①男の子に 5 個、女の子に 3 個、②男の子に 4 個、女の子に 4 個、
③男の子に 3 個、女の子に 5 個　（答は章末）

1　国際法の主体とは何か

＊ **国家以外の主体の登場**　国際法が「原則として国家間の関係を規律する法」であることから、国際法の当事者となって国際法が定める権利・義務を担うのは主に国家である。ただし、「原則として」という言葉が示すとおり、現代国際社会においては、国家以外の**行為主体**（actors）が登場してきていることも事実である。国家以外の行為主体も、国際的な規範を形成したり維持したりする役割を果たしている。そして国家以外の行為主体と国家の関係、あるいは国家以外の行為主体同士の関係が、部分的ではあるにしても国際法によって規律されている。

＊ **さまざまな主体**　例えば、国連のような一般的な国際機構や欧州連合（EU）のような地域的な国際機構が多数設立されて国際社会のさまざまな分野で活動している。第二次世界大戦後に植民地からの独立を目指す民族解放闘争には国際法の一分野である国際人道法が適用される。国際的な人権保障のための規範は個人のさまざまな権利の尊重と実現を内容として発展してきた。個人はまた、武力紛争における行為について国際刑事裁判所において国際法の下で裁かれる可能性がある。強大な経済力をもつ多国籍企業の活動をどのように規制・監視していくかが国家間の合意の対象となり、企業自らもその社会的責任を負う姿勢を打ち出しつつある一方で、環境保護や人権保障あるいは開発援助等の分野では国家や多国籍企業の国際法違反を糾弾する非政府間組織（NGO）の

存在感もますます増大している。

＊＊ 国際法主体の意味

国際法主体（subjects）とは、国際法が定める権利・義務を担う資格のある実体のことである。国内法であれば、自然人でない法人の要件と法的地位や効果は多くの場合法律によって規定されているため、ある実体が法人格を有するか否かについて議論する余地はまずない。他方、国際法には法主体性の有無の認定と確認に関する一般的な規定は存在しないので、国際社会において活動する国家以外の行為主体が国際法主体かどうかを議論するためには、それぞれの行為主体と国際法とのかかわり方を個別に検討していく必要がある。なお、国際司法裁判所は、国際法の主体であって国際的な権利能力を有するという意味において**国際法人格**（international personality）という概念を使用している（★国連の職務中に被った損害の賠償事件［1949年］）。したがって、法主体と法人格はほぼ同義である。ただ、実定国際法上、権利・義務を有する地位を指して法人格という用語は使われ、国際法学上の学術用語としては法主体性が好まれる。また、法主体には法を創り出す能力が含意されているが、法人格にそのような含意はない。

2 国　家

＊ 国家の国際法主体性

国家は「国際法の直接的主体であり」、「国際法により定められた国際的権利義務の全体」を有する（★国連の職務中に被った損害の賠償事件［1949年］）。すなわち、ひとたび国家の資格要件を具備した国家は、まさに国家であるがゆえに完全な国際法主体として存在することになる。国家の成立形式に関する国際法上のルールは存在しないので、国際社会には合併、分裂（分離と解体）等さまざまな方法により、自ら国家としての資格要件を備えたと主張する実体が誕生する。たとえ既存国家からの激しい反発の中で行われる一方的な独立宣言であっても、それを禁止する国際法上の規則は存在しない（★コソボ一方的独立宣言の国際法適法性事件［2010年］）。合併や解体によって旧国家と同一性を持たない新国家が成立した場合、その表裏一体の現象として旧国家は消滅したと考えられ、その国際法主体性も消滅する。

＊＊＊ 国家の形態

一般的に国家は、一つの中央政府が対内的に当該国家を統治し対外的には当該国家を代表するという、いわゆる単一国家の形態で存在してきたが、複数の国家がいわゆる国家結合を形成する場合もある。複数の国家が特定の目的のために条約によって結合する**国家連合**は、条約上、限定的に国際法主体性を有するものの、各構成国がなお完全な国際法主体性を維持する。**連邦**は内部法である連邦憲法に基づいて複数の国家が単一の国家に結合したものであり、国際法主体性は個々の構成国（多くの場合州と呼ばれる）から連邦に移行する。州は連邦憲法が規定する自治を享受し、この自治の範囲内にある事項については第三国との条約締結能力が認められる。この限りで州は限定的な国際法主体となる可能性が残されている。

＊＊＊ **コモンウェルス**　かつてイギリスの植民地や従属地域であった国家とイギリスを中心に合計56か国から構成される**コモンウェルス**（英連邦：Commonwealth）というゆるやかな国家結合の形態がある。大英帝国の解体過程で形成されたものであるが、現在ではどこの国でも参加できる。イギリス女王をコモンウェルスの長とし、民主主義と発展に向けて相互に協力するためにすべての国家の対等な連携関係を保っている。旧ソ連から独立した国家により独立国家共同体（Commonwealth of Independent States: CIS）が1991年 CIS 憲章により設立された。経済その他の分野での協力を目的としている。バルト三国は旧ソ連に併合された歴史を有しており、当初より不参加である。ジョージアは2008年南オセチア紛争を背景に脱退した。ウクライナは CIS 憲章を批准せず、準加盟国の地位を有していたが、2014年クリミア危機を期に、2018年に事実上脱退した。現在の加盟国は10か国である（準加盟国のトルクメニスタンを含む）。

＊＊＊ **提携国家**　人民が自決権を行使する形態として、①主権国家としての独立、②既存の独立国との提携、③既存の独立国との統合がある（▶総会決議1541（XV））。そのうちの②の**提携国家**（自由連合）は、内政上の自治を享受する一方で、自由連合を結んで外交や防衛等の権限を旧施政国に委任するものである。提携国家自らの意思で一部の権限を委任している。しかし、実際には独自の外交を展開することが妨げられていないことから、一般的な国際法主体性を否定することはできない。

3　国家平等

＊ **国家平等**　現代国際法において国家は、自らの意思で制限に服さない限り、その存在ゆえに完全な国際法主体性が認められる。このことは、今日国際社会に約200存在する国際法主体たる国家が、領土の広さや人口等の物

理的差異又は経済力や軍事力に関する格差を捨象して国際法上平等であることをも意味する。伝統的国際法においては「文明国」のみが一人前の国際法主体として扱われ、それ以外の国家は不平等条約等によって半独立の立場を甘受してきた歴史を考えると、平等の意味の重要性は改めて認識されなければならない。一般に平等の具体的な内容は次の三つの意味で用いられてきた。

* **法適用における平等** いずれの国家に対しても等しく国際法上の権利義務が適用されなければならないという意味である。国家は平等な地位を有するため、他国への干渉は許されない。紛争解決手段選択の自由が認められ、国際裁判は同意原則に従う。国内裁判では、主権免除が確立している。

* **法定立における平等** 国際法を定立する過程に国家が平等に関与するという意味である。国家は自ら合意した国際法規範にのみ拘束されるので、具体的には条約の締結交渉過程や採択への平等な参加を意味する。条約の締結を強制されることはない。いかに発言力や影響力の大きい国家であっても、条約採択においては**一国一票制**が確保されている。国連総会の表決方法では、一国一票制が採られている（国連憲章第18条）。

* **国際法の内容の平等** 国際法上すべての国家は同一の権利と義務を有するとされるが、これは多分に理論的な意味である。実際には、国家が有する国際法上の権利と義務の内容はさまざまである。したがって現代国際法は、各国家が自らの意思で合意した内容である限り、その具体的な権利義務の内容まで同一でなければならないことを保障するものではない。

** **実質的平等** 国家間の物理的な差異や格差に目をつぶる**形式的平等**に対しては、先進国と発展途上国の双方から**実質的平等**が主張されている。GATT 体制は最恵国待遇と相互主義に基づく貿易の自由化を目指したが、これに反発した途上国は、先進国との開発格差という現実に対して補償的な意味で途上国に何らかの有利な待遇（**一般特恵**）を与えることを要求した（**補償的不平等**）。これを受けて、例えば天然資源の永久的主権、先進国による非相互的かつ無差別の一般特恵待遇の供与、途上国の貿易特恵の承認等の途上国に有利な主張が、1974年に国連総会で採択された新国際経済秩序樹立宣言（▶総会決議3201（S-VI））や国家の経済的権利義務憲章（▶総会決議3281（XXIV））に盛り込まれた。また国際環境法の分野では「**共通だが差異ある責任**」という前提に立って先進国に重い負担を要求した（▶地球環境枠組み条約第３条１項、京都議定書第２条、第３条）。

国連海洋法条約は、深海底を国際管理の下に置く制度を設定して（▶第11部）途上国に配慮したが、深海底制度実施協定において実質的な修正を受けた。

＊＊ **機能的平等**　国際機構においては、政治力や経済力等の実態に合わせて貢献と負担が大きい国家に大きな発言権をもたせる仕組みがある（**機能的平等**）。安全保障理事会では、いわゆる**拒否権**が認められている（▶国連憲章第27条3項）。国際平和の維持に貢献することが期待される常任理事国の一票と非常任理事国の一票とはその重みに差があることになる。国際通貨基金（IMF）や世界銀行（WB, IBRD）等では、出資額や株式保有額等の財政的貢献度に応じて投票数を配分する**加重投票制**が採用されている（ILO 憲章第7条2項）。国際労働機関（ILO）では、主要産業国10か国が、政府代表メンバー28人の内、10人を任命する優先的待遇が与えられている。形式的には不平等ながら先進国の負担に見合うように機能的平等を目指して導入されたものである。

> Point　国家平等
>
> ①形式的平等：国家の差異を無視して同一の取扱いをする。
>
> ②実質的平等
> - 補償的不平等：弱者に有利な待遇を与える。
> - 機能的平等：大国に大きな権能を認める。

4　国際機構

＊＊ **国際機構**　**国際機構**は英語で international organizations である。これを文字通りに訳せば「国際的な組織」である。国際連合のように国家によって構成される国際機構（**政府間国際機構**）だけでなく、国際オリンピック委員会やアムネスティー・インターナショナル等、国際的に活動する**非政府組織**（NGO）が含まれる。さらには国境を越えて活動する多国籍企業や非合法な国際犯罪組織等も存在している。ところが条約法条約と「国と国際機関との間及び国際機関の間の条約法に関するウィーン条約」（**国際機関条約法条約**）は、国際機構を「政府間機関をいう」と定義して、NGO 等を排除している（▶第2条1項(i)）。NGO は国内法に従って作られる組織であるためである。ここでは、国家間組織である政府間国際機構に限定して理解することにする。

＊＊ **国際機構の定義**　国際機構を「複数の国家が共通の目的を達成するために条約に基づいて設立した、常設的な機関をもつ独立の組織であ

る」と定義しておく。なお、**国際機関**という訳語は、日本が締約国となった条約における公定訳であるが、ここでは国際機構という言葉を用いる。「機関」は、法人格を有する組織の中で、意思決定や執行等を行う小組織を指しており、独立した組織をいうには不適切だからである。国際機構の要件に関する一般的な国際法ルールは存在しておらず、この定義も現代の多種多様な国際機構（約500の国際機構が機能しているといわれている）を網羅するものではないが、多くの国際機構がこの定義で説明できるのも事実である。

＊＊ **国際機構の三要件**

国際機構の定義によると、第一に、国際機構は国家によって作られ、国家を構成員（メンバー）とする組織である。第二に、国際機構は条約に基づいて設立される。例えば国連憲章は国連を設立した条約（**設立条約**）である。条約という形式をとりながらも、加盟国間の権利義務関係ではなく機構の目的や権限及び組織構造等の基本的枠組みを定めている。第三に、自立性が挙げられる。国際機構は常設的な機関をもち、加盟国の意思とは必ずしも合致しない独自の意思決定に従って任務を遂行する。共通の目的に向かって行動していくうえで加盟国間の利害の対立は不可避であるため、機構独自の表決手続を経て機構としての意思が表明される必要があるからである。

Point　国際機構の三要件

①国家が構成員
②条約による設立
③自立した存在（独自の意思決定）

＊ **国際機構の種類**

国際機構は主にその加盟国の範囲と目的の幅の広さによって分類することができる。加盟国の範囲で分類すると、国際社会すべての国家に参加の可能性が開かれている**普遍的国際機構**と、加盟の条件として地理的あるいは機能的な限定がつけられている**地域的国際機構**に分けられる。国際連合及び19の国連専門機関等が普遍的国際機構に属し、欧州連合（EU)、米州機構（OAS)、アフリカ連合（AU)、石油輸出国機構（OPEC）が地域的国際機構の例である。経済協力開発機構（OECD）のように地理的同一性がない組織も地域的国際機構に分類される。このように加盟国が限定されている組織のことを地域的国際機構と呼ぶ。また設立目的が政治・経済・社会的課題一般に及ぶ一般的国際機構と、労働・経済開発・保健・食糧等の専門領域における任務を負う**専門的国際機構**とに分類することもできる。この場合、国際連合、米州機構、アフリカ連合等が一般的国際機構に分類される。

＊ **欧州連合（EU）**

経済分野での協力を目的として設立された欧州共同体（EC）が、政治統合を見据えた**欧州連合**（EU）に成長し、現在ではその決定が加盟国及びその域内の私人をも直接拘束する権限をもつに至っている。2020年にイギリスが脱退し、現在の加盟国は27か国である。他の国際機構とは区別される唯一の超国家的性格をもつ国際機構である。

＊＊ **国際機構の権利能力**

さまざまな国際機構がどのような権利能力を有しているかを一般的に論じることはできない。その目的、任務及び機能に応じて設立条約が定める権限は国際機構ごとに異なるからである。この点について国際司法裁判所は、たとえ明示の規定がなくても国際機構が活動するうえで必要であれば、当然の推論として、その任務の遂行に不可欠の権限が与えられているとみなすいわゆる**黙示的権限**（implied powers）の法理を打ち出した（★国連の職務中に被った損害の賠償事件［1949年］）。ただし、この法理は国際機構の合理的な目的、任務及び機能を超えて濫用される危険性があるとの観点から、黙示的権限も明示の規定に拠らなければならないとの立場が強く主張されている（同事件におけるハックワース判事反対意見）。一般に広く解釈されがちな国際機構の権限に対する歯止めの一つとして国際司法裁判所自身、国際機構は国家と違って一般的権利能力をもたず、国家が国際機構に委ねた利益促進の任務の範囲内で権限を付与されるとする、いわゆる**専門性の原則**の考え方を示している（★ WHO 核兵器使用の合法性事件［1996年］）。このように目的、任務及び機能によって異なる国際機構の権限であるが、少なくとも国際的に活動するためには、条約を締結する権限と国際請求を提起する権限は不可欠とされている。またこれらの権限を行使するにあたっては国際機構の職員には加盟国における**特権**と**免除**が与えられている（▶国連特権免除条約）。

＊＊ **条約締結権限**

国際機構がその目的に向かって任務を遂行するためには、その加盟国や他の国際機構との間に条約を締結する権限が必要である。設立条約の中に**条約締結権限**が明示されている場合と、黙示的権限によって条約締結が行われる場合がある。1986年**国際機関条約法条約**（未発効）は、その前文において、国際機構が「その任務及び目的の達成に必要な条約締結権限を有する」ことを認める。その一方で、第6条では「国際機関が条約を締結する能力は、当該国際機関の規則によるものとする」と定め、第2条1項(j)でこの「国際機関の規則」とは「特に、当該機関の設立文書、当該文書に従って採択された決定及び決議並びに当該機関の確立した慣行」を指すと規定した。前文からは条約締結権限は一般国際法上与えられる権限であるとする考え方に立っているようにみられるが、実際はその根拠を、設立文書という国際機構の創設者である国家の意思とともにそこから独立した国際機構独自の活動にも置いている点が注目される。

** **国際請求権限** 国際機構が加盟国の国際違法行為によって損害を被った場合、その救済を求めて国際請求を提起する権限が認められる。これは国際司法裁判所が取り扱った「国連の職務中に被った損害の賠償」事件〔1949年〕で確認されている。逆に、国際機構の決定が常に合法で有効であるとは限らず、国際機構が他者に違法な損害を与えた場合には、加盟国とは別に国際的責任を追及されることになる（▶2011年国際機構責任条文第3条)。

** **国際機構の国際法主体性をめぐる議論** 国際機構の設立条約において加盟国内での法主体性（「国内法上の能力」：▶国連憲章第104条）とは別に、国際法上の主体性を明記する例はまれである。そこで、国際機構は生まれながらに法主体性があるとする説（**客観的法人格説**）と設立条約によってはじめて法主体性が与えられるという説（**設立条約準拠説**）がある。前者によれば、設立条約に規定されているかどうかにかかわらず、国際機構は条約締結権限や国際請求といった固有の権限を有している。黙示的権限に依拠する必要はなく、設立条約に入っていない第三国も国際機構の法主体性を認めなければならない。後者によれば、設立条約に規定されている権限のみを国際機構は行使できることになる。しかし、「国連の職務中に被った損害の賠償」事件〔1949年〕で明らかにされたように、国連は国連憲章に明示的に規定されていない国際請求権をもつ。国際司法裁判所は、設立条約準拠説の考え方に依拠しながら、**黙示的権限論**を採用し、設立条約の趣旨及び目的を重視する解釈によって、設立条約準拠説の厳格性を緩和している。したがって、国際司法裁判所は、客観的法人格説も設立条約準拠説も支持していない。

*** **客観的法主体性** 国際機構が加盟国との関係において国際法上の法主体性をもつことそれ自体は異論がない。国際司法裁判所が「国際

機構は国際法の主体である」（★ WHO とエジプト間の協定の解釈事件［1980年］）と一般的に述べているのはそうした趣旨である。一方、第三国に対して法主体性を主張することができる（客観的法主体性）ためには、当該国家の明示又は黙示の同意が必要であると考えられる。「国際機構は国家のような一般的権限を有さない国際法の主体である」（★ WHO 核兵器使用の合法性事件［1996年］）ことから、その国際法主体性は国家と同等のものではない。設立条約によって付与された多種多様な国際機構の目的、任務及び機能を実現するためにそれぞれの国際機構に認められる国際法上の権限もまたさまざまである。したがって、国際法主体性があるから国際機構に権限が一般的に認められるわけではない。生まれながらの国際法主体である国家とは明確に異なる。

たしかに「国連の職務中に被った損害の賠償」事件［1949年］において、国際司法裁判所は国連の有するいくつかの権限から国際法人格を認定したうえで国連の請求権を肯定したが、その論証は循環論法に陥っている。国連職員がその国際的性格から、加盟国の援助を受けることなく任務遂行する義務があり、国連は職員が任務を遂行できる条件を確保しなければならないという必要性があったために、客観的法人格を認めざるをえなかった。このように、現代国際社会の組織化を反映しているともいえる国際機構の隆盛も、その国際法体性の根拠が国家の意思にある限り、国家を唯一の国際法主体として発展してきた伝統的国際法の枠を基本的に出るものではないが、枠を超える要素は芽生えているといえる。

5　個　　人

＊＊伝統的国際法における個人の権利能力

国際法において個人とは、自然人だけでなく企業等の法人も含んでいる。国家のみが国際法上の法主体であることが当然の前提であった伝統的国際法においても、個人の身体・財産についての権利が**通商航海条約**で定められたり、少数者に属する個人の権利が戦後処理のための平和条約で規定されたりした例は少なからず存在する。ただし、国家間の条約で規定されたということは、そのような内容を当該条約に盛り込むことが関係国間の友好関係に資するものであったからで、必ずしも個人の権利保障を目的としていたわけではなかった。したがって、締約国の条約義務違反によって権利を侵害された個人はその締約国内の救済手続に訴えることはできても、その権利侵害を国際的に請求することはできなかった。もっとも、外国籍をもつ個人が在留国で被害を受けその在留国の国内手続では救済されない場合に、国籍国が在留国に対して国際請求を通じて国家責任を追及することができる**外交的保護**の制度は存在したが、請求権はあくまで国家の権利であり、外交的配慮等を反映する国家の裁量の範囲を超えるものではなかった。

＊＊ **第二次世界大戦後の展開**

第二次世界大戦後、人権保障それ自体を目的とする条約が数多く締結され、条約実施制度によって、かつて国内管轄事項であった個人の人権保障が国際的な監視の下に置かれることになった。人権条約締約国の管轄下にいる個人が、自らの名において当該条約に規定された権利を国際的に主張することが可能になったのである。ただし、欧州人権条約のようにすべての締約国の管轄下にいる個人に欧州人権裁判所への申立権を認める条約がある一方で、自由権規約や女子差別撤廃条約のように、条約実施委員会への個人通報を認めるか否かを締約国の選択に委ねている条約もある。

＊＊ **個人の国際法上の責任**

1948年の「集団殺害罪の防止及び処罰に関する条約」（**ジェノサイド条約**）は、個人による集団殺害罪を国際法上の犯罪とし、犯罪の実行地国の裁判所と国際刑事裁判所に管轄権を認めた。さらに戦争犯罪や人道に対する罪等に関して、それが国内法上の犯罪であるかどうかに関係なく、国際法に基づいて個人が国際裁判所で直接処罰される可能性も開かれた。1993年に旧ユーゴスラビア国際刑事裁判所（ICTY)、1994年にルワンダ国際刑事裁判所（ICTR）が、安全保障理事会決議で設置され、これを契機として1998年に常設の**国際刑事裁判所**（**ICC**）が設置された。個人が、国家を隠れ蓑にすることなく、国際法が規定する国際犯罪の責任を直接問われることがありうることは、国際的な人権保障体制の確立と並ぶ現代国際法の特徴の一つである。

＊＊ **個人の法主体性をめぐる議論**

このように、現代国際法において個人の権利保障が強化され、義務の存在も明確化されてきた。では、そうした事実でもって、個人の一般国際法上の法主体性を肯定することができるのだろうか。国際法は国家以外が国際法主体となることを禁じるものではない。したがって、個人も国際法主体となりうることは認めなければならない。そこで、どのような条件が満たされれば法主体性が認められるか。条約において個人の権利義務や法的地位が規定されていることをもって個人の国際法主体性が認められるとする説（**実体法基準説**）と、個人の権利侵害が救済され義務違反が追及される国際的な手続があってはじめて個人の国際法主体性が認められるとする説（**手続的基準説**）がある。後者は原爆訴訟（東京地判昭38・12・7、下民集14巻12号2435頁）で採用され、長らく日本の通説的な地位を占めた。実体法基準説に対しては、通商条約や平和条約ではたしかに個人の権利が規定されたけれども、その実現は国内的な救済に頼らなければならなかったことを考えると、条約に規定されているだけでは国際法上の主体とはいえないとの批判がありうる。他方、手続的基準説に対しては、たとえ条約上に個人の権利が規定され、それを自らの名において主張しうる手続が用意されているとしても、それを利用しうるのは当該条約の加盟国がそのような国際的手続の利用を管轄下の個人に認めた場合に限られる（自由権規約や女子差別撤廃条約等）ことから、国際法主体である個人と国際法主体ではない個人が存在しうるという点で法的な整合性を欠くとの批判がある。

**
法主体性論の意義　条約において個人の権利義務を規定する方法はさまざまであり、それを実現しあるいは追及するために設置された手続も条約によって多様である。日本人であっても、フランスで人権侵害を受ければ欧州人権裁判所に提訴できる可能性がある。オーストラリアであれば、自由権

◆Case　原爆訴訟（下田事件）
東京地方裁判所判決［1963年12月7日］

1955年、広島と長崎の原爆被害者が、日本国政府に対して損害賠償を請求した事件。東京地方裁判所は、慣習法上、無防守都市に対する無差別爆撃が禁止されているが、広島も長崎も防守都市ではなく、しかも原爆による攻撃は無差別爆撃にあたるため違法であると判示した。また原爆のもたらす苦痛は不必要な苦痛にあたり戦争法に違反しているとも判示した。その一方で、「国際法上の権利主体が認められるためには、やはり国際法上自己の名において権利を主張しうるとともに、義務を負わされる可能性がなければならない」のであって、「国際法上違法な戦闘行為によって被害を受けた個人は……一般に国際法上その損害賠償を請求する途はない」と判断した。アメリカ合衆国を被告として日本の国内裁判所に訴える方途については、主権免除の法理から不可能であり、アメリカ合衆国国内裁判所においても、主権免除の法理によって、国家は公務員の不法行為に責任を負わないため、国内法上の請求権について、国内裁判所で救済はされない。対日平和条約で放棄した「日本国民の請求権」は、国内法上の請求権をいうが、原告にはそうした請求権がなく、日本国政府の責任を問うことはできないと判断し、請求を棄却した（下民集14巻12号2435頁）。

規約委員会に申立てが可能である。日本では、そうした制度を利用することができない。国際的な手続の有無を基準とした一般国際法上の個人の法主体性の判断を行うことは困難である。対象領域が拡大してさまざまな分野で個人の権利義務が規定されるようになった現代国際法において問題とすべきは、各条約において個人に与えられる権利義務の具体的な内容とその性質及びそれらを実現・追及する手続の所在（国内的手続なのか国際的手続なのか）あるいは利用可能性である。国際法主体性があるからといって国家と同等に扱うことはできないし、国際法主体性がないからといって国際法上の権利義務が全くない、あるいは権利義務の実現のための救済手段がないともいえない。国際法上一般に妥当する個人の法主体性を理論的に追及する意義はきわめて薄いと考えられる。

◆ Further Study　企業の国際法主体性

企業は、一般的には個人と同様の位置づけが国際法では与えられる。企業と外国政府が開発協定（コンセッション協定）を締結し、企業に資源開発の免許を与えることがある。そうした協定は、国内法によって規律されており、条約ではない（▶条約法条約第2条1項(a)）。その限りで、企業は国際法主体ではない。企業の権利が領域国によって侵害された場合、企業は、国籍国の外交的保護権に依存せざるをえない。しかし、投資保護協定の下で、企業の投資財産は保護され、投資紛争について、企業は、投資紛争解決国際センター（ICSID）に請求を提起することができる。この場合、企業は、自らの権利を救済するために国家の力を借りることなく国際的な紛争解決手段を利用することができ、その限りで国際法主体性をもつといえる。企業の権利は手厚く保護されている。

一方、国際法上、企業に義務を課したり企業の責任を追及したりするための法理は十分確立していない。国連は、2000年、持続可能な成長を実現するための世界的な枠組み作りに参加する自発的な取り組みとして**グローバル・コンパクト**を編み出した。そこでは、人権の保護、不当な労働の排除、環境への対応、そして腐敗の防止に関する10の原則を掲げ、自発的にコミットする企業の参加を募集している。参加すれば、国連のミレニアム開発目標（MDGs）の達成に向けた協力が求められる。2011年には、国連人権理事会が「ビジネスと人権の指導原則」を採択している。しかし、こうした取り組みは、企業の社会的責任（CSR）を促すものであっても、法的な責任を課すまでには至っていない。

＊＊＊ **NGO** 　非政府組織（NGO）は国内法によって設立が認められ、個人によって組織されている団体である。政府間国際機構とは異なっており、国際法上は個人と同様に扱われる。しかしながら、NGO が国際法の定立に影響力を発揮する場合がある。例えば、対人地雷禁止条約（オタワ条約）の成立には、数多くの NGO が地雷禁止国際キャンペーンに結集し、国際世論を喚起した事実を無視することはできない。環境条約でも同様である。個人や NGO は国際司法裁判所の当事者適格を有していないが、「核兵器使用の合法性」事件において国際司法裁判所の勧告的意見を総会が求めるように働きかけたのは、直接には世界法廷プロジェクトであった。その働きかけに応じる国家が先導して勧告的意見を求める総会決議を採択させた。人権分野では、NGO が条約作成を後押ししたり、種々の国際人権委員会に対し情報提供を行っている。国際人道法分野では、赤十字国際委員会の人道的活動が高く評価され、そうした活動に対し紛争当事者は便益を与えることになっている。国際法は NGO に対しても限られてはいるが権利を付与している。このように、NGO は国際法を創る法定立過程においても、国際法を適用する裁判過程や条約実施機関においても積極的に関与している。NGO を通して個人が、国家や国際機関を道具として国際法に関与しているのだ。

Point　個人の法主体性

実体法基準説：実体法上、権利が与えられることが必要。
手続的基準説：実体的権利と国際的請求手続が必要。

6　人　　民

＊＊ **人民の国際法主体性** 　国際法上の権利として確立した自決権を享有する**人民**とは、言語や宗教、人種的な同一性を根拠に集団を構成する**民族**とは異なり、あくまでも植民地時代の行政区画等で一定の領域に居住する人びとである。伝統的国際法では、内戦において一定の地域を実効的に支配するに至った叛徒側の政府を中央政府が交戦団体として承認し一定の国際法主体性を認める制度が存在したが、現代国際法では、植民地支配を受けてきた人民は、本国政府の承認を待つまでもなく、一定の範囲で国際法主体性を有することが認められるようになった。

＊＊ **自決権を行使する人民の権利** 1970年に国連総会で採択された**友好関係宣言**（▶総会決議2625（XXV））によると、既存の国家は、人民から**自決権**や自由、独立を奪うような強制的な行為を慎む義務を負い、人民は、自決権行使の過程でそのような国家の強制的な行為に対する反対行動や抵抗を行う場合には、国連憲章の目的と原則にしたがって国際社会からの援助を求め、それを受ける権利を有する。また自決権の行使として人民が植民地支配及び外国の占領並びに人種差別体制に対して戦う武力紛争は内戦ではなく**国際的武力紛争**として扱われ、ジュネーヴ諸条約及びその追加議定書の締約国と戦う人民を代表する当局は、一方的な宣言によってその武力紛争に国際人道法の適用を受けることができる（▶ジュネーヴ条約第一追加議定書第１条４項、第96条３項）。

＊＊＊ **民族解放団体** 第一追加議定書における「人民を代表する当局」とは一般に**民族解放団体**と呼ばれ、フランスからの独立を求めて戦ったアルジェリア民族解放戦線（FNL）やパレスチナ国家の樹立を目指すパレスチナ解放機構（PLO）がその例である。民族解放団体には本国との和平協定や独立協定を締結する権限、国連等の国際機構や外交会議における**オブザーバー**として参加する資格、そして一定の特権免除等が与えられることがある。民族解放団体としてこのような権利能力が認められるための国際的な手続が存在するわけではなく、国連や地域的な国際機構等による承認が一般的である。

＊＊ **独立達成後の人民** 植民地支配から国家としての独立を達成した人民の自決権は、経済的自決権というかたちで国家主権の強化に向かい、人民は国家に吸収されることになるが、専制支配等によってひとたび自決権が侵害されるようなことが起これば、その人民が国際法主体として立ち現れることになるのである。

☆ Summary

国際法主体とは、国際法上の権利を享有し義務を負うことができる資格をいう。国家が完全な国際法上の主体であることに問題はない。しかし、人民が自決権を行使して（　１　）国家の道を選んだ場合、外交や防衛の権利を外国に委ねることになり、完全な国際法主体といえない。このように例外的に制限的な法主体性しかない国家も存在する。国家は国際法上平等である。国際法上の平等には法適用における平等、法定立における平等及び法内容における平等がある。平等は、同一の取扱いを要求する

（　2　）的平等を意味する。しかし、安全保障理事会における（　3　）権や世界銀行における（　4　）制度のように大国に大きな責任と権能を認める場合がある。これを（　5　）的平等と呼ぶ。一方、先進国と途上国との格差が大きいことから、途上国に有利な待遇を与える動きがある。（　6　）的不平等を認めることによって、結果において平等を達成しようというのである。GATT における（　7　）制度や国際環境法分野における「共通だが（　8　）ある責任」がそうした例である。

国際機構とは、（　9　）間国際機構を意味している。（　10　）は含まれない。国際機構は（　11　）によって設立され、国家がメンバーとなる。加盟国共通の目的を有し、国家とは独立した意思決定を行う（　12　）性がある。地理的にみて加盟国を世界中から集めている（　13　）的国際機構と特定の地域に限定した地域的国際機構がある。また、国連のように、あらゆる問題を取り扱う一般的国際機構と、ある分野の問題に特化している（　14　）的国際機構がある。国際機構が国際法主体であるかどうかをめぐって、（　15　）説と（　16　）説がある。前者は第三国に対しても法人格を主張できるが、後者はそれを否定する。国際機構は、国家によって創設されるのであり、生まれながらにして客観的な国際法主体であるということはできない。国際司法裁判所は、国連の国際請求能力の有無に関連して、（　17　）論を採用した。国連憲章の趣旨及び目的に照らして必要な権限は黙示的に与えられているという。

個人の法主体性については論争がある。国際人権条約により個人の権利が広く与えられるようになってきた。また、国際犯罪のように個人の責任が追及される場面も増えてきた。このように、国際法上、実体的な権利や義務が与えられれば、国際法主体を肯定できるという考え方がある。（　18　）説という。その一方、国際的な請求ができるようになってはじめて国際法主体として認められるという考え方がある。（　19　）説という。しかし、それぞれの条約ごとに実体的権利・義務や手続が異なっており、一般的に法主体性を議論する意味は少ない。自決権が確立し、人民が国際法上の主体として登場してきた。国家を創設する過程において、一定の権利や義務が付与されている。民族解放闘争は、（　20　）的武力紛争とみなされ、国家と同様、国際人道法の適用を受ける。国際機構においてオブザーバー資格が与えられる場合もある。

答

【Quiz】どれも正解。①は機能的平等。兄のほうがたくさんのエネルギーを必要としている。②は形式的平等。兄妹ともに同じ待遇を与えている。③は実質的平等。大きな子のほうが我慢すべきと考えれば説明がつく。基本はやはり②だろう。①と③は、それなりの正当化根拠が必要。衡平で説明される場合もある。

【Summary】①提携、②形式、③拒否、④加重投票、⑤機能、⑥補償、⑦一般特恵、⑧差異、⑨政府、⑩ NGO ／非政府組織、⑪条約、⑫自立、⑬普遍、⑭専門、⑮客観的法人格、⑯設立条約準拠、⑰黙示的権限、⑱実体法基準、⑲手続的基準、⑳国際

第22章　条約の締結と効力

Quiz

1951年9月8日、日本国は、対日講和条約（サンフランシスコ講和条約）に調印した。この「調印」とは何をすることか。

①日本国代表が、条約に署名・捺印を施すこと、②日本国代表が、条約に署名をすること、③日本国代表が、条約に捺印をすること。（答は章末）

1 条　約

＊＊ **条約法**

「条約法に関するウィーン条約」という名称の条約がある。略して**条約法条約**という。条約という言葉が二度も出てくる不思議な名称である。**条約法**（law of treaties）とは、条約の締結、解釈・適用、無効・終了といった条約に関係する事項を規律する規範のことである。誰がどのようにして条約を締結するか、条約はどのように解釈され適用されるのか、条約が適式に締結されたにもかかわらず効力をもたない場合や効力をもたなくなる場合はどのような場合であるかについて規定しているのが条約法なのである。条約法条約の効力が発生してから後に締結された条約に対して、条約法条約は適用される（▶条約法条約第4条）。ただし、条約法という国際法規範は、慣習国際法上も存在している。慣習国際法上の条約法は、条約法条約が適用されない条約にも適用されうる。条約法と似て非なる用語に**条約国際法**（treaty law）がある。これは、条約という形式の国際法規範である。国家の権利・義務を定める規範が条約という形式で存在する場合を指している。慣習国際法（customary law）と対比して使われる。

＊＊ **条約の定義**

条約とは、①国家間において、②文書の形式をもち、③国際法によって規律される、④合意をいう（▶第2条1項(a)）。条約の名称は関係ない。条約だけでなく、協定、議定書、憲章、規約、規程等の名称が使われている。それ以外の名前の条約もある。①条約法条約の適用があるのは国家間で締結される条約であるが、国家間以外の条約も存在している。国際機構と国際機構との間の合意や国際機構と国家との間の合意も条約である（▶第3条）。例えば、国連とアメリカ合衆国との間の本部協定が挙げられる。こうした条約については、条約法条約とは別に、**国際機関条約法条約**（未発効）が締結されている。この条約は、条約法条約の条文に必要な変更を加えつつも、基本的には条約法条約と同じ文言、同じ条文番号で作成されている。

②通常、条約は文書の形式をとる。したがって口頭の条約は条約法条約の規律対象外ではあるが、これも条約である。東部グリーンランド事件［1933年］の中で、常設国際司法裁判所は、この点を肯定している。条約締結のための交渉内容を記した議事録には、合意事項が含まれているかもしれない。そのため、国際司法裁判所によって議事録が国際的合意文書と認定された事例がある（★カタールとバーレーンの海洋境界画定及び領土問題事件）。しかし、国際海洋法裁判所（ITLOS）は議事録の条約としての性質を否定した（★ベンガル湾境界画定事件）。

③国際法によって規律されていない合意は、国際法上の条約ではない。A国における大使館建設のために、B国がA国の国有地を購入する合意は、A国の国内法（民法や契約法）が適用される契約である。条約ではない。また国家と個人又は国家と外国企業が締結する合意は条約ではない。これも国内法上の契約と考えられる。国有化の際に問題となったコンセッション契約は条約ではない。

④条約とは国家間の合意であるが、**合意**とは意思の合致をいう。一方的な受諾を意味する**同意**とは区別しなければならない。同意が二国から与えられれば合意となる。したがって、単一の文書で構成されている条約だけでなく、交換書簡や交換公文と呼ばれる形式の文書も条約である。A国がB国に対し要望を書簡として送付し、B国がそれを受諾する書簡をA国に送付すれば合意が形成され、条約となる（▶第13条）。

***
条約の分類

条約には当事国が二国である**二国間条約**と、三以上の国が参加する**多数国間条約**がある。特定の国のみが当事国となることができる条約を**閉鎖条約**と呼び、どの国も条約当事国になることができるものを**開放条約**と呼ぶ。条約は、通常、長期にわたって当事国の法関係を規律することが意図されているが、効力を得た瞬間、条約の目的を達成してしまう条約がある。領土割譲条約や国境画定条約がその例である。**処分条約**と呼ばれている。また、国内の契約に類似した条約（**契約条約**）の場合と、国内の法律に類似した条約（**立法条約**）に分けることがある。契約条約は、領土割譲条約のように、一方当事国が他方当事国に権利を付与し、他方当事国がそれに対応する義務を負う場合である。また通商航海条約や領事条約のように二当事国が双方に同一の権利・義務を認め合う場合もある。立法条約は、国際社会すべての国に適用されることを期待して作成された条約で、条約当事国の関係を規律する法規範を創設する条約をいう。条約法条約はその典型例である。ただし、立法条約といえどもすべての国が締約国となっているわけではない。したがって、以上のように条約を分類することは可能であるが、条約としての性質に差があるわけではない。

2　条約の締結

**
条約の締結

条約の**締結**とは、作成された条約に国家代表が署名する調印を意味すると理解される場合がある。しかし条約法条約では、条約交渉から始まり、条約の効力の発生に至る一連の手続をいう。条約交渉→条約文の採択（▶第９条）→ 条約文の確定（▶第10条）→ 条約に拘束されることについての同意の表明（▶第11条～15条）というプロセスをとる。**条約文の確定**の方法として、**署名**、追認を要する署名又は仮署名（イニシャルによる署名）がある。条約に拘束されることについての**同意の表明**方法としては、署名、批准、受諾又は承認、そして加入がある（▶第11条）。

***
立法条約の締結

立法条約の場合、国連の**国際法委員会**（ILC）が条約を起草し、その草案を国連総会第六委員会が審議して、各国の意見を参照しながら、国連総会で採択され、条約文を確定する場合や、外交会議が開催され、国家代表による審議を経て最終的な条約文の確定が行われる場合がある。また、国際法委員会が関与しない場合もある。国際人権規約は、国連人権委員会において起草された。国連海洋法条約は、国連海洋法会議という会議が起草から条約の採択まで行った。また環境条約のように、枠組条約が締結された後、締約国会議（COP）が定期的に開催され、そこで議定書が採択されていく場合もある。

***
条約締結能力と条約締結権

条約当事国となることができる地位のことを**条約締結能力**という。国家は原則として本来的に条約締結能力を有している。ただし、例外的に、被保護国のように外交能力が制約されている場合は、条約締結に関しても制限される。国際機構の場合は、設立文書によって規定されるが、明文の規定がない場合でも、黙示的権限によって解釈上認められることがある。条約交渉にあたり、条約締結過程に参加することができる権能で、国家代表が有する権能のことを**条約締結権**と呼ぶ。そうした権能を有する国家代表のことを条約締結権者という。条約締結権を有する国家代表は全権委任状を提示することが必要である。**全権委任状**は、条約締結に関し国家を代表する資格を証明する文書である（▶第２条１項(c)）。しかし、国家元首、政府の長及び外務大臣は、その職務からして、当然、国家を代表するものとみなされ、全権委任状の提示は不要である（▶第７条２項(a)）。また、外交使節団の長（通常は大使）は、接受国との間で条約を交渉し、条約文を採択するまでは、派遣国を代表する資格が認められている（▶第７条２項(b)）。日米間で条約を締結する際には、駐米日本国大使は、全権委任状がなくても、アメリカ合衆国との条約交渉の任にあたることができる。しかし、条約に拘束される同意を表明することは認められておらず、そのような場合は全権委任状が必要である。

**
条約の発効

条約が効力を発生することを**発効**という。署名だけで発効する場合と**批准**を要する場合がある。批准は国家元首による最終的な条約締結手続である。今日のように情報技術が発達していない頃は、確定した条約文を本国に持ち帰り、条約に参加するかどうかを政府が最終決定する猶予を与えるために、批准という手続が用意された。批准を要するかどうかは、それぞれの条約が規定する。締結する条約の中に締結手続に関する規定がない場合、批准が必要であるか、署名だけでよいか、条約法条約は答えを用意していない。その場合、批准が必要であるかどうかについて、交渉国の合意がどのようなものであったか、条約規定以外の何らかの方法で証明するしかない（▶第12条、第14条）。批准以外に受諾や承認という方式がある。批准の場合には国内憲法上議会の承認等の煩わしい手続が必要とされるが、そうした手続を回避するための方式として採用される。条約交渉に参加しなかった国家や、署名しなかった国家が後から条約当事国になる方法として**加入**がある。

二国間条約では批准書の交換でもって発効するか、批准書の交換後一定の期間を経て発効するのが通常である。多数国間条約の場合、批准書を特定の政府や機関に**寄託**することが行われる。一定数の批准が集まった段階で、あるいはそれから一定期間を経てから多数国間条約は発効する。発効のための条件は、各条約がそれぞれ最終条項又は最終規定と呼ばれる条文の中で規定される。条約が発効したからといってすべての条約署名国に効力が発生するとは限らない。批准を要する条約に署名したにもかかわらず、まだ批准手続が完了していない場合、条約が発効してもその条約の拘束力を受けることはないのが原則である。ただし条約に署名した以上、条約の趣旨及び目的を失わせてはならない義務が発生する（▶第18条）。特定の国家に条約の適用があるかないかは、①条約が発効しているかどうか、②当該国家が拘束力を受けるのに必要な手続を完了しているかどうかという２点を確認する必要がある。条約は国連事務局に**登録**しなければならない（▶国連憲章第102条１項）。登録されていない条約は、国連で援用することはできない（▶第102条２項）。秘密条約を防止する目的である。

＊＊＊ **日本の条約締結** わが国では、条約の締結は内閣の職権とされており、条約締結に際し国会の承認が必要とされている（▶日本国憲法第73条３号）。国会承認条約とは、①法律事項を含む条約、②財政事項を含む条約、③その他政治的に重要な条約であると理解されている（**大平三原則**）。法律事項や財政事項は本来国会で決定される事項であるという理由から、政治的に重要な条約は民主的統制という観点から国会の関与が認められている。その点で問題となるのが簡略形式の条約である。国会の承認を得ることなく内閣が閣議で締結を決定する条約（行政協定）であり、条約の中の多数を占めている。今日では外交を迅速にスムーズに行うためにやむをえない側面はあるが、国民の代表が国会で審査できない点で問題がある。また国会承認条約であっても国会は承認するかどうかしか選択肢がなく、修正や変更ができないと憲法上解釈されている。

3 留　保

＊＊ **留保の意義** 条約のすべての規定が当事国に対して適用されるのが原則である。しかし国家によっては、条約当事国になりたいにもかかわらず、一部の規定の適用を望まない場合がある。そうした国家は、条約に署名したり、批准したり、加入したりする場合に**留保**を付すことがある。留保とは、日常会話では「一時的に判断を差し控える」という意味であるが、条約法条約上、「締約国となることを差し控える」という意味ではない。条約の特定の規定が有する法的効果を、排除するか変更することを意図した一方的な声明をいう（▶第２条１項(d)）。つまり留保には、特定の規定の法的効果を排除するもの（排除留保）と変更するもの（変更留保）の二種類が存在する。

＊＊ **伝統的国家実行** 留保を付して条約当事国になろうという国（留保国）がある場合、伝統的な方式は、全条約当事国の受諾を求める。一

か国でも反対する国があれば、留保国は条約当事国となることはできない。すべての条約当事国の受諾が得られた場合には、留保国と他の当事国との間では、留保に従った変更が行われる。留保国以外の条約当事国間では、条約規定そのままが適用される。こうした方式を**国際連盟方式**と呼ぶ。この方式では、留保を付したまま条約当事国となるのは至難の業である。一方、当事国間では同一の権利義務が適用され、条約の一体性が維持される。しかしラテンアメリカでは異なる方式が採用されていた。条約当事国の中で一か国でも留保を受諾する国があれば、留保国は条約当事国になることが許される。そして留保にしたがって権利義務の変更が行われる。ただし、留保に反対する国との間では条約関係は生じない。これを**汎米方式**と呼んでいる。条約当事国になることが容易になり、当事国数の増大が期待される。条約当事国が多くなれば、条約の普遍性を達成することができる。条約当事国の留保を広く認めて当事国が増加することを期待するか、あるいは留保を制限することによって当事国間で同一の権利・義務を課すようにするか、言い換えると普遍性の要請に応えるか、一体性の要請に応えるか、留保をめぐる法政策上の問題が存在している。

Point　留保に関する考え方

①連盟方式：一体性の重視　→　全当事国の同意
②汎米方式：普遍性の重視　→　受諾国と条約関係

＊＊ **ジェノサイド条約留保事件**

そうした背景の中、国際司法裁判所は、ジェノサイド条約留保事件［1951年］において、全く新しい方式を生み出した。**両立性原則**である。つまり、留保が許されるかどうかという留保の許容性の問題は、条約の趣旨及び目的に照らして判断しなければならず、両立する限りで許容される。両立しなければ、留保を維持したままで条約関係に入ることはできない。ただし、両立性の判断を行うのは、条約当事国であり、両立しないと考える当事国は留保に異議を申し立てなければならない。その結果、留保国と留保異議国との間で条約関係が生じないかもしれないが、留保受諾国との間では条約関係が形成されることになる。留保を付したままで条約関係に入ることを認めた点で、普遍性の要請に応えている。一方、両立性原則によって留保に一定の枠をはめることで一体性の要請にも応えようとしたのである。

条約法条約における留保制度　条約法条約は、両立性原則を導入して留保制度を定めた。はじめに、留保ができない場合が列挙されている。①留保が禁止されている場合、②条約が特定の留保のみを許容しており、許容されていない留保を付す場合、③条約の趣旨及び目的と両立しない場合である（▶第19条）。留保を付して条約関係に入ろうとする国に対して、他の当事国は、①留保を**受諾**するか、②留保に**異議**を申し立てるか、③異議を申し立て、さらに条約関係に入ることに**反対**するか、④何も意思を表明しないか四つの選択肢がある。条約によってはすべての当事国の受諾を必要とする場合もあるが（▶第20条2項）、一般的には、一国でも留保を受諾する国があれば、留保国は留保を付したままで条約関係に入ることができる（▶第21条4項(c)）。また、留保を受諾するかどうか意思を表明しなかった国は、留保通告を受けてから12か月後か、条約に拘束されることについて同意を表明する時か、遅い方の時点でもって留保を受諾したものとみなされる（▶第20条5項）。

留保の効果　留保の効果は、他の当事国が留保に対してどのような態度をとるかによって異なってくる。留保を受諾した国は、留保国との関係で条約関係に入り、そして留保が適用され、留保に従い、一部の規定の法的効果が変更されたり排除されたりする（▶第21条1項）。留保に対し異議を申し立てた国が、条約関係に入ることについて反対しなければ、留保国との関係で条約

◆ Further Study　当事国と締約国

条約の**当事国**（party）とは、条約に拘束されることに同意しており、そのため条約の拘束力を受けている国のことである（▶条約法条約第2条1項(g)）。一方、類似の表現として**締約国**（contracting State）という用語がある。これは、条約に拘束されることに同意した国のことを指しており、その条約が発効しているかどうかに関係していない（▶第2条1項(f)）。どちらも、条約に拘束されることに同意している点で変わりはない。しかし、両者を厳密に分けて理解するとすれば、当事国は、条約が発効し、かつその条約の拘束を受けている国のことであり、締約国は、当事国だけでなく、条約に参加することを認めていながら条約が未発効のため拘束を受けていない国を含めた広い概念である。したがって、条約が発効している場合、当事国でも締約国でもどちらの語でも使用される。一方、条約が未発効の場合、締約国のみが使用可となる。

■図1　留保の効果

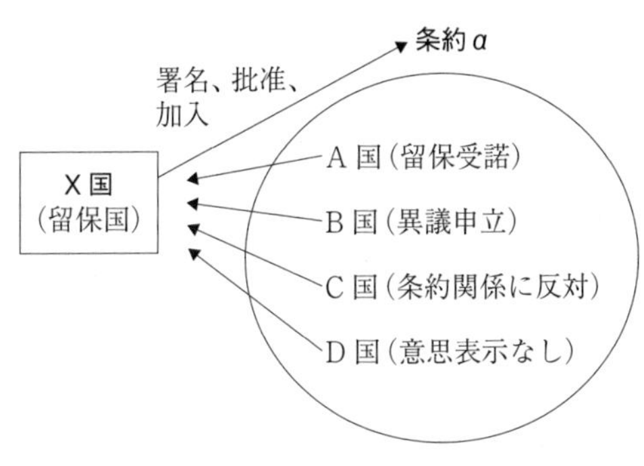

X－A：X国の付した留保が適用されその限度において変更（第21条1項）
X－B：留保に係わる規定は留保の限度において適用なし（第21条3項）
X－C：条約関係なし（第20条4項(c)、第21条3項）
X－D：受諾したものとみなされ（第20条5項）、X－Aと同じ。
A－B－C－D：留保は関係なし（第21条2項）

＊A国、B国、C国及びD国は留保なしとする。

関係に入る。そして留保に係る規定の適用がない（▶第21条3項）。留保国に対して異議を申し立てた国が、条約関係に入ることについて反対した場合、留保国と異議国との間に条約関係は発生しない（▶第20条4項(c)、第21条3項）。この点、条約法条約ははっきりと規定しているわけではないが、第20条4項(c)の規定からそのように解釈される。異議を申し立てなかった場合、留保を受諾したものとみなされるため、留保を受諾した国と同じ関係に立つことになる。他の当事国間においては、留保は影響しない。

＊＊ 留保による権利義務の変更

図1のようにX国がα条約に留保を付して加入しようとしている。α条約を社会権規約、留保の内容を第7条(d)が規定する「公の休日についての報酬」の適用除外とする。その際、A国は留保を受諾し、B国は留保に異議を申し立て、C国は留保に異議を申し立てるだけでなく条約関係に入ることに反対し、D国は何らの意思表示もしなかったとしよう。この場合、A国が受諾しているので、X国は条約当事国になることができる。X国の義務は、社会権規約が課す義務の中で「公の休日についての報酬」を保障する義務以外となる。排除留保が機能するのである。

A国はX国との関係で、休日の報酬義務を負わないことになる。D国も12か月沈黙を保てばA国と同じ取扱いとなる。C国は条約関係に入ることに反対しているので、X国とC国との間に社会権規約は適用されない。B国は異議を申し立てただけなので、X国と条約関係に入り、「公の休日についての報酬」に係る規定、すなわち第7条(d)の適用がない。この場合、実際上は留保を受諾した

A 国と同じ取扱いとなる。異議を申し立てても受諾しても同じ適用排除という効果が発生し、留保国に有利な規定となっている。

X 国は「公の休日についての報酬」の権利を保障しなくても、他の当事国から条約違反を問われることはない。A 国が当該権利の保障をしなかった場合、X 国は A 国の条約違反を問うことはできない。A 国と X 国との間では、留保が機能し社会権規約第 7 条(d)の適用が排除されているからだ。ただし、B 国、C 国及び D 国は、A 国の条約違反を追及することができる。A 国－B 国－C 国－D 国の間では、X 国の留保は適用されないからである。

＊＊＊ **両立性原則と異議** 留保に対する異議はどのような理由に基づいて行われるのか。条約の趣旨及び目的と両立していないことを根拠として異議を行うことができることは確かである。ただそれだけでなく、何らかの政治的な理由でもって異議を行うこともできると理解されている。問題となるのは、留保が条約の趣旨及び目的と両立しているかどうかについて、誰が判断し、その判断はどのような効力をもつかという点である。言い換えると、両立性の判断は、条約当事国が留保に対する異議によって行うのかどうか。それ以外の方法が認められるのかどうか。この点をめぐって学説上の対立がある。第一の考え方は**許容性学派**と呼ばれる考え方であり、留保が条約の趣旨及び目的と両立しているかどうかについては、法的な問題であり、裁判所等によって客観的に判断されると主張する。第二の考え方は、**対抗力学派**と呼ばれる考え方で、両立性の判断は異議申立制度を通してのみ判断されると主張する。第一の許容性学派の根拠は、条約法条約における留保制度に求められる。第19条は留保の許容性に関する規定を設けており、それによれば、両立性原則に反する留保は付することができない。したがって、条約によって禁止された留保や条約の趣旨及び目的と両立していない留保は、異議を申し立てる国があろうがなかろうが、許容されない留保であって、認められないことになる。そうした判断は、裁判所や条約実施機関で行いうることになる。第二の対抗力学派の根拠は、国際司法裁判所のジェノサイド条約留保事件や条約法条約の起草過程に求められる。国際司法裁判所は、当事国が判断できることを明記していた。また留保に関する紛争が国際裁判に付託されるとは限らない。とくに、条約法条約の紛争解決手続によれば、原則として調停に付託されることになっている（▶第66条(b)）。したがって、留保の両立性はもっぱら異議申立制度の中で判断されることになると主張される。

＊＊＊ **人権条約と留保**

留保にかかわる事件としてベリロス事件［1989年］がある。この事件で、欧州人権裁判所は、欧州人権条約にスイスが付した留保の許容性に関し、他の当事国からスイスの留保に対して異議は申し立てられていなかったが、欧州人権条約が禁止する留保に該当し許容されないと判断した。また、裁判機関ではないが、自由権規約委員会は、一般的意見24［1994年］において、留保の許容性を判断するのは同委員会であることを明言した。このような展開を背景に、人権条約については許容性判断を裁判所や実施機関がなしうるという第三の考え方が主張されるようになった。いわば**人権条約特殊論**である。その理由の第一は、人権条約以外の条約は、国家と国家との関係、いわば水平的関係を規律しているが、人権条約は国家と個人という垂直的な関係を規律している点が挙げられる。人権条約の違反が生じても、被害者は国家でないため、国家は他国の人権条約違反に関心を示さず、異議申立制度が機能しないのである。第二に、人権条約では裁判所などの実施機関が設立されており、当事国以外の第三者機関が、人権条約の解釈適用を行うことができる点がある。

＊＊＊ **許容性学派へのシフト**

通説によれば、人権条約については許容性学派が妥当し、それ以外の条約においては、対抗力学派が妥当す

◆Case　ベリロス事件

（ベリロス対スイス）欧州人権裁判所判決［1989年４月29日］

行政当局による刑事罰の決定が、欧州人権条約第６条１項の保障する「独立の、かつ、公平な裁判所」によって審理を受ける権利と両立するかが問題となった。本件で欧州人権裁判所は条約違反を認定したが、その過程で、①スイスが同条項に付した解釈宣言が留保にあたるか、②留保の場合、条約第64条（▶現57条）１項が禁止する「一般的性格の留保」に該当するか否かが問題となった。①について、裁判所は、名称ではなく、その実質的内容によって性質決定を行わなければならないとした。スイスは、第６条１項の範囲から一定の範疇の手続を排除し、スイスが広すぎると考えた同条の解釈から自らを守ろうとしていたように思われるとして、裁判所は同宣言を留保と判断した。②に関して、前提となる条約の留保や解釈宣言の有効性の決定権限については、他の締約国からの異議がない場合でも、人権裁判所に認められるとした。そして、「一般的性格の留保」とは、過度にあいまいな文言で表現されるため正確な意味及び範囲を決定することができない留保をいい、スイスの宣言はこれに該当し、無効であると判断した。そのうえで、スイスは宣言の有効性に関係なく、条約に拘束されるとした。

ることになる。しかし、人権条約以外でも、留保の許容性に関する問題が国際裁判に付託されないとは限らない。そうした場合、対抗力学派からすれば、裁判所は判断できないことになる。しかし、第19条の規定からして、そのような結論を必然的に引き出すことはできない。また最近では国際裁判所が多数設立されており、国家の異議申立制度のみが留保の許容性を判断することのできる唯一の制度ということはできない。したがって、国際裁判所に付託された場合には、許容性学派の考えに従い、裁判所は司法判断を下すことができると考えるべきである。しかし、国際裁判所が有する管轄権上の制約からして、国際裁判に付託されない場合が圧倒的に多いため、裁判による最終的な判断が下されるまでは、対抗力学派の考えが妥当する。国際法委員会は、2011年「条約の留保に関する実行ガイド」を採択し、その中で紛争解決機関が留保の許容性を判断することは、当該機関の責務を果たすために必要であるとしている（▶3.2.5）。国際社会は、人権条約であろうがなかろうが、許容性学派へシフトしてきている。

Point　留保の許容性判断

①許容性学派：異議申立がなくても、裁判機関等が判断可能。
②対抗力学派：異議申立制度により当事国が判断。
③人権条約特殊論：人権条約に対する留保については、実施機関が判断。

*** **無効な留保**

留保が禁止されていたり、条約の趣旨及び目的と両立しない留保である場合、当該留保は法的効果を有しない。では、留保が無効であることによって、条約関係そのものも無効となるか（条約無効説）。あるいは、留保だけが無効となるにすぎず、条約関係は維持されると考えるか（留保無効説）。ベリロス事件では、留保無効と判断しながら、条約関係は維持されると欧州人権裁判所は判断した。しかし、留保が条約と切り離しうるものであるかどうかが重要なポイントである。条約関係に入ることの不可欠の条件として留保が付されている場合、留保国としては、留保と条約は不可分であり、条約関係を維持したくないと考えるはずである。「条約の留保に関する実行ガイド」では、留保国が特段の意思を表明しない限り、条約当事国とみなされる（▶4.5.2）。この特段の意思は、条約実施機関が留保を無効と判断した場合、それから12か月以内に表明しなければならない（▶4.5.4）。要するに、許容されない留保は、原則として無効であるが、条約関係は維持される。しかし、留保国が条約関係の維持を望まない場合には、その意思を表示することで、条約当事国とはみなされない。

＊＊＊ **解釈宣言** 留保のように法的効果を排除したり変更したりする効力を有する一方的宣言ではないが、条約の規定が複数解釈可能な場合に、特定の解釈を採用する旨の宣言を国家が行う場合がある。**解釈宣言**と呼ばれる。とくに、条約上、留保が禁止されている場合、国家は解釈宣言を行うことによって、実質上留保と同じ効果をもたせようとすることがある。国連海洋法条約第309条は、留保が明示的に認められている場合を除き留保を禁止している。ただし、国連海洋法条約の中には、留保を認める規定がないため、すべて留保は禁止されている。その一方で、第310条は、解釈宣言を行うことを認めている。このような場合、国家が行った解釈宣言が、本当に解釈宣言なのか、あるいは実質上留保なのかが問題となる。日本国は、社会権規約第８条２項及び自由権規約第22条２項に使われている「警察の構成員」には「消防職員」が含まれるとの宣言を行っているが、これははたして解釈宣言なのだろうか。その際、解釈宣言と留保を区別する基準は何かが問題となる。この点、留保の定義である「条約の特定の規定の……法的効果を排除し又は変更することを意図した」ものであるかどうかが重要である。解釈宣言を行った国の意図と、法的効果を排除又は変更する効果をもつかどうかが判断基準となる。条約規定という法的枠組を超えた解釈である場合、法的効果を排除したり変更したりする留保となり、解釈宣言とは認められないであろう。

4　条約の適用

＊＊ **パクタ・スント・セルバンダ原則** 国家は、条約当事国となった場合、条約を誠実に遵守しなければならない。いわゆる「合意は拘束する」(*pacta sunt servanda*) という原則が妥当している（▶条約法条約第26条）。その結果、たとえ国内法規則と抵触する場合であっても、条約を遵守する義務が当事国にはある（▶第27条）。条約が効力を発生する以前であっても、条約に署名した締約国であれば、条約の趣旨及び目的を失わせる行為をとってはならないよう義務づけられている（▶第18条）。条約は発効以前であっても、一定の効力を有しているのである。また、条約が発効するための条件を定めた最終条項は、条約の発効以前であっても、効力を有している。条約が署名された段階から効力をもつものと理解しない限り、当該条約は永遠に発効しないことになる。

** **第三国** 条約の当事国でない国のことを、条約法上、**第三国**という。その場合、「条約は第三国を益しも害しもしない」という原則が妥当する。つまり、条約は第三国を拘束しないのである。条約法条約第34条も「条約は、第三国の義務又は権利を当該第三国の同意なしに創設することはない」と規定し、この原則を確認している。ただし条約法条約は、条約が第三国の義務を創設する場合と権利を創設する場合とで異なる規定を置いている。条約が第三国の義務を規定する場合には、書面による明示の受入れがあれば、第三国に義務を創設する（▶第35条）。一方、権利を規定する場合には、同意が推定されることになっている（▶第36条）。推定規定は反証可能であり、第三国が権利付与に同意しない旨の明示の意思表示を行えば、権利は付与されない。では、条約が権利と義務を第三国に課している場合、どのように処理されるべきであろうか。例えば、有償で領土を第三国に譲渡する条約の場合、義務が存在する以上、第36条ではなく第35条の適用があると解釈されることになる。条約規定が慣習国際法化した場合、当該規定は慣習国際法として第三国も拘束する（▶第38条）。

*** **条約の抵触** 条約と条約が抵触した場合、どちらの条約が優位し、どちらの条約を適用すべきであるのか。**特別法優先原則**が妥当するのか、あるいは**後法優先原則**が妥当するのか。国連憲章第103条は、他の条約義務と抵触しても、国連憲章上の義務が優先すると規定している。その限りで、両原則とも適用はない。条約法条約は、同一の事項に関する相前後する条約の適用関係について第30条で規定し、後方優先原則を確認している。①前の条約と後の条約との優劣関係を条約自身が規定している場合には、それに従う。②前の条約の当事国がすべて後の条約の当事国となっている場合、前の条約は終了又は運用停止となるのが原則であるが、そうでない場合には、後の条約と両立する限りで、前の条約が適用される。③前の条約と後の条約の当事国が異なる場合、以下のとおりとなる。

図２のように、A 国と B 国は前の条約 α と後の条約 β の両方の当事国である。C 国は前の条約 α の当事国となっている。D 国は後の条約 β の当事国となっている。しかし、C 国は後の条約 β の当事国ではない。また、D 国は前の条約 α の当事国ではない。この場合、A－B 間では後の条約 β が適用される。A－C 間では、適用できる条約は、前の条約 α しかない。A－D 間では、適用できる条約は、後の条約 β しか存在しない。しかし、こうした解決法は万全ではない。もしも A 国

■図２　相前後する条約の効力

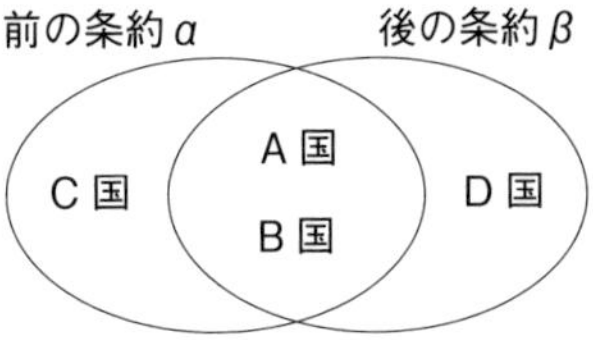

前の条約α　後の条約β

C国　A国　B国　D国

A－B：後の条約βが適用される。
A－C：前の条約αしか適用されない。
A－D：後の条約βしか適用されない。

がC国に自国領域の一部を譲渡する条約αを締結し、その後で同じ領域をD国に譲渡する条約βを締結した場合、A国は、C国との関係ではα条約が適用され、D国との関係でβ条約が適用される。しかし、この場合、A国はどちらの条約を遵守すべきか。もしもα条約に従い、領域をC国に譲渡すれば、β条約違反となる。逆に領域をD国に譲渡すればα条約違反となる。こうして、いずれの条約に従ったとしても、他の条約違反を構成し、結果的には国家責任を免れないことになる。第30条５項は、国家責任の問題に影響を及ぼさないと規定することによって、最終的な問題解決を国家に委ねている。解釈上の問題として、「同一の事項」とは何を指すのかあいまいなままである。また、前の条約と後の条約の前後について、発効した日であるのか、あるいは条約文の確定を行うための署名が行われた時であるのか。発効に時間を要することがあるため、α条約が署名された後でβ条約が署名されたにもかかわらず、発効はβ条約が先ということがありうるのである。

☆ Summary

条約とは、（　1　）の形式をもつ国家間の（　2　）で、国際法によって規律されるものをいう。条約は、二国間条約と（　3　）条約、契約条約と（　4　）条約に分けられる。条約の締結、適用、解釈、無効や終了を規定する国際法のことを（　5　）と呼ぶ。条約法条約が定める規則は、多くが慣習国際法規則になっている。条約は、交渉 → 条約文の（　6　）→ 条約文の確定 → 条約の拘束力に対する（　7　）の表明（批准等）を経て、締約国を拘束する。民主的統制の観点から、議会の承認が憲法上求められる場合がある。条約を締結する国家の代表者は、（　8　）状を提示しなければならない。職務上、元首、政府の長及び（　9　）は不要であり、外交使節団の長は、（　10　）国との関係では提示する必要がない。

条約には留保を付すことができる。留保とは、特定の条約規定の法的効果を（　11　）

したり変更したりするために行う（　12　）的行為である。留保が禁じられていたり、制限されていたりすれば、留保を付すことができない。（　13　）事件で、国際司法裁判所は、条約の趣旨及び目的と両立する留保であれば、他のすべての国が承認しなくても留保国が条約関係に入りうることを示した。両立性原則と呼ぶ。条約法条約上、締約国は、留保を受諾するか、異議を申し立てるか、条約関係に入ることについて（　14　）するか、選択することができる。1年間意思を表示しなければ、受諾したものとみなされる。両立性は異議申立制度の中でのみ法的意義をもつと考える（　15　）学派と、異議申立の有無にかかわらず、国際裁判所等は判断できると考える（　16　）学派との間で争いがあるが、（　17　）条約については、後者が妥当するという考え方がある。（　18　）とは、留保のような効果を有しないもので、宣言を行う国の解釈を示すものでしかないが、留保が禁止されている条約では、（　18　）の名前で実質上の留保が行われる場合がある。

条約はひとたび締結されれば遵守しなければならない。これを（　19　）原則という。第三国は、条約に拘束されない。とくに第三国に義務を設定する条約は、その国の（　20　）による受諾がない限りは、第三国を拘束しない。二つの条約が同一事項を取り扱っており、相互に抵触する場合、条約法条約では、（　21　）の条約が優先される。前の条約と後の条約の両方に入っている当事国は、前の条約しか入っていない当事国との関係では、前の条約が適用される。ただし、（　22　）の問題が発生する場合がある。

答

【Quiz】②日本国代表が、条約に署名をすること。調印は、条約法条約では署名を意味する。印鑑を押すわけではない。署名は、条約文を確定させる行為である。署名のみで効力が発生する条約もあるが、講和条約は、批准を要する条約（講和条約第23条）であり、批准によって、条約に拘束される意思を表明する。

【Summary】①文書、②合意、③多数国間、④立法、⑤条約法、⑥採択、⑦同意、⑧全権委任、⑨外務大臣、⑩接受、⑪排除、⑫一方、⑬ジェノサイド条約留保、⑭反対、⑮対抗力、⑯許容性、⑰人権、⑱解釈宣言、⑲合意は拘束する／ pacta sunt servanda ／パクタ・スント・セルバンダ、⑳書面、㉑後、㉒国家責任

第23章　条約の無効と終了

Quiz

A 国は領事裁判権の容認及び関税自主権の放棄を規定する不平等な条約を B 国と締結した。国際法に関する無知が原因であった。さて、A 国は、この不平等条約を一方的に終了させることができるだろうか。

①はい、できる。②いいえ、できない。　（答は章末）

1　条約の承継

** 条約の国家承継

人が死亡した場合、その人が有していた財産や債務について相続の問題が生じる。一定の領域を統治する国家が交代する場合にも、同様の問題が生じる。すなわち、もとの国家が締結していた条約を後の国家が引き継ぐのか、という問題である。この問題を**国家承継**という。もとの国家のことを**先行国**、後の国家のことを**承継国**という。ただし、人の相続の場合とは異なり、先行国が消滅していなくても生じる。例えば、ある国家の領域の一部が他国に移転した場合である。条約の国家承継について、伝統的には、承継国は先行国の条約をすべて引き継ぐとする**包括的承継**の理論と、承継国は先行国が締結した条約には拘束されず､引き継ぐかどうかは承継国の意思に委ねられ、白紙の状態で出発するとする**クリーン・スレート**原則が対立してきた。

** 条約承継条約

条約の承継に関して、国連では、国際法委員会によって、1978年に「条約についての国家承継に関するウィーン条約」(以下、**条約承継条約**という）が作成された。条約承継条約は、国家の領域の一部が他国に編入される場合と、新独立国の場合、国家の結合・分離の場合の三形態に分けて規定する。そして、一般的には、条約関係の安定性を考慮して条約の効力は継続するが、新独立国の場合には、自決の原則に対する考慮から、旧宗主国の支配を脱した新独立国は、一般に、旧宗主国の負った義務のしがらみから自由であるべきであると考えられ、クリーン・スレート原則をとっている。

条約承継条約は、必ずしも国家実行を反映しておらず、既存の慣習法規を明文化する国際法の法典化にとどまらず、新たな国際法を定立する漸進的発達の要素を含んでいる。というのも、国家の交代の形態は、理論上はいくつかに分類できるものの、その実態は非常に多様であり、国家承継をめぐる国家実行も統一的ではなく、この分野における国際慣習法の規範はそもそも明確ではなかったからである。条約承継条約は、署名国19か国、批准国23か国と少ない。

条約境界移動の原則 第一に、領域の一部編入の場合、先行国が締結した条約は効力を失い、承継国の条約が適用される（▶第15条）。条約の適用範囲が境界線の移動とともに変動することになるため、条約境界移動の原則といわれる。

■図１　条約境界移動の原則

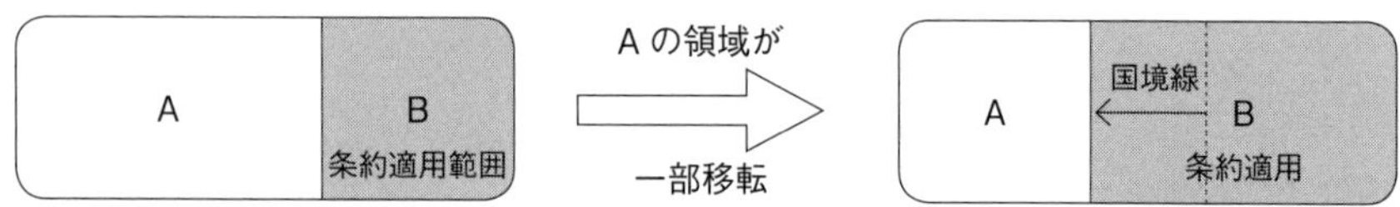

クリーン・スレート原則 第二に、植民地独立の場合、クリーン・スレート原則が適用され、新独立国は宗主国が締結した条約を自動的に承認する一般的義務を負わない。新独立国は、先行国の条約を引き継ぐかどうかを選択することができ、多数国間条約を引き継ぐ場合には、承継通告を行うことで条約当事国になることができる（▶第17条１項）。二国間条約の承継は、新独立国と他の当事国との明示又は黙示の合意によって決められる（▶第24条）。

■図２　クリーン・スレート原則

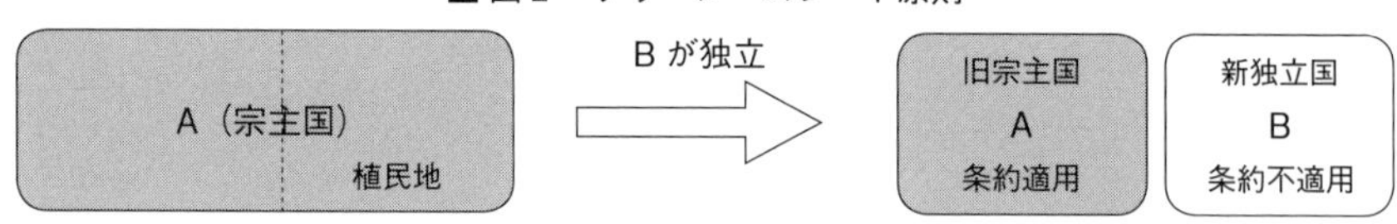

ただし、植民地独立におけるクリーン・スレートの原則には例外があり、国際関係の安定性を確保するため、条約により確定された境界及び**領域的制度**は、国家承継の影響を受けない（▶第11条、第12条）。領域的制度とは、領域の使用又は使用制限に関する権利義務をいい、非武装地帯等がこれにあたる。

＊＊ 継続性の原則

第三に、国家の結合・分離の場合には、原則として、**継続性の原則**が適用される。国家の結合の場合は、別段の合意がある場合を除いて、いずれの先行国の条約も引き続き効力を有する。問題の条約が承継国の全領域に適用される旨の通告がない場合には、国家承継の時にその条約が効力を有していた承継国の領域に関してのみ適用される（▶第31条）。国家の領域が一又は二以上の国に分離する場合は、国家承継の時に先行国の全領域について効力を有する条約は、各承継国について引き続き効力を有する（▶第34条１項）。

■ 図３　継続性の原則

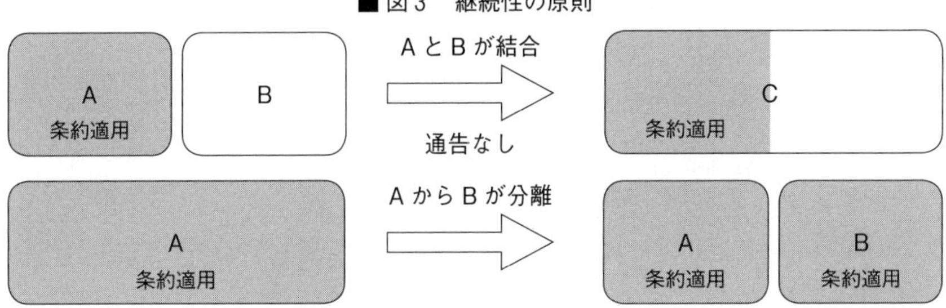

＊＊＊ 国家実行

ドイツ連邦共和国（旧西ドイツ）とドイツ民主共和国（旧東ドイツ）の統一の場合、1990年の統一条約によって、旧西ドイツが締約国であった条約は、原則として統一ドイツに適用されるが、旧東ドイツが締約国であった条約については、関係国との信頼保護や旧西ドイツの条約上の義務等を考慮して、締約国と協議することとされた。東西ドイツの統一は、新国家創設の場合ではなく、東ドイツが西ドイツに併合（吸収合併）されるかたちで行われており、統一条約では、条約境界移動の原則が適用されたといえる。

ソ連の解体では、ロシアが旧ソ連の地位を引き継ぐ承継国としての地位を主張し、旧構成共和国から成る独立国家共同体（CIS）もこれを支持した。他の旧構成共和国はソ連からの分離にあたる。ロシアは、旧ソ連が締結した条約をそのまま受け入れたが、他の旧構成共和国は、1992年に共同の覚書を採択して、次の原則を確認した。まず、旧ソ連が締結した多数国間条約については、CISの各加盟国が承継するかどうか独自に判断する。次に、二国間条約でそれに利害をもつ加盟国は、関係国との交渉により決定する。なお、国連の議席については、常任理事国の地位を含めてロシアに引き継がれ、国連原加盟国であるベラルーシとウクライナ以外の共和国は、新たに国連加盟の手続をとった。

ユーゴスラビア連邦の解体では、新ユーゴ（現セルビアとモンテネグロ）が旧ユーゴの継続国家であり、国連の議席を引き継ぐと主張したのに対して、その他の旧構成共和国や国際社会はこれに反対した。結局、新ユーゴの主張は国連によって認められず、国連への新規加盟手続をとり、これが認められた。

2　条約の無効

＊＊ 条約法条約における無効原因

条約の**無効**とは、条約を締結する際に、国際法によって定められた要件が満たされていなかったために、条約が有効に成立しないことをいう。条約法条約によると、条約が国家間の合意により形式上成立した場合であっても、その合意に瑕疵（かし）がある場合や、合意内容が強行規範（ユス・コーゲンス）に反する場合には、その条約は無効となりうる。条約が無効となる場合、「合意は拘束する」の原則を根底から崩すことになる。そのため、条約関係の安定性を確保する目的で、条約法条約は、無効原

◆ Further Study　人権条約の自動的承継？

先行国が当事国である人権条約は、承継の発生形態にかかわらず、自動的に承継されるという議論がある。1997年７月１日に香港（ホンコン）に対する主権がイギリスから中国に返還されることを念頭に、自由権規約委員会は、ある領域に居住する人びとがいったん自由権規約の保護下に入れば、その領域に関して国家承継が生じても、当該住民はこの保護を否定されえないと主張した。イギリスは自由権規約の当事国であり、その海外領土である香港にも同規約が適用されていたが、中国は同規約の当事国でなかった。条約承継条約によれば、条約境界移動の原則により、返還後の香港に同規約が適用されない可能性があった。自由権規約委員会の主張は、このような事態を避けるべく、国家承継が生じる場合であっても、同規約の保障が切れ目なく続くことを意図したものであった。

この問題について、イギリスと中国との共同宣言の第一附属議定書によって、香港に適用されている国際人権規約の諸規定が、返還後も効力をもち続けることを認め、返還後、中国は自由権規約当事国でないにもかかわらず、香港に関する国家報告書を提出している。同様の実行は、ポルトガルから中国への澳門（マカオ）返還についても認められており、注目されるが、人権条約の自動的承継が一般的慣行として定着しているとはいえない。

■表1　条約法条約における無効原因

相対的無効原因	絶対的無効原因
① 国内法上の手続違反（第46条）	① 国の代表者に対する強制（第51条）
② 代表者の権限踰越（第47条）	② 国に対する強制（第52条）
③ 錯誤（第48条）	③ 強行規範の違反（第53条）
④ 詐欺（第49条）	
⑤ 買収（第50条）	

因を限定する**網羅主義**を採用し、八つの無効原因を掲げている。

条約法条約が定める無効原因は、当事国が無効の根拠として援用できる**相対的無効原因**と、条約を当初から無効とする**絶対的無効原因**とに大別できる。相対的無効原因については、その根拠となる事実を知っていながら条約の有効性を追認した場合には、その無効を主張できない（▶条約法条約第45条）。また、絶対的無効の場合は、条約の分割が認められない（▶第44条５項）。

国内法上の手続違反　国内法上の手続違反とは、例えば、条約の締結にあたって憲法で議会の承認が必要とされているにもかかわらず、議会の承認を受けずに条約を締結した場合である。国内法上の手続に違反して締結された条約の国際法上の効力については、有効説と無効説が対立してきた。条約法条約では、条約の締結が通常慎重な手続で行われること等を考慮し、条約関係の安定性を確保するために、「違反が明白でありかつ基本的な重要性を有する国内法の規則に係るものである場合」にのみ、例外的にその事実を無効の根拠として援用しうるとした（▶第46条１項）。違反が明白な場合とは、「通常の慣行に従いかつ誠実に行動するいずれの国にとっても客観的に明らかであるような場合」とされる（▶第46条２項）。

代表者の権限踰越　条約締結交渉にあたる国の代表者の権限に特別の制限が課されていたにもかかわらず、代表者がその制限に従わずに条約を締結した場合、その制限があらかじめ相手国に通告されていない限り、**権限踰越**の事実を無効原因として援用できない（▶第47条）。

錯誤・詐欺・買収　表意者に認識の誤りがあるため、真意と異なることに気がつかないで行った意思表示を、**錯誤**による意思表示という。国の代表者が錯誤によって条約を締結した場合、国は、その事実を、自国の同意を無効とする根拠として援用することができる（▶第48条）。ただし、それは、自国の同意の不可欠の基礎を成していた事実についての錯誤であることが必要である。国が自ら錯誤の発生に寄与した場合や錯誤の発生を予見できた場合は、錯誤を援用できない。もっとも、国は条約を締結するにあたって、慎重な検討を行うため、実際には、錯誤が生じる可能性は少ない。過去の事例で錯誤が主張されたのは、プレア・ビヒア寺院事件［1962年］のように、ほとんどが国境線の地図に関するものである。他の交渉国の詐欺行為によって条約を締結することになった場合、あるいは、代表者が他の交渉国により買収されていた場合には、国は、その事実を、自国の同意を無効とする根拠として援用することができる（▶第49条、第50条）。詐欺及び買収に関する国際先例はほとんど存在しない。

*** **国の代表者に対する強制**　国の代表者個人に対する強制の結果表明された国の同意は、いかなる法的効力も有しない（▶第51条）。この場合、当事国の援用の有無にかかわらず、条約全体が当然に無効となる。この原則は、従来から一般的に承認されてきた。1939年にナチス・ドイツがチェコスロバキア大統領に対してボヘミアとモラヴィアの保護関係設定条約への署名を

◆ Further Study　国家に対する「強制」についての論争

国家に対する強制の結果締結された条約に関して、条約法条約52条の‘force’という文言は、公定訳では「武力」と訳されている。しかし、条約法条約の起草過程では、発展途上国及び旧社会主義国を中心として、‘force’に「政治的又は経済的圧力」が含まれることを明確にするよう要求し、「武力」に限定されるとする西側諸国と激しく対立した。前者の立場に立つ19か国が修正案を提出したが、両者の対立は厳しく、会議の失敗も危ぶまれたことから、結局、この修正案は表決にかけられなかった。代わりに会議の最終議定書の一部として「条約の締結における軍事的、政治的または経済的強制の禁止に関する宣言」が採択された。こうした経緯から、第52条の‘force’には武力以外の圧力を含まないとする主張があるが、同宣言は条約法条約第31条のいう「文脈」に該当し、それゆえ政治的又は経済的圧力も含まれうるという主張もあり、問題は解決したとは言い難い。有力説は、政治的又は経済的圧力も第52条の‘force’から完全に排除されるわけでなく、条約締結の文脈におけるさまざまな要素を勘案して無効となるかどうかを決定すべきとする。

強制したことが例として挙げられるが、本件は、国に対する強制の要素も含んでいた。このように代表者個人に対する強制と国家自体に対する強制は、複合的に行われる場合もあるが、条約法条約では、両者を区別し、別個に規定している。

＊＊ 国に対する強制　国の代表者に対する強制の場合とは異なり、国家自体に対する強制の結果締結された条約は、伝統的には有効とされてきた。これは、当時、武力行使が一般的に禁止されていなかったことによる。しかし、第一次世界大戦後、不戦条約により戦争が違法化され、さらに第二次世界大戦後、国連憲章により「武力による威嚇又は武力の行使」が一般的に禁止されたことに伴い、国家自体に対する強制を無効原因の一つとして認めようとする考え方が有力となった。そのことを背景として、条約法条約は、国連憲章に規定する国際法の諸原則に違反する武力による威嚇又は武力の行使の結果締結された条約は無効であるとした（▶第52条）。条約法条約の効力は原則として遡及しない（▶第4条）が、第52条が「国連憲章に規定する国際法の諸原則」と規定していることから、本条は国連憲章発効後の条約に遡及的に適用できると解されてきた。しかし、それは武力行使の結果締結された条約の無効という慣習法が当時すでに成立していた結果であり、本条の遡及適用ではない。

＊＊ 強行規範　日本の民法では、私的自治の下、個人は自由に契約を結ぶことができるが、公の秩序に反する契約は、強行法規違反で無効となる（▶第90条）。伝統的国際法においては、当事者の合意による変更が認められている任意規範のみが存在するとされ、当事者の意思にかかわらず適用される強行法規のような考えは認められていなかった。それは、国際社会が、超国家機関をもたず、それぞれの国家が法的に最高の地位にあるという分権的な構造であり、その保護法益は伝統的に個別国家の利益のみで、国際社会全体の利益は認識されていなかったからである。しかし、その後、国際社会の組織化が進む中で、個々の国家の力だけでは保護しえない利益があることが認識されるようになった。このような背景の下、条約法条約は、一般国際法の**強行規範**（ユス・コーゲンス、*jus cogens*）と抵触する条約は当然に無効であることを規定した（▶第53条）。

条約法条約上、強行規範とは、「いかなる逸脱も許されない規範として……国により構成される国際社会全体が受け入れ、かつ認める規範」である。ここでいう「国際社会全体」の承認とは、一国の反対もないということではなく、大多数の諸国が承認すればよいことが条約法会議で確認されている。このように考えなければ、強行規範の存在についてすべての国が拒否権をもつことになってしまう。条約法条約は、具体的に何が強行規範にあたるかを示していない。国際法委員会（ILC）での起草段階から言及され、一般に認められている例としては、国連憲章に違反する武力行使の禁止、ジェノサイド、海賊行為、奴隷売買の禁止がある。国際司法裁判所は、強行規範の認定に慎重な態度をとってきたが、コンゴ領軍事活動事件［2006年］とジェノサイド条約適用事件（本案）［2007年］において、ジェノサイドの禁止が強行規範であることをはじめて認定した。また、訴追か引き渡しかの義務事件［2012年］では、拷問の禁止が強行規範と認定された。

*** 条約の無効に関する手続

条約の無効を主張する当事国は、次の手続を経る必要がある。まず、他の締約国に対して理由を付して通告しなければならない。通告後、一定期間内に異議がなかった場合には、とろうとする措置を実施できる（▶第65条１項・２項）。異議申立てに関する紛争は、強行規範をめぐるものは国際司法裁判所の強制的管轄権が認められ、それ以外は調停手続に付託できる（▶第66条）。条約の終了や運用停止にも同じ手続がとられる。

3　条約の改正と条約の終了・運用停止

*** 条約の改正

条約の**改正**とは、条約の規定を当事国間での合意により変更することをいう。条約の改正は、条約に別段の定めがある場合を除いて、条約の締結手続によって行われる（▶第39条）。多数国間条約の改正については、すべての締約国が改正交渉及び締結に参加する権利をもつ（▶第40条２項）が、改正の成立には全締約国の合意を必要とせず、一定数の合意で足りるとする条約が増えている。例としては、社会権規約第29条、自由権規約第51条、宇宙条約第15条が挙げられる。この場合、条約に別段の定めがなければ、改正を受諾しない国はこれに拘束されない（▶第40条４項）。なお、国連憲章の改正は、すべての国を拘束するとされており（▶国連憲章第108条）、その例外にあたる。

** 条約の終了・運用停止とは

条約の**終了**とは、有効に成立した条約がその効力を失うこと、すなわち条約の存在の消滅をいう。条約が有効に成立しないものとされる無効とは、その意味で、区別される。これに対して、**運用停止**では、当事国は相互に条約の履行義務を免除されるが、条約が消滅するものではない。条約法条約は、条約の終了原因（運用停止に関しても同様）を網羅的に規定しており、条約法条約が規定していない原因で条約を終了させる

■表2　条約法条約における条約の終了原因

合意による終了	合意によらない終了
①　条約規定に基づく場合（第54条(a)） ②　すべての同意がある場合（第54条(b)） ③　当事国が廃棄や脱退を許容する意図を有していた場合や条約の性質上そのような権利があると考えられる場合（第56条） ④　新条約締結による黙示の合意（第59条）	①　終了の根拠として援用できる場合 (a)　他の締約国の条約の重大な違反（第60条） (b)　後発的履行不能（第61条） (c)　事情の根本的変化（第62条） ②　当然に終了する場合 (d)　新たな強行規範の成立（第64条）

ことはできない。終了原因は、当事国の合意に基づくか否かにより、大別される。

＊＊ 合意による条約の終了　条約に有効期間や終了の条件を定めた規定が置かれている場合には、その規定に基づいて条約の終了又は条約からの脱退が行われる（▶条約法条約第54条(a)）。条約にそうした規定がない場合でも、条約の終了は、いかなる時点においてもすべての当事国が同意により行うことができる（▶第54条(b)）。また、すべての当事国が同一の事項について異なる扱いを意図して新条約を締結した場合や、新条約の規定が旧条約と著しく相容れない場合には、前の条約は終了する（▶第59条）。終了・脱退に関して規定していない条約であっても、当事国がその条約の廃棄や脱退の可能性を許容する意図があったと認められる場合と、条約の性質上、そうした権利があると考えられる場合には、その条約を廃棄又は脱退することができる（▶第56条）。

＊＊ 合意によらない条約の終了　条約法条約は、当事国の一方的意思により条約を終了させることができる原因として、条約の重大な違反、後発的履行不能、事情の根本的変化の三つを規定している。これらは条約の終了又は運用停止の根拠として援用されうる。それ以外に、当事国の合意に基づかない条約の終了として、一般国際法の新たな強行規範の成立を規定している。この場合、条約は当然に終了する。

＊＊ 条約の重大な違反　条約の違反は、国際違法行為であり国家責任を伴うが、当然には条約を終了させない。条約法条約は、締約国の**重大な義務違反**がある場合に限り、他の締約国がこれを条約の終了又は運用停止の根拠として援用できるとした（▶第60条１項）。軽微な違反についても他の締約国が条約の終了などを行えるとすると、条約関係の安定性が著しく損なわれるためで

■図4　重大な違反：合意による終了・運用停止

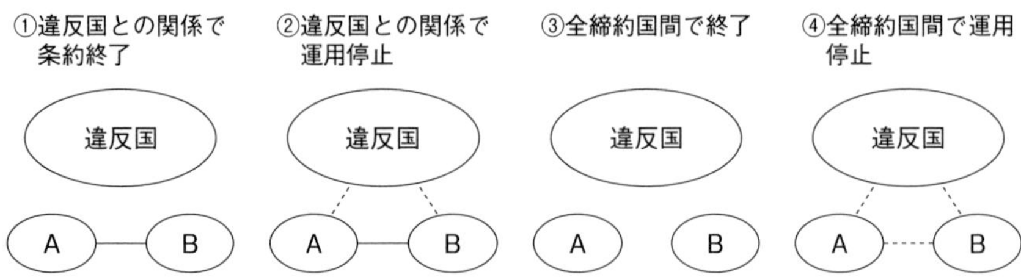

ある。これに対して、対抗措置は重大な違反に限定しておらず、また違反された義務が継続することを前提としている。なお、重大な違反とは、条約の否定であり条約法条約によって認められないもの、又は条約の趣旨及び目的の実現に不可欠な規定の違反をいう（▶第60条３項）。国際司法裁判所はナミビア事件［1971年］で、第60条の規定は多くの点で国際慣習法を法典化したものであると指摘した。

二国間条約の場合、一方の当事国に重大な違反があった場合は、相手国は、この違反を条約の終了又は運用停止させるための根拠として援用できる（▶第60条１項）。多数国間条約について、一当事国の重大な違反があった場合は、他の当事国が一致して合意することにより、他の当事国と違反国との関係において、又はすべての当事国との関係において、条約を終了又は運用停止させることができる（▶第60条２項(a)）。図４を参照。

条約の重大な違反を認めた例として、レインボー・ウォリアー号事件についての仲裁裁判［1990年］が挙げられる。本件では、交換公文により、フランス軍将校２名を最低３年間フランス領ハオ島の軍施設に隔離し、ニュージーランドの同意なく島から離れることを禁止することを約束したにもかかわらず、フランスが期間満了以前に将校たちを本国に帰還させたことが問題となった。裁判所は、２名のうち１名の将校を医学的必要性の証明もなく、ニュージーランドの同意を得ずに帰還させたことについては、違法性阻却事由も認められず、条約の重大な違反を構成すると判断した。

条約の違反にとくに影響を受けた当事国は、自国と違反国との関係において、条約を運用停止する根拠として援用できる（▶第60条２項(b)）。これを図にすると図５の⑤のようになる。また、軍縮条約のように、一当事国の重大な違反が、条約義務の履行の継続についての全当事国の立場を根本的に変更する場合には、違反国以外の当事国は、その違反を自国について運用停止させるための根拠として援用することができる（▶同60条2項(c)）。図5の⑥を参照。

■図5　重大な違反：一方的援用

⑤被害国が1か国（B国）の場合

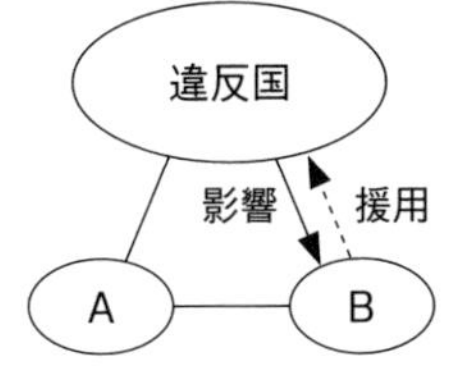

⑥被害国が全当事国の場合

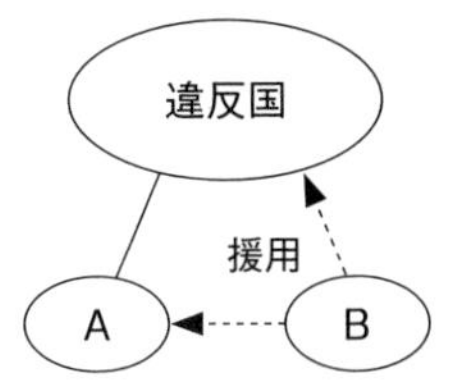

＊＊ **後発的履行不能**　条約の実施に不可欠な対象物が永久に消滅したり破壊された結果、条約が履行不能となった場合、当事国はその履行不能を条約の終了又は条約からの脱退の根拠として援用することができる。履行不能が一時的なものであるときは、運用停止の根拠としてのみ援用できる（▶第61条1項）。このような**後発的履行不能**として想定されているのは、島の水没、河川の枯渇、ダムや水力発電施設の破壊等である。自国の義務違反の結果として条約が履行不能となった場合には、それを終了又は運用停止の根拠として

◆Case　ガブチコボ・ナジマロシュ計画事件

（ハンガリー／スロバキア）国際司法裁判所判決［1997年9月25日］

ハンガリーとチェコスロバキア（2003年分裂し、スロバキア）が両国の国境をなすドナウ川に共同でダムを建設する条約を1977年締結した。ダムが建設されれば、スロバキア領域内にドナウ川から分岐する水路が作られる。ハンガリーは環境破壊を理由に工事の中止を要請したが、チェコスロバキアは「代案C」を実施し、上流の自国領土内にダムを建設し、ドナウ川を転流する工事を単独で進めた。1992年5月ハンガリーは条約の終了を通告した。同年12月、チェコスロバキアが転流を開始した。そこで①ハンガリーによる工事の中止、②チェコスロバキアの「代案C」、③ハンガリーの条約終了通告が問題となった。

国際司法裁判所は、以下のように判示した。①に関し、国家責任条文草案第33条に照らして、危険が急迫したものではないので、緊急状態を援用することはできず違法。②は77年条約の適用といえず違法。また、共有の水資源を一方的に管理し、かつハンガリーの衡平で合理的な配分を受ける権利を害しており、均衡性を無視し、対抗措置として正当化できない。③条約の終了について、後発的履行不能及び事情の根本的変化に該当しない。チェコスロバキアの条約違反は転流によって生じたが、それ以前には存在していなかったため、終了通告は尚早。1977年条約は、領域的制度を設定したものであり、スロバキアを拘束する。

援用することはできない（▶第61条2項）。

＊＊ **事情の根本的な変化** 日本の民法では、契約締結の基礎となっていた事情に当事者が予見しえなかった著しい変更が生じた場合、契約を終了することが認められている。これは**事情変更の原則**といわれるもので、現状と合わなくなった法の変更を可能にするという役割を果たす。国際法において、この事情変更の原則に基づく条約の終了が認められるべきかどうかについては、従来から争いがあった。事情変更の存否を判断する第三者機関が存在しない国際社会では、その判断が各国に委ねられるため、この原則が濫用（らんよう）される危険性が高く、条約関係の安定性が損なわれるおそれがあるからだ。条約法条約は、濫用を避けるために厳しい制限を設けながら、事情変更の原則を条約終了又は運用停止の原因として認めた。すなわち、条約の締結の時に存在していた事情について生じた根本的な変化が、当事国の予見できなかったものである場合には、(a)当該事情の存在が当事国の同意の不可欠の基礎を成しており、(b)当該変化が履行しなければならない義務の範囲を根本的に変更する効果をもつことを条件として終了又は運用停止の根拠として認めている（▶第62条1項）。ただし、条約が境界を画定している場合、及び当該事情の変化が自国の義務違反の結果である場合には、本原則を援用することはできない（▶第62条2項）。なお、国際司法裁判所は、漁業管轄権事件（管轄権）［1973年］やガブチコボ・ナジマロシュ計画事件［1997年］において、本条が国際慣習法を表明したものであるとした。

＊＊ **新たな強行規範の成立** 一般国際法の新たな強行規範が成立した場合には、これと抵触する条約は効力を失い、終了する（▶第64条）。例えば、かつて奴隷取引を取り決めた条約が有効に成立していたが、奴隷取引を禁止する強行規範が成立した時点で、これらの条約が終了したとされる。すでにみたように、条約を締結した時点で強行規範に抵触する条約は、当初から無効である（▶第53条）。これに対して、条約を締結した後に、これと抵触する強行規範が新たに成立した場合には、条約締結時にさかのぼって無効とされるわけではなく、新強行規範が成立した時から効力を失う。

☆ Summary

一定の領域を統治する国家が交代する場合、もとの国家である（　1　）国が締結していた条約を後の国家である（　2　）国が引き継ぐのかという（　3　）の問題が生じる。この問題について、条約承継条約は、国家の領域の一部が他国に編入される場合、新独立国の場合、国家の（　4　）・分離の場合の三形態に分けて規定している。そして、一般的には、条約関係の安定性を考慮して条約の効力は継続するが、新独立国の場合には、民族自決の原則に対する考慮から、（　2　）国は（　1　）国が締結した条約には拘束されず、承継するかどうかは（　2　）国の意思に委ねられるという（　5　）の原則をとっている。もっとも、条約承継条約は、必ずしも国家実行を反映しておらず、締約国も少ない。

条約の消滅は、無効と終了に大別される。両者の違いは条約が有効に成立したかどうかにある。無効の場合、条約は有効に成立しなかったことになるが、終了の場合は、有効に成立した条約がその効力を失うことになる。条約法条約は、当事者が無効の根拠として援用できる（　6　）的無効原因と、条約を当初から無効とする（　7　）的無効原因とを区別し、八つの無効原因を限定列挙した。（　8　）主義と呼ぶ。（　6　）的無効原因には、①国内法上の手続違反、②代表者の（　9　）、③錯誤、④（　10　）、⑤代表者の買収がある。（　7　）的無効原因として、⑥国の代表者に対する（　11　）、⑦国に対する（　11　）、⑧強行規範（ユス・コーゲンス）の違反が規定されている。このうち、条約当事国の意思にかかわらず逸脱が許されない強行規範の存在は、伝統的国際法では認められていなかった。しかし、国際社会の組織化が進む中で、個々の国家の力だけでは保護しえない利益があることが認識されるようになったことを背景として、条約法条約は強行規範を条約の無効原因として規定した。ただし、条約法条約は強行規範の具体的内容を示していない。

条約の終了原因について、条約法条約は、当事国の合意がある場合と合意がない場合に分け、網羅的に規定している。当事国の合意による終了には、①条約規定に基づく場合、②すべての当事国の合意がある場合、③廃棄・脱退の黙示的権利行使の場合がある。合意によらない終了としては、④重大な条約違反がある場合、⑤条約対象物の喪失に基づく後発的（　12　）、⑥条約締結当時予見できなかった事情の出現を根拠とする（　13　）の原則、⑦新たな強行規範の成立の場合が規定されている。

答

【Quiz】②いいえ、できない。条約の不平等性を理由に、あるいは国際法の無知を理由に、条約を一方的に終了させることはできない。日本が江戸後期に締結した不平等条約は、1911年まで改正できなかった。日露戦争の勝利によってはじめて、欧米列強が改正に応じたのであった。

【Summary】①先行、②承継、③国家承継、④結合、⑤クリーン・スレート、⑥相対、⑦絶対、⑧網羅、⑨権限踰越、⑩詐欺、⑪強制、⑫履行不能、⑬事情変更

第24章　国際法の法源

Quiz

次の三つの言葉の「げん」の中で、仲間はずれが一つある。それは何か。

①法源、②法諺、③権原　（答は章末）

1　慣習国際法の成立

* **慣習国際法**

国際法は、**条約**だけでなく**慣習**（custom）によって形成される。慣習により形成された国際法は、**慣習国際法**や国際慣習法と呼ばれる。慣習国際法は、すべての国を拘束する一般法である。人が歩けば道ができるように、同一行為が繰り返されれば慣習が形成される。慣習の成立には、国家慣行という**事実的要素**（客観的要素）と、法的信念という**心理的要素**（主観的要素）が必要である。しかし慣習の成立についてさまざまな理論的問題点がある。

* **国家慣行と国家実行**

国家慣行とは、継続的で一貫した国家の一般的実行（practice）をいう。したがって、国家の実行であり、①一般性、②継続性、そして③一貫性を有するものでなければならない。**国家実行**とは、国の行政機関だけでなく司法機関や立法機関、その他の機関による行為を指す。議会が法律を制定したり、国内裁判所が判決を下したりする行為も国家実行である。受諾や承認、抗議等、言葉による行為も含んでいる。また、作為だけでなく不作為も国家実行とみなされる。条約締結のように、複数の国家が共同して一つの行為を行う場合もある。さらに、国際機構が採択する決議や国際裁判所が下した判決等も実行と理解される。

** **一般性**

第一に、一般的な国家実行の存在が必要である。つまり広範囲にわたる多数の国家が、国家実行の形成に参加していることが必要である。すべての国の実行は必要とされていない。例えば、海洋法分野において、内陸国が国家実行の形成に参与することは期待できないからである。ただし、国家実行の形成には**利害関係国**の参加が必要とされている。利害関係国は、国家実行を多く行っているだけでなく、利害関係国が慣習国際法の形成に参加することによって、新しい慣習法が成立したあと、慣習国際法に法的安定性が与えられるからである。利害関係国が慣習国際法に違反すれば、当該慣習国際法の基盤が脆弱なものとなってしまう。例えば海洋法の分野では、アメリカ合衆国やロシアといった海軍国や、日本のような漁業国が、利害関係国である。国際司法裁判所は、「核兵器使用の合法性」事件［1996年］で、核兵器国が核抑止論に依拠していることから、核兵器の保有を禁止する慣習国際法の存在を否定した。利害関係国つまり大国の実行を無視できなかったのである。

＊＊ **継続性**　第二に、継続した（constant）国家実行でなければならない。ある程度長期間にわたって実行が繰り返されることが必要である。かつては、大昔から存在する慣行（immemorial usage）でなければならないと主張されたが、今日ではこうした時間的要素は重視されていない。時間的経過が短くても、慣習国際法の形成に支障はない（★**北海大陸棚事件**［1969年］）。科学技術の進歩によって、従来よりも国家実行の形成が容易になっている。また、従来国際法が規律していない分野においては、それ以外の分野と比較して短期間に慣習国際法が形成される。例えば、宇宙活動に関する法分野が挙げられる。一方、すでに慣習国際法が存在している分野で、既存の慣習国際法を否定する新たな慣習国際法が成立するには、比較的長期間の国家実行が必要とされる。

＊＊ **一貫性**　第三に、一貫した（uniform or consistent）国家実行、あるいは確立した（settled）国家実行でなければならない。どの程度の一貫性が必要であるか。この問に対しては、国家実行において一般的な一致があればよく、完全な一致が要件とされているわけではない（★ニカラグア事件［1986年］）。形成途上にある慣習と矛盾する行為があったとしても、それが他国から違反と認識されるか、あるいは違反行為国が何らかの例外規定によってそれを正当化するならば、慣習国際法の成立に問題はない。例えば、武力行使が自衛権でもって説明される場合、武力行使禁止原則自身は否定されていないことになる。

＊＊ **法的信念**　単なる慣行や礼譲と慣習を区別するために法的信念が必要である。**法的信念**（*opinio juris*）については二通りの理解が存在している。第一は、国家が実行を行う場合、その行為は義務的であり、慣習に従っているという信念に基づいていることが必要であると理解する考え方である（★北海大陸棚事件［1969年］）。多くの国が同一の行為を繰り返していることを知って、その

実行に従わなければならないと国家が思い、その国家実行に参加することが必要だというわけである。しかしこの考え方には大きな問題が潜んでいる。法的信念が必要とされるのは、慣習国際法の形成段階においてであって、未だ慣習国際法が成立していない段階である。その段階において、ある行為が義務的だと考えることは、事実認識に間違いがある。存在していない慣習国際法が存在するという思い違いをしているのである。そしてそうした錯誤や思い違いから慣習国際法が形成されることになってしまうのである。また、最初にその行為を行った国は、決して、義務的であると思って行為をしたわけではないと考えられる。もしかすれば、違法だと認識しながら行為を行ったかもしれないのである。そこで第二の理解が登場する。つまり、国家実行に参加する際に、それに沿った慣習国際法が形成されることが必要だと思うことであると理解する考え方である。論理的にはこちらの考え方が正しいと考えられる。

Point　慣習の成立要件

- 事実的要素＝国家の一般慣行
  - ①一般性：利害関係国を含む。
  - ②継続性：時間の長短無関係。
  - ③一貫性：完全な一貫性不要。
- 心理的要素＝法的信念（*opinio juris*）

＊＊＊ **法的信念の証明**

どのようにして心理的要素を証明することができるのか。国家は、抽象的で人為的な組織体であって、感情を有しているわけではない。したがって、法的信念の立証には困難を伴う。第一の方法は、国家実行から抽出する方法である。国家実行は、法的信念の証拠になると理解されている（★北海大陸棚事件［1969年］）。したがって、継続的で一貫した国家の一般慣行がありさえすれば、法的信念の存在が推定されることになり、法的信念を一般慣行と別個に証明する必要はない。極論をいえば、国家慣行さえ証明されればよく、法的信念の重要性は低いことになる。

第二の方法は、国家実行とは別の機会に、言葉によって国家意思が表明された場合、その意思表示でもって法的信念を証明する方法である。ニカラグア事件［1986年］で、国際司法裁判所は、国連総会決議に依拠して国家の法的信念を証明した。こうした方法は、国家実行とは別個に、独立して、法的信念を立証する点に特徴があるが、しかしいつもこうした方法で立証可能とは限らない。それにもかかわらず、今日的には、国家実行に参加することができない中小国の意思をくみ上げる手段として有益であると考えられる。なぜなら、国家実行を行うのは大国が中心であり、国家実行から法的信念を証明するとすれば、国家実行に参加できない中小国の意向は無視されてしまうからである。

＊＊＊ **単一要素説** 国家慣行と法的信念の二つの要素が慣習国際法成立には必要だと考える考え方を**二要素説**と呼ぶ。その一方で、いずれか一つの要素のみで十分だと考える考え方を**単一要素説**と呼ぶ。単一要素説の中には、国家慣行だけでよいとする考え方と法的信念だけでよいとする考え方がある。国家慣行中心の単一要素説は、礼譲と慣習を区別できないという問題点をもつことになる。それ以上に、この理論は、大国中心の慣習法論であることに注意しなければならない。一方、法的信念中心の単一要素説は、いわゆる**インスタント慣習法論**として展開した。国連総会が、友好関係宣言（▶総会決議2625（XXV））や宇宙空間を律する法原則宣言（▶総会決議1962（XVIII））等、法規範創設にかかわる決議をコンセンサスで採択したり、反対なしで採択したりした場合、当該決議は慣習国際法になったと主張された。しかし、インスタント慣習法という名称がその矛盾を端的に示している。国家実行を伴わない慣習法を認めることができるだろうか。そうしたインスタント慣習法は、国家実行によって支えられていないだけに実効性に乏しい。実定国際法の理論としては支持されない。ただし、そうした総会決議と相反する慣習法が存在する場合、その支持基盤を否定する契機となることは間違いない。古い慣習法に対する法的信念の欠如又は否定を示すものとして重要な役割を演じることがあるのである。

Point　慣習の成立要件
- ①二要素説
- ②単一要素説
  - 国家慣行重視
  - 法的信念重視　→　インスタント慣習法論

2　慣習国際法と条約国際法の関係

＊＊ **慣習国際法と条約国際法の並存** 慣習法は一般法でありすべての国家を拘束するが、条約は特別法であり第三国を拘束しな

いのが原則である。しかし、国際法規範が慣習国際法としても、条約国際法としても存在する場合がある。その場合、条約に規定されている国際法規範であっても、慣習国際法として第三国を拘束する。国連憲章第2条4項が規定する武力行使禁止原則は、慣習国際法としても確立している。したがって、国連非加盟国も、武力行使禁止原則に従わなければならない。このように、慣習国際法と条約国際法は並存する。どちらが先に成立したかによって、二つの場合がある。第一は、すでに慣習法として存在する国際法規範が、条約国際法に取り込まれる場合である。第二は、条約国際法が、国家実行を通して、慣習国際法になる場合である。

** **法典化** 慣習国際法として存在する国際法規範であっても不明確であるという弱点をもっているため、慣習国際法規範を多数国間条約として編纂（へんさん）する作業が、国連総会の下部機関である国際法委員会（ILC）で取り組まれている。（狭義の）**法典化**と呼ぶ。その一方で、まだ慣習国際法が成立していない分野においても条約の作成作業が国際法委員会によって行われている。この作業を、国際法の**漸進的発達**（ぜんしんてきはったつ）と呼ぶ。国連憲章第13条が、総会の任務として両者を規定している。法典化と漸進的発達を区別せず、両者含めて（広義の）法典化と呼ぶ場合がある。両者の区別は理論的な区別であり、現実には区別が困難な場合がある。慣習国際法という曖昧なものを文章化する場合、多かれ少なかれ漸進的発達の要素が取り入れられる。したがって、一つの条約の中に、法典化の要素と漸進的発達の要素の両者が含まれている場合がある。慣習国際法として確立しているかどうか条文ごとに精査が必要である。

慣習国際法が存在している場合、あえて、その規範と異なる規範を条約で規定する場合がある。例えば、公海自由の原則があるにもかかわらず、締約国間で漁業規制を定める条約を締結することがある。慣習国際法と同一の規範を条約が規定する場合でも、条約上の特別な履行制度や紛争解決制度に服させることがある。例えば、自衛権に関する国連憲章第51条は、安保理への報告を義務づけている。また、慣習国際法を立法化した条約でも留保を付すことが認められていれば、留保国と受諾国との間では、留保の適用を受ける。したがって、慣習国際法と条約国際法が並存するといっても、厳密には、慣習国際法規範と条約国際法規範が別個に存在しているということになる。一方が他方を吸収して、他方の存在を否定するわけではない（★ニカラグア事件［1986年］）。

Point　国際法の法典化

法典化（広義）｛ 法典化（狭義）：慣習国際法の条約化
漸進的発達：新たな法規範の創設

＊＊ **条約国際法の慣習法化**

当初条約上の規範であったものが、慣習国際法になる場合がある。条約法条約第38条は、「条約に規定されている規則が国際法の慣習的規則と認められるものとして第三国を拘束すること」があることを認めている。その場合、条約の締約国であるか第三国であるかにかかわらず、当該慣習国際法に拘束されることになる。条約締結も国家実行の一つであり、同種の条約が多数締結されれば、慣習国際法が成立する。また、条約に従った国家実行が積み重ねられれば、慣習国際法が成立する。しかし、条約締約国の国家実行が慣習国際法を成立させるのかについては議論の余地がある。なぜなら、条約当事国は、条約上の義務に従って条約実行を積み重ねているにすぎず、慣習国際法の形成を意図したものということができないからである。したがって、条約の非当事国の実行を重視せよという意見がある（★ニカラグア事件におけるジェニングス判事の反対意見）。しかし、このような意見を採用すれば、国連憲章のように大多数が参加している多数国間条約は、慣習国際法を生み出せないことになる（バクスターの逆説）。条約上の義務であっても、それに同意している国が多数あり、それに従った国家実行があれば、その規範は多くの国によって支持されているといえるのであって、慣習国際法の形成を否定することにはならない。

＊＊＊ **結晶化**

条約と慣習の関係としてもう一つ、条約の**結晶化**作用がある。慣習国際法が未だ成立していないにもかかわらず、ある程度の国家実行が形成されつつあるとき、その国家実行を条文化した条約が交渉され、署名された場合、条約の発効を待たずに、慣習国際法が形成されることがある。条約交渉や条約締結が慣習国際法を結晶化させたのである。国際司法裁判所は、1985年のリビア／マルタの大陸棚事件において、排他的経済水域は慣習法化したと述べた。排他的経済水域は、1982年の国連海洋法条約で規定された新しい法制度であるが、1994年効力発生以前の段階で、慣習国際法として確立したことになる。排他的経済水域が国連海洋法条約に導入されることによって、それが呼び水となり、多くの国家が一斉に同制度を採用したためである。

3 慣習国際法の効力

**
地域的慣習国際法

慣習国際法は一般法であるのが原則であるが、**地域的慣習法**の存在も認められている。国際社会の一部の国家のみを拘束する慣習法のことをいう。地理的に近接している国の間で成立する場合もあるが、そうでない場合もある。したがって、地域といっても、地理的な意味での地域ではない。ラテンアメリカには外交的庇護を認める国家実行が存在しており、地域的慣習法であるかどうかについて議論された（★庇護事件［1950年］）が、国際司法裁判所は、外交的庇護に関する地域的慣習法の存在を否定した。インド領通行権事件［1960年］では、ポルトガルとインドとの二国間における地域的慣習法の存在を肯定した。ウティ・ポシデティス原則は、ラテンアメリカで適用されていた地域的慣習法であった。しかし、ブルキナファソ／マリ国境事件［1986年］において国際司法裁判所は、この原則が一般性を獲得しており、一般国際法であると位置づけた。地域的国際法が一般国際法へ普遍化したのである。

***
新国家

植民地から独立を達成した新国家は、既存の慣習国際法に拘束されるのだろうか。伝統的国際法は先占の法理を通して植民地支配を肯定するなど、欧米先進国に有利な規定を多数有していたため、植民地からの独立国は、伝統的国際法に批判的であった。そうした議論の中で、極論として、新国家は、慣習国際法形成プロセスに参加する機会がなかったので、そうした規範に拘束されないという考え方が示されることがあった。また、社会主義革命を経てロシア帝国から誕生した旧ソ連も、国際法をブルジョア国際法と位置づけ、独自の社会主義国際法論を展開した。しかし、こうした考え方を採用すれば、国際法秩序そのものが成り立たない。いわば、国際社会の中に産み落とされた赤ちゃんのように、新国家も国際法秩序を前提に存在するものでしかない。また、伝統的国際法の中でも、国家主権、国家平等、不干渉原則等は、新国家にとっても利用可能な法原則であった。多数国間条約を通した国際法の変容が推し進められ、新国家に慣習国際法の適用を否定する議論は影を潜めた。

***
一貫した反対国

慣習国際法の形成前から、当該慣習国際法の成立に一貫して反対していた国は、慣習国際法の成立を阻害することはできないが、その適用を受けないという考え方が主張されることがある。**一貫した反対国**の理論と呼ばれる。ノルウェー漁業事件判決［1951年］を根拠として、一貫した反対国の理論が主張される（★北海大陸棚事件におけるセレンセン判事の反対意見)。一貫した反対国を認める論者の中でも、強行規範として成立した慣習法についてはこの理論の適用は認められないと、やや限定的に主張するものもいる。

もし、慣習国際法も、条約同様、合意に基づいて成立するという考え方（合意理論）を基礎に、一貫した反対国の理論が主張されているとすれば、なぜ慣習国際法の成立以前から一貫して反対しなければならないのか、事後でもよいのではないか、なぜ新国家は慣習国際法の拘束を受けるのに、既存国家は新規の慣習国際法の拘束を逃れることができるのか、そしてなぜ一貫した反対国を残しつつ慣習国際法が成立するのか、そもそも慣習国際法そのものが成立しえないのではないかといった疑問が生じる。また、強行規範について一貫した反対国の存在を認めない限定論に対しては、強行規範は国際社会全体が受け入れなければならないはずである（▶条約法条約第53条）が、一貫した反対国の存在を認めつつ、そのような強行規範が成立しうるのかという疑問が生じる。慣習国際法が成立する途中では、そうした反対国が存在することはあるが、慣習国際法が成立する際には、一貫して反対し続けることが現実的に困難になる。日本は、排他的経済水域について一貫して反対していたが、旧ソ連が採用した際、対抗措置として旧ソ連に排他的経済水域を採用した。慣習国際法が成立する際には、このように抗しがたい

◆ Further Study　一般国際法のミステリー

法的信念を伴った一般慣行により慣習が成立する。慣習国際法は、通常一般国際法として理解される。ここで、一般慣行の「一般」は、「多数の国」という意味であるが、一般国際法の「一般」は、「普遍的」という意味である。多数の国の一般慣行によって、なぜすべての国を拘束する普遍的な一般慣習国際法が成立するのか。慣習国際法にまつわる一種のミステリーがここに存在する。慣習国際法の拘束力の根拠を合意に基づかせる主観主義（実証主義）によれば、説明に困難を来たすことになる。国家実行を行っていない国は、その実行を積極的に支持しておらず、同意を与えていないかもしれないからである。しかし、法的信念を、総会決議等を通して、国家実行以外からも見つけ出そうとする場合、国家実行を行いえない国の同意も容易に確認することができる。また、総会決議等の証拠を採用することができない場合でも、積極的に抗議等が行われない限り、黙認したものと推定される。こうして、一般慣行が形成され、慣習を通して、一般国際法が成立するのである。

政治的な現実の力が作用するものである。

＊＊ 条約国際法と慣習国際法の効力関係

条約国際法上の義務と慣習国際法上の義務が衝突する場合、いずれの義務が優越するのか。これに関しては、「特別法は一般法を破る」という法諺（ほうげん）が適用される。そのため、特別法である条約国際法は、一般法である慣習国際法を破る効果がある。しかし、「破る」といっても、慣習国際法上の義務を無効にするわけではない。両方の義務が並存しつつ、条約当事国間では、条約上の義務が優先的に適用されるだけである。ただし、慣習国際法であっても、強行規範となれば、条約を無効とする効力がある。

■図1　条約と慣習法の効力

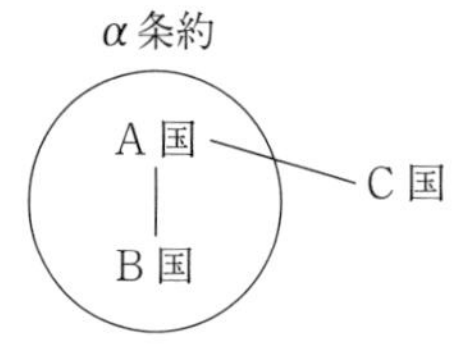

A国とB国はα条約を締結し、公海上での漁獲制限を実施する約束をした。C国は第三国である。A国―B国間では、α条約の適用がある。しかしC国はα条約の当事国でないため、A国―C国間では、慣習国際法の適用があるのみである。したがって、公海自由の原則が適用され、漁業を行うことも自由である。A国が、公海自由の原則を盾に、漁獲制限を無視して漁業を行ったとしよう。その場合、B国は、A国のα条約違反を主張することができる。しかし、C国はそのような主張を行うことができない。一方、C国が、A国の数倍の漁獲高を上げたとしても、A国もB国もそれを問題にすることはできない。α条約はC国に対して適用されないからである。

＊＊＊ 旧条約と新慣習法

「新法は旧法を破る」という法諺も存在している。新しい慣習国際法が成立した場合、古い慣習国際法は適用されなくなる。では、新しい慣習国際法が成立したが、それと衝突する条約がすでに存在している場合、どちらが適用されるのか。「特別法は一般法を破る」原則が適用されるのか、あるいは「新法は旧法を破る」原則が適用されるのか。これに関しては、十分確立した法原則を見出すことは困難である。条約当事国間で、条約上の義務を維持したいという合意が成立すれば問題ない。しかし、条約当事国の一部が、新しい慣習国際法にしたがって条約を一方的に終了させることができるかといえば、条約法上困難である。終了や改正のための交渉を行うしか仕方がない。あとは条約解釈を通して、古い条約を新しい慣習に適合させることである。後に生じた慣行（▶第31条3項b）や国際法の関連規則（▶第31条3項c）を参照することで、解釈上、調整するしかない。

4　国際法の法源

＊＊ **法　源**

国際法は主に条約国際法又は慣習国際法として存在する。このような意味で、つまり法の**存在形式**という意味で法源が使われることがある。国内法において、法源とは、裁判基準を意味するとされ、裁判官が、提訴された事件について判断する際の拠り所とするものである。しかし、国際裁判は一般的でなく、常設の国際裁判所といえどもあらゆる事件に関して管轄権を有しているとは限らないことから、裁判基準という法源の定義は、国際法では一般的に妥当するわけではない。また、裁判所によって裁判基準は異なる。そのため、国際法にとって重要なのは、どのようにして国際法が形成されるかという問題であって、国際法の**法源**とは、法の**成立形式**を意味する。国際法の法源は、主として、条約と慣習であり、それによって条約国際法と慣習国際法が形成される。

＊＊ **国際司法裁判所規程第38条**

国際司法裁判所規程第38条１項が、裁判所の適用すべき国際法を規定している。①条約、②慣習、③法の一般原則、④法則決定の補助手段として裁判判決及び学説が列挙されている。最後の裁判判決及び学説は、法則決定の補助手段であるため、国際法の発見や解釈に利用されるものであり、国際法ではない。では①から③は国際法の法源のリストであるか。国際司法裁判所規程は、国際司法裁判所の適用法規（裁判基準）を定めたものにすぎず、国際法の法源を網羅的に列挙したわけではない。法の成立形式という定義からすれば、国際司法裁判所の裁判基準が必ずしも法源とはいえない。列挙されていても国際法の法源でないかもしれないし、列挙されていなくても国際法の法源は存在するかもしれない。それぞれ個別に検討する必要がある。

国際司法裁判所規程

第38条１　裁判所は、付託される紛争を国際法に従って裁判することを任務とし、次のものを適用する。

(a)　一般又は特別の国際条約で係争国が明らかに認めた規則を確立しているもの

(b)　法として認められた一般慣行の証拠としての国際慣習

(c)　文明国が認めた法の一般原則

(d)　法則決定の補助手段としての裁判上の判決及び諸国の最も優秀な国際法学者の学説。但し、第59条の規定に従うことを条件とする。

＊＊＊ **条約の法源性**　慣習の法源性を否定するものはいない。一方、条約については争いがある。第一は否定説。条約の拘束力は「合意は拘束する」(*pacta sunt servanda*) という原則から引き出されるのであり、この原則は、法の一般原則又は慣習国際法であるので、条約は独自の法源ではないと主張される。また、条約は当事国間のみで適用される法規範であり、一般性がなく、法としての特質(一般性) を有していないと主張される。その結果、条約は義務の淵源でしかない。とくにイギリス国際法学では根強い考え方で、法源は慣習法と法の一般原則から成り立つとされる。第二は、限定的肯定説。条約の中で立法条約は法であるが、契約条約はそうでないと主張する。立法条約は、国内の議会制定法と同様、適用対象となる国家や適用期間に制限がなく、一般性を有していると主張される。第三は、実証主義の考え方で、国家の合意を基礎に国際法理論を構築し、条約の法源性を肯定する。今日の国際社会が主権国家の並存状態である以上、国際法の拘束力は合意に基づかざるをえない。第三の考え方が基本的に正しい。

＊＊ **法の一般原則**　国際司法裁判所規程第38条1項は、「文明国が認めた法の一般原則」を掲げている。**文明国**は欧米のキリスト教国を指しており、アジア・アフリカの途上国を排除しているとの批判があったが、今日ではほとんどすべての地域が国家として独立しており、文明国は単に独立国を意味する。では、**法の一般原則**とは何か。三つの考え方がある。第一は、法であれば当然認められる原則であり、国際法や国内法に共通して認められる基本原則(とくに自然法上の原則) であるという考え方。第二は、国際法の基本原則であるという考え方。第三は、国内法の基本原則であるという考え方である。国際司法裁判所規程の前身である常設国際司法裁判所規程の起草過程をみれば、第三の考え方が支持される。慣習法が十分発達しておらず、条約も締結されていない分野の紛争が裁判所に係属した場合、裁判所は**裁判不能** (non-liquet) を宣しなければならなくなるので、これを避けるために国内法の原則が導入されたのである。

Point　法の一般原則の定義

①法に内在する原則(自然法原則)
②国際法の一般原則
③国内法の一般原則　←　裁判不能を回避するため。

＊＊＊ **法の一般原則の法源性**

法の一般原則が国際裁判所によって適用されるのならば、これは国際法の法源なのだろうか。第一の定義及び第二の定義からすれば、法源性が肯定される。第三の定義を採用する限り、国内法が国際法の法源なのかという疑問が生じる。そこで、法の一般原則が慣習法化した結果、あるいは国際司法裁判所規程のような条約により適用が認められた結果、裁判所がそのような権限を与えられるのであり、法の一般原則は国際法の法源ではないという見解がある。その一方で、国際裁判所は、明示の規定がなくても法の一般原則を適用しており、独自の法源であるという見解がある。前者が支持される。最近では、国際裁判所が、法の一般原則の適用を明言することはあまりない。とくに冷戦期においては、資本主義法制度と社会主義法制度の間に共通の国内法原則を見出すことは避けられてきた。少なくとも裁判所設立文書が明示的に授権する限り、国内法の一般原則を適用することに問題はない。その場合でも、国内法の一般原則すべてが適用されるわけではない。国際刑事裁判所規程第21条１項(c)が規定するように、国際法に反する国内法の一般原則を裁判所が適用することはできない。その点で、たとえ法源性を認めるとしても、条約や慣習とは異なり副次的な意義しかもたない。従来、信義則、禁反言（エストッペル）の原則、衡平、利息支払い、既判力等が国際裁判所で適用されたことがある。

＊＊＊ **国際法の一般原則**

国際法の基本原則として、国家主権、国家平等、不干渉原則、自決原則等が挙げられる。友好関係宣言（▶総会決議2625（XXV））は、そうした基本原則を詳述している。また、国際司法裁判所が、国際法の一般原則として人道の基本的考慮を適用することがある。例えば、核兵器使用の合法性事件［1996年］やパレスチナ壁事件［2004年］である。したがって、国内法の一般原則とは区別される国際法の一般原則が存在する。国際法の一般原則は、第一に、具体的な国際法規（rules）と区別され、特定の国際法規を引き出す際の考え方を示すものである。具体的な事例に直接適用できる国際法規が存在していなくても、国際法の一般原則から結論を得ることができる。抽象化された規範であることがメリットである。国際法の一般原則は、慣習法として存在する規範であり、独自の法源ではない。しかし、実際上は、国内法の一般原則であるか、国際法の一般原則であるか、区別できない場合もある。例えば、海洋境界画定に適用される衡平原則は、今日では国際法上の原則となっているが、北海大陸棚事件当時、そのようにいえたかは疑問だ。裁判所はその点をあいまいにしたまま適用した。

第二に、慣習国際法として成立する前の価値を原則と呼ぶことがある。例えば、民主主義や法の支配、予防原則といった概念である。国際法上の原則として確立していないにもかかわらず、正当性を高める手段として原則という用語が使われる。慣習法性について厳密に検討する必要がある。第三に、条約上の原則でしかない場合でも、多くの二国間条約に規定されることにより、典型的な条約規定であることを示すために原則という表現が使われる場合がある。例えば、最恵国待遇や内国民待遇の原則である。一般国際法であるとは限らない。

***

ソフト・ロー

慣習や条約によって創設される権利義務は、個別に論証することなく、法的拘束力を持つと一般に理解される。しかし、条約の中にも、紳士協定や政治的約束のように、拘束力が認められない条約（**非拘束的合意**）が存在する（例えば、ヘルシンキ最終議定書）。また、条約規定であっても、将来的な政治目標や指導原則を規定する規定（▶例えば、国連憲章第1条）や、補完的な条約が締結されてはじめて意味をもつ規定（▶例えば、気候変動枠組条約第3条）が存在する。こうした場合、条約規定であっても法的な義務を生み出すとは限らない。慣習法として確立していない国家実行は、形成途上の法ではあっても、確立した法規範ではない。それにもかかわらず、国際法の分析対象となる。また、国際機構の決議は、勧告的効果を有するものでしかなくても、国際法の形成に影響を与えたり、政治的な規範として国家行動に影響を与えたりすることがある。法と非法との二分論を維持しつつも、非法を国際法学の視野の外に置くことはできない。拘束力の程度が低い規範や、法規範としては生成途上にある規範が、**ソフト・ロー**と呼ばれる。確立した法（ハード・ロー）でないものにロー（法）という名称を付与することは誤解を与えやすいが、合法性とは区別される正当性を議論する場合や、実効性を議論する場合に有益な概念である。

5　義務の淵源

***

承認・黙認

法源とは別に**義務の淵源**がある。権利や義務を創設する法的行為である。例えば、歴史的湾のように、国際社会が長年にわたって特殊な地位を**承認**又は**黙認**する場合、権利義務が成立する。ノルウェー漁業事件［1951年］では、ノルウェーが1869年と1889年の勅令で直線基線方式を採用したが、漁業大国であるイギリスは1933年まで抗議をしなかった。そこでノルウェーはイギリスに対して勅令を実施することができると国際司法裁判所は判示した。新たな権利義務が一般的な国家慣行によって裏打ちされ、慣習国際法として確立するまでの間、過渡的に承認や黙認が権利義務の創設に寄与することがある。

＊＊＊ **一方的行為**　国家の**一方的行為**によって国際法上の義務が発生する場合がある。国際司法裁判所は、核実験事件［1974年］において、フランス政府高官の大気圏内核実験中止の発言が、一方的な義務の引受けにあたると認めた。政府高官によって公然と行われ、明確な言葉によって、義務引受けの意思が明瞭な場合、状況に応じて、義務を創設する一方的法的行為になると述べたのである。口頭の合意が問題となった東部グリーンランド事件［1933年］とは異なり、交渉の場での声明ではなかった。しかし、コンゴ民主共和国対ルワンダの軍事活動事件［2006年］では、一方的行為による義務の引受けという考え方の適用を制限し、義務の発生を否定した。2006年国連総会は、国際法委員会が作成した「国家の一方的宣言に対する指導原則」に留意（テーク・ノート）する決議を採択した。ここでも義務を創設する一方的行為の厳格な解釈を求めている。

◆ Case　核実験事件

（オーストラリア対フランス、ニュージーランド対フランス）
国際司法裁判所判決［1974年12月20日］

1966年から、南太平洋でフランスが大気圏内核実験を実施した。放射能汚染を懸念したオーストラリアとニュージーランドが、1973年、フランスに対して大気圏内核実験中止を求めて提訴したが、係属中の1974年、フランス大統領や外相、国防相が、テレビや記者会見の場で、「大気圏内核実験は1974年が最後になる」と言明し、地下核実験への移行を表明したことから、国際司法裁判所は、フランスが大気圏内核実験禁止の義務を一方的に引き受けたと判示した。一方的行為による義務創設の条件として、政府高官がその資格において、公然と、明確な言葉で、義務引受けの意思を表明することを挙げ、法的義務の創設及び履行を規律する原則は信義則であるとした。一方的行為が義務の引受けを生じさせるかどうかについては、声明の内容と声明が発せられた状況を勘案しなければならないとも述べた。その結果、紛争が消滅し訴えは目的を消失した（ムートネス）と判示し、原告敗訴の結論を下した。

☆ Summary

慣習の成立には、二つの要件が必要である。第一は、一般的国家（　1　）という事実的要素（客観的要素）である。一般性、継続性、（　2　）を有する国家実行が必要とされる。（　3　）国の実行が含まれていなければならない。第二は、（　4　）という心理的要素（主観的要素）である。二つの要素が必要とする考え方を二要素説といい、国際司法裁判所が、（　5　）事件で採用した。一方、単一要素説もあり、総会決議に慣習法性を認めようという（　6　）論が有名である。立法条約を作成することを（広義の）法典化という。国連の（　7　）委員会が取り組んでいる。慣習国際法が存在する領域で条約の編纂をすることを（狭義の）法典化と呼び、慣習国際法が存在しない領域で新たな条約の編纂を行う国際法の（　8　）とは区別される。慣習国際法を法典化した条約規定は、慣習法として第三国を拘束する。条約規定も、慣習法化すれば、第三国を拘束する。慣習法が萌芽状態の時に行われる条約交渉は、慣習法を（　9　）させる場合がある。

（　10　）的慣習法の存在も認められているが、慣習法は、原則としてすべての国家を拘束する一般法である。しかし、慣習法形成前から絶えず反対することにより慣習法の拘束力を免れるという（　11　）の理論が提唱されているが、争いがある。条約国際法と慣習国際法が抵触する場合、条約国際法が優越するが、慣習国際法を無効にする効力はない。ただし、（　12　）は、条約よりも優越し、しかも条約規定を無効にする効力が認められている。

国際法の（　13　）形式のことを国際法の（　14　）という。国際司法裁判所規程第38条1項(c)は、法の（　15　）を適用法規としているが、これは国内法の（　15　）であり、（　16　）を防止するために導入されたもので、必ずしも（　14　）であるとはいえない。法規範の中でも拘束性が弱いものがあり、（　17　）と呼ばれる。法源とは別に義務の淵源がある。国際社会や利害関係国の承認や（　18　）でもって権利や義務が発生する。（　19　）的行為も義務を創設する場合があることが認められているが、例外的である。

答

【Quiz】②法諺。法源の「源」と権原の「原」は、どちらも「みなもと」の意味。法諺の「諺」は、「ことわざ」の意味。

【Summary】①慣行、②一貫性、③利害関係、④法的信念／opinio juris／オピニオ・ユーリス、⑤北海大陸棚、⑥インスタント慣習法、⑦国際法、⑧漸進的発達、⑨結晶化、⑩地域、⑪一貫した反対国、⑫強行規範／jus cogens／ユス・コーゲンス、⑬成立、⑭法源、⑮一般原則、⑯裁判不能／non liquet／ノン・リケット、⑰ソフト・ロー、⑱黙認、⑲一方

第25章　国家責任

Quiz

Ａ国のＢ県警察本部に所属する巡査Ｘが、来訪中のＣ国皇太子Ｙを刃物で切りつける事件が発生した。Ａ国はＣ国に対し責任をとらなければならないだろうか。Ｘは地方公務員である。

①はい、責任をとらなければならない。②いいえ、責任をとらなくてよい。

（答は章末）

1　国家責任の概念

＊ **国家責任**

人が他人の物を壊したならば、国内法上損害賠償責任を負う。同様に、国の行為が国際法上の義務に違反した場合に、その結果として義務違反国が負うことになる責任を**国家責任**という。国家以外の国際法の主体、例えば国際機構も国際法に違反すれば責任を負う。これらの国際法上の責任全般を指して**国際責任**という。国家責任の規則は国際責任の法の一部であるが、この章は国家責任に限定して説明する。

＊＊＊ **国家責任法の歴史**

国家責任の分野を規律する国際法である国家責任法は、伝統的には、領域内に滞在する外国人がその身体、生命又は財産に被害を受けた場合に領域国が負う責任の条件や内容に関する規則であった。19世紀にこれらの規則が形成された。20世紀前半、ラテンアメリカ諸国等に滞在する欧米諸国の国民が被害を受けたことによって生じた紛争が、仲裁裁判によって解決されるようになり、より詳しい規則が発達した。

伝統的な国家責任の議論においては、在留外国人に与える待遇に関して対立があった。外国人を**相当の注意**をもって保護しなければならないことになっているが、その「相当」な程度とはどのようなものであるかを含めて、欧米諸国は国際的な最低基準を満たさなければならないと主張し（**国際標準主義**）、途上国は自国民と同水準でよいと主張した（**国内標準主義**）。国際連盟主催のハーグ法典編纂会議（1930年）において、国家責任に関する条約作成が試みられたが、上記の対立から成果を上げることはできなかった。

第二次世界大戦後の1956年から、国際連合の国際法委員会（ILC）が、国家責任に関する条約の法典化作業を行ったが、上記の対立により行き詰まった。そこで、1963年に、在留外国人の身体又は財産に関する規則等を含む、具体的な権利義務を定める規則（**一次規則**）と、一次規則の違反に関する一般的規則（**二次規則**）とを区別し、後者に限定して法典化を行う方針を採用した。国際法委員会は、作業の結果、2001年に「国際違法行為に対する国家責任に関する条文」（以下、**国家責任条文**）を採択した。この文書は条約ではないが、国際司法裁判所によって、いくつかの規定が慣習法を反映したものと認められている（★例えば、ガブチコボ・ナジマロシュ計画事件判決［1997年］）。

* **国内法上の責任との違い** 国内法には、法の違反に対する責任として刑事責任と民事責任がある。**刑事責任**は、社会の秩序を維持し犯罪を抑止するために、政府（検察官）が公の利益を代表して犯罪者を訴追し処罰する。**民事責任**は、対等な私人同士の関係において、法に反する行為によって損害を与えた加害者に対し、賠償金の支払いなど、被害者への償いを義務づける。将来の違法行為の抑止及び法秩序の維持は、間接的にのみ果たされる。刑事・民事以外に行政責任もある。

国際法上の国家責任は刑事責任ではないとされる。国際社会において、検察官のような国際社会全体の利益を代表する機関は存在しないし、特定の国がそのような立場をとることは主権平等に反すると考えられる。国家責任は、国際法上の義務に違反する行為を行った国が、それによって権利を侵害された別の国に対して賠償を行うなど、対等な二国間の関係で処理される。ゆえに、国家責任は民事責任に類似した性格をもっている。それは、国際法において、ある国の権利が他の国の義務に対応していたからであった。しかし、現代の国際法が、一国の法益にとどまらない、国際社会全体や条約の締約国の集団の法益（**一般利益**という）を保護する規則をもつようになると、二国間の関係で処理する国家責任法の枠組みで、一般利益を十分に保護することができるのか、さらに、一般利益の侵害に対して個別の国が違法行為国に責任を追及できるのかという問題が生じる。また、国内法の民事責任は、**契約責任**（**債務不履行責任**）と**不法行為責任**に区別されるが、国際法の国家責任はそのような区別をもっていない。国際慣習法上の義務の違反であっても、条約上の義務の違反であっても、同じ責任法の規則が適用される（★ホルジョウ工場事件本案判決［1928年］）。

＊ **国家責任の成立要件** 国家責任の要件は、①作為又は不作為からなる行為が国に帰属すること（**帰属**の要件）、②当該行為が国の負っている国際法上の義務に違反すること（**義務違反**の要件）の二つである（▶国家責任条文第2条）。

◆ Further Study　国の国際犯罪

国際法委員会は、1976年に採択した国家責任条文の第一読草案第19条で、「**国の国際犯罪**」の概念を採用した。国際社会の根本的利益の保護に不可欠であるため、国際社会全体によって犯罪と認められた違法行為であって、具体的には、侵略戦争、植民地支配、奴隷制・ジェノサイド及びアパルトヘイト、並びに大気又は海洋の大量汚染などが該当するとされた。この概念には、条約法条約が規定する**強行規範**や、国際司法裁判所のバルセロナ・トラクション事件判決［1970年］が言及した**対世的義務**といった概念の影響も認められる。

国の国際犯罪の概念には批判が多く、最終草案では削除された。しかし、代わりに「強行規範の重大な違反」に関する規定が国家責任条文に置かれた（▶第40条）。強行規範の重大な違反に対しては、すべての国が、当該違反を終了させるために協力する義務、当該違反によって生じた状態を承認しない義務、及び当該状態の維持への援助を差し控える義務を負う（▶第41条2項、★パレスチナ壁事件勧告的意見［2004年］）。強行規範の重大な違反に対して、国家責任の通常の結果も適用される（▶第41条3項）。国際社会全体に対して負う義務の違反については、被害国以外の国も、責任国に違法行為の中止や、被害国又は義務の受益者に対する賠償を請求できる（▶第48条）。なお、責任国に懲罰的損害賠償を支払わせることや責任国への集団的対抗措置を認める議論もあったが、意見の一致をみなかった。後者については、1980年代のポーランドの人権侵害に対して西側諸国がとった経済制裁などの実行もあるが、国際法委員会は国際法の状態は未確定であるとして、被害国以外の国による対抗措置を予断しないとする第54条を置くにとどめた。また、この種の違法行為に対する責任追及は、国連の集団安全保障の枠組みによる（▶第59条参照）との見解もあった。国際社会全体の利益を保護するための規則は発展の途上にあるといえよう。

Point　国家責任の要件

①行為の国への帰属
②義務違反の存在
③過失 ）→　不要
④損害 ）

2　行為の国への帰属

＊ 国の行為

国家責任の第一の要件は、国の行為が存在することである。**国の行為**が国際法に違反するというためには、まず国の行為が決定されなければならない。厳密には、国家責任の対象となる国の行為とは、国際法における「政府」の行為である。国家（政府）は多数の人間によって構成される組織体であり、それらの人を通じて行為するので、どの人のどの行為が国の行為であるかを特定する必要がある。原則として、作為・不作為を問わず、国の機関又は公務員として行為する人、集団又は団体が、機関又は公務員の資格で行った行為が国に帰属する。また、機関又は公務員が政府の組織の中で上位のものであるか下位のものであるかに関係なくその行為が国に帰属する。

＊＊ 国の機関の行為

国家責任条文は、国の機関の行為がその国の行為とみなされると規定し、立法、行政若しくは司法又は他の任務を遂行する機関であるか、あるいは国の中央政府又は領域的単位の機関であるかを問わず、いかなる機関の行為も国に帰属すると規定する（▶第４条１項）。何が国の機関であるかは、原則として当該国の国内法によって判断される（▶第４条２項）が、最終的な判断は国際法による。立法機関（議会）の行為については、国際法が国内法の制定又は改廃の義務を課す場合、制定や改廃をしない議会の行為が違法行為となる。司法機関（裁判所）の行為に対しても国は責任を負う。例えば外国を被告とする訴訟において、当該国の裁判権免除を認めない判決を下すといった場合がそうである。伝統的な国家責任法では、在留外国人に関する訴訟においてその手続上の権利を否定する行為や不公正な判決を下す行為などが、**裁判拒否**という違法行為を構成するとされた。なお、司法権の独立が認められる国で、裁判所の行為が国際法違反であって是正が必要な場合に、行政部門が裁判所に実施させることが困難な場合もあるが、帰属には影響しない。

＊＊ **地方自治体の行為**

国の**領域的単位**、すなわち州若しくは地方自治体、又は連邦国家における構成国の行為も国に帰属する。これらの行為は、国内法上中央政府とは別個の団体として扱われる場合でも、国際法上は国の行為とみなされる。この場合も、国内法上中央政府から自立しているために、国際義務違反があって是正が必要な場合でも、それが困難なことがある（★ラグラン事件［2001年］）。

＊＊＊ **権限踰越行為**

国の機関又は公務員による国際違法行為が、その国の国内法や上位の機関の指示に反して行われることがある。こうした**権限踰越行為**について、かつては国に帰属することを否定する議論もあった。しかし、各国の実行及び判例は、国際義務違反を免れるために国の内部の事情を援用できないという、国際関係の安定性の要請から帰属を認めている。このことは、国家責任条文第７条においても確認される。ただし、帰属を認めるための具体的基準については議論がある。権限があるとの外観の下で行為した場合に帰属するとの基準が有力であるが、外観のみで判断するのは十分でなく、付与された権限を利用して行為した場合に帰属を認める基準もある。ケール事件仲裁裁判判決［1929年］は、指揮系統から離脱したメキシコ軍将校によるフランス人殺害について、加害者が行為時に将校の外観を有し、自らに委ねられた手段を用いて違法行為を行ったことを理由に責任を認めた。国家責任条文第７条は、機関又は公務員が「その資格で行動する場合」に帰属すると規定しているが、この規定からは具体的な基準に関してどのような立場をとったのか明確ではない。

＊＊ **事実上の機関**

国は、国内法上国の機関又は公務員の地位を有する者だけでなく、事実上、そのような地位を与えられた人又は集団（**事実上の機関**）の行為にも責任を負う。他国での諜報・破壊活動や他国への武装集団の派遣など、国との関係を秘匿して行われる活動が典型であるが、その証明は困難なことが多い。国家責任条文第８条は、人又は集団が、行為を遂行する際に、事実上国の**指示**に基づき行動していた場合、又は**指揮**若しくは**支配**の下に行動していた場合は、当該行為が国に帰属すると規定する。国が具体的な違法行為の指示を与えたか、行為を支配していなければならないとの意味である。なお、国際司法裁判所のニカラグア事件本案判決［1986年］は、それとは別に、私人が事実上、国に完全に従属している場合も、その行為は第４条の下で支配国に帰属すると判示した。

＊＊＊ **国の支配**　国の事実上の機関になるための**支配**の基準に関し、ニカラグア事件では、ニカラグアの反政府勢力コントラが行った行為が、コントラに財政その他の支援を行ったアメリカ合衆国に帰属するかどうかが問題となり、国際司法裁判所は、支援のような一般的支配では不十分で、アメリカ合衆国がコントラの具体的な作戦を命令又は強制したという**実効的支配**を及ぼしたのでなければ、アメリカ合衆国に帰属しないとした。これに対して、旧ユーゴスラビア国際刑事裁判所（ICTY）は、タジッチ事件上訴判決［1999年］において、実効的支配の基準を否定した。この基準では国が責任を免れるのを認めることになるというのがその理由であった。代わって、よりゆるやかな**全般的支配**で十分であると判示し、ボスニアのセルビア人勢力の行為が、財政的支援などを行っていたユーゴに帰属すると認定した。しかし、国際司法裁判所は、ジェノサイド条約適用事件判決［2007年］で、全般的支配の基準によると国の責任の範囲を広げすぎることになるなどの理由でこれを否定し、実効的支配の基準を維持した。なお、国の正規の機関であっても上位機関が実効的に支配できないものがあることに鑑みれば、ある者又はある集団が国の機関であるというためには、単に国の支配の下にあればよいわけではなく、当該国から一定の任務を指示されていたことが本質的であると考えられる。

Point　私人の行為の国家への帰属

原則：国に帰属しない

例外：国の支配　（①実効的支配　←　ICJ ニカラグア事件
　　　　↓　　　　　②全般的支配　←　ICTY タジッチ事件）
　　　国に帰属

＊＊＊ **帰属に関するその他の規則**　国がその統治権能の一部を私人に与えた場合、その権限の下で行われた行為は当該国に帰属する（▶第5条）。例えば、民間企業に税金の徴収や刑務所の経営を委託する場合や、航空会社や鉄道会社に出入国管理を委託する場合である。また、戦争や災害などで国の当局が存在しなくなった状況、あるいは機能しなくなった状況で、私人が統治権能の一部を行使した場合は、その行為は国の行為とみなされる（▶第9条）。私人の行為であっても、国が事後に自己の行為として**承認**し採用した場合は、当

該国の行為とみなされる（▶第11条）。これは在テヘラン米国大使館事件判決［1980年］に基づいて作られた規則であるが、承認・採用によって私人の行為が行為時に遡及して帰属する点が判決とは異なる。反乱、革命又は内戦における反政府武装勢力（**反乱団体**）の行為は私人の行為であり、国は原則として責任を負わない。しかし、反乱団体が内戦に勝利して新政府となった場合、内戦時に行ったその行為は行為時に遡及して国の行為とみなされる。独立して新国家になった場合は当該新国家の行為とみなされる（▶第10条）。

＊＊ 私人の行為に関連して生じる責任

純粋な私人の行為は国に帰属しないし、私人の行為は国家責任を発生させないのが国際法上の原則である。しかし、一定の状況で国家が私人の行為の防止若しくは処罰又は事後の救済を怠った場合は、国家が責任を負う。ジェーンズ事件仲裁裁判判決［1925年］は、アメリカ合衆国民を殺害した人物の逮捕をメキシコ当局が怠った事案で、国は私人の行為に対してではなく、私人の行為の防止又は処罰を怠ったという、国自身の不作為に対して責任を負うとの法理を確立した。外交関

◆Case　在テヘラン米国大使館事件

（アメリカ合衆国対イラン）国際司法裁判所判決［1980年５月24日］

1978年にイランでイスラム革命が勃発し、翌年、国外に退去した前国王はアメリカ合衆国への入国を認められた。これに反発した学生たちがイラン国内にある米国大使館などを襲撃して占拠し、大使館員などを人質にとった。米国は解放などを求めて国際司法裁判所に提訴した。1980年５月に下された判決はイランの責任を認定した。判決は、イランへの暴徒の行為の帰属を二つの段階に分けて肯定した。第一段階では、暴徒は公式にイランの公務員の地位をもたず、事実上イランから具体的な作戦の実行を委任されていたわけでもないので、暴徒の行為はイランの行為とはみなされないが、イランは、襲撃の阻止及び暴徒の退去のための手段を有していながら、措置をとらなかったと認定された。その結果、イランは、外交公館を侵入又は損壊から保護するため適当な措置をとる義務（▶外交関係条約第22条２項）に違反したと認定された。第二段階では、最高指導者ホメイニ師を含むイラン当局が襲撃を承認し、占拠の継続を決定したことが、暴徒の行為をイランの行為へと変質させたと認定された。そして、この事実により、占拠が国の行為として接受国の官吏の公館への侵入の禁止（▶外交関係条約第22条１項）及び外交官の身体の不可侵（▶第29条）などの違反を構成すると裁判所は判示した。

係条約上の義務の文脈であるが、在テヘラン米国大使館事件判決［1980年］でも暴徒による大使館の占拠に対して措置を怠った不作為にイランの責任が認定された。私人の行為に対する国の責任は、私人の行為を規制する国の管轄権又は支配の存在が前提となる。**領域使用の管理責任**と呼ばれ、国の領域主権の帰結として認められる。この管理責任は、**相当の注意**を払う義務であり、領域だけでなく他の管轄権及び管理の下にある事態にも適用される。

3 国際義務の違反

* **義務の違反** 国家責任が発生するための第二の要件は、国際法上の義務の違反である。義務の淵源が条約か慣習法か、義務の性質が何であるかは無関係である（▶国家責任条文第12条）。

** **行為の義務と結果の義務** 1977年に暫定的に採択された国家責任条文草案第20条及び第21条は、国際義務を主に行為の義務と結果の義務に分類していた。**行為の義務**は、国際義務が義務履行の具体的な方法や手段まで定めているもので、国の行為が義務の要求することと一致しなければ違反が発生する。例えば、一定の内容の国内法の制定を求める義務や、裁判所による外国判決の承認を求める義務などである。それに対して、**結果の義務**は、国際法が達成すべき結果のみを定め、その実施の方法や手段を義務国に委ねている。国が結果を達成しなかった場合にのみ義務違反が発生する。国際義務は通常、結果の義務が多い。国は国際義務の国内での実施方法について裁量をもっているからである。この分類は最終草案では採用されなかったが、国際義務の性質を考えるうえで有用である。

> Point　**義務の分類**
> 行為の義務：国が採るべき方法や手段を規定
> 結果の義務：国が達成すべき結果のみ規定

** **違法性阻却事由** 国家責任条文は次の六つの事由を掲げ、それらの事由が存在する場合は、義務違反の違法性が存在しなくなる（阻却される）と規定した。

＊ **同　意**　被害国が行為に有効な**同意**を与えていた場合は、その行為の違法性は阻却される（▶第20条）。これは事前の同意であって、違法行為の後で被害国が同意をするのは、請求の放棄（▶第45条(a)）にあたるとされる。

＊ **自　衛**　違法行為とされる行為が、相手国からの武力攻撃に対する**自衛**を構成する場合には、違法性は阻却される（▶第21条）。パレスチナ壁事件勧告的意見［2004年］では、イスラエルによる分離壁の建設は自衛により正当化されないとされた。

＊＊ **対抗措置**　違法行為とされる行為が、相手国の違法行為（先行違法行為）への対応としてなされた場合、その違法性は阻却される（▶第22条）。これを**対抗措置**といい、伝統的には**復仇**（ふっきゅう）と呼ばれた。相手国の違法行為に対して、適法な行為で対応するのは**報復**といい、対抗措置から区別される。一般に対抗措置の要件として、①先行違法行為の存在、②被害国による事前の救済（違法行為の中止と賠償）の請求、③対抗措置と受けた被害との均衡性が挙げられる。ガブチコボ・ナジマロシュ計画事件［1997年］において、スロバキアが条約違反をハンガリーの違反に対する対抗措置として正当化したのに対し、国際司法裁判所は、スロバキアの措置は③の要件を満たしていないと認定した。国家責任条文は、対抗措置を国家責任の実施手段と位置づけ、詳細な条件を定めた（▶第49条以下）。

＊＊＊ **不可抗力**　**不可抗力**とは、国家にとって制御不可能な事態であって、義務履行を物理的に不可能にするものをいう。悪天候、地震、洪水などの自然現象や戦争や内戦などの人為的事態が例として挙げられる。不可抗力の要件は、問題となる行為が、①抵抗しがたい力又は予測しえない事態に基づくこと、②国家の支配を超えること、③義務の履行を物理的に不可能にすることである（▶第23条１項）。ただし、不可抗力の状態の発生がそれを主張する国の寄与による場合などは、不可抗力は認められない（▶第２項）。

＊＊＊ **遭　難**　行為者が自己の生命を救うため、又は保護している者の生命を救うため、義務違反となる行動をとる場合で、他の合理的手段がない場合を**遭難**といい、違法性が阻却される（▶第24条１項）。遭難を主張する国が遭難の状態発生に寄与した場合や、救助行為が遭難の状態と同等の危険を生じさせるか、又はより大きな危険を生じさせる場合、違法性は阻却されない（▶第２項）。

遭難は、義務違反とならない行為を選択する余地があるが、人道的要請から違法性阻却が認められる点で不可抗力とは異なる。例えば、悪天候により危難に直面した船舶又は航空機が、避難のために他国の領海又は領空を侵犯する事例がそうである。ただし、悪天候や機器の故障により、国境を認識できなかったり、制御不能となったりして侵犯するのは不可抗力となる。レインボー・ウォリアー号事件仲裁裁判判決［1990年］は、フランスが南太平洋の島にある軍事基地に隔離した仏軍人を、3年の隔離期間の満了前に、健康上の理由で本土に帰還させた事案で、島に十分な医療設備がなかったとして遭難の成立を認めた。

＊＊ 緊急状態 重大かつ急迫した危険から国家の存立など、重大な利益を保護するためにとる行為は、違法性が阻却される（▶第25条）。この概念は、国内法では緊急避難といい、国際法でも古くから議論の対象となってきた。イギリスが自国沿岸に対する油汚染の脅威を除去するため、公海上で座礁して油を流出させた外国タンカーを爆撃したトリー・キャニオン号事件［1967年］が、緊急状態の例とされる。**緊急状態**の要件は、①保護する利益がその国の不可欠の利益であること、②当該利益が重大かつ急迫した危険にさらされていること、③義務違反行為が保護のための唯一の手段であること、④当該行為が相手国又は国際社会全体の不可欠の利益に対する重大な侵害ではないことである。ただし、その国が緊急状態の発生に寄与した場合等は、緊急状態の援用は認められない（▶第25条2項(b)）。

ガブチコボ・ナジマロシュ計画事件判決［1997年］では、ハンガリーが条約違反を正当化するため緊急状態を援用した。国際司法裁判所は、ダム計画実施による自然環境への懸念がハンガリーの不可欠の利益に関係することを認めたが、危険は急迫したものではなく、状況が自身の行為によって生じたとして、ハンガリーの主張を認めなかった。パレスチナ壁事件［2004年］では、分離壁建設が、イスラエルの利益を保護する唯一の手段ではないとされた。

> Point　**違法性阻却事由**
> ①同意、②自衛、③対抗措置、④不可抗力、⑤遭難、⑥緊急事態

4　過失と損害に関する議論

＊＊ 国家責任の要件に関する議論 国家責任の要件は行為の国への帰属と国際義務の違反の二つであるが、要件の数としては、国内法の不法行為責任の要件と比べると多くはない。国家責任の要件については、

とくに過失と損害が要件であるか否かが議論されてきた。

＊＊ 過　失　伝統的な国際法の学説では、国内私法からの類推などを理由に、過失（個人の不注意という心理的状態）が国家責任の要素であるとの見解が有力であった（過失責任主義）。しかし、20世紀に入ると、国際義務の違反のみで責任が発生し、過失は必要ないとする立場（客観責任主義）が多数説となった。国家は組織体であり抽象的な人格であるため、個人に対してのみ問題としうる過失は妥当しないこと、国家を構成する公務員個人の過失を考えるとしても、それは国家責任の成立に影響しないことがその論拠である。

他方で、管轄下の私人の行為の防止を怠った国の責任を認定したアラバマ号事件仲裁裁判判決［1872年］のように、私人の行為に関する国家責任の成立には、国家が相当の注意（責任国が現実に払うことができた程度ではなく、義務違反の危険に比例した程度の注意）を払わなかったことが必要とされた。客観責任主義の立場からは、相当の注意を払うのは一次規則が国に課す義務（一次義務）の内容にすぎないと主張された。また、相当の注意は客観的な概念であることも主張された。つまり、責任国の具体的状況ではなく、「善良に統治された国家」を基準とする概念である。

国際司法裁判所のジェノサイド条約適用事件判決［2007年］は、相当の注意の内容を、危険を認識すること又は通常、危険を認識すべきであること、及び防止のため合理的に利用可能なあらゆる手段を行使することとしており、相当の注意を心理的な状態ではないかたちで定義している。国家責任条文は、第２条の規定からみて、過失が責任の一般的な要件であることを否定したものと考えられている。

国際法上の義務、とくに条約上の義務は国家が同意によって引き受けたものであるから、義務の違反があれば、過失がなくとも責任が発生すると考えるのが自然である。不注意という心理的状態ではなく、客観的な相当の注意は、外交関係条約第22条２項の義務や越境汚染を防止する義務のように、一定の一次義務の内容として機能する。また、国の管轄権又は管理の下にある私人の行為等の事態から、他国の権利を保護する義務を国が負う場合（いわゆる領域使用の管理責任）等の一定の状況において、義務違反の要素となると考えられる。

＊＊＊ 損　害　国際法委員会は、損害（物理的損害）が責任の要件であるか否かは、特定の一次規則の内容の問題であるとして責任の一般的要件ではな

いとの立場をとった。例えば、在留外国人を保護する規則では、外国人の身体又は財産に損害が発生してはじめて違反が存在する。自国民の人権を尊重する義務や国内法を制定する義務では、他国は損害を受けていなくても違反の責任を追及できる。ただし、原則として、その国の権利が侵害されたことが必要であり、通常は加害国の義務違反に含まれている。ゆえに、損害が責任の要件か否かは、それぞれの義務によって異なる。損害が一般的な要件でないことは、国家責任法の構造からも裏付けられる。損害は金銭賠償という特定の救済手段の要件にとどまるのが一般的である。国家責任には、違法行為の中止や満足のように、国の受けた物理的損害を条件としない救済手段がある。このことが意味するのは、国家責任は、被害国の受けた損害の救済の機能だけでなく、将来の違反の抑止及び法的関係の回復の機能をも有しているということである。

5　国家責任の結果

* **違法行為の法的効果**　国家責任が発生した場合、その結果として、違法行為国には以下のような二次規則上の義務（二次義務）が生じる。一方被害国は、違法行為国に対して、違法行為の中止を求めたり、賠償を求めたりする権利を獲得する。

** **違法行為の中止**　国際違法行為が継続している場合には、違法行為国は当該行為を**中止**しなければならない（▶第30条）。違法行為の第一の結果である。違法行為の中止は、**原状回復**の一部とみなされてきたが、違法行為の中止が違反のあった一次義務の履行の側面を有するがゆえに、違法行為の結果の除去の機能を有する賠償とは区別されるようになった。例えば、在テヘラン米国大使館事件［1980年］で、国際司法裁判所はイランに外交官の抑留を終了するよう命令したが、これは外交関係条約第29条の義務の履行を求めるものでもあった。違法行為の中止の要件は、レインボー・ウォリアー号事件仲裁裁判判決［1990年］によれば、①違法行為が継続していること、②違反のあった一次義務が、中止の命令が出される時点で有効であることの二つである。この判決は、フランスによる軍人の隔離義務の違反が継続的なものであることを認めたが、協定上の隔離期間はすでに終了したとして、②の要件の成立を否定した。

** **（広義の）賠償**　責任の主たる結果は、違法行為によって被害国が受けた損害（侵害）に対する**賠償**である。賠償は完全な賠償でなければならない（▶第31条）。常設国際司法裁判所のホルジョウ工場事件本案判決［1928年］は、「賠償は、可能な限り違法行為の一切の結果を除去するものでなければならず、当該行為が行われなかったならば存在したと考えられる状態をすべて回復するものでなければならない」と判示した。被害国又は被害者個人が損害に寄与した場合は、賠償の決定に考慮される（▶第39条）。賠償の形式には、原状回復、金銭賠償及び満足の三つがある。

Point　国家責任の結果

- ①違法行為の中止
- ②再発防止
- ③賠償
  - ①原状回復
  - ②金銭賠償
  - ③満足

＊＊ **原状回復**

原状回復とは、違法行為が行われる前の状態を回復することをいう。賠償の第一の形式とされるが、現実の紛争では金銭賠償が請求されることが多い。国家責任条文第35条は、原状回復が第一の賠償の形式であるとしつつ、それが認められる範囲を限定した。原状回復は、違法行為の前の状態の回復にとどまり、広義の賠償の範囲として求められる、違法行為が行われなかったならば（現在）存在すると考えられる状態まで回復するものではない。原状回復で回復されない範囲の損害は金銭賠償の対象になる。また、原状回復は、物理的に不可能ではないこと、被害国の得る利益に全く比例しない負担を責任国が負わないことを条件とする。原状回復が不可能な場合は**金銭賠償**が適用される。原状回復の具体的内容として、奪われた財産、土地、領土及び船舶などの返還、並びに抑留された個人の釈放などの事実的原状回復と、国内法の改正又は廃止などの法的原状回復とに区別されることがある。しかし、違法行為の中止が独自の救済手段として認められたことによって、これらの多くは違法行為の中止にも該当するため、原状回復が適用される局面は限られたものになっている。

＊＊ **金銭賠償**

違法行為国は被害国の受けた損害を金銭で賠償しなければならない（▶第36条）。金銭賠償の対象となるのは、原状回復で埋め合わされない、国家の受けた物理的損害である。国家の**物理的損害**とは、金銭的に評価されうる損害であり、国の財産の損害のほか、その国民の受けた財産的又は精神的損害が含まれる。損害には逸失利益も含まれる。違法行為と損害の間には因果関係がなければならない。また、必要な場合には（遅延）利息が適用される（▶第38条）。

＊＊ **満　足**

満足は、国家責任条文第37条によれば、損害が原状回復又は金銭賠償によって埋め合わされない範囲で認められる措置であり、責任国による公式の陳謝、遺憾の意の表明及び違反の承認などが含まれる。裁判所の実行では、国の行為が違法であったことを宣言し、この認定が満足を構成するとの判決が下されている（★コルフ海峡事件本案判決［1949年］）。伝統的に満足は、国家の精神的損害に対する賠償とされてきた。国家の精神的損害とは、国の威厳、威信又は名誉に対する侵害であって、具体的には国旗などの国の象徴の毀損（きそん）、国家元首及び外交使節への危害、並びに外交公館への侵害がその例とされた。さらに領空侵犯のような領域主権の侵害を含める説もあるほか、物理的損害を伴わない国際義務の違反を法的損害と構成し、これに満足が適用されるとする説もある。他方で、満足が違反のあった義務の存在を確認し、違法行為の再発を防止する機能を有しているため、違法行為の中止や他の賠償の形式が適用できない場合に、再発防止のために満足が適用されているとの見方もある。近年の判例では単なる条約違反に満足が認められている。

過去の実行においては、満足として謝罪のための使節の派遣、記念碑の建立や巨額の賠償金など、過度な措置が実施された例もある（★義和団事件［1900年］など）。国家責任条文第37条３項は、満足が、損害と比例しない形式及び責任国に屈辱を与える形式をとることを禁止した。被害国の受けた物理的損害を上回る額の金銭賠償を認める**懲罰的損害賠償**について、満足の一形式として認められるとの見解もあるが、主権平等に反するとして否定する見解が多い。

＊＊＊ **再発防止の確約及び保障**

再発防止の確約及び保障は、違法行為を繰り返さないとの約束、及び繰り返さないためにとるべき措置である。従来は満足の一形式とされてきたが、国家責任条文は、将来を指向する点で違法行為の中止と共通する機能を有するとして中止と同じ第30条に置いた。再発防止の確約及び保障が適用される条件に関して、第30条は「事情により必要な場合」と規定するのみで、その具体的内容は明確ではない。国際司法裁判所は、ラグラン事件判決［2001年］で、アメリカ合衆国の表明した約束がドイツの再発防止の保障の要求を満たしていると判示した。なお、その後の判決（★カメルーン・ナイジェリア領土及び海洋境界紛争事件判決［2002年］等）では、国が違法行為を繰り返すことは推定されないとの理由で、再発防止の保障を命じることに慎重な立場を示している。結局、再発防止の確約は、その機能において陳謝と同様のものであり満足の一形式とみるべきであろう。

***

責任追及の手段としての対抗措置

国家責任条文は、責任国が違法行為の中止をしない場合や、賠償などの義務を履行しない場合、被害国は対抗措置に訴えることができるとした。対抗措置は被害国の一方的な判断によって行われ、濫用される危険や紛争を悪化させる可能性がある。そのため、紛争の平和的解決義務と両立しないとの見解もあるが、紛争解決を促す側面もある。国家責任条文は対抗措置の権利を認めつつ、厳密な条件を規定した。対抗措置は、事前の救済の請求と**均衡性**の要件に従う（▶第51条、第52条2項）。対抗措置は中止及び賠償を促す目的に限定され、**暫定的**なものでなければならない（▶第49条）。紛争解決手続との関係では、対抗措置をとる国はその決定を通告し、交渉を提案しなければならない。裁判など拘束力を有する手続に紛争が付託されている場合、違法行為が中止され、責任国が誠実に当該手続に従っている限りで、対抗措置をとることはできない（▶第52条）。対抗措置として、武力の行使、基本的人権の侵害、人道法上禁止された軍事復仇、強行規範の違反、並びに外交特権及び領事特権の侵害などを行うことは禁止される（▶第50条）。

☆ Summary

国際法上の義務に違反する行為が発生した場合、違反行為を行った責任国は、違反行為の被害者である被侵害国に対し救済責任を負う。国家責任という。国家責任は、国内法上の責任とは異なり、（　1　）責任はなく、民事責任に類似した制度である。国内の民事責任には、債務不履行と不法行為責任の区別があるが、国家責任にはそうした区別はない。国家責任に関し、国際法委員会（ILC）は、（　2　）を採択し、国連総会はそれに留意する決議を採択した。

国家責任が発生するには、行為の（　3　）と義務（　4　）の存在が必要である。行為の（　3　）とは、行為が国家の行為とみなされることである。国家機関の行為であれば、（　5　）の上下や機関の任務（立法、司法及び行政）を問わない。また（　6　）政府だけでなく地方政府の行為も国家に帰属する。国家機関が任務の範囲外で行った権限（　7　）の行為も国家に帰属するのが原則である。一方、私人の行為は国家に帰属しないのが原則である。しかし、私人が、国家の指示を受けて行動したか、（　8　）又は支配の下で行動した場合は、事実上の機関として行動したことになり、国家に帰属する。支配に関し、（　9　）的支配であることが必要であるか、あるいは（　10　）的支配でよいかについて、国際裁判所間の対立がある。国家責任の発生に必要な第二の要件は、義務（　4　）の存在である。義務の（　11　）は関係ない。義務の性質に関しては、行為の義務と（　12　）の義務の二つに分けられる。義務（　4　）があっても国家責任が発生しない場合がある。違法性（　13　）事由が存在する場合である。これには、（　14　）、（　15　）、（　16　）、（　17　）、（　18　）、（　19　）がある。国家責任の発生に過失が必要かどうかについては、過失責任主義と（　20　）責任主義の対立があるが、国際法委員会は、後者を採用した。過失が問題となる場合、それは、（　21　）規則の問題であって、国家責任を取り扱う（　22　）規則の問題ではないという考え方である。（　23　）が要件であるかどうかも議論されるが、一般的な要件ではなく、金銭賠償の査定に関する問題でしかないと考えられている。

国家責任が発生した場合、責任国には、新たな義務が生じる。責任国が違反した義務は継続的に適用され、責任国は違法行為を（　24　）しなければならない。必要な場合には（　25　）防止の約束をしなければならない。責任国は、被侵害国に対し賠償の義務を負う。賠償は、違法行為が発生する前の状態に戻す（　26　）が原則であるが、それが不可能な場合には、（　27　）が行われる。こうした賠償手段で十分救済できない場合、（　28　）を与えなければならない。違反の確認、遺憾の意の表明、陳謝又はその他の方法で行われる。責任国が救済に応じない場合、被侵害国は（　29　）をとることができる。しかし、均衡ある措置でなければならない。

答

【Quiz】①はい、責任をとらなければならない。地方公務員であろうが、下級公務員であろうが、権限外の行為によるものであろうが、A国は国家責任を負うことになるのが原則である。

【Summary】①刑事、②国家責任条文、③帰属、④違反、⑤地位、⑥中央、⑦踰越、⑧指揮、⑨実効、⑩全般、⑪淵源、⑫結果、⑬阻却、⑭～⑲同意、自衛、対抗措置、不可抗力、遭難、緊急状態（順不同）、⑳客観、㉑一次、㉒二次、㉓損害、㉔中止、㉕再発、㉖原状回復、㉗金銭賠償、㉘満足、㉙対抗措置

第26章　紛争解決

Quiz

A国とB国の紛争が国際司法裁判所に付託された。裁判所にはA国の国籍をもつ判事がいたが、B国の国籍をもつ判事はいなかった。この場合、A国の国籍をもつ判事は、裁判に参加してよいか。

①はい、参加してよい。②いいえ、参加できない。　（答は章末）

1　国際紛争

* **国際紛争**　国家機関の行為によって国際法上の義務違反が発生し国家責任が生じたと被害国が主張する一方で、違反国が被害国の主張を否定する場合がある。その場合、事実の存在をめぐって二国間の対立が発生する。あるいは、主張の根拠となっている国際法の解釈や適用をめぐって対立が発生する。相異なる見解が衝突することによって国際紛争が発生するのである。しかし国家は威信をかけて、話し合いを拒否することがある。領土問題では、実効的支配を行っている国が、「領土紛争は存在しない」という態度をとることがある。一方当事者（被告）が紛争の存在を否定しても、見解の対立が存在し、紛争の存在を被告が認識していれば、国際紛争は存在する（★核軍縮交渉事件［2016年］）。

* **国際紛争の多様性**　国際紛争は、基本的に、国家間の対立であるが、今日、国際紛争を国家間の対立と定義するのでは不十分である。植民地が独立を果たそうとする場合、植民地解放団体と植民地本国との対立が存在する。また、一国内の人権侵害の場合、個人と国家との対立があり、国際人権条約実施機関や国連による国際的な監視制度が働いている。国家と国際機構との対立も存在する。国際紛争を国家という国際法主体に限定して理解することはできない。国際紛争については、異なる国際法主体間の紛争があるだけでなく、さまざまな種類の紛争が存在している。イデオロギー対立（例えば、冷戦）、宗教上の対立（例えば、旧ユーゴ紛争）、文化的な対立（例えば、むち打ち刑の問題）等がある。

ここでは、主として、国際法に関する問題を含む紛争について取り扱う。

* **国際法上の国際紛争** 国際法が取り扱う国際法上の紛争は、国際法の解釈や適用にかかわる紛争である。また、事実認定に関して紛争が生じている場合でも、認定によっては国際法上の問題が生じる場合がある。例えば、従軍慰安婦問題に関して、日本国の軍隊や政府の関与があったかどうかというのは事実問題である。事実認定が確定されることにより、国際法を適用し、結論が得られることになる。国際法を適用して判断することができる限りで、国際法上の紛争である。紛争はさまざまな問題を包含しているが、その中に国際法上の問題が含まれているかどうかが重要である。

2 紛争解決に関する基本原則と手段

* **紛争の平和的解決** 「紛争の平和的解決」という表現は、「紛争解決」に「平和的」という修飾語句が付加されてできている。そのことから、紛争解決には、**平和的解決**とそれ以外の解決があると考えがちである。事実、平和的解決と対立する概念として「紛争の強制的処理」という表現が使われることがある。つまり、武力を行使して紛争を実力でもって解決しようという試みである。しかし、こうした理解は間違っているといわざるをえない。第一に、今日では、武力行使が禁止されており、紛争解決目的であったとしても戦争に訴えることは許されていない。武力による強制的な紛争解決は、国際法によって認められた紛争解決手段ではない。第二に、そもそも紛争解決手段は、紛争当事国による直接交渉で解決できない国際紛争を、第三者の介入によって解決しようとするものであり、本来的に平和的である。国連憲章第２条３項では、紛争を平和的に解決しなければならない義務を定めており、武力行使禁止原則と並んで国際法上の基本原則を構成している。

> **国際連合憲章**
> 第２条３　すべての加盟国は、その国際紛争を平和的手段によって国際の平和及び安全並びに正義を危くしないように解決しなければならない。

** **紛争解決手段** 紛争当事国による直接交渉で解決できない国際紛争を解決するための手段として、伝統的に、仲介、審査、調停、仲裁裁判、司法的解決がある（表１）。**仲介（居中調停）**は、第三者が介入して紛争当事国の

■表1　紛争解決手段の異同

	目　的	担当者	組織時期	作成文書	拘束力
周　旋	便宜の供与	国家／個人	−	−	−
仲　介	友好的解決の促進	国家／個人	−	解決案	×
審　査	事実認定	国際委員会	事後的	報告書	×
調　停	友好的解決の促進	国際委員会	事後的	調書、報告	×
仲裁裁判	法的解決	仲裁裁判所	事後的	仲裁判決	○
司法的解決	法的解決	司法裁判所	常設	判決	○

仲立ちをし、両者に紛争解決案を提示することにより、合意による解決を目指す手段である。**周旋**は場所を提供したり便宜を提供したりするが、解決案の提示は行わない場合を指す。仲介と周旋は同義で使われる場合がある。周旋や仲介の申し入れを、非友好的な行為とみなしてはならない。紛争の解決は、国際平和の維持と国際社会の安定に役立つ行為だからである。**審査**とは、事実に関して争いがある場合、国際的な審査委員会が紛争発生後に組織され、事実調査を行い、事実を明らかにすることによって紛争解決につとめる解決手段である。委員会が作成する報告書は法的拘束力がない。1904年の**ドッガー・バンク事件**において組織され、紛争解決につながったことから、その有用性が認識され、1907年の**国際紛争平和的処理条約**で規定された。**調停**は、紛争発生後に国際的な委員会を設け、個人の資格で参加する委員が、紛争の解決案を提示する方式である。調停委員会が作成する調書には拘束力がなく、勧告的である。1981年、アイスランドとノルウェーとの間の海洋境界画定事件が調停により解決した。仲裁裁判及び司法的解決は国際裁判である。国連憲章第33条は、こうした紛争解決手段に加えて**地域的機関**つまり地域的国際機構の利用を規定している。欧州連合（EU）やアフリカ連合（AU）等のように、地域的国際機構の中にも裁判機関をもっているものがあり、地域的国際機構の利用は、必ずしも政治的な解決とは限らない。地域的な紛争はその地域に任せようという地域主義の表れである。さらに、国連憲章は、安全保障理事会や総会を利用した政治的手段も規定している。

＊ **同意原則**　紛争当事国は、一般国際法上、特定の紛争解決手段を講じなければならない義務を負っていない。第三国が仲介を申し入れた場合でも、それを受け入れる義務はない。国家は主権国家であり、他国から何らかの

行為を強制されることはない。したがって、紛争解決手段を利用するためには、紛争当事国双方の同意つまり合意が必要である（**同意原則**）。合意があってはじめて、国際委員会や仲裁裁判所等が組織され、紛争解決のための手続が開始される。どの紛争解決手段を利用するかについて、各国は**手段選択の自由**を有している。その一方で、条約によって、特定の紛争解決手段が指定されている場合がある。例えば、条約法条約では、強行規範に関する紛争は国際司法裁判所に付託し、それ以外の紛争は調停に付託することになっている（▶条約法条約第66条）。この場合は、条約当事国間の紛争であれば、他の手段を利用する合意がない限り、条約により指定された紛争解決手段を利用することになる。

** **事後的手段**

紛争解決手段の中で、国際審査委員会、国際調停委員会及び仲裁裁判は、紛争の発生した後で事後的（*ad hoc*）に組織される場合が多い。紛争当事国は、どの紛争解決手段を利用するか合意に達した後で、**特別協定**（付託合意、コンプロミー）を締結し、紛争の主題、適用法規、委員や裁判官の選出方法、使用言語、開催地、手続、費用負担等を決定する。委員会や仲裁裁判所は、奇数の委員や裁判官で構成される。紛争当事国が互いに同数（1名又は2名）の委員又は裁判官を指名する。その上で、第三の委員（委員長）又は裁判官（裁判長）を、紛争当事国が合意により選出するか、それぞれの紛争当事国が指名した委員又は裁判官が選出するか、あるいは第三者が選出する。

** **紛争解決機関の常設化**

たとえ紛争当事国が、仲裁裁判に付託することについては合意しても、特別協定の内容について対立が生じ、締結に至らない場合がある。そうした弊害を避けるためには、常設の委員会や裁判所を設置することが望ましい。例えば、アメリカ合衆国とイギリスは、1909年、アメリカ合衆国とカナダの国境問題を処理するために常設の国際合同委員会を設けた。また、アメリカ合衆国は、1913年から40年にかけて、多くの国とブライアン条約を締結し、常設審査委員会を設置した。第一次世界大戦後にドイツが締結したロカルノ条約には、常設調停委員会が設置された。

多数国間条約でも紛争解決機関の常設化の動きがあった。1928年の**国際紛争平和的処理議定書**では、常設の調停委員会の設置が言及されていたが、設置の義務があったわけではない。1907年の**国際紛争平和的処理条約**では、**常設仲裁裁判所**（PCA）を設置した。この裁判所は、当事国が任命した裁判官名簿を準備した。紛争当事国は裁判所の利用に合意した後で、裁判官名簿からそれぞれ2名の裁判官を選定する。裁判長は、選定された4名の裁判官が選定する。常設の裁判所といっても、常設されたのは裁判官名簿と国際事務局のみで、真の意味で常設裁判所ではなかった。類似の常設名簿方式は、欧州安全保障協力機構の調停委員会も採用している。

3　仲裁裁判

** 国際裁判　国際裁判とは、国際法上の問題に対して国際法を適用し、国際法に基づいた判決を下すことによって、紛争解決に役立つ方法である。通常国際裁判は、国際法上の問題が含まれていなければ利用できない（▶国際司法裁判所規程第36条2項）。裁判官は、国家代表ではなく、個人の資格で参加する国際法の専門家であり､政治的な便宜に基づく考慮を働かせることができない。しかし当事国の合意によって**衡平及び善**（*ex aequo et bono*）を適用することが認められる場合には、法の適用を排除することができる（▶第38条2項）。法をそのまま適用しては正義と合致しない結果が得られると考えられる場合、法ではなく正義を適用することを許すのが、衡平及び善である。この場合、裁判所は、裁判機能を果たすというよりもむしろ調停機能を果たす。海洋境界画定の際に適用される衡平原則は、法の中にある衡平と呼ばれ、法を修正する機能は認められず、衡平及び善とは異なる。常設の国際裁判所が衡平及び善を適用した事例はなく、国際裁判はもっぱら国際法を適用する。

** 仲裁裁判　国際裁判は、仲裁裁判と司法的解決に分けられる。**仲裁裁判**は、紛争の発生後に、紛争当事国が合意に基づいて組織する裁判所による国際裁判である。一方、**司法的解決**は、常設の裁判所による国際裁判である。仲裁裁判は、1794年英米で締結された**ジェイ条約**にさかのぼる。1872年に、アメリカ合衆国とイギリスとの間の**アラバマ号事件**が、仲裁裁判で解決できたことから、国際紛争に役立ちうることが広く認識され、1907年国際紛争平和的処理条約に多大な影響を与えた。仲裁裁判は、紛争当事国がそれぞれ選定した中立的な個人が仲裁裁判官を務める場合（混合委員会方式）と、国家元首に仲裁裁判を依頼する場合（主権者方式）がある。アラバマ仲裁裁判は前者の例である。アルゼンチンとチリの間のビーグル海峡事件［1977年］は後者の例であり、イギリス女王エリザベス2世が仲裁裁判官に任命された。ただし、エリザベス2世は、5名の国際司法裁判所裁判官に仲裁裁判の任務を委嘱した。国際法の解釈適用を求める紛争においては、国際法の専門家に頼らざるをえない。

＊＊＊ 常設仲裁裁判所　**常設仲裁裁判所**（PCA）は、国際紛争平和的処理条約によって設けられた裁判所である。この裁判所は**国際事務局**を有しており、「特別裁判ノ執務ノ為、ソノ庁舎及施設ヲ締約国ノ用ニ供スル」（▶第47条）ことになっている。この条文を利用し、常設仲裁裁判所以外の仲裁裁判所等の事務も取り扱っている。例えば、国連海洋法条約第287条１項(c)が規定する仲裁裁判所の事件14件と調停事件１件を担当している。そのため、常設仲裁裁判所は、裁判所を示すというよりも、むしろ国際事務局を示すものとして使われるようになっている。国家間の仲裁裁判だけでなく、国家と私人（企業）との間の紛争を取り扱う裁判所事務も受け付けている。1935年のアメリカ・ラジオ会社対中国の事件がその嚆矢（こうし）である。常設仲裁裁判所は、国家と私人、国際機構と国家、国際機構と私人との仲裁に関する選択規則を定め、国家間紛争以外の紛争解決にも役立つ裁判所を目指している。仲裁裁判だけでなく調停も行いうる。そのため、21世紀に入り、常設仲裁裁判所の利用が急増している。

1976年、国連国際商取引法委員会（UNCITRAL）仲裁規則第６条３項では、国際事務局の事務総長が仲裁人任命権者を指定することができると規定していた。三人の仲裁人で構成される仲裁の場合、仲裁人の合意によって、裁判長が任命されるが、その合意がとれない場合、任命権者が裁判長を任命する権限を与えられる（▶2010年規則第９条３項）。これに倣い、イラン・アメリカ合衆国請求裁判所では、国際事務局の事務総長がオランダ最高裁判所長官を仲裁裁判官任命権者と指定した。2010年 UNCITRAL 仲裁規則第６条１項では、国際事務局事務総長が、任命権者の一人として機能する可能性が開かれた。

4　司法的解決

＊＊＊ 国際裁判所の多様化　常設の国際裁判所が多数設立されている。各裁判所は、それぞれ独自の裁判権（管轄権）を有しており、取り扱いうる事件が設立文書により限定されている。当事国が地理的に限定されている地域的な裁判所がある一方で、そうした限定のない普遍的な裁判所がある。取り扱う事案（事項管轄権）が国際法全般であるか、特定の事項のみであるかによって、一般的裁判所と専門的裁判所に分けることができる。また、国家間紛争のみを取り扱うか、国家と私人との紛争を取り扱うかによっても異なっている（当事者管

轄権）。

国際裁判所多様化の理由として、３点が挙げられる。第一に、国際法一般を取り扱う裁判所として国際司法裁判所が存在しているが、利用することができるのは国家のみであるため、それ以外の国際法主体に国際裁判を認めるためには、別の裁判所を作るしかない。第二に、1966年から1986年まで国際司法裁判所は、途上国から敬遠され、地域的な紛争は地域の裁判所を設立して解決したいという要求が高まった。第三に、国際法の対象領域が拡大し、特定の分野に関する立法条約が多数締結され、条約ごとに独自の裁判所を設ける動きがある。国際法が、高度に専門化されたために、専門的知識を持った裁判官が必要になってきたのである。国際裁判所の多様化は、法の支配が行き渡ることを意味し、国際社会の司法化として歓迎される一方、同種の問題が異なる裁判所に係属し、裁判所間の判決が食い違うことがありうる。そのため、**国際法の断片化**が生じるのではないかとの危惧が出ている。裁判所は、判決等の相互参照に努め、他の裁判所と齟齬（そご）が生じないよう気を配っている。

＊＊ **強制的管轄権**

裁判**管轄権**とは、事件を取り扱う権限（裁判権）のことをいう。国内裁判所であれば、法律問題に関して紛争が発生した場合、誰を相手にしてであっても裁判を開始できる。国内裁判所では相手の同意は不要であり、**強制的（義務的）管轄権**がある。国際社会では、一般的にそうした強制的管轄権は存在していない。例外的に強制的管轄権を有する裁判所が存在している。例えば、1908年に設立され、10年間存続した**中米司法裁判所**がそうである。1994年設立の中米司法裁判所も同様である。しかし、国際司法裁判所は、**任意的管轄権**が原則である。紛争当事国が裁判所を利用するためには、当事者間で**特別協定**（付託合意、コンプロミー）を締結し裁判権に合意する必要がある。常設の裁判所を設けることと、その裁判所に裁判権を認めることとは別のことであると考えられているからだ。地域的な裁判所であれば、加盟国が限定されており、強制的管轄権の導入はたやすい。一方、普遍的な裁判所では、国家はどの国から訴えられるかわからず、強制的管轄権の導入には二の足を踏む傾向がある。国際刑事分野のように私人が関係する分野では、国家は自らが被告にならないので、強制的管轄権の導入に前向きである。国際刑事裁判所（ICC）では、締約国は裁判所の管轄権を自動的に認めている（▶ ICC 規程第12条）。

合意なしに裁判が開始できないという弊害を除去するため、部分的に、強制的

国際司法裁判所規程

第36条 1 裁判所の管轄は、当事者が裁判所に付託するすべての事件及び国際連合憲章又は現行諸条約に特に規定するすべての事項に及ぶ。

2 この規程の当事国である国は、次の事項に関するすべての法律的紛争についての裁判所の管轄を同一の義務を受諾する他の国に対する関係において当然に且つ特別の合意なしに義務的であると認めることを、いつでも宣言することができる。

(a) 条約の解釈

(b) 国際法上の問題

(c) 認定されれば国際義務の違反となるような事実の存在

(d) 国際義務の違反に対する賠償の性質又は範囲

3 前記の宣言は、無条件で、多数の国若しくは一定の国との相互条件で、又は一定の期間を付して行うことができる。

6 裁判所が管轄権を有するかどうかについて争がある場合には、裁判所の裁判で決定する。

管轄権が与えられている場合がある。裁判所の管轄権を紛争発生前に確立しておき、紛争が発生すれば、当事者の一方がいつでも他方当事者を相手取り訴訟を開始することができる制度である。第一の方法は、日米通商航海条約第24条のように、**紛争解決条項（裁判条項）**を挿入する方法である。日米通商航海条約の解釈適用に関する日米間の紛争は、国際司法裁判所に一方的に付託することができる。第二の方法は、**紛争解決条約（裁判条約）**を締結する方法である。1928年の国際紛争平和的処理に関する一般議定書（1949年改正）は、調停、仲裁裁判と並んで司法的解決を定め、国際司法裁判所への付託を認めている（▶第17条）。第三の方法は選択条項受諾宣言である。

＊＊ **選択条項受諾宣言**

国際司法裁判所は、一般的に、強制的管轄権を有しておらず、前身の常設国際司法裁判所に倣って、選択条項受諾宣言による強制的管轄権の設定を採用した。**選択条項**とは、国際司法裁判所規程第36条2項のことを一般に指している。国家は、裁判所の管轄権を認める宣言を一方的に行うことができ、宣言を行った国家間での紛争に関し、一方的に訴訟を開始することができる。A国とB国が受諾宣言をしており、C国はしていないと仮定しよう。その場合、A国はB国を相手取り訴訟を始めることができるが、C国を相手取り訴訟をすることはできない。B国も同様に、A国を相手取り訴訟を始めることができるが、C国を相手取り訴訟をすることはできない。C国は、選択条項受諾宣言を行わない限り、A国やB国を相手取り訴訟を開始することはできない。同じ方式が、自由権規約第41条の国家通報制度にも採用されている。

＊＊ 選択条項受諾宣言の留保　選択条項を受諾することによって、一方的付託が可能になるだけでなく、一方的に提訴される可能性も出てくる。そのため、それを防御するために、一定の紛争を裁判所の管轄権から除外する試みが行われる。選択条項受諾宣言に**留保**を付すのである。管轄権を時間的に限定する時間的留保、訴訟当事者を限定する当事者留保、紛争の種類を限定する事項的留保がある。時間的留保の例としては、受諾宣言以後に発生した紛争のみ管轄権を認める留保、当事者留保の例としては、コモンウェルス（英連邦）諸国間の紛争を除外するイギリスやインドの留保、事項的留保の例としては、国内管轄事項に関する紛争を排除する留保がある。フランスやアメリカ合衆国の受諾宣言には、国内管轄事項に属するかどうかを自国が判断するという自己判断留保（自動的留保）が付されていた。裁判所は管轄権確認権限を有しており（▶第36条6項）、自己判断留保はこの権限を奪うものであるとして、無効であるという考え方が強い。その場合、留保のみ無効で、受諾宣言自体は有効であると考えるか、留保の無効は受諾宣言を無効にすると考えるか、二通りの解釈がある。留保がなければ受諾宣言をしなかったはずと考えれば、留保と受諾宣言の不可分性を根拠に、宣言自体が無効となる。しかし、留保国は、留保が許容されない可能性があることを承知でそのような留保を付したと考えれば、宣言は有効となる。この問題に関し国際司法裁判所は判断を避けている。

＊＊ 相互主義　裁判所の管轄権は、訴訟当事者が選択条項受諾宣言によって相互に認めあった紛争に及ぶ。例えば、A国が「1980年以後に生じた紛争についてのみ裁判所の管轄権を義務的」と宣言し、B国は「領土紛争については、裁判所の管轄権から除外する」旨の留保を付していたとしよう。A国の宣言には、「1979年以前に生じた紛争を除外する」留保が含まれていることになる。A国がB国を相手取り裁判を付託することができるのは、領土紛争を除き、1980年以後に発生した紛争のみとなる。B国がA国を相手取り裁判を付託する場合も同じである。このように、裁判所の管轄権は、受諾された管轄権が一致する範囲で行使される。A国は自国の留保だけでなくB国の留保も援用することができる。B国も同様である。相互主義が機能し、両者に同じ権利・義務が設定されるからである。

5　国際司法裁判所

＊＊ 組　織　**国際司法裁判所**（ICJ）は、1946年に国連憲章と不可分一体の国際司法裁判所規程によって設立された裁判所で、オランダのハーグに本拠をもつ。15名の判事によって構成されている（▶国際司法裁判所規程第3条）。全員異なった国籍を有し、任期は9年で、3年おきに5名ずつ改選される（▶第13条）。安全保障理事会と総会が別個に選挙を行い、両機関で過半数を得たものが判事となる（▶第8条）。選任には地理的配分が考慮され、西欧5名、東欧2名、ラテンアメリカ2名、アジア3名、アフリカ3名で固定されていたが、2018年から西欧4名、アジア4名となっている。2017年の選挙において安保理はイギリスの現職判事を、総会はインドの元判事を支持したが、総会においてインドの候補者が3分の2近い得票を得たため、イギリスが辞退したのである。常任理事国はほぼいつでも判事を送り込むという原則が覆った。ただし、常任理事国はいつでも判事を送り込んでいる。その例外は、1967年～1985年の中国と、2018年～現在までのイギリスである。日本からは、田中耕太郎（1961年～1970年）、小田滋（1976年～2003年）、小和田恒（2003年～2018年）及び岩沢雄司（2018年～）が選出されている。大国から判事が選任される傾向がある。

互選により、裁判所長と裁判所次長各1名が選出される（▶第21条）。裁判所は通常15名が参加する全員法廷で開催される。紛争当事国の国籍をもつ裁判官（**国籍裁判官**）も裁判に参加することができる（▶第31条1項）。訴訟当事者が国籍裁判官を有しない場合、**特任裁判官**（*ad hoc* 裁判官）を選定することができる（▶第31条2項）。裁判所は、常設の部（小法廷）以外に、当事者の要請により部を設置する場合があり、その場合、当事者が指名する裁判官5名で裁判を行う。常設の国際司法裁判所が、仲裁裁判所として機能することになる。

＊＊ 当事者　国際司法裁判所には、**訴訟手続**と**勧告的意見手続**がある。訴訟手続は国家間紛争を取り扱うもので、訴訟当事者となりうるのは国家のみである。国際司法裁判所が世界法廷と呼ばれるのは、訴訟手続からきた評価である。一方、国際司法裁判所は、「国際連合の主要な司法機関である」（▶国連憲章第92条）ことから、勧告的意見の機能が与えられている。国連の諸機関が勧告的意見を要請できる。国家は勧告的意見を要請することができない。したがって、国家と国連の問題に関し、安全保障理事会や総会は勧告的意見を求めることができるが、国家はできないという一面性がある。国連事務総長や事務局も要請権限

がない。個人はそもそも、国際司法裁判所の手続を利用することができない。

＊＊ **管轄権** 訴訟手続における国際司法裁判所の管轄権は、特別協定（付託合意、コンプロミー）や紛争解決条項・条約、選択条項受諾宣言によって与えられる。選択条項受諾宣言を行っている国が、宣言をしていない国を相手に提訴することは、本来許されないはずであるが、提訴後に被告が同意を表明すれば裁判所の管轄権が確立される。この方式を**応訴管轄**（*forum prorogatum*）と呼ぶ。コルフ海峡事件（1947年提訴）やフランスにおける刑事訴訟事件（2003年提訴）、刑事司法共助問題事件（2006年提訴）がその例である。

＊＊＊ **先決的抗弁** 合意付託の場合には、紛争当事国の一方又は双方が裁判所に特別協定を提出して裁判を開始する。一方的付託の場合には、原告となる国家が**請求**を提出して裁判を開始する。請求には、紛争の主題、当事者、管轄権の根拠、請求の根拠を記す。A国がB国の国際法上の義務違反を主張しているとき、義務違反の存否が紛争の主題となる。これについて検討する手続を**本案手続**（**本案段階**）という。その前に、被告B国は、裁判所の管轄権や受理可能性がないとの主張（**先決的抗弁**）を提出することがある。管轄権は裁判所の裁判権の有無に関する問題であり、裁判所は、紛争解決条項や紛争解決条約、選択条項受諾宣言やその留保を検討する。受理可能性は請求に含まれる手続上の問題点をいう。例えば、国際法上の問題点が含まれているかどうか（法的紛争）、裁判前に交渉を尽くすことが必要かどうか（交渉前置）、紛争が発生しているかどうか（ライプネス）、紛争が消滅していないかどうか（ムートネス）、訴訟に必要な当事者がすべて裁判所に出廷しているかどうか（必要不可欠当事者）、訴訟当事者は訴えの利益を有しているかどうか（スタンディング）、他の紛争解決手段との同時進行は可能かどうか（リティスペンデンス）等の問題が検討される。先決的抗弁が認められれば、本案手続には進めない。先決的抗弁が提出されていない場合でも、裁判所は本案段階で、管轄権や受理可能性を確認する。

＊＊＊ **仮保全措置** 訴訟当事者の一方が、**仮保全措置**を要請することがある。仮保全措置は、それぞれの当事者の権利を保全するためにとられる暫定措置であり、裁判所の命令によって下される（▶第41条）。仮保全措置は、優先的に処理されることになっており、裁判所は管轄権が確認される前でも命令することができる。裁判所は、管轄権の**一応の**（*prima facie*）**確認**を行わなければならない。さらに、本案請求の対象となっている権利に対し**回復不可能な損害**の

発生が予想され、裁判所が仮保全措置の指示の必要性を認めることが条件である。両当事者に対して紛争激化防止を命ずることもある。仮保全措置は、裁判所の独自の判断（職権）で、指示される場合がある。仮保全措置は、本案判決が下されるまでの間、法的拘束力を有している（★ラグラン事件判決［2001年］）。

＊＊＊ **反　訴**　被告は**反訴**を提出することができる。例えば、A国がB国の武力行使を違法と主張して提訴した場合、B国は自衛権でもって正当化する可能性がある。その場合、A国が先に武力を行使したとして、A国の国際法義務違反を反訴の中で主張することができる。反訴が受理されるためには、管轄権が存在しており、本訴の主題と直接的関係があることが必要である。

＊＊＊ **訴訟参加**　訴外にあるC国が、A国とB国の訴訟に参加することができる。例えば、A国がC国に対して最初に武力を行使し、B国はC国のために集団的自衛権を行使していた場合が想定される。このように利害を有する国が訴訟参加する場合（▶第62条）と、条約の解釈が問題となっており、第三国も同じ条約の当事国であるために訴訟参加できる場合（▶第63条）がある。仮保全措置手続、先決的抗弁手続、反訴手続、訴訟参加手続は**付随的手続**と呼ばれる。本案手続の従たる手続であり、本案管轄権の範囲内で認められるにすぎない。付随

◆ Further Study　国際司法裁判所による安保理の司法的コントロール

国際司法裁判所が、安全保障理事会決議の合憲章性を判断できるかどうか。ロッカビー事件の1992年仮保全措置命令の中で、国際司法裁判所は、安全保障理事会決議が国連憲章第25条にしたがい拘束力を有し、第103条にしたがい条約義務よりも優先することを確認したことが契機となって議論され始めた。裁判所は、ナミビア事件［1971年］の勧告的意見の中で、司法審査の考え方を否定しているものの、ある種の経費事件［1962年］では、PKOの合憲章性を検討しており、勧告権限として合憲章性判断は可能である。訴訟事件では、安保理は当事者としての地位がない。したがって、訴訟当事者間の法的状況を判断する前提として、付随的に、合憲章性について取り扱われるだけである。安全保障理事会が、国連の目的及び原則にしたがわなければならない（第24条2項）だけでなく、拘束力を有するのは「この憲章にしたがっ」た決議のみである（第25条）ことから、実体判断可能である。勧告的意見であれ、判決であれ、拘束力が安全保障理事会に及ばないため、安全保障理事会に対する規制力は弱い。

的手続は、主として一方当事者の要請に基づくもので、要請がなければ存在しない。

＊＊ **本案手続**　本案手続は、書面手続と口頭手続から成る（▶第43条）。一方的付託の場合、**書面手続**において、原告が申述書を提出し、被告が答弁書を提出する。必要に応じて、さらに原告は抗弁書を提出し、被告は再抗弁書を提出する。こうした書類を総称して**訴答書面**と呼ぶ。提出期限は裁判所が命令する。書面手続に続いて**口頭手続**が行われる。両当事者の代理人、補佐人、弁護人が裁判官の前で口頭弁論を行う。裁判官から質問が提起されることもある。付随的手続の各段階においても、基本的に、書面手続と口頭手続がある。

＊＊ **判　決**　本案に関する口頭手続の後、裁判所は評議を行い、判決を作成する。判決には、事実、理由、主文が記される。判決は裁判官の多数決で決定される。可否同数の場合は裁判所長が決定投票権を有する。裁判所意見と異なる結論を採用する裁判官は反対意見を付し、結論は同じでも理由付けが異なる裁判官は、個別意見を付すことができる（▶第57条）。宣言を付すだけの場合もある。

判決は、「当事者間において」かつ「その特定の事件において」のみ拘束力を有する（▶第59条）。当事者は、判決の解釈を裁判所に求めることができる（▶第

◆ Case　**ロッカビー事件**
（リビア対イギリス、リビア対アメリカ合衆国）
国際司法裁判所命令［1992年4月14日］

1988年12月21日、イギリスのロッカビー村上空でアメリカ合衆国のパン・アメリカン航空103便が爆破された。乗員乗客259名と巻き添えを食った住民11名が死亡した。被疑者のリビア人2人は、自国に潜伏していることがわかり、イギリスとアメリカ合衆国が犯罪人引渡しを求めたが、リビアは応じなかった。両国は安全保障理事会に働きかけ、決議731の採択に成功した。この決議は、リビアに対し引渡要求に応じるよう要請した。リビアは、「民間航空の安全に対する不法な行為の防止に関するモントリオール条約」上の「引き渡すか訴追するかの義務」に従い、自国で訴追する限りは引渡しの義務がないと主張して、イギリスとアメリカ合衆国を相手取り国際司法裁判所に提訴した。その後、安全保障理事会が決議748を採択し、国連憲章第7章の下で、リビアに対して非軍事的措置を発動した。リビアが引渡請求に応じておらず、平和に対する脅威を構成すると判断した。裁判所は、安全保障理事会決議748が、国連憲章第25条により、法的拘束力を有していることを確認し、安保理決議の義務が、国連憲章第103条により、モントリオール条約上の義務に優先することを認めた。

60条)。判決当時知られていなかった事実が発見された場合には、再審を請求することができる（▶第61条)。判決は一般によく遵守されているといわれるが、合意付託の事件では、事件の**脱政治化**が完了しており、遵守されやすい。一方的付託の事件であるテヘラン米国大使館事件やニカラグア事件等では判決不履行がみられた。判決の不履行があった場合、当事者は、安全保障理事会に履行を強制する措置を求めることができる。安全保障理事会は必要と判断する場合のみ、措置をとる（▶国連憲章第94条２項)。ニカラグア事件で勝訴判決を得たニカラグアは、アメリカ合衆国の判決不履行を理由に､安全保障理事会に判決執行を要請したが、アメリカ合衆国の拒否権に遭った。その後、総会を利用した。総会はアメリカ合衆国に対し判決履行の要請を行ったが、履行されていない。

**
勧告的意見 安全保障理事会と総会はいかなる法律問題であっても、裁判所に勧告的意見を要請することができる（▶第96条１項)。国連の専門機関は、活動の範囲内において生ずる法律問題について勧告的意見を要請することができる（▶第96条２項)。活動の範囲外の法律問題については、要請できない（★ WHO 核兵器使用の合法性事件［1996年］)。勧告的意見を与えることは裁判所の義務ではない（▶国際司法裁判所規程第65条１項）が、やむをえない理由がない限りは意見を与えることが国連の主要な司法機関たる裁判所の責務であると述べている。勧告的意見は、拘束力を有していないが、最も権威ある法律判断であるため、一般によく遵守されている。国連特権免除条約第８条30項のように、条約によっては、勧告的意見に拘束力を与えるものがある。

6　私人を含む国際紛争の解決

***
国家と私人との間の紛争 仲裁裁判には、国家間紛争を取り扱うものだけでなく、国家と私人との間の紛争を取り扱う仲裁裁判も存在している。第一次世界大戦後、講和条約によって設立された**混合仲裁裁判所**は、敗戦国であるドイツが戦勝国国民に対して与えた損害について、被害者個人がドイツを相手に訴訟を提起することができた。同様に、テヘラン米国大使館人質事件の後、1981年に設置された**イラン・アメリカ合衆国請求裁判所**は、アメリカ合衆国国民がイランを相手取り訴訟を提起でき、イラン国民もアメリカ合衆国を相手取り提起できることになっている。また、イラクによるクウェート侵攻の結果、被害を受けた個人を救済すべく、1991年安保理決議687により、**国連賠償**

委員会（UNCC）が、安全保障理事会の補助機関として作られた。イラク原油の販売で得た利益の30％が、国連賠償基金に積まれ、賠償金が支払われた。

1950年代から80年代にかけて、途上国による国有化が横行し、企業と投資先政府との間で紛争が生じることがあった。企業は、国内裁判所よりも国際的な裁判所を望んだ。そうした背景から、世界銀行の提唱により、**投資紛争解決国際センター**（ICSID）が1966年に設立された。1965年投資紛争解決条約の締約国の自然人や法人と他の締約国との間の紛争の解決のために、紛争当事者の双方が同意を与えた場合に、仲裁又は調停の手続を開始することができる。

***

国際機構と私人との間の紛争

国連や国際労働機関（ILO）には**行政裁判所**が設置されている。国連行政裁判所（UNAT)、国際労働機関行政裁判所（ILOAT）と呼ばれている。国際機構とそこで働く職員（国際公務員）との間の労働問題を解決するための裁判所である。

1993年、世界銀行は、事務局から独立した常設の内部機関として**インスペクション・パネル**を設置した。世界銀行が融資したプロジェクトの遂行によって、個人が何らかの損害を受けた場合、当該個人からの申立てを受理するための機関として設置されたのである。パネルは、裁判所ではなく、国際法の履行とは必ずしも関係がないが、世界銀行の説明責任（アカウンタビリティ）を果たすためのものとして評価されている。同種のパネルは、アジア開発銀行や米州開発銀行、アフリカ開発銀行、欧州復興開発銀行にも設置されている。

☆ Summary

国際紛争は（　1　）的に解決しなければならない。そのための手段として、交渉、周旋、仲介、審査、（　2　）、仲裁裁判、（　3　）がある。また地域的国際機構を利用することもできる。国家は主権を有しており、特定の紛争解決手段を強制されない。紛争当事者双方の（　4　）がなければ、紛争解決の手続は開始しない。国際裁判を利用するためには、（　5　）の締結が不可欠である。その合意に至るまでにさまざまな困難が待ち受けており、解決手段を常設化する試みと、（　6　）的管轄権を与える試みが国際社会で行われた。国際紛争は多様であるが、国際法上の紛争とは、国際法の解釈適用に関する紛争である。そうした紛争に適合的なのは国際裁判である。仲裁裁判と（　3　）の違いは、裁判所の常設性にある。（　7　）裁判所（PCA）は、裁判官名簿と国際事務局が常備されただけで、真の意味の常設裁判所ではない。

国際司法裁判所（ICJ）は国連の主要な司法機関であり、15名の判事から成る。訴訟当事国が判事を有していない場合、（　8　）裁判官を選定することができる。裁判所には、訴訟手続と勧告的意見手続がある。前者においては、当事者は、国家のみである。裁判所の管轄権は、原則として任意的であるが、紛争解決条項等によって事前に与えておくことができる。（　6　）的管轄権を付与する方式として（　9　）宣言がある。これには留保を付すことができる。裁判所の手続には、本案手続の前に、付随的手続がある。当事者は、（　10　）措置の指示を要請することができる。（　11　）的抗弁を提起し、管轄権の不存在や受理不可能を主張することができる。また、第三国の（　12　）や、反訴の制度がある。各手続には、（　13　）手続と口頭手続がある。判決は、その事件に関してのみ、そして当事者に対してのみ拘束力がある。判決には、個別意見や（　14　）意見が付されうる。判決不履行の場合、安全保障理事会に措置を要請することができる。勧告的意見は、国際機構のみが利用できる。安全保障理事会や総会はいかなる法律問題であっても要請できるが、その他の機関は、その（　15　）の範囲内で生じる法律問題に限られている。勧告的意見に拘束力はないが、（　16　）条約のように、拘束力が付与される場合がある。

個人と国家との間の紛争を取り扱う裁判所も、若干ではあるが存在している。今日では、国際裁判所の多様化が問題となっている。裁判所間で異なる判断が下される可能性があり、国際法の（　17　）化が懸念される。しかし、国際社会において法の支配を確立するためには、司法的紛争解決制度は不可欠である。

答

【Quiz】①はい、参加してよい。自国の国籍をもつ判事（国籍裁判官）を有していないＢ国が、特任裁判官を任命することができる。

【Summary】①平和、②調停、③司法的解決、④同意、⑤特別協定／付託合意／コンプロミー、⑥強制／義務、⑦常設仲裁、⑧特任／特別任用／ ad hoc ／アド・ホック、⑨選択条項受諾、⑩仮保全／暫定、⑪先決、⑫訴訟参加、⑬書面、⑭反対、⑮活動、⑯国連特権免除、⑰断片

第 27 章　国際法と国内法

Quiz
条約と憲法が矛盾する場合、どちらが優先するか。

①条約が優先する。②憲法が優先する。　（答は章末）

1　国際法と国内法の関係

* 国際法と国内法の相互作用

そもそも、国際法と国内法は、その成立の根拠や規律の目的、妥当する社会的基盤等が異なる法体系である。そのため、国際法と国内法は完全に別物であると考えることが可能である。ところが、憲法には、人権規定があるが、国際法においても人権条約によって人権カタログが規定されているように、同じ問題を国内法と国際法双方が定める事象が増えている。また、理論的にも国際法と国内法は無関係の存在とはいえない。例えば、日本の法律が適用される空間的な範囲は、国際法によって規律される。他方で、国際法も、条約が効力を発生させるためには、各国の憲法規定に従い、各国の国家機関において適法な手続が行われる必要がある。このように、両者は、その関係において全く無関係であるとはいえず、相互作用があることがわかる。それでは、両者の関係はいかなるものとみるべきなのか。これが、ここで検討する事項である。

** 国際法と国内法の抵触

国際法と国内法それぞれの規律対象が同一の事項となることがあること、さらにはその範囲が拡大することそのものには、何ら問題はない。問題なのは、その両者が矛盾する内容をもつ場合である。一つは、国際法と矛盾する国内法が制定される場合（**積極的抵触**）、もう一つは、国際法が要求する国内法の制定が行われない場合（**消極的抵触**）である。消極的抵触は、国際法の実現に対して国家の懈怠（けたい）が存在するにすぎないが、積極的抵触の場合には国際法の要求する行為と国内法の要求する行為が相矛盾することになるため、何らかの解決が求められることになる。伝統的にはそれぞれの法秩序の妥当性の関係に着目して、これを理論的に解明しようとしてきた。

**
二元論
まず挙げられるのは、国際法と国内法は、妥当根拠や規律対象を異にする別個の法秩序を構成していると考える立場であり、これを**二元論**という。つまり、国際法は主権国家間の法であるが、国内法は国家内で適用され、その市民相互間や市民と国家機関との間を規律する法であることに注目したものである。この立場によれば、一方の法が、他方の法の規則を創設したり、変更したりする力をもたない。たとえ国内法がその国家の管轄権内において国際法の適用を認めるとしても、それは国内法の効果にすぎず、国際法は国内においては国内法に変型されることになる。そのため、国内裁判所は、国内法のみを適用することによって事案を処理すればよいことになり、国際法と国内法の間に事実上の抵触問題が発生するとしても、別個の法体系である以上、両者の間に法的な抵触が生じることはないことになる。この二元論は、国家主権の尊重を基本とし、国家意思に重きを置く伝統的国際法においては有意義ではあった。しかしながら、現代の国際社会においては、国際法と国内法が同じ事項を規律することが徐々に拡大していること、実際には国内裁判所も国際法を適用して判断することがあること、さらに国際法に国内的効力を認める国家が存在する事実があることを説明できないという欠陥をもつ。

**
一元論
二元論に対して、国際法と国内法は一つの法体系の中に存在するものであって、その抵触問題は規範階層によって解決され、上位法は下位法を破るという原則が適用されるとする立場がある。これを**一元論**という。この一元論は、一方の法は他方の法から派生したもので、一定の事項の規律を委任されたものにすぎないとする「委任の優位」が理論的根拠とされている。その依拠する妥当根拠によって国内法優位論と国際法優位論に分かれる。

**
国内法優位論
国際法の妥当根拠は国内法に求められるとする考えを**国内法優位論**という。条約は、憲法が定める条約締結手続に従って、つまり憲法の授権に従い国家機関が締結することによって発効するのであって、国際法は国内法に従属すると考えるのである。しかしながら、各国の国内法に国際法の妥当根拠を求めるこの考えは、国際法が地球規模で適用されるという事実を説明できない。さらに一国家内において、革命等で国内法が非合法的に変更されたとしても、国際法の効力は継続しているという事実を説明できないという問題を抱える。結局、この立場は、国際法の存在を否定することとなる。

＊＊ 国際法優位論　もう一つの立場である**国際法優位論**は、国内法の妥当根拠を国際法に求めるというものであって、国家は国際法により認められた範囲でその管轄権を行使できるにすぎない存在であるとする。この考え方によると、国内法優位論の問題点を克服できる。しかし、日本も含め、各国の国内法秩序において、国際法が憲法よりも下位の効力しか与えられていないという事実を説明することができない。また、国際法秩序においても、国際法違反の国内法は無効となるという一般国際法規則が存在しないという事実と矛盾することになる。

＊＊＊ 調整理論　一元論や二元論の立場では、実情がうまく説明されないことから、これを克服しようとする学説（**調整理論**／等位理論）が生じた。この立場は、国際法と国内法がそれぞれ異なる場面において機能する以上、両者の法が制度的に抵触することはありえず、それぞれの法体系が至高であるとする。その結果、国際法と国内法において優劣関係は存在しないものの、国際法と国内法の**義務の抵触**があることは認める。例えば、国家が国際法で要求される行為を行わないといった場合、国際法レベルでは国際法上の義務が優先するが、しかしそれは、国内法の有効性の有無の問題を生じさせるのではない。義務の抵触を解消させることが求められるという意味で、国際法場面における国家責任の問題であるにすぎないとする。そして実際の義務の履行は国内法に委ねられるとし、両者は相互に依存・補完する関係にあるとするのである。以下では、国際法と国内法の現実の両者の相互関係を、国内法レベルと国際法レベルからみてみる。

Point　国際法と国内法の関係

①二元論：国際法と国内法の抵触の存在を否定
②一元論
　　国内法優位論
　　国際法優位論
③調整理論：義務の抵触の存在を肯定　→　国際平面で国際義務の優位

2　国際法レベルにおける国内法の地位

＊＊ 国際法の優位　国際関係においては、国際法が、国内法に優位することは一般に承認された基本原則である。つまり、国内法の存在を理由として、国際法上の義務の履行を免れること、あるいは拒否することは許され

ない。国家は条約の不履行を正当化する根拠として自国の国内法を援用することができないのである。このことは国家実行、判例、学説いずれにおいても異論がない。条約法条約もこの原則を成文化した（▶第27条）。同様のことは、国家責任条文においても明示されており、国際法上の責任を負う国家は、国際義務の不履行を正当化する根拠として自国の国内法を援用することができない（▶第32条）。また国際法上の義務の不履行を正当化するために、国内法の存在を援用することが認められないことは、国家機関の行為全体に及ぶ。つまり、軍隊や行政府のような対外的な行為を想定する国家機関の行為の問題だけではなく、立法府による立法の制定あるいは不制定、さらには国内裁判所の判決・決定も、それらが行政府とは独立した機関であることを理由に国家はその行為の国際法違反の問題を免れることは許されない（★国連職員特権免除事件［1989年］、アヴェナ事件［2004年］）。

＊＊ 国際法違反の国内法

他方、国際法と矛盾する国内法は、ただちに無効になることはない。国家は、国際法と矛盾する事態が発生していることに対して、それによって生じた損害について問われ、矛盾を解消する国家責任を国際関係で問われるにすぎない。国家は、国際義務と両立するかたちで行動することを要求されるのみであって、国際法と抵触する国内法を廃棄する義務をただちに負うわけではない。

＊＊ 手続違憲の条約

国際関係において国際法の優位が問題となるのは、国内法が条約内容と矛盾する場合であり、条約の締結や効力の発生のための手続（批准等）違反の場合は、その手続が各国の憲法規定によるため、事情が異なる。つまり、国際法は、それ自体で完結する法体系ではなく、ある程度国内法の補完を必要としているのである。そのため、条約が条約締結権限に関する国内法に違反して締結された場合には、「違反が明白でありかつ基本的な重要性を有する国内法の規定に係るもの」であれば、国家は、これを条約の無効原因として援用することができる（▶条約法条約第46条１項但書）。

＊＊＊ 国際裁判における国内法

たしかに、国際関係では、国際法は国内法に優位するが、国内法は、国際関係においてどのように位置づけられているのか。伝統的な理解では、国内法は、国際法秩序において法としての地位を獲得することはなく、事実として認識されるにとどまる。国際法に特別の規則がない場合には、国際裁判所にとって、国内法は、当該国家の義務の遵守を知るための単なる事実として把握されるのである（★上部シレジア事件（本案）

[1926年])。これによって、事実上、国内法が当該国に帰属する国家責任を生じさせる行為の証拠となりうるのである。

しかし国際法は、国際関係に必要なすべての規範を定めているわけではないため、国際法上の規則が存在しない場合、国家管轄権の留保領域を国際裁判所は尊重する。国際司法裁判所は、「国内法上の関連制度を無視して決定するならば重大な法的困難を招き、正当とはされない」とし、国内制度に準拠して判断することもある（★バルセロナ・トラクション会社事件（第二段階）[1970年])。さらに、国際法上の争点が国内法に依存して発生する場合には、当該事項の国際的効果を国際裁判所は検討してきた。その場合国際裁判所は、そもそも国内法を解釈すべき権限及び義務はなく、国内法の国内的効力については判断しないのであって、国際法上の観点から当該国内法の有効性を判断するにとどまる。例えば、ノッテボーム事件［1955年］において、ノッテボームの損害に関し国籍国であるリヒテンシュタインが外交的保護権を行使しうるかどうかが問題となったが、国際司法裁判所は、リヒテンシュタインが国際関係で承認された国籍概念を無視してノッテボームに与えた国籍に対し、常居所等当該個人と結びつきの強いグアテマラが承認する義務はないと判断した。

また国際法は、領海制度のように制度は定めるが、その設定を、国内法に委ねる場合がある。ただその場合、国内法がその範囲を超えた定めをすることがある。アイスランド漁業管轄権事件［1974年］において、国際司法裁判所は、アイスランド国内法による50カイリ漁業水域の設定の国際法上の一般的効力について判断を回避したが、その水域に特別の利害をもつイギリスには対抗できないとした。この判決後の1982年国連海洋法条約では、排他的経済水域が導入され、リビア・マルタ大陸棚事件［1985年］では、慣習法化したことが認められた。このように国際法規則の発展方向に国内法規則が沿っている場合には、相手国に対する**対抗力**の問題で国内法が判断されることもある。

3　国内法レベルにおける国際法の地位

* **国内実施の必要性**　国際法は、国際関係における適用を念頭に置いている法である以上、もっぱら諸国家の相互関係における国際法の適用問題を議論することのみをもって事足りると考えられるかもしれない。しかしながら、グローバル化を反映して、国際法が、人びとの日常生活にかかわる事象を

規律することが非常に多くなっている。そのため、国際法の受範者である国家の内部においていかに国際法を適用し実施するか、そして国内法秩序においてどのように国際法が位置づけられるかといったことに、国際法の観点からも無関心ではいられなくなった。ただ、国内法において国際法がどのような地位と効力を与えられているかについて、国際法上の規則はなく、各国家の国内憲法上の問題とされており、国家によって対応が異なる。また国内法上、条約の取扱いと慣習法の取扱いも異なる。そこで、条約や慣習法等国際約束ごとに、その実情を概観する。

* **条約の編入**　条約の内容の確定や批准は、行政府の役割である。この機能に対して、権力分立の観点から、あるいは民主主義の観点から、立法府による統制が行われる。各国では、条約の場合は、憲法等国内法に基づき議会の承認を得、個別に公布等の手続を経て国内法に**編入**される。この編入方式として変型方式と一般的受容方式の二つが存在している。

** **変型方式**　イギリスを代表としてコモンローの法体系をとる国家や北欧諸国では、条約は、批准によって効力を発生させただけでは、国内法秩序において法規範としての地位を獲得できない。したがって、条約規範はそのままでは国内での効力がなく、国内では適用できない。これらの諸国において、条約内容に国内法の効力をもたせるためには、条約の国内的実施及び適用を可能にする個別の立法が必要となる。例えば、イギリスでは、外交関係条約を国内法化するために、1964年外交特権法を制定し、その附表一において外交関係条約第22条から第24条、第27条から第40条を掲げ、これらの条文は「イギリスにおいて効力を有する」と規定した。つまり、条約は、国内法に変型されてはじめて国内的効力をもつとされる。いわゆる**変型方式**である。

** **一般的受容方式**　条約がその国において効力を発生した場合、当該条約は、ただちに国内法規範としての地位を得ることがある。この場合には、当該条約の国内的実施につき、特段の国内措置は不要であって、条約がそのまま直接に国内において効力を有するのである。これを**一般的受容方式**という。アメリカ合衆国（▶憲法第６条２項）や公布手続を条件にフランス（▶憲法第55条）及びオランダ（▶憲法第66条）がこの方式を採用している。我が国も憲法第98条２項が「条約及び確立された国際法規」の誠実な遵守を定めており、一般的受容方式を採用したものと解されている。ただし、条約と国内法との間に齟齬（そご）が生じないように、条約を批准する前に国内法の改正を行ったり、新たな立法をしたりして、実務的に対応しているとされる。

> **Point　条約の編入方式**
> ①変型方式（イギリス、コモンロー諸国、北欧諸国等）
> ②一般的受容方式（アメリカ合衆国、フランス、オランダ、日本等）

＊＊ **公定訳**　条約を締結する際には、何らかの言語で作成する。その条約の作成において使用された言語で書かれた条約文を**正文**とし、これが条約解釈に際して依拠する文とされている（**条約の正文解釈原則**）。条約は一般に英語又はフランス語で作成されることが多い。そのため、日本が締結する条約の中には、条約正文に日本語が指定されていないといった事態が生じることとなる。このように条約の正文以外の言語を公用語とする国家において、締結した条約を国民に知らせるためには、便宜的にでも作成される「政府訳」が必要となる。日本では、条約締結の国会承認を求めるため国会に提出され、その後『官報』に掲載された政府訳を「**公定訳**」としている。この公定訳は、国際社会の場面では効力を有しないが（▶条約法条約第33条２項）、国内法場面では、この公定訳に国内的効力を認めるか否かで、国内法への国際法の編入方式の考えに大きな影響を及ぼす。

日本における条約承認手続では、国会による条約の承認の対象は正文で表わされた条約の締結の可否に対するものとされ、公定訳は参考資料として位置づけられ、国会承認の対象とはされていない。この公定訳は、行政府による条約解釈の立場を表わす以上のものではない。そもそも、公定訳には誤訳も少なからず存在する。一般的受容方式をとる日本において、公定訳のみに基づく条約解釈をもって条約内容が理解できると考えるのは誤りであろう。

＊ **条約の序列**　一般的受容方式をとる国家の場合において問題となるのが、条約は、国内法体系上いかなる序列（規範階層）に位置づけられるのかという問題である。日本の国内法では、憲法→法律→政令・省令・条例・規則等という位階制（ヒエラルキー）が構築されている。はたして、条約はこの中のどこに位置づけられるのか。この問題は、国内法の最高法規たる憲法との関係で論じられることが多い。一般的には、憲法より下位であるが、法律に優位する効力又は同等の効力が与えられていると考えられている。ただし、内容上違憲であっても条約の国際的効力は否定されない。また、条約の内容によって、国内法

上の序列を区別する立場をとる国がある。オランダでは厳格な承認手続を経た条約に対して、ルーマニアやチェコ等東欧諸国では人権条約に対して、他の条約とは異なる地位を各憲法は与えている。

日本では、憲法が**国際協調主義**を基本原則の一つとしており、締結した条約及び確立された国際法規の誠実な遵守を定めていることから（▶日本国憲法第98条2項）、法律より上位の地位にあると一般に解されている。砂川事件において、最高裁判所は、日米安全保障条約のような高度な政治性のある条約は、一見きわめ

◆ Case　砂川事件

最高裁判所判決［1959年12月16日］

1957年アメリカ合衆国駐留軍の基地拡張のための測量が行われた際、基地拡張反対派の一部がアメリカ軍基地内に立ち入ったため、日米安全保障条約に基づく刑事特別法違反で起訴された。この訴訟で、被告人らは、そもそも日米安全保障条約及びアメリカ合衆国軍隊の駐留それ自体が日本国憲法前文と第9条に違反すると主張し、それを根拠に刑事特別法の適用は不当であり無罪であると主張した。他方、検察側は、裁判所の違憲審査権を定める憲法第81条が条約について何も触れていないことを理由に、裁判所は条約の違憲審査権を有していないと主張した。また、日米安全保障条約はその特殊な性格に鑑み、裁判所により違憲審査はできない（**統治行為**）と主張した。東京地裁は、「わが国が……合衆国軍隊の駐留を許容していることは、……日本国憲法第9条2項前段によつて禁止されている陸海空軍その他の戦力の保持に該当する」と違憲の判断を下した（東京地判昭34・3・30、下刑集1巻3号776頁）。そこで検察が最高裁判所に跳躍上告した。

最高裁は、憲法第9条2項が「その保持を禁止した戦力とは、わが国がその主体となってこれに指揮権、管理権を行使し得る戦力をいうものであり、結局わが国自体の戦力を指し、外国の軍隊は、たとえそれがわが国に駐留するとしても、ここにいう戦力には該当しない」と述べつつ、「本件安全保障条約は、……主権国としてのわが国の存立の基礎に極めて重大な関係をもつ高度の政治性を有するものというべきであって、その内容が違憲なりや否やの法的判断は、……純司法的機能をその使命とする司法裁判所の審査には、原則としてなじまない性質のものであり、したがって、一見極めて明白に違憲無効であると認められない限りは、裁判所の司法審査権の範囲外のものであって、それは第一次的には、右条約の締結権を有する内閣及びこれに対して承認権を有する国会の判断に従うべく、終局的には、主権を有する国民の政治的批判に委ねられるべきものであると解するを相当とする」と判示し、合憲性について判断を回避した（刑集13巻13号3225頁）。

て明白に違憲無効でない限りは、司法審査になじまないとしつつも、憲法が条約に優位することを明らかにした（★最大判昭34・12・16、刑集13巻13号3225頁）。他方、行政府は、条約の内容によって、憲法が優先するものと条約が優先するものを区別する立場をとっており、確立された国際法規を含む条約や、降伏文書等、国の安危にかかわる条約は、憲法に優先するという立場をとる。

＊＊ 慣習法の地位と序列

国内法における条約の位置づけは各国により異なるが、慣習法の場合には、特別の国内的措置を講ずることなく、それが国際法規範として成立すればただちに国内法秩序においても法規範として確立するという立場をとる国家が通例である。慣習法は、その成否及び内容があいまいなことが多く、各国の立法機関による変型を行うことが困難である。イギリスやアメリカ合衆国では、裁判所が慣習法の一般的な国内的効力を認めている。他方、ドイツやイタリアのように、慣習法の一般的受容を憲法で定める国がある。日本も、憲法第98条２項により、一般的受容を認めたものと解されている。

他方、慣習法の国内法上の序列は、各国により異なるのが実情である。例えば、ドイツは慣習法が法律に優位することを定める（▶ドイツ基本法第25条）。多くの国では慣習法に法律と同等の効力又はそれに優る効力が与えられている。他方、イギリスやコモンロー諸国では、制定法の優位が認められている。日本においては、慣習法も条約と等位であると考えられているが、ベルギーやオランダのように国家によっては、必ずしも条約と同等の地位が与えられているわけではない。

＊＊ 条約の自動執行性

さらに問題となるのが、条約が国内的効力を与えられたとしても、国内裁判所は条約を適用することができるかどうかという条約の国内的実施の問題である。条約内容が、条約承認手続以外に何らの立法も必要なしに国内でそのまま適用される場合、これを**自動執行**的（self-executing）である、あるいは**直接適用可能性**があるという。自動執行性の基準は、当事国やその当該立法府が自動執行性を明示的に否定しないことを条件（主観的要件）に、権力分立原則の尊重から、条約規範が国内法上明確かつ具体的であること及び国内法が自動執行の障害を定めていないことを求めている（客観的要件）。このことからも、国際法の国内適用の条件は、各国の国内法の決定に依存する。他方、条約に自動執行性が認められない場合には、一般的受容方式を採用する国家においても、当該条約内容を国内で実施するための具体的な国内法を制定することによって、条約内容の国内実現を図ることが行われる。

さらに、自動執行性を有する条約規範の場合においても、条約の国内序列が下位にある場合や国内法と等位だが条約が前法である場合には、形式的にはその条約の適用を行うことが難しい（★国連本部協定事件［1988年］）。この場合を含め、司法府や行政府が、国際法を国内法の解釈基準として参照し、国内法を国際法に適合的に解釈することがある。これを**間接適用**という。

＊＊＊ **慣習法の自動執行性** 慣習法も、国内的効力が認められる以上、自動執行性の問題が問われることがある。ただ、条約とは異なり、慣習法は成立及び存続にすべての国家の明示的意思表示を必要としていないので、その国内適用に関する国家の主観的意思は明らかではなく、行政府や司法府の認定に委ねられる。日本においてもシベリア抑留捕虜補償事件東京高裁判決（★平5・3・5、判時1466号40頁）では、慣習法について、一般論として特段の立法措置を講ずることなく当然に国内的効力が認められるとしたが、個人に権利を付与する場合には権利の実体的要件や手続的要件、さらには既存国内法との整合性等を詳細に定めること、という厳しい要件が求められるとした。

＊＊ **日本における条約の国内的実施** 日本における国際法の自動執行性の議論は、とくに人権条約の国内的実施の問題において生じている。条約の国内的実施とは、自国が批准・加入した条約上の義務を、国内で実現することであるが、その義務内容をどのように把握するかによって国内的実施方法は大きく変わることになる。ここで問題となるのは、①条約の各条文規定の明確性・自動執行性の判断基準、②条約実施機関による条約規定に対して示された判断の受入れの度合いである。

＊＊ **人権条約の自動執行性** 日本において、人権条約の規定の明確性は、国内における訴訟においてどの程度求められるであろうか。この点は、条約の国内適用に国内法上の障害がないことを条件に、各条約規定の規定ぶりとともに、具体的に争われた事案との関係において判断せざるをえない。その際、自由権的権利は、即時実施可能、他方社会権的権利は、漸進的達成で裁判になじまないという人権二分論が日本の裁判所ではとられていた。例えば、条約それ自体が漸進的達成の義務を課しているとされる場合（▶社会権規約第2条1項）、当該条約の実体規定の達成が政治的責任の宣明であると判断されることがある（★塩見事件、最一小判平1・3・2、判時1363巻68頁）。しかし、条約実施機関や他国の裁判所は、そうした条約の中にも、差別禁止のように即時実施すべき規定

があることを指摘したり、条約規定を精緻に分析する中でその規定の即時実施を求める尊重・確保義務を導き出す手法をとるようになっている。こうした手法が日本の裁判所でとられることは多いとはいえない。

＊＊＊ 条約実施機関の位置づけ　条約各規定が、争われている事案との関係で明確な基準を指し示していない場合、当該条約規定に関する国際機関によるさまざまな決定・決議等を国内の裁判所がどのように扱うのかという問題がある。例えば、自由権規約をはじめとする人権条約には当該条約が設置する条約実施機関（委員会）があり、この機関は条約の履行確保のための次のような活動が認められている。個人通報制度における見解や国家報告制度における総括所見、あるいは、各条に関するガイドラインを指し示した一般的意見等の提示である（第15章参照）。こうした委員会による履行確保活動に基づく判断は、例えば自由権規約委員会によれば、個人通報制度による見解が「権威ある決定」と表現され、国際司法裁判所もその条約解釈に「大きな重み」を与えるべきものとされているものの、国際法上明確に法的拘束力を与えられているわけではない。そのため、日本の裁判所は、それらに法的拘束力がないこと、さらには有権的解釈ではないことを理由に、これら条約実施機関による決定を、条約規定を解釈する際の判断材料としないことがある。ただ、大阪高裁は、指紋押捺拒否事件（★平6・10・28、判時1513号71頁）において、自由権規約委員会の見解や一般的意見、欧州人権条約の規定や欧州人権裁判所判決が自由権規約の規定の解釈の補足的手段となると判示した。高松高裁は、受刑者接見妨害事件（★平9・11・25、判時1653号117頁）において、国連被拘禁者保護原則や、自由権規約草案を参考にして作成された欧州人権条約における欧州人権裁判所判決が自由権規約の解釈に際して指針となりうると判示した。このように積極的に評価する裁判例もみられる。

日本は人権条約が定める個人通報制度を受諾していない。その理由として、最高裁の至高性及び司法権の独立と抵触するとの考えが従来挙げられていた。さらに日本国憲法は、人権条約の規定ほど詳細ではないものの、人権規定を置き、かつ、これまで多くの裁判の積み重ねによって精緻化された基準が存在している。そのため、人権条約の基準内容に依らなくとも判断可能であるとみなされている点も、人権条約に対する司法府の消極的態度の一因であろう。

＊＊＊ 国連安保理決議の実施　法的拘束力を有する国際機構（例えば、国連安保理）の決定についても国内的効力や国内適用が問題になる。

国連加盟国は安保理の決定を憲章に従って受諾しかつ履行する義務を負っている（▶国連憲章第25条）。しかし、加盟国は、国際的には安保理決定を履行する義務を負うが、それをどのように実施するかは加盟国の裁量に委ねられており、この点、各国の実行も学説も十分に成熟してはいない。一般には、加盟国が国内法令や行政措置等を通じて決定を履行するのであり、したがって、拘束力ある安保理決定も、当然には国内的効力をもつものではない。日本では、国連安保理の国連憲章第7章決議のうち制裁決議であって国民に義務を課するもの及び国内法（外国為替及び外国貿易法等）において言及されているものは、外務省告示等の告示の形で決議全文が掲載され、国内に編入される。しかしながら、以上の状況について、これまでの国会承認条約にかかわるいわゆる大平三原則に照らして疑問が生じるほか、制裁対象の組織・個人等を特定するスマートサンクション（smart sanction）の場合、当該個人は決定を争う方法が閉ざされているなど、司法的救済上の疑問が指摘されている。

＊＊＊ **欧州連合（EU）法**　欧州連合（EU）法は、通常の国際法とは異なり特殊な位置づけをなす。そもそもEU法は、EU条約とEU運営条約という**一次法**と、それに基づく派生法（規則、指令、決定）の**二次法**からなる。

◆ Further Study　国際裁判所の判決

国際裁判所の判決は、当事者間においてのみかつその特定の事件に関してのみ拘束力を有する。ただし、国際裁判所の判決も、当然には、関係する国内法令や国内裁判所判決を無効と宣し破棄する効力をもたない。国際裁判所判決は、国際法違反の国内判決に対してせいぜい裁判拒否の存在を認めたり、関連国内法の国際法違反を確認したり、あるいは国内法が相手国に対し対抗力を有することを否認したりするにとどまる。よって国際裁判所判決を国内的にどのように履行・実現するかは当該国の裁量に委ねられることが多い。ただ、近年ではラグラン事件［1999年］において国際司法裁判所が死刑執行停止を命令したり、欧州人権裁判所が締約国に再審を命じるなど、具体的な措置を命じる判決・命令を出したりして、国内判決の当否に直接かかわる判決を出すようになっている。これをどのように実現するかが現在では問題となっており、フランス等は、欧州人権裁判所判決による再審命令判決を実現する国内法を制定してこれに対応している。

EU 法の特徴を表すものとして、EU 法の加盟国国内法に対する優位及び EU 法の直接的効果が挙げられる。

*** **EU 法の優位**　まず、EU 法は、「加盟国の法制度の不可欠な一部」（★コスタ対 ENEL 事件、欧州共同体司法裁判所（現欧州連合司法裁判所）判決［1964年］）とされ、加盟国の国内において国内的効力を有さなければならないとされる。そのため、変型方式をとる国家も国内法によってこれを保障する。次に、EU 法は国内法に対して優位する。欧州共同体司法裁判所（現欧州連合司法裁判所）によれば、「共同体法〔現 EU 法〕の優位は、第189条〔現 EU 運営条約第288条〕によって確認されている」とし、「いかなる留保にも服しておらず、もし加盟国が共同体法に優位しうる立法措置によって一方的に同条のその効果を無効にすることができるのであれば、完全に無意味なものとなろう」（★コスタ対 ENEL 事件［1964年］）と述べ、憲法を含む**国内法に対する優位性**を認めた。さらに、ヴァン・ゲント・エン・ロース事件［1963年］とともに、派生法を含む EU 法の自動執行性（EU 法上ではこれを**直接的効果**という）をも認めた。

このように EU 加盟各国に対し、EU 運営条約や欧州連合司法裁判所の判決は、国際法（ここでは EU 法）の国内法への優位と EU 法の自動執行性とを求めてきた。他方、加盟国は、EU 法の優位性について、国際機構へ主権の移譲を認める憲法規定を置いて、これに対応している。例えば、ドイツ基本法第24条やイタリア憲法第11条は、国際機構への主権の制限を定める。また欧州連合に関していえば、ドイツ基本法第23条やフランス憲法第88条の2は欧州連合への主権の移譲を認め、EU 法の国内的効力を認めている。このように国内法、とりわけ憲法規定が、国家主権の制限を伴う法制度を EU 法に関連して設定することによって、国内的に対応している。ただ、これが各加盟国裁判所において抵抗なく受け入れられたわけではない。EU 法（当時欧州共同体法）に人権カタログがないことを理由に、憲法で保障する人権規定と EU 法の両立性に関する審査権を国内裁判所が留保する判決を出した例がある（★ゾーランゲⅠ事件、ドイツ連邦憲法裁判所決定［1974年］）。

☆ Summary

国際法と国内法の関係は、その相互作用が浸透しており、両者の抵触をどのように解決するかが問題である。これを理論的に解明しようと、法の妥当根拠や規律対象を別個のものとみなす（　1　）論、同一のものとみなす（　2　）論、そして後者の中にも、委任の優位論に基づいて、国際法（　3　）論と国内法（　3　）論といった学説が唱えられてきた。しかしながら、これらの学説は国際法と国内法の現実の関係を十分に反映しておらず、こうした学説上の対立を解消する試みとして、（　4　）理論が主張されている。この理論によれば、法体系の抵触は存在しないが、（　5　）の抵触は存在することになる。

具体的な相互作用についてみてみると、国際関係においては国際法が優位することは一般に承認されている。そのため、国内法を援用して国際法上の義務を免れることは、認められない。また国際社会において国内法は、（　6　）として認識されている。しかしながら、条約の締結が国内法に依存しており、手続上の明白な国内法違反となる条約については、無効にすることができる。また国際法規範がない場合には、国内法がそれを補完する場合がある。その場合には、他国に対する（　7　）力の問題が生じる。

他方国内法レベルにおける国際法の地位は、国内法、とくに憲法において定められている。条約に関し、国際法の国内法上の効力を認める（　8　）方式と、これを認めるために特別の立法を求める（　9　）方式がある。日本は、（　10　）方式を採用するが、条約が日本語で作成されていないことが多く、そのため（　11　）訳が作成される。また慣習法に対しては、（　12　）方式を採用する国家が通例である。この方式を採用する場合には、国内法秩序における序列や裁判所で直接適用できるかという（　13　）性の問題に注意が必要である。

国際法と国内法の関係を考察するうえでは、慣習法や条約以外の国際社会において拘束力を有する規範についても検討することが求められる。国連安保理決議や国際裁判の判決等の効力は、国際法的に認められたとしても、国内法上の効力は、国内法に委ねられる。EU 法は、各加盟国が EU 条約等を批准し、憲法において EU への主権移譲を定めることによって、EU 法の加盟国法に対する優位及び EU 法の（　14　）を確保している。

答

【Quiz】どちらの答も不正解。国際平面では条約が優先する。国内平面では、各国の憲法規定によるが、一般に、憲法が優先する。

【Summary】①二元、②一元、③優位、④調整／等位、⑤義務、⑥事実、⑦対抗、⑧一般的受容、⑨変型、⑩一般的受容、⑪公定、⑫一般的受容、⑬自動執行、⑭直接効果

第28章　国際法の法的性質

Quiz

国際法は法であるか。

①はい、法である。②いいえ、法ではない。　（答は章末）

1　国際法の特質

＊＊ **国際法の相対性**　国際法は相対的性質を有している。第一に、法源間で義務の抵触が生じても、一方が他方を無効とする効力はない（強行規範を除く）。慣習国際法が存在していても、それと異なる条約があれば、条約当事国間では条約が適用されるが、慣習国際法が無効となるわけではない。両者は並存する。単に優先適用が問題となるだけだ。第二に、国際法上の権利や義務は特定の国家に対してのみ主張しうる。多数国間条約といえども留保が付されているかもしれない。留保を承諾した国と異議を提出した国、条約関係に反対した国の間では、異なる法関係が存在する。ある国の行為の合法・違法を判断する際に、一般的に議論することがいつも可能とは限らない。

例えばＡ国－Ｂ国－Ｃ国との間にα条約があると仮定しよう。Ａ国の行為が条約に違反している場合、Ａ国の行為は条約当事国であるＢ国に対して違法である。一方、条約当事国Ｃ国は、Ａ国が違反したといわれている条文に留保を付して当該規定の法的効果を排除し、Ａ国が受諾していたとすれば、Ｃ国はＡ国の条約違反を追及できない。またＤ国は条約当事国でないので、Ｄ国に対するα条約違反は存在せず、他の違反がない限りＡ国の行為はＤ国に対しては合法である。Ａ国の行為を国際法違反や条約違反と単純に一般化することはできないのだ。法を議論するよりもむしろ特定の国家に対して負っている義務の存否を議論する必要がある。国際法上の関係はいわば二国間関係の集積物である。

＊＊＊ **対抗力**　国際法上の権利・義務を二国間関係で議論する際に、合法・違法ではなく、対抗力の有無が議論されることがある。先ほどの例でいえ

ばα条約はＡ国－Ｂ国間で適用されるので、Ｂ国はα条約上の権利をＡ国に主張しうる。つまり、Ｂ国のα条約上の権利はＡ国に対抗しうることになる。しかしＣ国やＤ国は、α条約上の権利をＡ国に主張しえない。つまり、Ａ国に対抗しえないことになる。このように、特定の権利を特定の国家に対して国際法上主張できる立場のことを**対抗力**という。

また権利を行使した結果の妥当性を、他国に認めさせることができる力をいう場合もある。例えば国籍の付与の結果、特定の国家に対して外交的保護権が行使できるかという問題（★ノッテボーム事件［1955年］）や、国内法の制定の結果、当該法を特定の外国に対して施行できるかという問題（★ノルウェー漁業事件［1951年］）で議論される。さらに権利だけでなく、条約や条約制度についても対抗力が語られる場合がある。対抗力は、特定の国家を相手にその存否が問題となることが多いが、国際社会全体に対して対抗力が問題となる場合もある。例えば強行規範に反する主張は、いずれの国に対しても対抗力を有さない。

対抗力を議論するメリットは、第一に、国際法の相対性から引き出される。α条約上の権利をＢ国はＡ国に対して主張できてもＣ国はＡ国に対して主張できない。そうした状況を合法・違法で一般的に議論しても意味のないことだ。合法性ではなく対抗可能性のほうが正確に法状況を説明することができる。第二に、国際裁判所が二国間の紛争解決を目指す際に、一般国際法の議論を避けることができる。慣習国際法の成立を証明するよりも、関係当事国の承認や黙認があったことを証明するほうが簡単だ。とくに慣習国際法の存在が不明確の場合や、慣習国際法の変更が求められている場合には、その判断を避けつつ最終判断を行うことができる。そして、第三に、国際裁判判決の拘束力が当事者間に限定されていることも、対抗力の議論に拍車をかける。国際裁判所が一般国際法上の合法・違法を判断しても、結局のところは当事者間でしか拘束力をもたない。判決は当事者間でのみ対抗力をもっているのだ。

＊＊ 国際法の絶対性：強行規範

国際社会は基本的に相対的な性質を有するが、一部絶対的性質をもつようになってきた。**強行規範**（ユス・コーゲンス：*jus cogens*）の出現である。強行規範に反する条約規定は無効である。したがって、強行規範とそれ以外の国際法規範との間に**位階制**（ヒエラルキー）が誕生したことになる。個別国家の利益を離れた国際社会共通の利益が登場してきたことの反映である。しかし、現在まで、強行規範に反することを理由に、条約規定が無効と判断されたことはない。

強行規範は条約上の無効原因から、個人の行為を犯罪とみなす論理を提供するようになった。強行規範に反する行為は**国際犯罪**であり、すべての国家が普遍的管轄権を有し、処罰可能であるとの議論が主張されるようになった。ジェノサイド禁止規範（★ジェノサイド条約適用事件［2007年］）や拷問禁止規範（★引き渡すか訴追するかの義務事件［2012年］）は、強行規範であることが国際司法裁判所によって確認されている。さらに旧ユーゴスラビア国際刑事裁判所は、フルンジヤ事件［1998年］において、拷問禁止規範が強行規範であり、「拷問の罪で刑事告訴されている個人が自国領域内に所在する場合、すべての国家は、その者を捜査し、起訴し、訴追又は引渡しを行うことができる」と述べて、普遍的管轄権を肯定した。しかしこの点については論争がある。

＊＊＊ 国際法の絶対性：対世的義務

国際司法裁判所は、バルセロナ・トラクション電力会社事件［1970年］において、契約的な義務と区別される対世的な義務の存在を肯定した。**対世的**（*erga omnes*）**な義務**とは、その義務違反が国際社会共通の利益を害し、すべての国家が救済を求めることができる義務である。国際司法裁判所は、東ティモール事件の中で、自決権が対世的な権利であると判示し、チャゴス諸島事件［2019年］では自決権尊重義務が対世的義務であると判示した。またジェノサイド条約適用事件（★管轄権判決［1996年］）では、ジェノサイド禁止義務が対世的な義務であることを確認した。

国家責任条文第48条は、国際社会全体に対して負う義務の違反があった場合、被害国以外の国も責任国に対して違法行為の中止や再発防止を求めること、被害国のために賠償義務の履行を請求することを認めている。問題は、直接の被害国でない国が、国際裁判所に提訴することができるかどうかである。日本の選挙無効訴訟においては**民衆訴訟**（*actio popularis*）が認められており、自己の権利や利益が害されていなくても選挙人は誰でも訴訟を提起することができる（▶公職選挙法第204条）。しかし、国際司法裁判所は、南西アフリカ事件［1966年］で民衆訴訟を否定した。したがって、対世的な権利義務が国際法上存在するとしても、それを実現する手続が存在しておらず、特別な効力がないと考えられてきた。しかし、「引き渡すか訴追するかの義務」事件［2012年］において、国際司法裁判所は、拷問禁止条約の当事国であればどの国でも他国の責任を追及できると判示し、民衆訴訟に道を開いた。「条約当事国間の対世的義務（*erga omnes partes*）」である。

事実、ミャンマーによるロヒンギャへの迫害をジェノサイド条約違反であると申し立てたガンビアの訴えを、国際司法裁判所は受理した〔2022年〕。相対性を有する国際法が、徐々に絶対性を獲得しつつある。

2　国際法の解釈と執行

* **国際法の解釈機関**　国内社会では、法の解釈はもっぱら裁判所の役割である。国際社会でも、国際法の解釈にかかわる紛争が、国際裁判にかかり、国際裁判所が管轄権をもっていれば、その裁判所によって解釈が行われる。あるいは、人権委員会やWTOの紛争解決機関のように、条約実施機関があれば、そうした国際機関が条約の解釈を行う。そうでない場合には、条約当事国の政府が個別に自ら解釈を行うことになる。あるいは、国内裁判所が、国内法として条約や慣習法を適用する際に、解釈を行うこともある。国内的には国家が第一次的解釈権を有するが、国際社会における国際法の解釈を確定するものではない。国際機構内部の法的問題については、それぞれの関係機関が判断する。その場合でも、勧告的意見が国際司法裁判所に要請される可能性はある。

** **条約の解釈手段**　国際法の解釈手段について、さまざまな考え方が主張される。第一に当事国意思主義（主観主義）、第二に文言主義（客観主義）、第三に目的論主義がある。**当事国意思主義**は、条約を締結した国家の意思を明らかにしようと考える。**文言主義**は、条約の文言の意味を明らかにしようと考える。**目的論主義**は、条約の趣旨及び目的に照らして解釈を行おうと考える。こうした対立は条約解釈の目的に関する議論である。条約法条約第31条は条約解釈目的にはふれず、解釈手段のみを規定した。それによれば、条約は、①**用語の通常の意味**を、②**文脈**と③**趣旨及び目的**に照らして、④誠実に解釈しなければならない。文脈には、条約文、前文、付属書だけでなく、それ以外の当事国の合意が含まれる。また、条約締結後の当事国間合意、後に生じた慣行、国際法の関連規則を参照することが認められる。条約の起草過程において提出された提案文書等の資料や審議過程における発言をとどめた議事録等の**準備作業**は、解釈の補足的手段とされた（▶第32条）。この点、当事国意思主義からは反論がある。しかし、条約法条約が定めた解釈規則は、慣習法として確立しているとされる。

*** **その他の文書の解釈**　条約だけでなく、慣習法も解釈を必要とする。慣習法の場合、不文法であるため、国家実行を検討しなければな

らず、条約解釈以上の困難がつきまとう。国家実行を示す証拠は多種多様であり、外交文書、高官の発言、国内裁判所判決等が含まれるが、そうした証拠資料をも解釈しなければならない。慣習法の解釈のためには、証拠の解釈が必要である。国際裁判所の判決、国連総会や安保理等の決議にも必要な変更を加え、同様の解釈が求められる。選択条項受諾宣言等の一方的行為も解釈の対象となる。言葉で記されている以上、すべての文書に解釈という作業が施される。法的な文書ではない場合、いっそうのあいまい性がつきまとう。しかしながら、解釈手段としてはとりあえず、条約法条約第31条が参照できる。それぞれの文書の文脈やその趣旨及び目的を参照しながら、用語の通常の意味を明らかにしなければならない。

**
自力救済
国際法を執行する手続や制度は整っていない。国際法の執行は基本的には、**自力救済**（**自助**）に負っているといわれる。つまり、国際義務違反が生じた際、その被害国が、違反国に対して、義務違反の中止や、損害賠償を求めるために一方的措置をとることができる。自力救済の中で、国際法に違反する措置をとることを**復仇**といい、国際法に違反しないが非友好的措置をとることを**報復**という。報復には、外交関係の断絶や政府開発援助（ODA）の中止等があたる。国家責任条文では、復仇という言葉に代えて対抗措置という用語を使用している。復仇には、軍事力を用い港湾を封鎖する措置等の武力復仇も含まれていたが、武力行使禁止原則の確立に伴い、武力復仇を除いた復仇を指す言葉として**対抗措置**が用いられている。対抗措置は違法性阻却事由の一つである。国際法に違反しない報復は対抗措置に含まれない。

対抗措置は、被害国が自らの違法性判断にしたがいとる措置であり、相手国の違法性は確立していない。第三者の判断を経ていないのである。したがって、対抗措置を国際法の執行のための措置と位置づけることはできない。一方、対抗措置を紛争解決制度の中の暫定措置として位置づける考え方がある。対抗措置は、違法行為が中止され、かつ、紛争が裁判所に係属している場合には、中止しなければならず（▶国家責任条文第52条3項）、紛争解決を促すものととらえられているからである。しかし対抗措置は、大国が中小国に対してとりうるとしても、逆はありえない。こうした現実を認識する限り、対抗措置を紛争解決制度の中で積極的に評価することはできない。あくまでも違法性阻却事由として認められる例外的措置でしかない。

***
条約の終了と運用停止
重大な条約違反が発生した場合には、被害国は、**条約の終了**又は**運用停止**の根拠として援用することができる（▶条約法条約第60条）。これは対抗措置ではない。第一に対抗措置の場合、義務違反の重大性という要件は課されていない。第二に対抗措置は一時的な措置であるが、条約は終了されれば、永続的な効果を生む。第三に対抗措置の場合、違反した義務は、継続的に履行を求められる（▶国家責任条文第29条）が、条約の終了の場合、義務は将来的に消滅する。第四に対抗措置は一定の要件（▶第51条、第52条）を満たせば被害国の判断でとりうるが、条約の終了又は運用停止については条約法条約が面倒な手続を定めている（▶第65条～第68条）。重大な条約違反に基づく条約の終了又は運用停止は、対抗措置とは区別しなければならない。条約違反を抑止することはできても、国際法秩序の回復や国際法違反の救済とはならない。

* **国際社会による執行**　安全保障理事会は強制措置をとることができる。一般に、強制措置は制裁措置と呼ばれるが、両者は異なる。**制裁**は、法の違反に対する執行措置である。しかし、安全保障理事会は、国際の平和と安全の維持及び回復に必要な措置をとるにすぎない。たしかに侵略行為を行う国があれば、それは一般国際法と国連憲章に違反する行為であり、強制措置は制裁措置としての性質を帯びる。しかし、「平和に対する脅威」があると判断された場合、必ずしも国際法違反を含んでいない。重大な人道法違反を根拠に「平和に対する脅威」が認定される場合は国際法違反が存在するが、内戦や難民の国外流出、軍事クーデター等は、それだけで国際法違反を構成しない。しかも、安全保障理事会は政治的機関であり、法的な判断を下す機関ではない。国際司法裁判所の判決の執行すらも、安全保障理事会の政治的判断に委ねられている。

** **国内的実施**　国際法は国内的にも実施される。国内裁判所によって解釈適用され、国内の執行機関によって国際法が執行される。これも国家による自発的な執行ということになるが、国家と個人との関係を規律する法分野では、国内実施が国際的実施に劣らない重要性を有している。とりわけ人権条約の国内裁判所による実施は、政府を拘束する判決が下されることによって強制力をもつ可能性がある。人権実施機関は、国家報告制度や個人通報制度を通して、国内実施措置を監視することができ、ゆるやかな監視制度が存在している。

ラグラン事件［1999年］で、国際司法裁判所は、アメリカ合衆国政府に対し死刑執行の停止を命令する仮保全措置を指示した。アメリカ合衆国は連邦制をとっており、死刑執行はアリゾナ州知事の権限内の行為であるので、政府はアリゾナ州に対して中止を要請することしかできなかったが、国際法の国内的実施を国際裁判所によって命じられる事態が生じている。この命令の中で裁判所は、アリゾナ州知事が国際法に違反せず行動する義務があることを明記した。

ジェノサイドや人道に対する罪を犯した者を、普遍的管轄権を根拠に、全く関係のない国の裁判所が処罰できるかという問題が議論される。ある行為が国際犯罪であるかどうかという問題（実体法上の問題）と、国内裁判所が管轄権を行使できるかどうかという問題（手続法上の問題）は別の問題であり、前者が肯定されても、後者が肯定されるわけではない。また犯罪者が政府高官である場合、国際刑事裁判所においては処罰可能である（▶ ICC 規程第27条）が、外国の国内裁判所においては特権免除を享有する。特権免除は、手続法上の制限であり、国内実施を困難にさせる。国際法は均質的な発展を遂げているわけではなく、手続的な側面には、大きな制約があることも事実である。

3　国際法は法か

*　**国際社会の構造**　国際社会は、主権国家の**並存状態**である。国際社会には、世界政府のような存在はない。そこでは、国内社会のように、中央政府が存在し、立法、司法、行政（執行）の三権を掌握している中央集権体制がとられているわけではない。**分権的**な性質がその特徴である。国際社会を構成している国家が、自ら条約を締結し、国際法を定立している。条約は原則として第三国を拘束しないので、国内法上の契約に類似した性質を有している。国内法では、契約の締結、効果、終了等を規定する民法（契約法）が、存在しているが、契約を締結する国民とは直接関係ない国会（議会）というところで、民法が作られる。しかし国際社会では、条約に関する法も、条約法条約という条約で規定されている。慣習国際法も国家実行を基に作られる。安全保障理事会が、決議を採択し、加盟国に義務を課すことがあるが、これも国連憲章という条約に基礎を置く。国家の意思を無視して国際法は成立しない。国際裁判所もあるにはあるが、国家間紛争に関し、一般的な強制的管轄権は有していない。国家の合意があってはじめて裁判が成立する。国内社会と同じ意味で国際司法を語ることはできない。いわんや、国際法を集権的に実施する機関は存在していない。

**　**国際法の強制力と実効性**　国際法は自力救済を除けば、原則として**強制力**を有していない。つまり、何らかの外部的な力で国家に国際法遵守を強制することができない。国際法遵守は、国家の自発的な意思に委ねられている。これに対し、自力救済措置の存在をもって強制力を肯定する見解がある。法制度が十分発達していない原始的な法であると位置づけることによって、法規範性を肯定する。しかし、自力救済は、法制度と呼びうるものではない。大国のみがとりうる仕組みだ。国際法には強制力がないことを率直に認めなけれ

◆ Further Study　国際法の拘束力の根拠

国際法の拘束力の根拠をめぐって、国家の合意にその根拠を求める実証主義（主観主義）と、法の存在を所与のものと考える自然法論（客観主義）がある。前者は、国家が主権を有していることを前提に、国家が自ら拘束されることに同意し、国家間の合意があってはじめて法が作られると考える。しかし、なぜ合意を遵守しなければならないのか説明できない。「合意は拘束する」（*pacta sunt servanda*）という原則を自明の原理としている点に問題がある。この原則の拘束力を証明することはできないからだ。

自然法論は、法が神によって与えられたと考えるか、人であれば、そして国家であれば当然守らなければならない普遍的な原則が存在すると考える。人権は侵すことのできない権利であるという天賦人権論は、こうした考え方の表れである。しかし神や天の存在を証明することは不可能である。また合理精神に則り、普遍的な法が存在するとしても、その合理精神を証明することも困難だ。

実証主義によれば、条約こそが国際法の法源であり、慣習は黙示の条約と位置づけられる。国家実行から同意を引き出す。法的信念は、「慣習国際法が必要である」と国家が思うことであると定義される。自然法論によれば、法の一般原則が重要な法源である。慣習国際法の形成における法的信念は、「法にしたがっているという感情」と定義される。はじめに自然法があり、それにしたがって慣習法が作られる限り、慣習法も法源となる。条約は、法の一般原則である *pacta sunt servanda* 原則の適用の結果でしかなく、法源ではない。

実証主義も自然法論もいずれも解決不可能な問題をもっている。国際法学者の大部分は、両者の間をさまよっている。主権国家の行為を規制するところに国際法の意義があり、自然法論が入り込む余地がある。とくに21世紀国際法においては、人権、民主主義、法の支配という価値が客観的な正義として主張されており、実証主義から離別しつつある。その一方で、法は政治の落とし子であるという事実は変わらない。人権、民主主義、法の支配という美名を誰（どこの国）が主張しているのか、国家の真の意図は何かを考えなければならない。そこに大国の意思が入り込んでいるかもしれないからだ。

ばならない。強制力を有していないにもかかわらず、国際法は遵守されており、法としての**実効性**を有している。たしかに、国際法違反が新聞紙上を賑わすことが多い。とくに違法な武力行使は、頻繁に見受けられる。しかし、国内法においても事情は同じだ。制限速度を遵守して運転しているドライバーがはたしてどの程度いるだろうか。殺人事件報道も新聞やテレビを賑わすことがある。遵守されていることは報道の対象とならない。大使館や領事館の周りは警察官が警護しているが、これは外交関係条約や領事関係条約を遵守しているからだ。日本は、領海及び接続水域に関する法律によって、領海12カイリを採用しているが、これは国連海洋法条約にしたがった措置だ。日本だけでなく、他国も同じように国際法を遵守し適切な措置を講じている。

＊ **法規範性**　国際法は、一般的に、強制力がないにもかかわらず実効性を確保している。それは、国際法遵守が長期的な国家利益につながるからである。短期的な利益にとらわれ国際法に違反する措置を執った場合、他国からの対抗措置を受ける場合がある。また、法違反国としてのレッテルを貼られることにより、他国からの協力を得られなくなる。国際社会は相互依存関係を深めている。他国との関係を遮断し、一国のみで鎖国を維持することはできない。国家が、国際法を法として承認し、遵守しているところに、国際法の法規範性は依拠している。宗教や道徳とは異なった規範的価値を国際法は与えられている。国際法上の紛争は、必ずしも裁判に付託されるとは限らないが、それでも国家、政府、外務省は、裁判に付託されることを想定して、法的な立論を構築する。

逆説的であるが、国際法は、国内法のように強制力でもって実効性を担保することがない点で、国内法以上に成熟した規範である。国際社会には、ガバメント（政府）は存在していない。しかし、国際社会のガバナンス（統治）に国際法は大きな貢献を行っている。無政府状態でありながら、無秩序状態が現出していないのは、国家が、節度をもって国際法を遵守しているからにほかならない。

4　国際法の展開

＊＊ **20世紀国際法**　第一次世界大戦を契機に、国際社会は大きな変容を遂げた。まずは、社会主義国の登場である。国際社会に異質な世界が登場したことになる。第一次世界大戦後、戦争の惨禍を繰り返さないために国際連盟が創設され、集団安全保障が制度化された。戦争違法化によって国際法は構

造転換を果たす。第二次世界大戦後、国連憲章によって、戦争違法化は**武力行使禁止原則**によって徹底したものになる。アジアやアフリカからは多くの植民地が独立を果たし、第三世界を形作った。国連総会の場では多数派を構成し、政治上の自決原則を国際法上の権利（**自決権**）まで高めることに成功した。このように、国際平和のための国際組織の創設、社会主義国の誕生、そして第三世界の成立によって、国際社会は大きな変容を遂げるとともに、国際法は、武力行使禁止原則と自決権を基軸とした**現代国際法**（20世紀国際法）へと変貌した。

20世紀国際法の特徴は、価値の多様性を容認していた点にある。核兵器を保有する超大国によって先導された資本主義陣営と社会主義陣営という二つの異なる社会体制が存在していた。冷戦下において、両者は平和的な共存を続けるために、国連憲章が定める**主権平等原則**と**不干渉原則**を相互に認め合った。とくに社会主義国は、国際社会における少数派であったため、主権概念に依存せざるをえなかった。第三世界諸国は、植民地からの独立を自決権で正当化した。独立から日が浅く、政治的社会的基盤が盤石でなかったため、外部からの干渉を極力排除すべく、自決権でもって、主権平等原則と不干渉原則を補強し、植民地本国の影響を徐々に排除していった。国有化はその端的な例である。自決権の主体は、植民地支配下にある人民に限定され、独立国における民族は、自決権の享有主体とは認められず、少数民族として人権を主張することができるだけであった。自決権は人民自決権であり、植民地自決権であった。途上国は、発展の権利を武器に開発の国際法を提唱し、新国際経済秩序（NIEO）を模索した。20世紀国際法は、**共存の国際法**であり、同時に**開発の国際法**であった。

* **21世紀国際法の登場**　1989年冷戦が終結し、1991年ソ連の崩壊をもって、国際社会は新たな扉を開いた。20世紀国際法の誕生は第一次世界大戦が一つの誘因となったように、ここでも戦争が、国際社会の新たな変容を告げた。1990年のイラクによるクウェート侵攻、そして翌年の湾岸戦争である。これは東西の利害を超えて国際社会を一致させた。安保理決議678（1990）は、多国籍軍にあらゆる手段を授権したが、冷戦時代には考えられない決議であった。国際社会は冷戦時代の二極対立構造から**単極構造**あるいは多極構造へと変化したのである。国際社会の変容が、新たな21世紀国際法を作り出していく。

** **介入主義国際法**　1999年のNATOによるユーゴスラビア空爆は、「違法ではあるが正当である」と評価され、従来認められてこなかっ

■表1　20世紀国際法と21世紀国際法

		20世紀国際法	21世紀国際法
国際社会	はじまり	第一次世界大戦	湾岸戦争
	特　徴	冷戦	グローバリゼーション
	構　造	二極構造	単極構造／多極構造
	戦　争	国家間戦争、植民地解放闘争	内戦（民族紛争）
	国連の中心	総会	安全保障理事会
	経済体制	資本主義と社会主義	資本主義（市場経済）
価値理念	価　値	価値相対的	価値絶対的
	政治理念	平等	自由
	法理念	平等（実質的平等）	人権、民主主義、法の支配
	経済理念	発展／開発	市場経済、投資
国際法	主　権	盾としての主権	責任としての主権
	干　渉	不干渉	反不感症（反無関心）
	自決権	植民地自決権（人民の自決権）	普遍的自決権（民族の自決権）
	戦争違法化	武力行使禁止	新正戦論？

た**人道的干渉**に対し容認する方向へ国際社会の舵を切らせた。「**保護する責任**」の台頭である。2001年のアフガン戦争は**対テロ戦争**であり、2003年のイラク戦争は大量破壊兵器を持つとされた「ならず者国家」への戦争であった。主権よりも人権や人道を強調する新たな**正戦論**の提唱である。アフリカ諸国では、主権に基づく不干渉原則や領土保全原則が強調されてきたが、アフリカ連合（AU）は、加盟国への積極的な介入の権利を認め、「不干渉（non-intervention）から反不感症（non-indifference）へ」をスローガンに掲げている。他国のことに無関心ではいられないということを確認しているのである。アメリカ合衆国やNATO諸国の単独行動主義と相まって、いわば、**介入主義**国際法が登場してきた。しかし、武力という暴力に寛容な法は、法ではありえない。法の自己否定である。

＊＊ 普遍的自決権　ほとんどすべての植民地が独立を達成する中、植民地自決権は、その意義を喪失した。ヨーロッパやアフリカでは、民族紛争が増大し、国家の分裂を誘発した。ここで主張される自決権の主体は、種族的、宗教的又は言語的に他者と差異化される少数民族であることが多い。人民自

決権は、独立国からの分離を否定していたが、今日では「**救済のための分離**」が主張され、例外的にではあるが、分離が肯定されつつある。自決権は、植民地自決権から普遍的自決権へと変わってきたのである。そして人民自決権は民族自決権への衣替えを求められている。

＊＊ **投資の国際法** グローバリゼーションの進展や、ソ連の崩壊を契機に、資本主義が世界のほとんどすべてを覆い尽くした。途上国の中でも、中東の産油国や資源をもてる国、アジアの新興工業経済地域（NIES）、さらにはBRICS（ブラジル、ロシア、インド、中国、南アフリカ）が登場した。途上国間経済格差が広がり、第三世界の結束が弱まった。多くの国が経済開発のために、外国からの直接投資を歓迎し、投資保護協定や経済連携協定を締結するようになった。国有化は、先進国からの信頼を失わせ、投資を撤退させるものでしかない。投資を受け入れるために、旧社会主義国は市場経済へと体制移行を果たさざるをえなくなった。そのために、法の支配や人権、民主主義が不可欠となった。1995年にはWTOが成立し、モノの貿易だけでなく、サービスや知的財産権の貿易をも視野に入れるようになった。21世紀国際法は、いわば**投資の国際法**である。

＊ **安保理主導** 国連での表舞台は、総会から安全保障理事会へと移った。冷戦期であれば、拒否権の行使により安保理は機能不全であった。途上国が国連において多数派を形成していたため、総会において、さまざまな決議が採択された。植民地独立付与宣言（▶総会決議1514（XV））や友好関係宣言（▶総会決議2625（XXV））がその代表例である。インスタント慣習法論のように、総会決議に法創造的機能を付与する考え方も提出されていた。しかし今や、総会に代わって安全保障理事会の立法が議論されている。冷戦期と比較して、常任理事国の一致が得られやすい状況が創出されたのだ。総会決議と比べ、安保理決議は迅速な対応が可能であり、拘束力も有している。スマート・サンクションのように個人を名宛て人とする強制措置が中心となってきた。安全保障理事会を法的にコントロールしうるかどうかが焦眉の課題だ。

5　国際法の展望

＊ **グローバルな課題** 21世紀国際社会は、グローバルな課題を抱えている。二国間や多国間の協力では解決できないような地球規模の問題が数多く存在している。第一に、気候変動等の環境問題、第二に、HIVや鳥イ

ンフルエンザ、新型コロナ（COVID-19）等の伝染性疾患、第三に、テロリズム、人身取引等の国境を越えた犯罪、第四に、武力紛争時における市民の保護、第五に、核兵器、生物兵器、化学兵器の規制、第六に、貧困削減に取り組む開発課題等である。国家だけでなく、国際機構、NGO、個人、企業の協力を必要とする人類生存の課題である。国家の安全保障ではなく、**人間の安全保障**という視点から、現代の脅威に対処しなければならない。主権国家が並存する国際社会を、人類共通の利益実現を目指す国際共同体へと構想していかなければならない。

20世紀国際法において人権の保護が進展してきた。国家を国際人権保障のための装置として利用するようになってきたのだ。21世紀国際法では、その是非はさておき、保護する責任を媒介として国際社会が個人の保護のために介入する事態も見受けられるようになってきた。国際刑事裁判所のように個人を国際社会が処罰することも可能になった。国際法が個人の生活に直接関与し、規制するようになったのだ。国家間の関係を規律する国際法から、個人をも規律するグローバル法へと脱皮しつつあるとみることが可能である。

＊＊ **国際法の課題**　高度に科学技術が進歩し、国際関係が複雑化した今日、慣習国際法では十分対応できない事態になっている。条約の重要性がますます増加しつつある。しかし、残念ながら、国家に条約の参加を義務づけることはできない。アメリカ合衆国は、国際刑事裁判所規程や京都議定書、国連海洋法条約に参加していない。環境条約に関しては、条約当事国は環境破壊物質の排出削減等の義務を課される一方で、条約非当事国はそうした義務を負うことがない。条約当事国の努力により環境が改善すれば、非当事国も恩恵を受けることになる。こうしたフリーライダーの問題に国際法は無力だ。今日のグローバルな課題に対処するには、慣習や条約という法的枠組みでは限界があることは事実である。しかし、主権国家が並存する国際社会ではそうした枠組みに変わる法制度を構築するには至っていない。大国のみを利する法となっていないか、21世紀国際法を批判的に分析しつつ、国際社会共通の価値を実現する正統性をもった組織作りを行っていかなければならない。

＊ **新型コロナ**　2020年から爆発的に世界中で蔓延した新型コロナウイルス感染症（COVID-19）は、グローバリゼーションの発展を阻害させた。各国は、人流及び物流を制限し、新型コロナの蔓延防止に躍起となった。外国人だけでなく自国民さえも、外国からの入国を著しく制限した。感染者がでた船や

町や建物をロックダウンした。一種の緊急事態状態となり、人々の人権は著しく害された。ロックダウンされたところでは、移動の自由、教育を受ける権利、食料の権利、健康に対する権利等々が制約され、収入を途絶えられた人々や絶望感に苛まれた人々は、生きる権利さえも捨てざるを得ない状況が生起した。ワクチン接種は開発した先進国が優先され、途上国は医療格差を改めて思い知らされた。富の不平等だけでなく、人の命の軽重が浮き彫りになった。サプライチェーンは寸断され、他国からの輸入に頼らざるを得ない構造を作り出したグローバリゼーションは、機能不全に陥ったのだ。新型コロナは、グローバリゼーションを背景として登場しつつあった21世紀国際法に、大きな衝撃を与えた。そして個人の生活に土足で国家が入りうる事実を改めて認識させた。

＊＊ ウクライナ侵攻と国際法

2022年２月24日、ロシアがウクライナへの軍事侵攻を開始した。これは、明らかに国連憲章第２条４項に違反する武力行使である。ロシアの拒否権行使に遭遇した安保理は、平和に対する結集決議にしたがい総会の緊急特別会合を開催し、総会は、ロシアの侵攻を侵略であると断ずる決議（▶ A/RES/ES-11/１）を採択した。ロシアに対する非難決議を国際社会は期待したかもしれないが、安保理で採択されず、国連に対する失望が広がった。それとともに、国際法の無力が改めて認識されたかもしれない。

ロシアの行為は、21世紀国際法の性質を実によく表現している。ロシアはコソボの例に倣って、第一に、ウクライナ領域内に親ロシア派によるドネツク人民共和国やルガンスク人民共和国を樹立した。国家を代表する人民ではない少数民族が国家を作りうるというコソボを範にとった。第二に、そうした「国家」あるいは親ロシア派民族に対してウクライナがジェノサイドを行っており、それを阻止するために武力を行使したと主張した。コソボ人道的介入を想起させる。ロシアによる「保護する責任」の行使である。いずれの主張も、将来的なロシア併合を念頭に置いた主張であることから、明らかにコソボとは異なっている。しかし、21世紀国際法の介入主義的性格が、実に都合良くロシアによって援用されていることはあきらかだ。西欧国家は、コソボだけでなく、イラク、アフガニスタン、シリアなどで武力を行使した悪しき先例を作り上げ、武力行使禁止原則をないがしろにして、彼らの「人権、民主主義、市場経済」という価値観や「正義」を実現するために、現代国際法を21世紀国際法へ改変した一つの重大な帰結である。

その一方で、冷戦構造を反映した20世紀国際法の性質も浮かび上がらせる。ロシアはウクライナ侵攻を集団的自衛権で正当化した。ウクライナ領域内の二つの親ロシア派共和国からの要請に基づき、両国を防衛するために武力行動に出たと主張したのである。そして現在ロシアは、自らが中心となって締結した1992年集団安全保障条約を発展させ、2002年に組織した集団安全保障条約機構（CTSO）の強化を図っている。加盟国は6カ国である。その一方、西欧国家は、対ロシア経済制裁を実施し、ロシアだけでなく多くの国家に経済危機を生起させている。経済グローバリゼーションが一歩後退することは間違いない。

* **国際法と国際社会**　国際法は国際社会の実像を映す鏡である。国際法をみれば、国際社会の現状を把握することができる。「社会あるところ法あり」（*ubi societas ibi ius*）という法諺があるが、社会が異なれば法も異なる。国際社会が変われば、国際法も変わる。20世紀国際法から21世紀国際法への変容は、国際社会の変容の反映でしかない。われわれ個人個人は、条約締結能力がなく、国際法を変える力を有していないが、社会を変えることはできる。社会を変えることができれば、国際法を変えることができる。国際法を正確に理解することが、その第一歩だ。ウクライナ侵攻においては、SNSを通じて個人から世界へ情報発信がなされ、注目された。2010年頃から、中東や北アフリカでは、いわゆるアラブの春と呼ばれる民主化運動もインターネットやメールで勢いづいた。多くの場合、アラブでは更なる混乱やISによるテロ支配を生み出したが、個人の情報発信は国際社会を変える可能性を持っている。新型コロナやウクライナ問題が一段落した後、国際法自身、20世紀的国際法に逆戻りするのか、あるいは21世紀国際法のような介入主義国際法が強化されるのか、はたまた国家中心から個人を中心とした新たなグローバル国際法の誕生に弾みをつけることになるのか、国際社会の推移を見守るしかない。

☆ Summary

国際法は（　1　）的性質を有している。国際法上の関係はいわば二国間関係の集積物である。特定の国家に対して主張できる権利であるかどうかという（　2　）力が重要な問題だ。国際法も絶対的性質をもちつつある。条約を無効にする効力をもつ（　3　）の出現である。この規範は、国際法上の犯罪として個人を処罰するための理論を提供した。また、（　4　）的義務という考え方も登場し、直接の被害国でなくても救済を求めることができるという（　5　）の道を開く可能性がある。

国際法には解釈が必要だ。条約の解釈に関して、国家の意思を重視する（　6　）主義、条約文を重視する（　7　）主義、条約の趣旨及び目的を重視する（　8　）主義がある。条約法条約第31条は、条約解釈の手段について規定し、①用語の（　9　）の意味を、②文脈と③趣旨及び目的に照らして、④誠実に解釈しなければならないと定めている。起草過程で利用された文書や議事録等の（　10　）は、解釈の補足的手段であるとされた。国際法を執行する手続や制度は整っていない。国際法の執行は基本的には、（　11　）（自助）に負っているといわれる。つまり、国際法に違反する措置をとる（　12　）、非友好的ではあるが合法的な行為をとる（　13　）によって、法の遵守が確保される。武力復仇を除いた復仇は、今日では（　14　）と呼ばれる違法性阻却事由の一つである。条約の終了や運用停止も、条約の重大な違反に際してとりうる措置である。しかしこうした措置は、相手方の違法性が確立する前にとられるため、国際法の執行と呼ぶのは不適切である。では、国際法は法であるか。国際社会は、主権国家の並存状態であり、分権的性質を有している。国際法は（　15　）力を有していないが、国家が、国際法を法として承認し、遵守しているところに、国際法の法規範性は依拠している。国際法は（　16　）性を有しているのだ。

20世紀の国際法は、戦争違法化を実現し、構造転換を果たした。武力行使禁止原則と（　17　）権を基軸に発展してきた。この二つの原則は、伝統的に認められてきた主権平等原則と（　18　）原則を補強した。国際法は、冷戦構造を反映し、価値の多様性を認めてきた。しかし、21世紀国際法は、単極構造又は多極構造を反映し、人権、（　19　）、法の支配といった価値の絶対性を主張するようになった。そうしたことが実現できない破綻国家には、特定の状況下で、国際社会が介入することを認める法理として、「（　20　）する責任」が主張されるようになってきた。いわば、介入主義の国際法である。また21世紀国際法には、グローバリゼーションの深化を経て、地球規模の問題が山積している。途上国にとっては、国際法は、もはや開発の国際法ではなく、投資の国際法へと変容している。「社会あるところ法あり」という法格言のように、国際社会の発展とともに国際法も展開しているのだ。

答

【Quiz】この教科書では、国際法が法であることを前提に議論してきた。しかし、異なる考え方もありうる。この問題については、各自で考えてみてほしい。

【Summary】①相対、②対抗、③強行規範／jus cogens／ユス・コーゲンス、④対世、⑤民衆訴訟／actio popularis／アクチオ・ポピュラリス、⑥当事国意思／主観、⑦文言／客観、⑧目的論、⑨通常、⑩準備作業、⑪自力救済、⑫復仇、⑬報復、⑭対抗措置、⑮強制、⑯実効、⑰自決、⑱不干渉、⑲民主主義、⑳保護

Suggested Readings

★条約集

【年度版】

・植木俊哉・中谷和弘編集代表『国際条約集』有斐閣
・浅田正彦編集代表『ベーシック条約集』東信堂

【学習用】

・位田隆一・最上敏樹編集代表『コンサイス条約集（第2版）』三省堂［2015年］
・芹田健太郎編集代表『コンパクト学習条約集（第3版）』信山社［2020年］
・浅田正彦編集代表『ハンディ条約集（第2版）』東信堂［2021年］

【分野別】

・小原喜雄・小室程夫・山手治之編著『国際経済条約・法令集（第2版）』東信堂［2002年］
・栗林忠男ほか編『解説宇宙法資料集』慶應通信［1995年］
・香西茂・安藤仁介編『国際機構条約・資料集（第2版）』東信堂［2002年］
・国際女性法研究会編『国際女性条約・資料集』東信堂［1993年］
・小寺彰・中川淳司編『基本経済条約集（第2版）』有斐閣［2014年］
・地球環境法研究会編『地球環境条約集（第4版）』中央法規出版［2003年］
・廣部和也・臼杵知史編集代表『解説国際環境条約集』三省堂［2003年］
・藤田久一・浅田正彦編『軍縮条約・資料集（第3版）』有信堂高文社［2009年］
・松井芳郎ほか編『国際環境条約・資料集』東信堂［2014年］
・松井芳郎ほか編『国際人権条約・宣言集（第3版）』東信堂［2005年］

★辞　典

・国際法学会編『国際関係法辞典（第2版）』三省堂［2005年］
・筒井若水編集代表『国際法辞典』有斐閣［1998年］

★判例集・資料集

【学習用判例集】

・森川幸一ほか編『国際法判例百選（第3版）』有斐閣［2021年］
・杉原高嶺・酒井啓亘編『国際法基本判例50（第2版）』三省堂［2014年］
・薬師寺公夫ほか編集代表『判例国際法（第3版）』東信堂［2019年］

【学習用資料集】

・大沼保昭編『資料で読み解く国際法上・下（第2版）』東信堂［2002年］

・西谷元編著『国際法資料集（第２版）』日本評論社［2016年］

【国際司法裁判所（ICJ）判例集】

・高野雄一『国際司法裁判所：判例研究』東京大学出版会［1965年］
・波多野里望ほか編著『国際司法裁判所：判決と意見　第１巻～第５巻』国際書院［1996年～2018年］
・皆川洸編著『国際法判例集』有信堂［1975年］

【常設国際司法裁判所（PCIJ）判例集】

・横田喜三郎『国際判例研究Ⅰ・Ⅱ』有斐閣［1933年、1970年］

【常設仲裁裁判所（PCA）・国際審査委員会判例集】

・横田喜三郎『国際判例研究Ⅲ』有斐閣［1981年］

【個別分野判例集】

・国際人権規約翻訳編集委員会・宮崎繁樹ほか編訳『国際人権規約先例集：規約人権委員会精選決定集　第１集・第２集』東信堂［1989年、1995年］
・祖川武夫・小田滋編著『日本の裁判所による国際法判例』三省堂［1991年］
・戸波江二ほか編集代表『ヨーロッパ人権裁判所の判例１・２』信山社［2019年］
・波多野里望・筒井若水編著『領土・国境紛争：国際判例研究』東京大学出版会［1979年］
・波多野里望・東寿太郎編著『国家責任：国際判例研究』三省堂［1990年］
・松下満雄・清水章雄・中川淳司編『ケースブック WTO 法』有斐閣［2009年］

【安全保障理事会決議集】

・横田洋三編『国連による平和と安全の維持：解説と資料　第１巻・第２巻』国際書院［2000年、2007年］

★教科書

【入門書】

・高野雄一『教養国際法：明日の国際社会と日本』東京大学出版会［1983年］
・徳川信治・西村智朗編著『テキストブック法と国際社会（第２版）』法律文化社［2018年］
・松井芳郎『国際法から世界を見る：市民のための国際法入門（第３版）』東信堂［2011年］
・森川幸一ほか編『国際法で世界がわかる：ニュースを読み解く32講』岩波書店［2016年］

【入門的教科書】

・植木俊哉編『ブリッジブック国際法（第３版）』信山社［2016年］
・大森正仁編著『よくわかる国際法（第２版）』ミネルヴァ書房［2014年］
・加藤信行ほか編著『ビジュアルテキスト国際法（第２版）』有斐閣［2020年］
・島田征夫編著『国際法学入門』成文堂［2011年］

・玉田大ほか『国際法（第２版）』有斐閣［2022年］
・杉原高嶺『基本国際法（第３版）』有斐閣［2018年］
・中谷和弘ほか『国際法（第４版）』有斐閣［2021年］
・西井正弘編『図説国際法』有斐閣［1998年］
・廣部和也・荒木教夫『導入対話による国際法講義（第３版）』不磨書房［2011年］
・藤田久一編『現代国際法入門（改訂版）』法律文化社［1996年］
・横田洋三編『国際法入門（第２版）』有斐閣［2005年］
・渡部茂己・喜多義人編『国際法（第３版）』弘文堂［2018年］

【体系書】

・浅田正彦編著『国際法（第５版）』東信堂［2022年］
・岩沢雄司『国際法』東京大学出版会［2020年］
・大沼保昭『国際法：はじめて学ぶ人のための（新訂版）』東信堂［2008年］
・栗林忠男『現代国際法』慶應義塾大学出版会［1999年］
・香西茂ほか『国際法概説（第４版）』有斐閣［2001年］
・小寺彰・岩沢雄司・森田章夫編『講義国際法（第２版）』有斐閣［2010年］
・小松一郎『実践国際法（第３版）』信山社［2022年］
・酒井啓亘ほか『国際法』有斐閣［2011年］
・杉原高嶺『国際法学講義（第２版）』有斐閣［2013年］
・杉原高嶺ほか『現代国際法講義（第５版）』有斐閣［2012年］
・田岡良一『国際法Ⅲ（新版）』有斐閣［1973年］
・高野雄一『国際法概論上・下（全訂新版）』弘文堂［1985年、1986年］
・高林秀雄ほか編『国際法Ⅰ・Ⅱ』東信堂［1990年］
・田畑茂二郎『国際法（第２版）』岩波書店［1966年］
・田畑茂二郎『国際法Ⅰ（新版）』有斐閣［1973年］
・田畑茂二郎『国際法新講上・下』東信堂［1990年、1991年］
・藤田久一ほか『国際法１（第２版）・２』蒼林社出版［1985年、1986年］
・藤田久一『国際法講義Ⅰ（第２版）、Ⅱ』東京大学出版会［2010年、1994年］
・松井芳郎ほか『国際法（第５版）』有斐閣［2007年］
・宮崎繁樹『国際法綱要』成文堂［1984年］
・森川俊孝・佐藤文夫編著『新国際法講義（改訂版）』北樹出版［2014年］
・柳原正治・森川幸一・兼原敦子編『プラクティス国際法講義（第３版）』信山社［2017年］
・山本草二『国際法（新版）』有斐閣［1994年］
・横田喜三郎『国際法Ⅱ（新版）』有斐閣［1972年］

【応用研究】

・小寺彰『パラダイム国際法：国際法の基本構成』有斐閣［2004年］

・寺谷広司編『国際法の現在』日本評論社［2020年］
・中谷和弘『ロースクール国際法読本』信山社［2013年］
・村瀬信也ほか『現代国際法の指標』有斐閣［1994年］

【演習書】

・植木俊哉『基本論点国際法（改訂版）』法学書院［1998年］
・奥脇直也・小寺彰編『国際法キーワード（第2版）』有斐閣［2006年］
・香西茂・竹本正幸・坂元茂樹編著『プラクティス国際法』東信堂［1998年］
・坂元茂樹『ゼミナール国際法』法学書院［1997年］
・田畑茂二郎・石本泰雄編『国際法：ニューハンドブックス（第3版）』有信堂高文社［1996年］
・柳原正治・森川幸一・兼原敦子編『演習プラクティス国際法』信山社［2013年］

Digital Archive

条約集がなくても、教室内で、スマホやパソコンから条約を入手することができる。条約名を検索にかけてみよう。安保理決議の日本語版も手に入れることができるかもしれない。安保理決議の番号が判っていれば、安保理決議○○○○（数字）を検索エンジンにかけてみよう。以下は国際法の学習にとって有益なウェブ・ページを示している。

★条　約

【日本が締結した条約】

・外務省：条約データ検索　検索 ⇒ 条約データ

【最近国会へ提出された条約】

・外務省：国会提出条約　検索 ⇒ 国会提出条約

【国会での条約審議】

・国会図書館：日本法令索引　検索 ⇒ 条約承認案件

★国内法

【国内法】

・総務省：e-Gov 法令検索　検索 ⇒ 法令検索
・国会図書館：日本法令索引　検索 ⇒ 日本法令索引

【国内法の英文】

・法務省：日本法令外国語訳データベースシステム　検索 ⇒ 法令外国語

★国内判例

【日本の国際法判例】

・「日本の国際法判例」研究会：国際法判例　検索 ⇒ 日本国際法判例

★国際連合

【国際連合】

・国連広報センター　検索 ⇒ 国連広報

【国連総会・安保理決議】

・国連広報センター：国連決議・報告　検索 ⇒ 国連決議　邦訳

★学　会

・国際法学会　検索 ⇒ JSIL
・国際法協会日本支部　検索 ⇒ ILA 日本
・国際人権法学会　検索 ⇒ 人権法学会
・日本国際経済法学会　検索 ⇒ 国際経済法学会
・日本国際連合学会　検索 ⇒ 国連学会

索　引

あ行

か行

さ行

た行

な行

は行

ま行

や行

ら行

わ行

英文そのほか

【執筆者紹介】（執筆順、※は編者）

※山形英郎（やまがた　ひでお）名古屋大学大学院国際開発研究科
第１章・第５章・第８章・第10章・第21章・第22章・第24章・第26章・第28章

比屋定泰治（ひやじょう　やすはる）沖縄国際大学法学部　第２章

楢林建司（ならばやし　たけし）愛媛大学法文学部　第３章

桐山孝信（きりやま　たかのぶ）大阪公立大学法学部　第４章・第20章

松井章浩（まつい　あきひろ）大阪工業大学知的財産学部　第６章・第７章

西片聡哉（にしかた　としや）京都先端科学大学経済経営学部　第８章

西村智朗（にしむら　ともあき）立命館大学国際関係学部　第９章

岡田順子（おかだ　じゅんこ）神戸大学大学院海事科学研究科　第11章

木原正樹（きはら　まさき）神戸学院大学法学部　第12章

板倉美奈子（いたくら　みなこ）静岡大学サステナビリティセンター　第13章

中坂恵美子（なかさか　えみこ）中央大学文学部　第14章

前田直子（まえだ　なおこ）京都女子大学法学部　第15章

黒﨑将広（くろさき　まさひろ）防衛大学校総合安全保障研究科　第16章

稲角光恵（いなずみ　みつえ）金沢大学人間社会研究域法学系　第17章

川島富士雄（かわしま　ふじお）神戸大学大学院法学研究科　第18章

繁田泰宏（しげた　やすひろ）大阪学院大学法学部　第19章

中井伊都子（なかい　いつこ）甲南大学法学部　第21章

小坂田裕子（おさかだ　ゆうこ）中央大学法科大学院　第23章

湯山智之（ゆやま　ともゆき）立命館大学法学部　第25章

德川信治（とくがわ　しんじ）立命館大学法学部　第27章

Horitsu Bunka Sha

国際法入門〔第3版〕
――逆から学ぶ

2014年4月15日　初　版第1刷発行
2018年10月5日　第2版第1刷発行
2022年10月15日　第3版第1刷発行

編　者　山形英郎（やまがたひでお）

発行者　畑　　光

発行所　株式会社 法律文化社

〒603-8053
京都市北区上賀茂岩ヶ垣内町71
電話 075(791)7131　FAX 075(721)8400
https://www.hou-bun.com/

印刷：亜細亜印刷㈱／製本：㈱藤沢製本
装幀：谷本天志

ISBN 978-4-589-04233-0